PRONTUARIO DE DERECHO DE LA INSOLVENCIA

PRONTUARIO DE DERECHO DE LA INSOLVENCIA

EDICIÓN 2024

Alfredo Areoso Casal

Abogado

COLEX 2024

Calle Costa Rica, número 5, 3.º B (local comercial)
A Coruña, C. P. 15004
info@colex.es
www.colex.es

I. S. B. N.: 978-84-1194-439-7
Depósito legal: C 577-2024

A Francisco Manuel Ordóñez Armán

ABREVIATURAS MÁS FRECUENTES

AC	Administración concursal (también, Administrador concursal)
AEAT	Agencia Estatal de la Administración Tributaria
AJD	Actos Jurídicos Documentados
AP	Audiencia provincial
Art./Arts.	Artículo/Artículos (si el texto no lo aclara, se entienden del TRLC)
ATS	Auto del Tribunal Supremo (con referencia ECLI)
BOE	Boletín Oficial del Estado
BORME	Boletín Oficial del Registro mercantil
CC	Código civil
CCo	Código de comercio
Cfr.	Confróntese
CGPJ	Consejo General del Poder Judicial
CIF	Código de Identificación Fiscal
CNAE	Código nacional de actividades económicas
CNMV	Comisión Nacional del Mercado de Valores
DA	Disposición Adicional
DF	Disposición final
DGSJFP	Dirección General de la Seguridad Jurídica y Fe Pública
DT	Disposición Transitoria
ET	Estatuto de los Trabajadores
FOGASA	Fondo de Garantía Salarial
FROB	Fondo de Reestructuración Ordenada Bancaria
INE	Instituto Nacional de Estadística
IPREM	Indicador Público de Renta de Efectos Múltiples
IRPF	Impuesto sobre la Renta de las Personas Físicas
ITP	Impuesto de Transmisiones Patrimoniales

IVA	Impuesto del Valor Añadido
LAJ	Letrado de la Administración de Justicia
LAR	Ley de Arrendamientos Rústicos
LAU	Ley de Arrendamientos Urbanos
LC	Ley Concursal
LEC	Ley de Enjuiciamiento Civil
LGT	Ley General Tributaria
LH	Ley hipotecaria
LHMYPSD	Ley de Hipoteca Mobiliaria y Prenda Sin Desplazamiento de la posesión
LHN	Ley de Hipoteca Naval
LHN	Ley de Hipoteca naval (hoy, Ley de Navegación Marítima)
LITPAJD	Ley del Impuesto de TP y AJD
LMV	Ley del Mercado de Valores
LNA	Ley de Navegación Aérea
LNM	Ley de Navegación Marítima
LOPJ	Ley Orgánica del Poder Judicial
LORC	Ley Orgánica para la Reforma Concursal
LOSSP	Ley de Ordenación, Supervisión y Solvencia de entidades aseguradoras
LPL	Ley de Procedimiento Laboral
LVPBM	Ley de Venta a plazos de bienes muebles
MF	Ministerio fiscal
RBM	Registro de Bienes Muebles
RC	Registro civil
RD	Real Decreto
RD-L	Real Decreto-Ley
RD-Leg	Real Decreto-Legislativo
RH	Reglamento hipotecario
RM	Registro mercantil
RP	Registro de la Propiedad
RPC	Registro Público Concursal
RRM	Reglamento del Registro mercantil
RVPBM	Registro de venta a plazos de bienes muebles
SMI	Salario Mínimo Interprofesional
STC	Sentencia del Tribunal Constitucional
STS	Sentencia del Tribunal Supremo (con referencia ECLI)
TGSS	Tesorería General de la Seguridad Social

TRLC	Texto Refundido de la Ley Concursal
TRLSC	Texto Refundido de la Ley de Sociedades de Capital
TSJ	Tribunal Superior de Justicia
UE	Unión Europea
UTE	Unión Temporal de Empresas

SUMARIO

PARTE I

PRECONCURSO, PROCEDIMIENTO ESPECIAL DE MICROEMPRESAS Y DERECHO INTERNACIONAL

PRECONCURSO

PROCEDIMIENTO ESPECIAL PARA MICROEMPRESAS

DERECHO INTERNACIONAL PRIVADO

PARTE II
DERECHO CONCURSAL: CONCURSO DE ACREEDORES

PRESUPUESTOS

SOLICITUD Y DECLARACIÓN DE CONCURSO

EFECTOS SOBRE EL CONCURSADO

EFECTOS SOBRE LOS JUICIOS DECLARATIVOS

EFECTOS SOBRE LAS EJECUCIONES

EFECTOS SOBRE LAS OBLIGACIONES DEL CONCURSADO

EFECTOS SOBRE LOS CONTRATOS DEL CONCURSADO

EFECTOS SOBRE LOS TRABAJADORES

LA ADMINISTRACIÓN CONCURSAL

EL INFORME DE LA ADMINISTRACIÓN CONCURSAL

LA MASA ACTIVA DEL CONCURSO

CRÉDITOS CONTRA LA MASA

LA MASA PASIVA

CLASIFICACIÓN DE LOS CRÉDITOS DE LA MASA PASIVA

LA FASE DE CONVENIO

TRAMITACIÓN DE LA FASE DE CONVENIO

EFECTOS Y CUMPLIMIENTO DE CONVENIO

LA FASE DE LIQUIDACIÓN

CALIFICACIÓN DEL CONCURSO

CONCLUSIÓN Y REAPERTURA DEL CONCURSO

PROCEDIMIENTO CONCURSAL

PARTE I

PRECONCURSO, PROCEDIMIENTO ESPECIAL DE MICROEMPRESAS Y DERECHO INTERNACIONAL

PRECONCURSO

1. Evolución legislativa y concepto

Evolución legislativa.

Redacción originaria de la LC: no contenía regulación alguna.

RD-L 3/2009, introduce mecanismos de blindaje de los **acuerdos de refinanciación**.

Ley 38/2011, contiene una regulación detallada del preconcurso, incluyendo:

- **(i)** Acuerdos de refinanciación
- **(ii)** Acuerdos de quita y espera que permitan una propuesta de convenio anticipado

Ley 14/2013, regula los **acuerdos extrajudiciales para pago de deudas** (mediador y concurso consecutivo).

RD-L 1/2015, lleva a cabo una profunda reforma de los acuerdos extrajudiciales para pago de deudas.

TRLC, dedica al preconcurso el **Libro II**, estableciendo **tres posibles objetivos**:

- **(i)** Acuerdos de refinanciación
- **(ii)** Convenio anticipado
- **(iii)**Acuerdo extrajudicial de pagos

Ley 16/2022: transposición de la **Directiva 2019/1023**. Reforma integral del Libro II. Único instrumento preconcursal: los **planes de reestructuración**.

Concepto. Negociaciones extrajudiciales de breve duración, de ordinario comunicadas al juzgado competente, mantenidas entre un deudor (empresa o profesional) insolvente o próximo a la insolvencia y sus acreedores y otros agentes económicos, con la finalidad de aprobar un **plan de reestructuración** que evite la declaración de concurso, susceptible de ser homologado judicialmente.

Requisitos. No todo deudor puede acudir al preconcurso; sólo:

- **(i)** Subjetivo. Persona (natural o jurídica) con actividad empresarial o profesional
- **(ii)** Objetivo. En insolvencia actual, inminente o probable

Comunicación al juzgado (no obligatoria, *cfr.* art. 583.1); necesaria para la producción de ciertos efectos.

Duración limitada: 3 meses (prorrogables) desde la comunicación al juzgado.

Finalidad: alcanzar un plan de reestructuración aprobado por los acreedores, en instrumento público.

Homologación judicial: necesaria sólo para producir ciertos efectos.

2. Presupuestos del preconcurso

Subjetivo (art. 583.1). **Cualquier persona natural o jurídica con actividad empresarial o profesional**.

Exclusiones. No pueden efectuar la comunicación de preconcurso:

(i) Quienes en el año anterior hubiesen realizado otra comunicación previa (art. 609).

(ii) Determinadas entidades sujetas a control y vigilancia por la Administración (art. 583.2):

(a) Empresas de seguros y reaseguros

(b) Entidades de crédito

(c) Empresas de inversión u organismos de inversión colectiva

(d) Entidades de contrapartida central

(e) Depositarios centrales de valores

(f) Otras entidades y entes financieros

(iii) Entidades públicas que integran la organización territorial del Estado, organismos públicos y demás entes de derecho público.

(iv) Microempresas, sujetas al régimen del Libro III.

(v) Régimen especial de empresas de servicios de pago y del dinero electrónico (art. 583.5).

Objetivo: insolvencia (art. 584.1). Puede ser:

(i) **Insolvencia actual**. Imposibilidad de cumplir regularmente obligaciones exigibles (art. 2.3).

(ii) **Insolvencia inminente**. Cuando se prevea que en 3 meses no podrá cumplir regular y puntualmente sus obligaciones (art. 2.3)

(iii) **Insolvencia probable**. Cuando sea objetivamente previsible que, de no alcanzarse un plan de reestructuración, el deudor no podrá cumplir regularmente sus obligaciones que venzan en los próximos 2 años (art. 584.2). Permite las «reestructuraciones tempranas».

3. Comunicación de la apertura de negociaciones

Supuestos (art. 585):

(i) Si insolvencia inminente o probable. No exige ningún otro requisito.

(ii) Si insolvencia actual: exige la no admisión a trámite una solicitud de concurso necesario.

Carácter potestativo de la comunicación: «podrá comunicar al juzgado» (art. 585.1).

Legitimación para efectuarla:

(i) Persona natural deudora: por sí o por representante voluntario o legal.

(ii) Persona jurídica deudora: (art. 585.3): compete al órgano de administración.

Competencia judicial (art. 593): juzgado competente para conocer del concurso (*cfr.* arts. 44 al 51).

Forma de la comunicación (art. 586.1): a través de la sede judicial electrónica o por medios telemáticos o electrónicos, excepto en el caso de personas no obligadas a comunicarse con la Administración de Justicia por medios electrónicos.

Contenido de la comunicación (art. 586.1). Expresará:

(1) Razones de la comunicación y modalidad de insolvencia (actual, inminente o probable). *Cfr.* art. 588.3, sobre la no necesidad de que el deudor acredite el estado de insolvencia alegado.
(2) Fundamento de la competencia del juzgado.
(3) Relación de acreedores negociadores, importe de créditos, importe total, identificación de los especialmente relacionados con el deudor y fecha de devengo de los créditos públicos. Posibilidad de actualizar datos (*cfr.* art. 586.3). Servirá de base para el cálculo de porcentajes del pasivo (art. 586.4).
(4) Circunstancias que puedan afectar al desarrollo o buen fin de las negociaciones.
(5) Actividades desarrolladas, importe del activo y del pasivo, cifra de negocios y número de trabajadores al cierre del ejercicio anterior.
(6) Bienes y derechos necesarios para la continuidad de la actividad. Identificación de ejecuciones seguidas contra esos bienes.
(7) Contratos necesarios para la continuidad de la actividad.
(8) En su caso, solicitud de nombramiento de experto en reestructuraciones. *Cfr.* art. 672.1 los casos en que procede.
(9) En su caso, solicitud del carácter reservado de la comunicación.
(10) En caso de pretender que el plan de reestructuración afecte al crédito público, prueba de estar al corriente de las obligaciones con la AEAT y TGSS o declaración responsable del deudor.

Contenido facultativo de la comunicación:

(1) Si deudor es miembro de un grupo de sociedades (art. 586.2), indicará las garantías otorgadas por otras sociedades que pretenda queden afectadas por la comunicación (*cfr.* art. 596.3 sobre los requisitos de esa suspensión).
(2) Posibilidad de extender la suspensión de la ejecución a bienes y derechos distintos de los necesarios para continuar la actividad (*cfr.* art. 602.1).
(3) Solicitud de nombramiento de experto en reestructuraciones (*cfr.* art. 672.1.º).

Comunicación conjunta de negociaciones.

(i) **Pueden realizarla**: quienes pueden solicitar la declaración conjunta de sus respectivos concursos (art. 587.1). En el caso de grupos de sociedades no será necesario incluir a la sociedad dominante ni a todas las sociedades del grupo.
(ii) **Cómo se realizará**: la información se facilitará desglosada por cada persona que la efectúe y se expresarán (art. 587.2):
  (a) Las relaciones existentes entre todas y cada una de ellas.
  (b) Los créditos y deudas recíprocos.
  (c) Las garantías de cualquier clase que se hubieran otorgado.
(iii) **Competencia del juzgado**: el del lugar donde tenga el centro de intereses principales el deudor con mayor pasivo y, si se trata, de un grupo de sociedades, el de la sociedad dominante o, si no está incluida en la comunicación, el de la sociedad de mayor pasivo (art. 587.3).
(iv) **Suspensión de las garantías «intra» grupo**: la comunicación suspenderá las garantías (personales y reales) prestadas por cualquier sociedad del grupo no incluida en la comunicación cuando
  (a) así lo haya solicitado la sociedad deudora y
  (b) acredite que la ejecución de la garantía pueda causar la insolvencia del garante y de la propia deudora.

4. Resoluciones sobre la comunicación

Posibilidades:

(1) **Si el juzgado es competente y no existen defectos formales en la comunicación** (art. 588.1). El LAJ dicta decreto, con efectos a la fecha de presentación, y forma los autos. Previamente, el LAJ habrá de comprobar si existe una admisión a trámite de una solicitud de concurso necesario (*cfr.* art. 588.4). Sobre la posibilidad de declinatoria por incompetencia, *cfr.* art. 592.

(2) **Si existen defectos formales en la comunicación** (art. 588.3). El LAJ concede 2 días para la subsanación y:

- (a) **Si son subsanados**, dicta decreto teniendo por realizada la comunicación.
- (b) **Si no son subsanados**, dicta resolución teniendo por no efectuada la comunicación.

(3) **Si el LAJ aprecia incompetencia del juzgado** (art. 589). Da cuenta al juez, quien oirá al solicitante y al MF por plazo común de 5 días, resolviendo mediante auto. Contra el auto que declare la falta de competencia, cabe recurso de apelación.

Contenido del decreto del LAJ.

(i) Contenido necesario (*cfr.* art. 590.1):

- (1) Identidad del deudor o deudores
- (2) Fundamento de la competencia del juzgado
- (3) Fecha de la comunicación y de la resolución
- (4) Importe del pasivo total expresado en la comunicación
- (5) Identidad del experto en reestructuraciones nombrado, si se solicitó. Posible antinomia, pues la competencia del nombramiento corresponde al juez (*cfr.* art. 676.1).

(ii) Contenido complementario (art. 590.2). Identificación de:

- (1) Las ejecuciones contra bienes o derechos necesarios para la continuación de la actividad.
- (2) Las garantías otorgadas por terceros que han de quedar afectadas.

Para su eficacia, en el mismo día se comunicará a las autoridades judiciales a efectos de proceder a su suspensión.

Recurso contra el decreto del LAJ (art. 590.3). Cualquier acreedor podrá interponer recurso de revisión por los siguientes motivos (tasados):

- (1) Que el deudor hubiese realizado una comunicación dentro del año anterior.
- (2) Que los bienes o derechos no son necesarios para continuar la actividad.
- (3) Que los efectos no deben extenderse a determinadas garantías de terceros.

Plazo para recurrir (art. 590.3). 5 días,

- **(a)** Desde la inscripción de la resolución en el RPC.
- **(b)** O, en el caso de ejecuciones en tramitación, desde la notificación de la resolución por la que la autoridad judicial que está conociendo de la ejecución la suspenda.

Tramitación del recurso. *Cfr.* art. 454 bis LEC. Resolución mediante auto. Discutible si frente al auto cabe recurso de apelación.

Publicidad de la resolución teniendo por efectuada la comunicación (art. 591). En el RPC, salvo si el deudor solicitó en la comunicación que se mantenga reservada (petición renunciable en cualquier momento).

5. Efectos de la comunicación sobre el deudor

Regla general. Principio de no desapoderamiento del deudor (art. 594.1). La comunicación no produce efecto sobre las facultades de administración y disposición del deudor. Ni siquiera en caso de nombramiento de experto en reestructuraciones (*cfr.* art. 594.2, con la única salvedad concreta del art. 612.3).

Prohibición de nuevas comunicaciones (art. 609). Formulada la comunicación, no podrá ser presentada otra por el mismo deudor en el plazo de 1 año a contar desde su presentación.

Sociedades de capital: suspensión de la obligación de disolución por pérdidas cualificadas (art. 613). Suspensión temporal de la vigencia del art. 363.1.e TRLSC.

6. Efectos sobre los créditos y los contratos

Créditos a plazo (art. 595.1). La comunicación por sí sola no produce el vencimiento anticipado.

Cláusulas contractuales ineficaces (art. 595.2). Las que prevean la modificación del crédito, incluido el vencimiento anticipado, (i) por la sola comunicación o (ii) por la solicitud de suspensión del ejercicio de acciones y procedimientos ejecutivos o (iii) por cualquier otra circunstancia semejante.

Efectos respecto de garantías prestadas por terceros (personales o reales, art. 596). La comunicación no impide que el acreedor pueda hacerla efectiva, incluso aunque el acreedor participe en las negociaciones. Excepción: véase garantías «intra» grupo.

Efectos sobre los contratos. Regla general: vigencia de los contratos (art. 597). La comunicación no afecta a los contratos con obligaciones recíprocas pendientes de cumplimiento. Se tienen por no puestas las cláusulas que prevean la suspensión, modificación o resolución anticipada (i) por la sola comunicación o (ii) por la solicitud de suspensión del ejercicio de acciones y procedimientos ejecutivos o (iii) por cualquier otra circunstancia semejante. Nada impide su suspensión, modificación o resolución por otras circunstancias distintas (art. 598.1).

Reglas especiales.

(i) **Contratos necesarios para continuar la actividad del deudor** (art. 598.2). La facultad de suspender el cumplimiento o de modificar o resolver anticipadamente el contrato, por incumplimientos anteriores a la comunicación, no podrá ejercitarse mientras se mantengan los efectos de la comunicación sobre las acciones y los procedimientos ejecutivos. La contraparte afectada sólo puede interponer recurso de revisión si considera que su contrato no es necesario para continuar la actividad.

(ii) **Acuerdos de compensación contractual sujetos al RD-L 5/2005**. *Cfr.* art. 599.

7. Efectos sobre las ejecuciones

(i) Sobre bienes o derechos necesarios. Prohibición legal. De efecto automático («automatic stay») desde la comunicación al juzgado, una vez que es validada por éste, cuando afecte a bienes o derechos necesarios para la continuación de la actividad, y se extiende a:

(a) El inicio de nuevas ejecuciones judiciales o extrajudiciales (art. 600).

(b) Suspensión de ejecuciones en tramitación (art. 601). Desde que se reciba la resolución teniendo por efectuada la comunicación, las autoridades las suspenderán durante 3 meses, salvo que el deudor acredite haber solicitado la prórroga de los efectos de la comunicación.

(ii) Sobre otros bienes o derechos. Prohibición judicial (art. 602). A solicitud del deudor, presentada en cualquier momento, el juez puede extender la prohibición de inicio de nuevas ejecuciones o la suspensión de las ya iniciadas, sobre bienes distintos, cuando resulte necesario para asegurar el buen fin de las negociaciones, y durante el mismo plazo.

(a) **Requisito adicional**. Si se designa experto en reestructuraciones, la solicitud deberá ir acompañada de un informe favorable de éste.

(b) **Forma de la resolución y publicación**. Mediante auto, de forma separada a la resolución que tiene por efectuada la comunicación; frente a él sólo cabe recurso de reposición. Se publicará en el RPC.

Acreedores excluidos de las prohibiciones. Podrán iniciar o continuar libremente sus ejecuciones, afecten o no a bienes o derechos necesarios:

(i) **Acreedores que legalmente no pueden quedar afectados por el plan de reestructuración** (art. 606).

(ii) **Acreedores públicos** (art. 605). No obstante, si recae sobre bienes o derechos necesarios, una vez iniciado el procedimiento de ejecución, se podrá suspender en la fase de realización o enajenación. Decaerá a los 3 meses desde la comunicación.

Régimen especial de ejecución de las garantías reales (art. 603).

(i) Cabe la posibilidad de inicio de ejecuciones judiciales o extrajudiciales.

(ii) Excepción: procede la suspensión si la garantía recae sobre bienes o derechos necesarios para continuar la actividad.

Levantamiento de la prohibición de ejecuciones (art. 604). La prohibición de ejecuciones, sólo podrá ser alzada por dos vías:

(i) Mediante recurso de revisión frente al decreto del LAJ.

(ii) Por transcurso del plazo de los efectos de la comunicación y su prórroga.

8. Efectos sobre las solicitudes de concurso

Doble ámbito de eficacia:

(i) Cese temporal de la obligación legal de solicitar la declaración de concurso.

(ii) Blindaje temporal frente a las solicitudes de su concurso necesario.

(i) Suspensión del deber legal de solicitar el concurso voluntario.

Plazo (art. 611.1): 3 meses desde la comunicación sin alcanzar un plan de reestructuración, salvo que no se encuentre en estado de insolvencia actual. En caso de prórroga de los efectos de comunicación, una vez finalizada esa prórroga.

Requisitos para la suspensión del deber de solicitar el concurso voluntario:

(1) Que el deudor haya iniciado negociaciones con sus acreedores o sea inminente su inicio, para alcanzar un acuerdo sobre un plan de reestructuración. Basta con que así lo afirme; no es necesario que lo acredite.

(2) Que el acreedor lo comunique al juzgado competente en el plazo del art. 5 (2 meses siguientes a la fecha en que haya conocido o debido conocer su estado de insolvencia)

Posibilidad de solicitar el concurso voluntario en cualquier momento, cuando considere que las negociaciones no pueden alcanzar el objetivo propuesto. No obstante, el art. 612 contempla la posibilidad de, acreditando la presentación de un plan de reestructuración, solicitar la suspensión de la eficacia de una solicitud de concurso voluntario a instancia de:

(i) el experto en reestructuraciones que hubiese sido nombrado,
(ii) acreedores que representen más del 50 % del pasivo afectado por el plan

Plazo de vigencia de la suspensión: 1 mes desde la presentación de la solicitud de concurso voluntario si los acreedores no presentan la solicitud de homologación del plan. De haber sido solicitada la homologación, seguirá produciendo efectos la suspensión.

No cabe la posibilidad de suspender la eficacia de la solicitud de concurso voluntario (art. 612.3):

(i) de deudor persona natural,
(ii) las sociedades con socios legalmente responsables de las deudas sociales.

(ii) Blindaje del deudor frente a solicitudes de concurso necesario.

Ámbito objetivo del blindaje (art. 610.1). Frente a:

(i) Solicitudes de concurso presentadas tras la comunicación.
(ii) Las presentadas antes de ella, aún no admitidas a trámite por el juzgado.

Duración del blindaje (art. 610.2): 3 meses más la prórroga. Pero aun dispondrá el deudor de un mes para solicitar su concurso voluntario; por ello, las solicitudes de concurso necesario sólo se proveerán una vez transcurrido ese mes sin que el deudor hubiese solicitado el concurso, sin perjuicio de la adopción de medidas cautelares por el juez (art. 610.3).

Solicitado el concurso por el deudor, las solicitudes de concurso necesario se unirán a los autos.

9. Duración de los efectos de la comunicación

Duración inicial: 3 meses desde la comunicación (arts. 601, 604.2, 610.1).

Prorrogable por un máximo de otros 3 meses. Régimen de la prórroga:

(i) **Solicitud**. No cabe de oficio. Debe efectuarse durante la vigencia del plazo (art. 607.1).

(ii) **Legitimación activa**. Art. 607.1:
- (a) El deudor. *Cfr.* art. 607.2 (necesita un acta de conformidad de acreedores del 50 % del pasivo afectado o una declaración responsable).
- (b) Acreedores que representen más del 50 % del pasivo que pueda resultar afectado por el plan de reestructuración, deducido el importe de los créditos subordinados; siempre que no conste oposición expresa del 40 % de ese mismo pasivo (art. 608.1).

(iii) **Documentación** que se ha de aportar:
- (a) **Acta de conformidad de los acreedores** (vide supra legitimación).
- (b) En la solicitada por el deudor, el **Informe de experto de reestructuración**, si fue nombrado (art. 607.2). Contenido de su informe:
  1. Estado de las negociaciones
  2. Cuestiones pendientes de acuerdo
  3. Identidad de los acreedores opuestos a la solicitud de prórroga o que no se hayan pronunciado

(iv) **Efecto inmediato de la solicitud de prórroga** (art. 607.3): los efectos iniciales de la comunicación continúan en vigor hasta que el juez adopte una decisión.
(v) **Resolución** (art. 607.4). Auto, dentro de 5 días siguientes a la solicitud.
 (a) Si concede la prórroga, en el mismo día, el LAJ remitirá electrónicamente al RPC y a las autoridades que conozcan de las ejecuciones para mantener su suspensión. Frente a la resolución, cabe recurso de reposición.
 (b) Si no concede la prórroga, no cabe recurso alguno.
(vi) **Levantamiento de la prórroga por acontecimiento posterior**. Supuestos:
 (a) **Con efectos erga omnes** (art. 608.1). El juez debe dejar sin efecto la prórroga:
  1. A solicitud del deudor o del experto en reestructuración
  2. A solicitud de acreedores que representen el 40 % del pasivo afectado por el plan, deducidos los créditos subordinados.
  3. A solicitud de cualquier acreedor que acredite que la prórroga ha dejado de cumplir el objetivo de favorecer las negociaciones del plan de reestructuración.
 (b) **Con efectos individualizados** (art. 608.2): cualquier acreedor puede solicitar ser excluido de los efectos de la prórroga por alguna de las siguientes causas:
  1. Si puede causarle perjuicio injustificado, en particular provocar su insolvencia actual o una disminución significativa del valor de la garantía de su crédito,
  2. Si la suspensión de las ejecuciones sólo afecta a bienes o derechos necesarios y han perdido ya ese carácter.
(vii) **Tramitación de la solicitud de levantamiento de la prórroga** (art. 608.3): conforme a las normas del recurso de reposición, en cualquier momento mientras esté vigente la prórroga.

10. Objeto de las negociaciones preconcursales: los planes de reestructuración

Planes de reestructuración. Amplio abanico de posibilidades, tanto en el ámbito financiero como en cualquier otro. Concepto legal (art. 614). Tienen por objeto modificar (i) la composición, (ii) las condiciones o (iii) la estructura:
 (a) del activo y del pasivo del deudor
 (b) de sus fondos propios (incluida transmisión de activos, unidad productiva o de la empresa en marcha) y
 (c) cualquier otro cambio operativo o una combinación de esos elementos.

Ámbito objetivo de aplicación. Supuestos en los que el régimen legal es de necesaria aplicación (art. 615):
 1. Extensión de efectos frente a (i) acreedores o clases de acreedores que no hayan votado el plan y (ii) los socios de la persona jurídica deudora cuando no hayan aprobado el plan.
 2. Supuestos de blindaje de la financiación (interina y nueva) y de los actos, operaciones o negocios realizados frente a las acciones rescisorias y reconocer a esa financiación las preferencias de cobro previstas en el Libro I.

Elementos subjetivos de las negociaciones preconcursales.
 (1) Consentimiento del deudor. Sólo se exige (art. 640.1) si
  (i) El deudor es una persona natural o

(ii) Si es una persona jurídica, la homologación del plan requiere de su aprobación por los socios legalmente responsables de las deudas sociales. De no existir esos socios, el plan se podrá homologar, aunque no haya sido aprobado por los socios, si la sociedad se encuentra en insolvencia actual o inminente.

(2) Acreedores afectados. Vide infra.

(3) Otros. P.ej. garantes, fiadores, sociedades del mismo grupo...

Contenido mínimo del plan de reestructuración (art. 633):

1.- Identidad del deudor

2.- Si fue nombrado, identidad del experto en reestructuración

3.- Descripción de:

- La situación económica del deudor
- La situación de los trabajadores
- Las causas y alcance de las dificultades del deudor

4.- Activo y pasivo del deudor en el momento de su formalización

5.- Acreedores afectados (individualmente o por clases), con expresión del importe y de la clase

6.- Contratos con obligaciones recíprocas pendientes de cumplimiento que vayan a quedar resueltos en virtud del plan

7.- Si afecta a derechos de los socios, el valor nominal de sus acciones o participaciones

8.- Acreedores o socios no afectados y las razones de su no afectación.

9.- Medidas de reestructuración propuestas y

- Su duración
- Flujos de caja estimados del plan
- Medidas de reestructuración financiera de la deuda
- Financiación interina y nueva financiación prevista, con justificación de su necesidad
- Consecuencias globales para el empleo (despidos, reducción de jornada o similares)

10.- Exposición de las condiciones necesarias para el éxito del plan y razones de su viabilidad

11.- Medidas de información y consulta con los trabajadores

12.- Si afecta al crédito público, acreditación de hallarse al corriente frente AEAT y TGSS.

Formalización del plan (art. 634.1). En instrumento público por quienes lo hayan suscrito, con inclusión de la certificación del experto en reestructuración, si fue nombrado, y, en otro caso, de auditor, sobre la suficiencia de mayorías. Se considera documento sin cuantía a los efectos del arancel notarial.

11. Créditos afectados por el plan de reestructuración

Perímetro de afectación. Regla general: puede afectar a cualquier crédito (art. 616.2), salvo exclusiones.

Reglas especiales:

(i) Créditos contingentes y condicionales (art. 616.2): pueden ser afectados por el plan.

(ii) Créditos por repetición, subrogación o regreso (art. 616.3): quedan afectados en las mismas condiciones que el crédito principal si así lo establece el plan; si gozase de garantía real, será tratado como crédito garantizado.

Exclusiones de créditos:

(i) **Convencionales.** Han de responder a razones objetivas y justificadas. Son excluidos los créditos que en el plan no sufran modificación alguna (art. 616.1); la modificación puede afectar a: (i) la fecha de vencimiento, (ii) el principal o los intereses, (iii) la conversión en crédito participativo o subordinado, acciones o participaciones, (iv) las garantías reales o personales, (v) el cambio de deudor o (vi) cambio de ley aplicable.

(ii) **Legales** (art. 616.2). La reestructuración no afectará a los créditos (i) de alimentos derivados de relación familiar o matrimonial, (ii) de responsabilidad civil extracontractual y (iii) laborales (excepto de personal de alta dirección); (iv) créditos futuros que nazcan de contratos de derivados que se mantengan en vigor.

Régimen especial de los créditos públicos. Sólo pueden ser afectados si (art. 616.2):

(i) El deudor acredita, mediante certificación, que se encuentra al corriente en el cumplimiento de obligaciones tributarias y frente a la TGSS, tanto al comunicar la apertura de negociaciones como al solicitar la homologación judicial;

(ii) Los créditos tienen una antigüedad inferior a 2 años desde la fecha de su devengo hasta la fecha de presentación de la comunicación de apertura de negociaciones.

Límites a las modificaciones de los créditos públicos (art. 616 bis). No se permite:

(i) La reducción de su importe
(ii) El cambio de ley aplicable
(iii) El cambio de deudor
(iv) La modificación o extinción de garantías
(v) La conversión del crédito en acciones o participaciones, o en préstamo participativo.

Límites en el aplazamiento o espera de créditos públicos (art. 616 bis.2). Deben ser íntegramente satisfechos en los siguientes plazos:

(i) 12 meses desde la fecha del auto de homologación del plan
(ii) 6 meses, si se hubiese concedido un aplazamiento o fraccionamiento previo sobre esos créditos
(iii) En cualquier caso, deberán estar íntegramente satisfechos en plazo máximo de 18 meses desde la fecha de la comunicación de apertura de negociaciones.

Régimen especial de los créditos con avales ICO (*cfr.* DA Octava de la Ley 16/2022).

Cómputo de los créditos, a los efectos del voto del plan de reestructuración (art. 617.1):

(i) **Regla general:** el principal más recargos e intereses hasta la fecha de formalización del plan.

(ii) **Reglas especiales:**

(1) Créditos sometidos a condición resolutoria: se aplica la regla general.
(2) Contratos de crédito: sólo se computa la parte dispuesta a la formalización del plan.
(3) Créditos en otra moneda, cómputo en euros al cambio oficial en la fecha de formalización del plan.

(4) Créditos contingentes, litigiosos o sometidos a condición suspensiva, se computan por su importe máximo, salvo inclusión en el plan por una cantidad inferior. Si finalmente se materializan sólo se verán afectados por la cuantía correspondiente al importe en el plan.
(5) Créditos con garantía real: cuando el valor de la garantía es inferior al de la obligación garantizada, el crédito por el exceso será tratado como no garantizado, conforme a la clase que le corresponda. Para determinar el valor de la garantía, *cfr.* arts. 273 a 275. Véase el art. 617.5, sobre protocolización de certificaciones, en caso de garantías sobre valores cotizados o sobre bienes inmuebles.

12. Contratos afectados por el plan de reestructuración

Principio general de vigencia de los contratos (art. 618.1): la homologación del plan de reestructuración, por sí sola, no afectará a los contratos con obligaciones recíprocas pendientes de cumplimiento. *Cfr.* art. 158, sobre el ámbito objetivo de la norma; no es preciso que se trate de «contratos necesarios» para la continuidad de la actividad del deudor (para éstos, *cfr.* art. 618.2).

Naturaleza imperativa. Se tienen por no puestas las cláusulas contractuales que permitan a la otra parte contratante, por la mera solicitud de homologación o por la aprobación de ésta u otra circunstancia similar, (i) suspender o modificar las obligaciones o los efectos del contrato, (ii) resolverlo o extinguirlo.

Regla especial para los contratos necesarios para continuar la actividad (art. 618.2). Por el simple hecho de que el plan de reestructuración conlleve un cambio de control del deudor, no podrán (i) suspenderse, (ii) modificarse, (iii) resolverse o (iv) terminar anticipadamente.

Contratos sujetos a un régimen especial:

(i) **Acuerdos de compensación contractual**. Contratos sujetos al RD-L 5/2005: no es de aplicación lo dispuesto en el art. 618 (art. 619.1). En ningún caso quedará afectada por un plan de reestructuración la garantía financiera sujeta al RD-L 5/2005, ni la facultad de vencimiento anticipado de las obligaciones garantizadas, por la parte cubierta por la garantía.
(ii) **Contratos de suministro, necesarios para la actividad**. En ningún caso se podrán vencer anticipadamente, resolver o terminar los contratos de suministro de bienes, servicios o energía, necesarios para la continuidad de la actividad (art. 619, que recoge la excepción de los contratos que puedan ser sustituidos en cualquier momento por su valor de mercado).

Resolución de contratos en interés de la reestructuración. Durante la negociación del plan de reestructuración, el deudor puede solicitar a la otra parte contratante la modificación o resolución de los contratos con obligaciones recíprocas pendientes de cumplimiento cuando esa modificación o resolución resulte necesaria para el buen fin de la reestructuración y prevenir el concurso (art. 620.1).
Tramitación:

(i) **Negociación extrajudicial entre las partes.**
(ii) **En defecto de acuerdo** (art. 620.2), el plan de reestructuración podrá prever la resolución de esos contratos y el crédito indemnizatorio derivado de la resolución también puede quedar afectado por el plan.
(iii) **Especialidades de los contratos de derivados** (art. 620.3): también podrán terminarse o cancelarse anticipadamente cuando ello es necesario para el buen fin de la reestructuración y prevenir el concurso. El resultado de la liquidación también podrá quedar afectado por el plan.

(iv) **Resolución de controversias** (art. 620.4): se tramitarán por el cauce de la impugnación u oposición al plan de reestructuración.

(v) **Contratos laborales.** No pueden quedar afectados por los planes de reestructuración. **Excepciones**: (i) contratos con consejeros ejecutivos y (ii) personal de alta dirección (art. 621). El plan de reestructuración puede prever la (i) suspensión o (ii) extinción de esos contratos:

(vi) **En caso de suspensión del contrato,** éste se puede extinguir por voluntad del consejero ejecutivo o alto directivo, con un mes de preaviso, conservando el derecho a la indemnización.

(vii) **En caso de extinción del contrato,** el juez puede moderar la indemnización, quedando sin efecto lo pactado en el contrato, con el límite de la indemnización establecida en la legislación laboral para el despido colectivo (20 días de salario por año trabajado con un máximo de una anualidad).

(viii) **Cauce procesal para las controversias:** incidente concursal ante el juez competente para la homologación. Frente a la sentencia, cabe recurso de suplicación ante el TSJ.

13. Formación de clases de acreedores

Su necesidad (art. 622). Los acreedores titulares de créditos afectados por el plan de reestructuración votarán agrupados por clases de créditos.

Principio de autoorganización y control judicial. Control de legalidad sobre la formación de clases, si afecta a la mayoría necesaria. Remisión infra.

Criterios generales para la formación de clases (art. 623):

(1) **Exigencia de un interés común** a los integrantes de cada clase, conforme a criterios objetivos. Se entiende que existe interés común entre los créditos de igual rango concursal (privilegiado, ordinario y subordinado).

(2) **Posibilidad de distintas clases dentro de un mismo rango concursal,** cuando haya razones suficientes que lo justifiquen; en particular, (i) por la naturaleza financiera o no financiera del crédito, (ii) por los conflictos de intereses entre acreedores, (iii) por su afectación por el plan de reestructuración. Tribunales admiten la posibilidad de clases unipersonales.

(3) **Pequeñas y medianas empresas** a las que el plan suponga un sacrificio superior al 50 % del crédito, deberán constituir una clase separada.

(4) **Concepto de créditos financieros:** (i) los derivados de contratos de crédito o préstamo, con independencia de la condición de su titular; (ii) los titulados por entidades financieras, con independencia de su origen (incluidas las aseguradoras respecto del seguro de crédito o de caución); (iii) los derivados de contratos de naturaleza análoga (leasing, derivados de ventas con reserva de dominio, aval o contra aval, factoring y confirming).

(5) **No son créditos financieros** los derivados de operaciones comerciales, salvo que hayan sido cedidos a una entidad financiera.

(6) **Créditos con garantía real sobre bienes del deudor** constituirán una clase única, salvo que la heterogeneidad de los bienes o derechos gravados justifiquen su separación en dos o más clases (art. 624). Importante: hay que atender al valor de la garantía.

(7) **Créditos de Derecho público** constituirán una clase separada entre las clases de su mismo rango concursal (privilegiado, ordinario y subordinado; art. 624 bis).

Control judicial en la formación de clases. Modalidades, según el momento en que tiene lugar:

(i) Con la homologación judicial del plan de reestructuración.

(ii) Con carácter previo a la solicitud de homologación, a petición (i) del deudor o (ii) de acreedores de más del 50 % del pasivo afectado (art. 625). Evita su ulterior alegación como motivo de oposición o impugnación de la homologación judicial (art. 626.4).

Tramitación de la confirmación judicial previa (art. 626):

(i) **Legitimación** (art. 625): (i) el deudor o (ii) acreedores de más del 50 % del pasivo afectado

(ii) **Competencia**: juez competente para conocer la homologación del plan.

(iii) **Solicitud**: debe ser acompañada de los documentos que acrediten la comunicación de la propuesta de formación de clases a las partes afectadas (*cfr.* art. 627, para los mecanismos de esa comunicación).

(iv) **Providencia de admisión a trámite** previo examen de su competencia y publicación en RPC.

(v) **Oposición**, dentro de los 10 días siguientes a la publicación de la providencia.

(vi) **Sentencia**. No cabe recurso alguno.

14. Aprobación por los acreedores del plan de reestructuración

Obligación previa del proponente: comunicación de la propuesta del plan de reestructuración.

(A) **A los acreedores** cuyos créditos puedan quedar afectados por el plan (art. 627.1). Medios de comunicación (art. 627.2):

- **(1) Regla general:** (i) postal, (ii) electrónica; si no es posible por esos medios, (iii) mediante anuncio en la página web de la sociedad deudora, indicando donde se podrá examinar el contenido del plan; si no fuera posible por los anteriores medios, (iv) el experto en reestructuración (si fue nombrado) o quienes vayan a pedir la homologación del plan, solicitarán del LAJ que ordene la publicación de un edicto en el RPC, con indicación del lugar en que se podrá examinar el contenido del plan.
- **(2) Acreedores públicos:** a través de sus sedes electrónicas mediante formulario normalizado.
- **(3) Acreedores vinculados por pacto de sindicación** (art. 627.3): se aplicarán las reglas contractuales sobre comunicación entre deudor y acreedores, si las hubiere.

(B) **A los empleados del deudor** (art. 628 bis).

Derecho de voto (art. 628). Corresponde a los acreedores que puedan quedar afectados por el plan. Regla especial: créditos con garantía personal o real de tercero (la legitimación corresponde al acreedor principal, pero las relaciones entre éste y el garante se rigen por los pactos que hubiesen establecido y, en su defecto, por las normas aplicables a la obligación).

Mayorías para la aprobación dentro de cada clase de créditos (art. 629).

(1) Regla general: más de 2/3 del pasivo de cada clase.

(2) Regla especial para clases de créditos con garantía real: más de 3/4 del pasivo de cada clase.

(3) **Regla especial para clases de créditos sindicados** (art. 630): se respetarán los pactos contractuales sobre procedimiento y voto; las mayorías serán las del art. 629, salvo que el pacto de sindicación prevea una mayoría inferior. Si vota a favor la mayoría necesaria, se entiende aceptado el plan por la totalidad de los créditos sindicados; si no se obtiene la mayoría necesaria, se computan los votos individualmente, salvo que los créditos sindicados formen una sola clase, en cuyo caso se entiende no aprobado el plan por esa clase. Los acreedores que no voten a favor pueden oponerse al plan o impugnarlo.

Fecha del cómputo de la votación: la de formalización del plan de reestructuración.

Arrastres:

(i) **Horizontal o intra-clase.** Dentro de cada clase, la mayoría arrastra a la minoría contraria a la aprobación y se considera que el plan es aprobado por toda la clase.

(ii) **Vertical o inter-clases**. Vide infra, art. 639.

15. Aprobación del plan de reestructuración por los socios de la entidad deudora

Novedad revolucionaria en el Derecho de sociedades. La Ley 16/2022 introduce la redacción del art. 650.2, que permite ejecutar el plan homologado prescindiendo de los necesarios acuerdos sociales, si fuere preciso.

Regla general (art. 631.1). Para los acuerdos de los socios necesarios, recogidos en el plan de reestructuración, se estará al régimen legal de cada tipo social. *Cfr.* art. 631.3.

Régimen especial de las sociedades de capital (art. 631.2):

(1) **Plazos mínimos entre convocatoria y celebración de la junta.** Se acortan los plazos del TRLSC: entre convocatoria y celebración debe mediar un plazo de 10 días, salvo en las sociedades cotizadas, en las que el plazo será de 21 días.

(2) **Convocatoria de la junta**. Si no se celebró antes de la fecha de solicitud de homologación del plan, se puede celebrar con posterioridad si fue convocada antes de aquella fecha o el mismo día de presentación de la solicitud. Si no es así convocada, el solicitante de la homologación puede instar del juez que, en la resolución de la admisión a trámite de la homologación, convoque la junta.

(3) **Rechazo del acuerdo por la junta**. Se contemplan tres posibles escenarios: (i) si la junta no fue convocada, (ii) si no llega a constituirse o (iii) si no aprueba en todos sus términos el plan de reestructuración en el plazo de 10 días o 21 días desde la admisión a trámite de la solicitud de homologación, el plan se entenderá rechazado por los socios. En tanto no transcurran esos plazos, el juez no adoptará resolución alguna sobre la homologación.

(4) **Orden del día de la junta**. Se limitará sólo a la aprobación o rechazo del plan. No cabe incluir otros asuntos. El derecho de información del socio sólo se puede ejercer respecto de ese concreto punto (aunque se trate de sociedad cotizada). La votación única supone la no aplicabilidad del régimen general contenido en el art. 197 bis TRLSC.

(5) **Quorum y mayoría**. Rigen los ordinarios, sin ser de aplicación los reforzados. Por lo tanto, en la SA no rige el art. 194 TRLSC, no siendo exigible quorum alguno. Para las mayorías, en la SA se exige mayoría simple (art. 201 TRLSC) y para la SL la mayoría ordinaria del art. 198 TRLSC (mayoría simple de votos emitidos siempre que representen al menos 1/3 de los votos de todas las participaciones sociales sin computar los votos en blanco).

(6) **Impugnación judicial**. No cabe aplicar el régimen general de impugnación de acuerdos sociales del art. 204 TRLSC y siguientes. El acuerdo de la junta que apruebe el plan de reestructuración será impugnable exclusivamente por el cauce y en el plazo previstos para la impugnación u oposición a la homologación. En el caso de que la junta se haya celebrado con posterioridad a la solicitud de homologación del plan, el plazo de impugnación comenzará para los socios en el momento en que se hubiese celebrado la junta. Las impugnaciones del acuerdo de la junta se acumularán a la impugnación u oposición al plan por parte de los acreedores, si las hubiese, y se tramitarán como cuestión incidental de previo pronunciamiento. Sobre la tramitación del incidente de previo pronunciamiento, véanse los arts. 390 a 393 LEC.

(7) **Especialidad en las operaciones estructurales** (art. 631.3). Si el plan prevé una modificación estructural, los acreedores a los que afecte el plan no tendrán derecho de oposición.

(8) **Supresión del derecho de suscripción o asunción preferente**. Cuando se solicite la homologación de un plan de reestructuración en estado de insolvencia actual o inminente de la sociedad deudora [no en caso de insolvencia probable], los socios no tendrán derecho de preferencia en la suscripción de nuevas acciones o en la asunción de las nuevas participaciones, en particular cuando el plan prevea una reducción del capital social a cero o por debajo de la cifra mínima legal y simultáneamente el aumento del capital (art. 631.4).

(9) **Conversión de créditos en acciones o participaciones** (art. 632). Se entenderá que los créditos a compensar son líquidos, vencidos y exigibles.

16. La homologación judicial del plan de reestructuración

Concepto (art. 635). Es el auto dictado por el juez competente que, respecto de un plan de reestructuración, produce los siguientes efectos (que sin esa resolución no tienen lugar):

(i) La extensión de sus efectos a todos los acreedores de una clase o todas las clases que no lo hayan votado.
(ii) Su aplicación imperativa a los socios de la entidad deudora.
(iii) La resolución de ciertos contratos en interés de la reestructuración.
(iv) La protección de la financiación prevista en el plan y de los actos y negocios realizados en su ejecución, frente a un eventual concurso posterior.

Presupuesto objetivo: la insolvencia del deudor. Sólo cabe solicitar la homologación judicial del plan respecto de un deudor en estado de insolvencia (i) probable, (ii) inminente o (iii) actual (art. 636).

Incompatibilidad con el concurso de acreedores. Distinguimos:

(a) **Concurso necesario**. En caso de insolvencia actual es preciso, además, que no haya sido admitida a trámite una solicitud de concurso necesario (art. 636).

(b) Concurso voluntario. Si se está negociando un plan sin comunicación previa, la solicitud de concurso voluntario puede ser suspendida por el juez a instancia (i) del experto en reestructuración o (ii) de los acreedores que representen más del 50 % del pasivo afectado. Con la solicitud debe acreditarse la presentación de un plan de reestructuración por los acreedores que tenga probabilidad de ser aprobado. La suspensión se levantará si transcurre más de un mes sin la presentación por los acreedores de la solicitud de homologación (art. 637).

Requisitos para la homologación:

(1) Requisito general: aprobación del plan por el deudor (persona natural) y por los socios personalmente responsables de las deudas (art. 640). No es necesario en los demás supuestos.

(2) Requisitos de planes «consensuales» (aprobados por todas las clases, por el deudor y, en su caso, los socios de la entidad deudora): el art. 638 sólo impone (i) el cumplimiento de los requisitos de contenido y de forma, (ii) que los créditos de la misma clase sean tratados de forma paritaria y (iii) que haya sido comunicado a todos los acreedores.

(3) Requisitos de planes «no consensuales» (art. 639). Se exige que haya sido aprobado por (i) una mayoría simple de las clases, siempre que al menos una de ellas sea una clase de créditos que en el concurso habrían sido calificados como créditos con privilegio especial o general; o, en su defecto, por (ii) al menos una clase que, pueda razonablemente presumirse que hubiese recibido algún pago tras una valoración de la deudora como empresa en funcionamiento; en este caso se exige informe del experto en reestructuración sobre el valor de la deudor como empresa en funcionamiento.

17. Procedimiento de homologación

Competencia judicial:

(a) Regla general (art. 641). Es competente el que lo sea para la declaración de concurso del deudor. Si se efectuó la comunicación de inicio de negociaciones, no va a reparto; la competencia corresponde al que la hubiera tenido por efectuada.

(b) Supuestos de comunicación conjunta de negociaciones (art. 642). Los deudores podrán solicitar (i) la homologación individual o conjunta de los respectivos planes o de alguno de ellos, o bien (ii) la homologación de un plan conjunto de reestructuración. En cualquier caso, los requisitos para la homologación deben cumplirse en relación con cada uno de los deudores.

Solicitud de homologación (art. 643).

(i) Legitimación activa. Corresponde a (i) el deudor o (ii) cualquier acreedor afectado que haya suscrito el plan. En las personas jurídicas, corresponde al órgano de administración.

(i) Postulación procesal. Requiere firma de abogado y procurador.

(ii) Contenido. Se indicará el lugar donde el plan está a disposición de los acreedores y del deudor, con posibilidad de acceder a su contenido por medios telemáticos.

(iii) Documentos que aportar: copia íntegra del instrumento público en que se formalice el plan, incluida (i) la certificación de auditor sobre la suficiencia de las mayorías para la homologación, (ii) el informe del experto en reestructuración, (iii) certificaciones de la AEAT y TGSS de estar al corriente en el cumplimiento de obligaciones tributarias y de la seguridad social, si se pretende que el plan afecte al crédito público.

(iv) **Admisión a trámite de la solicitud** (art. 644). Examen de la competencia por el juez. Providencia de admisión con (i) los motivos en que base su competencia y (ii) prohibición de inicio de ejecuciones sobre los bienes del deudor y (iii) paralización de las ya iniciadas hasta que se resuelva sobre la homologación (con notificación a los órganos ejecutantes).

(v) **Inadmisión a trámite por incompetencia internacional o territorial.** Previa audiencia del solicitante y del MF por 5 días, se resuelve mediante auto, frente al que cabe recurso de apelación.

(vi) **Publicidad de la admisión a trámite** (art. 645). El LAJ ordena la publicación de la providencia en el RPC por medio de edicto, identificando (i) al deudor, (ii) el órgano jurisdiccional, (iii) el fundamento de su competencia, (iv) el número de procedimiento de homologación, (v) la fecha del plan de reestructuración, (vi) indicación de estar a disposición de los acreedores y, en su caso, del deudor, en el juzgado o del lugar en que se encuentre con posibilidad de acceso telemático.

Interposición de declinatoria por incompetencia (art. 646).

(i) **Legitimación**: (i) cualquier acreedor o (ii) el propio deudor.

(ii) **Plazo**: 10 días desde la publicación de la providencia en el RPC.

(iii) **Tramitación**: remisión a la LEC.

Auto de homologación (art. 647). Procede, en los 15 días siguientes a la publicación en el RPC de la providencia de admisión, salvo que de la documentación presentada se deduzca manifiestamente que no se cumplen los requisitos exigidos en los arts. 635 al 640.

(i) **Contenido:** (i) identificará los acreedores con garantía real que hayan votado en contra del plan y que pertenezcan a una clase que no lo haya aprobado (*cfr.* art. 651, sobre su facultad de instar la realización en el plazo de 1 mes desde la publicación del auto de homologación en el RPC); (ii) alzará la suspensión de los procedimientos de ejecución de créditos no afectados por el plan y el sobreseimiento de los restantes procedimientos de ejecución; (iii) dejará constancia del control de legalidad sobre cualquier operación societaria que contenga el plan.

(ii) **Publicidad** (art. 648): en el RPC.

18. Eficacia del auto de homologación

Regla general (art. 649). Los efectos del plan se extienden inmediatamente, aunque el auto no sea firme:

(i) A todos los créditos afectados (arrastre intra-clase e inter-clases)

(ii) Al propio deudor

(iii) A los socios del deudor, si es una sociedad

Excepción. Régimen especial de los derechos de garantía real (art. 651).

(i) **Derecho de ejecución separada.** Los acreedores que hayan votado en contra del plan y pertenezcan a una clase en la que el voto favorable hubiese sido inferior al voto disidente, tienen derecho a instar la realización de los bienes o derechos gravados en el plazo de 1 mes desde la publicación del auto en el RPC. El ejercicio de este derecho produce el vencimiento del crédito garantizado.

(ii) **Posible previsión del plan:** sustitución de ese derecho por la opción de cobro en efectivo en un plazo no superior a 120 días. En caso de impago, el acreedor podrá ejecutar la garantía.

(iii) **Efectos de la ejecución separada**: si lo obtenido fuese menor que la deuda garantizada, pero mayor que el valor de la garantía, el ejecutante hace suya toda la cantidad resultante de la ejecución. La diferencia entre esa cantidad y el valor de la garantía se deducirá de lo que, en su caso, hubiese recibido o deba recibir conforme al plan de reestructuración por la parte del crédito no garantizada. Si la cantidad obtenida fuese inferior al valor de la garantía, el acreedor hará suya toda la cantidad resultante de la ejecución y la parte remanente quedará insatisfecha.

Actos de ejecución del plan de reestructuración (art. 650):

(i) **Inscripción en registros públicos**, conforme a la legislación aplicable.

(ii) **Acuerdos de juntas o asambleas de socios**. Si éstas no las hubiera acordado, los administradores de la sociedad o quien designe el juez a propuesta de cualquier acreedor legitimado, tendrán la facultad de llevar a cabo los actos necesarios para su ejecución, así como para las modificaciones estatutarias que sean precisas. El auto de homologación será título suficiente para inscribir en el RM las modificaciones estatutarias contenidas en el plan de reestructuración.

(iii) **Medidas de reestructuración operativa**. Se llevarán a cabo de acuerdo con las normas que sean aplicables, tramitando ante la jurisdicción competente las controversias que se susciten.

(iv) **Garantías de terceros** (art. 652). Se distingue en función del voto emitido por el acreedor:

- (1) **Los acreedores afectados que no hayan votado a favor del plan** mantienen sus derechos frente a los garantes personales o reales para la satisfacción de su crédito.
- (2) **Los acreedores afectados que hayan votado a favor del plan** mantienen o no sus derechos en función de lo acordado en la respectiva relación jurídica y, en su defecto, de las normas aplicables a ésta.
- (3) **Norma especial para los grupos de sociedades:** los efectos del plan se pueden extender, en las condiciones previstas en éste, a las garantías personales o reales prestadas por otra sociedad del mismo grupo no sometida al plan de reestructuración, cuando la ejecución de la garantía pueda causar la insolvencia de la garante o de la propia deudora.

19. Impugnación del auto de homologación

Dualidad de sistemas de control jurisdiccional:

(i) **Sistema ordinario**: por la audiencia provincial. Su resolución es irrecurrible.

(ii) **Sistema alternativo,** que se insta en la solicitud de homologación: por el juzgado, antes de la homologación. Su resolución es irrecurrible.

Sistema ordinario (art. 653). Impugnación ante la AP, sin efectos suspensivos (art. 660).

(i) **Modalidades de impugnación.** Se recogen 5 modalidades. Vide infra.

(ii) **Tramitación** (art. 658):

- (1) **Competencia objetiva: AP**
- (2) **Cauce procesal:** tramitación conjunta por los trámites del incidente concursal.
- (3) **Escrito de impugnación**: se acompañará copia del auto de homologación.

(4) **Decreto del LAJ de admisión a trámite** y comunicación al juzgado para la remisión de las actuaciones en el plazo de 5 días.

(5) **Inadmisión a trámite** por impugnación extemporánea: da cuenta el LAJ a la sala que acuerda la inadmisión mediante auto. Sólo cabe recurso de queja.

(6) **Traslado al deudor y acreedores adheridos para oposición a la impugnación**. Plazo, 15 días.

(7) **Sentencia**, en 30 días desde finalización de la tramitación. No cabe recurso (art. 659.1).

(8) **Publicidad,** igual a la del auto de homologación (art. 659.2).

(iii) **Efectos de la sentencia de impugnación**:

(1) **En ningún caso,** se perjudican los derechos adquiridos por terceros de buena fe con arreglo a la legislación hipotecaria (art. 661.3).

(2) **Si desestima la impugnación,** hace inatacable el auto de homologación.

(3) **Si la estima** (art. 661.1), **no conlleva la ineficacia del plan de reestructuración**; sólo declarará la no extensión de los efectos frente a quien hubiese instado la impugnación, subsistiendo frente a los demás acreedores y socios. Si los efectos no se pueden revertir, el impugnante tendrá derecho a la indemnización de los daños y perjuicios por el deudor.

Excepción. Supuestos de ineficacia del plan (art. 661.2), cuando la ineficacia se base en:

(a) falta de concurrencia de las mayorías necesarias,

(b) formación defectuosa de las clases.

Sistema alternativo de impugnación: contradicción del plan previa a la homologación. Competencia del juzgado (no está contaminado al no haber homologado aun el plan).

Solicitud de homologación con fase de contradicción previa (art. 662). En la propia solicitud de homologación.

Tramitación (art. 663). Por los cauces del incidente concursal. Especialidades:

(i) **La providencia de admisión a trámite de la solicitud de homologación** se publica en el RPC.

(ii) **Legitimación y motivos de oposición**, son los mismos en el sistema ordinario de impugnación.

(iii) **Tramitación conjunta** de todas las oposiciones, con traslado al solicitante de la homologación para que las conteste en el plazo de 15 días.

(iv) **Sentencia** dictada en el plazo de un mes.

(v) **No cabe recurso contra la sentencia.**

20. Supuestos de impugnación

(A).- IMPUGNACIÓN DE PLAN APROBADO POR TODAS LAS CLASES DE LOS ACREEDORES (art. 654)

(i) **Legitimación activa:** titulares de créditos afectados que no hayan votado a favor del plan; es decir, los titulares de créditos «arrastrados» en virtud del arrastre intra-clase (no del arrastre inter-clases, pues se entiende que no ha tenido lugar al haber votado a favor del plan todas las clases de créditos). Dentro de esa legitimación hemos de entender incluida también la de los integrantes del sindicato de prestamistas que hubiesen votado en contra de la aceptación del plan.

(i) **Plazo de impugnación**. 15 días desde la publicación del auto de homologación en RPC.
(ii) **Causas o motivos de impugnación**:
  (1) Que no se hayan cumplido los requisitos de comunicación, contenido y de forma.
  (2) Que la formación de las clases de acreedores y la aprobación del plan, no se hayan producido de conformidad con lo previsto en la ley.
  (3) Que el deudor no se encuentre en probabilidad de insolvencia, insolvencia inminente o actual.
  (4) Que el plan no ofrezca una perspectiva razonable de evitar el concurso y asegurar la viabilidad de la empresa en el corto y medio plazo. El ámbito temporal del corto y medio plazo, aquél referido casi unánimemente a un término de un año y éste, mayoritariamente, a un término de 3 años.
  (5) Que sus créditos no hayan sido tratados de forma paritaria con otros créditos de su clase.
  (6) Que la reducción del valor de sus créditos sea manifiestamente mayor al que resulta necesario para garantizar la viabilidad de la empresa. En caso de cesión de créditos, se presumirá que no concurre esta circunstancia cuando el acreedor impugnante haya adquirido el crédito con un descuento superior a la reducción del valor que este padece.
  (7) Que el plan no supere la prueba del interés superior de los acreedores. Se considerará que el plan no supera esta prueba cuando sus créditos se vean perjudicados por el plan de reestructuración en comparación con su situación en caso de liquidación concursal de los bienes del deudor, individualmente o como unidad productiva. A los efectos de comprobar la satisfacción de esta prueba, se comparará el valor de lo que reciban conforme al plan de reestructuración con el valor de lo que pueda razonablemente presumirse que hubiesen recibido en caso de liquidación concursal. Para calcular este último valor, se considerará que el pago de la cuota de liquidación tiene lugar a los dos años de la formalización del plan.
  (8) Que el deudor haya incumplido la obligación de encontrarse al corriente en el cumplimiento de sus obligaciones tributarias y frente a la Seguridad Social. Se ha de entender que este motivo sólo podrá ser invocado cuando el plan de reestructuración incluya créditos de Derecho público.

(B).- IMPUGNACIÓN DE PLAN NO APROBADO POR TODAS LAS CLASES DE LOS ACREEDORES (art. 655).

(i) **Legitimación activa**. Doble legitimación, pudiendo invocar distintas causas de impugnación:
  (1) Los acreedores que no hayan votado a favor del plan, con independencia de que pertenezcan o no a una clase que haya aprobado dicho plan, pudiendo invocar los motivos y causas previstos en el art. 654.
  (2) Los titulares de créditos afectados que no hayan votado a favor del plan y pertenezcan a una clase que no lo haya aprobado también; en este caso por los específicos motivos del art. 655. Se trata de la legitimación de los acreedores que votaron en contra y pertenecen a una clase que, habiendo también votado en contra del plan, se ha visto arrastrada inter-clases en su vinculación al plan.
(ii) **Plazo de impugnación**. No se recoge ninguna disposición; ¿es de aplicación el plazo de 15 días?
(iii) **Causas o motivos de impugnación**. Son aplicables al segundo supuesto

de legitimación (la de los acreedores que pertenecen a una clase que no haya aprobado el plan) las siguientes causas o motivos:

(1) Que no haya sido aprobado por clases necesarias de conformidad con lo previsto en el art. 639.

(2) Que una clase vaya a mantener o recibir, de conformidad con el plan, derechos con un valor superior al importe de sus créditos.

(3) Que la clase de los impugnantes reciba un trato menos favorable que cualquier otra clase del mismo rango. La palabra «rango» debe ser entendida como «rango concursal» (privilegiado, ordinario o subordinado). No se debe realizar una interpretación literal del precepto, en el sentido de entender prohibido cualquier trato distinto entre clases del mismo rango; la norma lo que pretende es impedir una discriminación no justificada, pero si cabe incluir en el plan de reestructuración diferencias de trato que tengan una justificación objetiva. No obstante, la cuestión es debatida.

(4) Que la clase de los impugnantes vaya a mantener o recibir derechos con un valor inferior al importe de sus créditos si una clase de rango inferior o los socios van a recibir cualquier pago o conservar cualquier derecho, acción o participación en el deudor en virtud del plan de reestructuración. En el art. 655.3 se establece que por excepción a lo establecido en el ordinal 4.º del apartado anterior, se podrá confirmar la homologación del plan de reestructuración, aunque no se cumpla esa condición, cuando sea imprescindible para asegurar la viabilidad de la empresa y los créditos de los acreedores afectados no se vean perjudicados injustificadamente.

(5) En caso de que el plan afecte al crédito público, que el deudor haya incumplido la obligación de encontrarse al corriente en el cumplimiento de sus obligaciones tributarias y frente a la Seguridad Social.

(C).- IMPUGNACIÓN DE PLAN NO APROBADO POR LOS SOCIOS DE LA ENTIDAD DEUDORA (art. 656).

(i) **Legitimación activa**. Los socios de la sociedad deudora que no hayan aprobado el plan. En el caso de que la aprobación del plan requiera acuerdo de los socios y estos no lo hayan aprobado, solo aquellos que hayan votado en contra tendrán legitimación para impugnarlo; así pues, la legitimación sólo les corresponde a los socios que se opusieron al plan en la junta general o asamblea de la entidad y siempre que el acuerdo de la junta o asamblea fuese contrario a la aprobación del plan; por ello, es dudosa la legitimación del socio votante en contra del plan en el supuesto de que éste sí haya sido aprobado por la junta general o asamblea de la entidad deudora; sin perjuicio, naturalmente, del ejercicio de las acciones impugnatorias del acuerdo social mayoritario de conformidad con la legislación societaria específica que le sea de aplicación.

Surge un importante problema para determinar la legitimación activa para la impugnación del plan por los socios en los casos en los que la junta general o asamblea no haya llegado a ser celebrada, por falta de convocatoria o por cualquier otro motivo o razón. Para evitar indefensión de los socios en tales supuestos, nos mostramos favorables a reconocer la legitimación activa de todos los socios, pues no han llegado a tener oportunidad de expresar su voto en contra del plan.

(ii) **Plazo de impugnación**. No se recoge ninguna disposición en el art. 656. No vemos razones por las que no sea de aplicación el mismo plazo de 15 días recogido en el inciso inicial del art. 654.

(iii) **Causas o motivos de impugnación**:
(1) Que el plan no cumpla los requisitos de contenido y de forma.
(2) Que no haya sido aprobado de conformidad con lo previsto en la ley.
(3) Que el deudor no se encontrara en estado insolvencia actual o de insolvencia inminente.
(4) Que el plan no ofrezca una perspectiva razonable de evitar el concurso y asegurar la viabilidad de la empresa en el corto y medio plazo.
(5) Que una clase de acreedores afectados vaya a recibir, como consecuencia del cumplimiento del plan, derechos con un valor superior al importe de sus créditos.

(D).- IMPUGNACIÓN DEL PLAN POR UNA PARTE CONTRATANTE AFECTADA (art. 657).

(i) **Legitimación activa**. La parte contratante afectada la resolución de un contrato con obligaciones recíprocas pendientes de cumplimiento, contenida en el plan.
(ii) **Plazo de impugnación**. No se recoge ninguna disposición. De nuevo, no vemos razones por las que no sea de aplicación el plazo de 15 días recogido en el inciso inicial del art. 654.
(iii) **Causas o motivos de impugnación**:
(1) Que esa resolución del contrato no resulte necesaria para asegurar el buen fin de la reestructuración y prevenir el concurso.
(2) Que no sea adecuada la indemnización prevista en el plan por la resolución anticipada del contrato.

(E).- IMPUGNACIÓN DE PLAN POR LA FINANCIACIÓN NUEVA O INTERINA (art. 670).

(i) **Legitimación de acreedores afectados que no hayan votado a favor**. Además de los motivos establecidos en el capítulo anterior, cualquier acreedor afectado que no hubiera votado a favor del plan de reestructuración podrá impugnar u oponerse a la homologación del plan por cualquiera de los siguientes:
(1) Que no concurren las mayorías necesarias para proteger la financiación interina o la nueva financiación.
(2) Que la financiación interina, la nueva financiación o los actos, negocios y operaciones previstos para la ejecución del plan no cumplen los requisitos legales.
(3) Que la financiación interina, la nueva financiación o los actos, negocios y operaciones previstos para la ejecución del plan perjudican injustamente los intereses de los acreedores.
(ii) **Legitimación por acreedores no afectados**. Cualquier acreedor no afectado por el plan de reestructuración podrá impugnar u oponerse a la homologación por los motivos a que se refiere el apartado anterior y, además, por el motivo de que el plan no resulte necesario para evitar el concurso y asegurar la viabilidad de la empresa en el corto y medio plazo.
(iii) **Limitación de sus efectos**. La estimación de la impugnación o de la oposición tendrá como único efecto que, en caso de concurso de acreedores, la financiación interina, la nueva financiación y los actos, operaciones o negocios realizados en ejecución del plan quedarán sometidos a las normas sobre acciones concursales de rescisión y los créditos correspondientes serán clasificados conforme a lo establecido en ese libro.

21. Protección de la financiación del plan de reestructuración

Clases o tipos de financiación.

(i) **Financiación interina** (art. 665). Es la concedida por quien no es acreedor o por acreedor preexistente si en el momento de la concesión fuera razonable y necesaria inmediatamente, (i) bien para asegurar la continuidad total o parcial de la actividad del deudor durante las negociaciones con los acreedores hasta la homologación de ese plan, (ii) bien para preservar o mejorar el valor que tuvieran a la fecha de inicio de esas negociaciones el conjunto de la empresa o una o varias unidades productivas.

(ii) **Nueva financiación** (art. 666). Es la concedida por quien no es acreedor o por acreedor preexistente que, (i) estando prevista en el plan de reestructuración, (ii) resulte necesaria para el cumplimiento de ese plan.

Requisitos para la protección de la financiación frente a eventuales acciones rescisorias concursales:

(i) **Homologación judicial del plan.**

(ii) **Inexistencia de fraude de acreedores.**

(iii)**Según porcentaje del pasivo total afectado por el plan, se distingue:**

(1) **Si los créditos afectados representan al menos el 51 % del total del pasivo** (art. 667.1). No serán rescindibles, salvo prueba de que se realizaron en fraude de acreedores: (1.º) Los actos u operaciones razonables y necesarios inmediatamente para el éxito de la negociación con los acreedores, siempre que se hubieran identificado expresamente como tales en el propio plan. (2.º) La financiación interina y la nueva financiación, incluida la concedida por personas especialmente relacionadas de conformidad con lo previsto en el artículo siguiente. (3.º) Los actos, operaciones o negocios que sean razonables e inmediatamente necesarios para la ejecución del plan.

Norma interpretativa (art. 667.2). Las operaciones mencionadas en el ordinal 1.º del apartado anterior incluirán como mínimo las siguientes: (1.º) El pago de tasas y costes en relación con la negociación, la adopción o la confirmación de un plan de reestructuración; (2.º) El pago de honorarios y costes de asesoramiento profesional en estrecha relación con la reestructuración; (3.º) El pago de los salarios de los trabajadores por trabajos ya realizados; (4.º) Cualquier otro pago y desembolso efectuados en el curso ordinario de la actividad empresarial o profesional del deudor.

Por otra parte, el art. 242.1.17.º le atribuye a esos créditos nuevos o interinos la condición de créditos contra la masa, en cuanto a la mitad de su importe, cuando el plan de reestructuración fue homologado, siempre que los créditos afectados por el plan representen al menos del 51 % del pasivo total. Por su parte, el art. 280.6.º TRLC califica al crédito en el concurso posterior como privilegiado, con privilegio general, a la mitad del importe de los créditos derivados de la financiación interina o de la nueva financiación en un plan de reestructuración cuando los créditos afectados representen al menos el 51 % del pasivo total.

(2) **Si los créditos afectados representan menos del 51 % del total del pasivo** (art. 667.3), la financiación interina, la nueva financiación y los actos, operaciones o negocios mencionados en ese apartado serán rescindibles con la especialidad de que no serán de aplicación las presunciones relativas de perjuicio para la masa activa.

(3) **Normas especiales para la financiación por personas especialmente relacionadas** (art. 668, en relación con arts. 282 y 283). Solo gozarán de la protección si los créditos afectados, excluidos los créditos de que fueran titulares esas personas, representen más del sesenta por ciento del pasivo total. Si no concurriese esa mayoría, la financiación interina o la nueva financiación otorgadas por personas especialmente relacionadas con el deudor quedarán sometidas a las normas sobre acciones concursales de rescisión de la ley.

Control judicial (art. 669). En el trámite de homologación, el juez verificará que concurren los requisitos y las mayorías y que la nueva financiación no perjudica injustamente los intereses de los acreedores. Ese control se llevará a cabo en el ámbito de la impugnación del auto de homologación judicial o, en su caso, oposición a la homologación del plan, por los motivos que recoge en art. 670 cuyo análisis realizamos con los demás supuestos de impugnación, a cuya sede ahora nos remitimos, para evitar reiteraciones innecesarias.

22. Incumplimiento del plan de reestructuración

Regla general: no provoca la resolución del plan, ni la desaparición de los efectos extintivos o novatorio de los créditos, salvo que el plan prevea otra cosa (art. 671.1).

Si hay insolvencia actual, cualquier acreedor puede instar la declaración de concurso (art. 671.2).

Excepciones (art. 671.1):

(i) Si el plan contiene una previsión de su incumplimiento y sus consecuencias.

(ii) Acreedores de Derecho público pueden instar la resolución del plan (sólo en cuanto a sus créditos de Derecho público). Se entiende incumplido el plan: (1) por impago de plazos, (2) por generación de deuda por cuota corriente durante su vigencia.

23. El experto en materia de reestructuración

Novedad de la Ley 16/2022.

Supuestos de nombramiento obligatorio (art. 672.1, supuestos tasados):

(1) Cuando lo solicite el deudor.

(2) Cuando lo soliciten acreedores de más del 50 % del pasivo afectado en el momento de la solicitud, asumiendo su retribución, que queda sin efecto si el plan prevé la retribución por el deudor.

(3) Cuando se solicite por el deudor la suspensión general de ejecuciones o la prórroga de esa suspensión, si el juez considera y razona que el nombramiento es necesario para salvaguardas a los afectados.

(4) Cuando se solicite la homologación de un plan que se extienda a una clase de acreedores o a los socios que no hubiesen votado a favor.

La solicitud, con la propuesta de nombramiento, se acompañará de (art. 672.2):

(1) Escrito razonando que el experto propuesto reúne las condiciones necesarias.

(2) La aceptación por el experto para el caso, de su designación y de su retribución.
(3) Copia de la póliza de responsabilidad civil o garantía equivalente.

Nombramiento y publicidad (art. 672.3): mediante auto en 2 días. Se inscribe en el RPC.

Supuestos de comunicación conjunta o de planes conjuntos (art. 672.4): se podrá designar el mismo experto.

Supuesto de nombramiento potestativo, a petición de una minoría de acreedores (art. 673.1):
(i) Si no ha sido nombrado experto
(ii) Y lo solicitan acreedores que representen el 35 % del pasivo afectado
(iii) Razonando las circunstancias concurrentes que lo hacen necesario.

Solicitud (art. 673.2, establece una regulación similar a la del art. 672.2).

Tramitación (art. 673.3 y 4): Resolución por auto previo:
(i) Traslado de la solicitud a los acreedores por 2 días.
(ii) Motivos de oposición: (1) No necesidad, (2) no reúne las condiciones necesarias. (3) Se podrá solicitar el nombramiento de un experto distinto.

Nombramiento del experto.
(i) Requisitos subjetivos (art. 674): (1) Persona natural o jurídica; (2) española o extranjera; (3) con conocimientos especializados (jurídicos, financieros y empresariales); (4) con experiencia en materia de reestructuraciones; (5) que cumpla los requisitos para ser AC; (6) si la reestructuración presentase particularidades (por el sector, dimensiones, complejidad, elementos transfronterizos), serán tenidas en cuenta para el nombramiento.
(ii) Incompatibilidades y prohibiciones (art. 675):
(1) Los que prestaron servicios profesionales relacionados con la reestructuración al deudor o a personas especialmente relacionadas, en los 2 últimos años (salvo si fue por haber sido nombrado experto en una reestructuración previa).
(2) Incompatibilidades de la legislación de auditoría de cuentas, con el deudor o las personas especialmente relacionadas con éste.
(iii) Régimen del nombramiento (art. 676).
(1) Recaerá en el propuesto por el solicitante. ¿Quid si varias solicitudes?
(2) Posibilidad de veto por el juez si el propuesto no reúne las condiciones necesarias: solicitará al proponente que, en 3 días, presente una terna, para efectuar el nombramiento, que será comunicado para su aceptación. Si no acepta, se procede a un nuevo nombramiento.
(iv) Impugnación del nombramiento (art. 677). En cualquier momento, por quien ostente interés legítimo, que se tramitará por cauce de incidente concursal, por concurrir alguna de las siguientes causas:
(1) No reunir las condiciones establecidas en la ley
(2) Incurrir en incompatibilidad o prohibición
(3) No tener cobertura o garantía adecuada.

Sustitución del experto nombrado (art. 678).
(i) Legitimación para la solicitud: acreedores de más del 50 % del pasivo afectado en ese momento.
(ii) Experto sustituido: sólo el nombrado por el deudor por una minoría de acreedores.
(iii) No se prevé la sustitución de oficio.
(iv) Solicitud: debe acompañarse de idénticos documentos y compromisos que para la solicitud de nombramiento.

(v) Tramitación: incidente concursal
(vi) Resolución: auto.

24. Estatuto profesional del experto en reestructuraciones

Sus funciones (art. 679). No son de control o fiscalización (por lo tanto, no afecta a las facultades de administración y disposición del deudor); únicamente:

(i) Asistirá al deudor y acreedores en las negociaciones y elaboración del plan.
(ii) Presentará al juez los informes exigidos por éste y los previstos en la ley.

Sus deberes legales (art. 680). Ejercer las funciones propias de su cargo, con

(i) La diligencia propia de un profesional
(ii) Independencia
(iii) Imparcialidad entre deudor y acreedores

Retribución del experto. Ausencia de regulación. *Cfr.* art. 704.7, para el experto designado en el procedimiento especial para microempresas.

Responsabilidad civil (art. 681.1). Responde por los daños y perjuicios causados al deudor o a los acreedores por infracción de sus deberes legales.

Obligación de cobertura por seguro de responsabilidad civil o garantía equivalente (art. 681.2).

Cauce procesal para su exigencia (art. 681.3): incidente concursal. Es de suponer que la competencia corresponde al juzgado de lo mercantil que lo nombró.

25. Planes de reestructuración en la pequeña empresa

Ámbito objetivo:

(i) Concepto de pequeña empresa (art. 682.1): las personas naturales o jurídicas que desarrollan una actividad empresarial o profesional, si en el balance del ejercicio anterior a la comunicación o a la solicitud de homologación, reúnan (simultáneamente) las siguientes circunstancias:
  (1) Número medio de trabajadores no superior a 49.
  (2) Volumen anual de negocios no superior a 10 millones de euros.

(ii) Exclusiones (art. 682.2 y 3):
  (1) Sociedades integradas en un grupo obligado a consolidar cuentas (*cfr.* art. 42 CCo).
  (2) Microempresas (*cfr.* art. 685.1): (a) 10 trabajadores y (2) volumen anual de negocio inferior a 700.000 euros o un pasivo inferior a 350.000 euros.

Especialidades:

(i) En materia de comunicación de las negociaciones (art. 683.1).
  (1) El escrito especificará que se trata de una pequeña empresa. Si no se hace así, la comunicación quedará sin efecto y no se podrá efectuar otra nueva hasta que transcurra un año.
  (2) Imposibilidad de suspender la solicitud de concurso voluntario (art. 683.2).
  (3) Prórroga del período de negociaciones (art. 683.3): cabe por una sola vez, a petición del deudor.

(ii) Del plan de reestructuración (art. 684.1):
  (1) Disponibilidad de un modelo oficial electrónico, que incluirá directrices prácticas sobre cómo redactar el plan.

(2) A los efectos del arancel notarial, el instrumento público de formalización del plan se considerará documento sin cuantía y los folios de la matriz y de las copias no devengarán cantidad alguna.

(iii) De la homologación del plan de reestructuración (art. 684.2 y siguientes):

(1) Necesidad de la aprobación del plan por el deudor y sus socios.

(2) La confirmación facultativa de la división en clases sólo puede ser solicitada por el deudor.

(3) Aprobación: aunque no haya sido aprobado por todas las clases, el plan puede ser homologado si la clase o clases que no lo hayan aprobado reciben un trato más favorable que cualquier otra clase de rango inferior.

PROCEDIMIENTO ESPECIAL PARA MICROEMPRESAS

26. Procedimiento especial de insolvencia para microempresas

La reforma de la Ley 16/2022. El procedimiento especial para microempresas, en materia de insolvencia, fue introducido en el TRLC por la reforma operada por la Ley 16/2022, que dio nueva redacción al Libro III (arts. 685 a 720). Su entrada en vigor no tuvo lugar de forma simultánea al resto de aquella reforma, pues la DF 19.ª **de la Ley 16/2022 la aplazó al 1 de enero de 2023, por la necesidad de desarrollar los instrumentos informáticos previstos, especialmente (i) los formularios normalizados y la plataforma informática que los contiene (***cfr.* DA 4.ª **de la Ley 16/2022) y (ii) la plataforma electrónica para la liquidación de los bienes y derechos de las microempresas (***cfr.* DA 2.ª **de la Ley 16/2022), todo lo cual se llevó a efecto con la publicación de la Orden JUS/1333/2022, de 28 de diciembre.**

Derecho supletorio (art. 689.1). En todo lo no previsto en el Libro III sobre el régimen de la insolvencia de microempresas será de aplicación supletoria lo establecido en el Libro I (concurso de acreedores) y el Libro II (preconcurso), con las adaptaciones que resulten precisas.

27. Características del procedimiento

(1) **Procedimiento de naturaleza obligatoria**, no meramente facultativo, para las personas naturales o jurídicas que desarrollen una actividad empresarial o profesional que, por su reducida dimensión, puedan ser calificadas de «microempresas» (*cfr.* art. 685.1). No se aplicará al consumidor.

(2) **Es un procedimiento universal, pues comprende la totalidad del activo del deudor** (art. 685.3). Afectará a la totalidad de sus bienes y derechos en la fecha de apertura del procedimiento especial y los que adquiera durante el procedimiento, con excepción, en su caso, de los bienes y derechos legalmente inembargables. Si el deudor estuviera casado, serán de aplicación los artículos relativos al régimen económico matrimonial del capítulo I del título IV del Libro I.

(3) **Igualmente, afecta a la totalidad del pasivo del deudor** (art. 685.4). El procedimiento afectará a todos los acreedores del deudor, con independencia del origen y naturaleza de la deuda.

(4) **Se regulan dos modalidades o cauces** (art. 685.5). Podrá tramitarse **(i) como procedimiento de continuación** o **(ii) como procedimiento de liquidación** con o sin transmisión de la empresa en funcionamiento. Serán el deudor y los acreedores quienes habrán de optar por qué concreta modalidad pretenden seguir (art. 693.1), con la sola excepción del art. 686.4 cuando señala que, si al menos el 85 % de los créditos correspondiesen a acreedores públicos, el procedimiento especial solo podrá tramitarse como procedimiento de liquidación.

(5) **Cabe la conversión de una a otra modalidad de tramitación** (art. 693). Se contemplan dos supuestos distintos en función del porcentaje del pasivo que los acreedores solicitantes representen: (i) Los acreedores cuyos créditos representen más del 50 % del pasivo podrán, en cualquier momento, solicitar la conversión del procedimiento de continuación en uno de liquidación sin necesidad de justificación adicional, siempre que el deudor se encuentre en insolvencia actual. (ii) Los acreedores cuyos créditos representen el 25 % del pasivo podrán, en cualquier momento, solicitar la conversión de un procedimiento de continuación en uno de liquidación cuando, objetivamente, no exista la posibilidad de continuación de la actividad en el corto y medio plazo.

Solicitud de conversión (art. 693.4). Los acreedores, en las cuantías señaladas, realizarán la solicitud por medio del formulario normalizado.

Tramitación (art. 693). Una vez recibida la solicitud y comprobada la cuantía del pasivo en virtud de la documentación disponible, el LAJ notificará la solicitud al deudor y al resto de los acreedores. En el plazo de 3 días hábiles desde la notificación, el deudor y los acreedores podrán oponerse a la conversión alegando, exclusivamente, la insuficiencia de la cuantía del pasivo instante de la conversión (en el caso del apartado 2), y la insuficiencia del pasivo o la posibilidad objetiva de continuación (en el del apartado 3), adjuntando la documentación que consideren oportuna. En ambos casos, el deudor podrá oponerse alegando que no está en estado de insolvencia actual.

Resolución sobre el cambio de tramitación solicitada (art. 693.5). El juez resolverá mediante auto sobre la conversión del procedimiento transcurridos los 3 días sin que se haya producido oposición. Cuando el deudor o los acreedores se hayan opuesto, el juez, excepcionalmente, podrá convocar a las partes a una vista, que habrá de celebrarse dentro de los 5 días hábiles siguientes a la recepción de la oposición. Si se convoca la vista, el juez resolverá en el acto de la vista o en los 3 días hábiles siguientes. Si no considera necesaria la vista, el juez resolverá dentro de los 5 días hábiles siguientes a la recepción de la oposición.

Contenido de su decisión. El juez rechazará la conversión (i) si no se han alcanzado las mayorías requeridas del pasivo o, (ii) en el caso del supuesto regulado en el apartado 3, si se acredita objetivamente la posibilidad de continuación de la actividad a corto y medio plazo, y, (iii) en ambos casos, cuando quede acreditado que el deudor no se encuentra en estado de insolvencia actual.

La apertura del procedimiento especial de liquidación se realizará mediante auto.

(6) **Es un procedimiento que pivota sobre la figura del deudor**, así como el concurso de acreedores lo hace sobre la figura del AC, pues, con carácter general, no se prevé su nombramiento.

Sanción (art. 688). Castiga con especial dureza la presentación de información o documentación gravemente inexacta o falsa por parte del deudor; el procedimiento especial se calificará como culpable, en todo caso, cuando el deudor hubiera cometido inexactitud grave en cualquiera de los formularios normalizados remitidos o en los documentos acompañados a los mismos presentados durante la tramitación del procedimiento especial, o hubiera acompañado o presentado documentos falsos.

Norma interpretativa (art. 688.2). Se entenderá que se incurre en inexactitud grave cuando el importe total de un ejercicio, del pasivo o el del activo o el de los ingresos o el de los gastos fuese realmente superior o inferior al 20 % del consignado en el formulario, siempre que suponga un importe de al menos 10.000 euros.

Acción penal. Si el juez, las partes o, en su caso, la AC, apreciaran la posible existencia de delito no perseguible únicamente a instancia de persona agraviada, se acordará poner a disposición del MF el expediente judicial electrónico, por si hubiere lugar al ejercicio de la acción penal.

28. Especialidades de su régimen procesal

(i) **Tramitación telemática** (art. 687). Todos los actos procesales del procedimiento especial se realizarán mediante presencia telemática. Los actos de comunicación se practicarán por medios electrónicos.

(ii) **Utilización de formularios normalizados**. Es obligatorio su uso, en internet a través de la plataforma creada en la sede electrónica correspondiente, sin coste económico, en donde se podrán descargar, cumplimentar y enviar los formularios debidamente cumplimentados, así como también las indicaciones o directrices para su utilización. La totalidad del procedimiento se prevé que tendrá naturaleza electrónica.

(iii) **Representación y defensa** (art. 687.6). La participación del deudor en el procedimiento especial requerirá asistencia letrada y representación procesal mediante procurador. Nada se dice respecto de la postulación del acreedor, por lo que se entiende que es necesario su personamiento con procurador y asistencia letrada, salvo en aquellos concretos supuestos en los que sea factible cualquier intervención por medio de la cumplimentación de un formulario que no lo requiera; p.ej., para votar un plan de continuación propuesto por el deudor.

(iv) **Resoluciones judiciales** (art. 687.3). Como regla general, y salvo que se establezca lo contrario, el juez podrá dictar resolución al finalizar la vista de manera oral.

Su contenido: (1) Tratándose de resoluciones distintas de sentencia, se documentarán con expresión del fallo y motivación sucinta de aquellas resoluciones. (2) Tratándose de sentencias, el juez al pronunciarlas oralmente hará expresión de (i) las pretensiones de las partes, (ii) las pruebas propuestas y practicadas y, en su caso, (iii) de los hechos probados a resultas de las mismas, (iv) haciendo constar las razones y fundamentos legales del fallo que haya de dictarse, con expresión concreta de las normas jurídicas aplicables al caso. (v) El fallo se ajustará a las previsiones de la regla 4.ª del artículo 209 LEC.

Su documentación (art. 687). La sentencia se documentará en un soporte audiovisual apto para la grabación y reproducción de la imagen y del sonido, sin perjuicio de la ulterior redacción por el juez del encabezamiento, la mera referencia a la motivación pronunciada oralmente dándose por reproducida y el fallo íntegro. Cuando la sentencia pueda ser recurrida, se dará traslado a las partes personadas de copia de la grabación original, en la notificación de la resolución, junto con el testimonio del texto redactado sucintamente, o bien se les dará acceso electrónico a la grabación.

(v) **Recursos contra las resoluciones** (art. 687.4). **Contra los autos y sentencias** dictadas en el procedimiento especial no cabrá recurso alguno, salvo que se establezca lo contrario. **Contra los decretos del LAJ** podrá interponerse recurso directo de revisión.

Cómputo del plazo (art. 687.5). El plazo para recurrir comenzará a contar desde que se notificase a la parte la resolución dictada mediante el traslado de copia de la grabación original o el acceso electrónico a la misma, junto con el testimonio del texto redactado.
Su eficacia. El recurso no tendrá efectos suspensivos, sin perjuicio de la facultad del juez de acordar la suspensión de actuaciones que puedan ser afectadas por su resolución conforme a lo previsto en la legislación procesal civil.

(vi) **Sede electrónica de ciertas Administraciones públicas** (art. 687). Los datos correspondientes a los formularios normalizados del libro III destinados a la AEAT y a la TGSS se deben trasladar de forma síncrona a través de servicios de interconexión e intercambio de datos desde la Administración de Justicia a la sede electrónica de dichos organismos.

29. Presupuestos para la aplicación del procedimiento especial

Presupuestos subjetivos (art. 685.1). El procedimiento especial será aplicable a los deudores que reúnan los siguientes requisitos:

(i) **Ser persona natural o jurídica**. Son excluidos aquellos «entes» carentes de personalidad jurídica propia, aun cuando desarrollen una actividad económica.

(ii) **Llevar a cabo una actividad empresarial o profesional**. Supone excluir a los «consumidores», quienes tramitarán su insolvencia con sujeción al concurso de acreedores.

(iii) **Que reúnan ciertas características** (art. 685.1). Delimita el concepto legal de «microempresa»:

- **(1.ª)** **Menos de 10 trabajadores.** Haber empleado durante el año anterior a la solicitud una media inferior. Este requisito se entenderá cumplido cuando el número de horas de trabajo realizadas por el conjunto de la plantilla sea igual o inferior al que habría correspondido a menos de 10 trabajadores a tiempo completo.
- **(2.ª)** **Volumen de negocio o pasivo.** Inferior a 700.000 euros o un pasivo inferior a 350.000 euros según las últimas cuentas cerradas en el ejercicio anterior a la presentación de la solicitud. En esta segunda característica la concurrencia ya es alternativa, no acumulativa.

Grupo de sociedades (art. 685.2). Si formase parte de un grupo, los criterios fijados en el apartado anterior se computarán en base consolidada y no en base individual.

Presupuesto objetivo: la insolvencia (art. 686.1). La «microempresa» se ha de encontrar en un estado de insolvencia, en cualquiera de sus modalidades, (i) actual, (ii) inminente o (iii) probable.

Deber legal de solicitud (art. 686.2). El deudor tendrá el deber legal de solicitar la apertura del procedimiento especial dentro de los 2 meses siguientes a la fecha en que hubiere conocido o debido conocer el estado de insolvencia actual. Salvo prueba en contrario, se presumirá que el deudor ha conocido que se encuentra en estado de insolvencia actual cuando hubiera acaecido alguno de los hechos que pueden servir de fundamento a una solicitud de cualquier otro legitimado.
El procedimiento especial de liquidación sin transmisión de la empresa en funcionamiento requerirá la existencia de insolvencia actual o inminente, si lo solicita el deudor, o actual, si lo solicitan legitimados distintos del deudor.

30. Comunicación de apertura de negociaciones

Régimen «preconcursal». **Comunicación de la apertura de negociaciones** (art. 690). Cualquier microempresa podrá comunicar al juzgado competente para la declaración de concurso la apertura de negociaciones con los acreedores con la finalidad de acordar (i) un plan de continuación o (ii) una liquidación con transmisión de empresa en funcionamiento en el marco de un procedimiento especial, siempre que se encuentre en (i) probabilidad de insolvencia, (ii) insolvencia inminente o (iii) insolvencia actual.

(i) **Legitimación para la comunicación**. Corresponde, de manera facultativa, a cualquier microempresa. Es una legitimación exclusiva, no gozan de legitimación sus acreedores.

(ii) **Requisito objetivo para la comunicación**. Se requiere la concurrencia de un estado de insolvencia, en cualquiera de sus tres modalidades de (i) insolvencia actual, (ii) inminente o (iii) probable.

(iii) **Juzgado competente**. Lo es el competente para conocer del procedimiento especial de microempresas, que no es otro que el juzgado de lo mercantil del lugar en que se encuentre el centro de los intereses principales de la microempresa que, en caso de tratarse de una persona jurídica, se presume que se halla en el lugar del domicilio social (*cfr.* art. 45).

(iv) **Plazo para la comunicación**. Por el juego de la remisión del art. 690.3 a la regulación del «preconcurso», es necesario distinguir: **(1) en caso de insolvencia actual**, podrá efectuar la comunicación en tanto no haya sido admitida a trámite una solicitud de apertura de procedimiento especial a instancia de un acreedor (*cfr.* art. 585.2 en relación con el art. 691 ter) y antes de que haya transcurrido el plazo de 2 meses desde que el deudor conoció o debió conocer su estado de insolvencia; y, **(2) en caso de insolvencia inminente o probable**, puede efectuar la comunicación en cualquier momento.

(v) **Finalidad de la comunicación**. Buscará acordar, entre deudor y acreedores, (i) un plan de continuación o (ii) una liquidación con transmisión de empresa en funcionamiento en el marco de un procedimiento especial. Así pues, para la simple liquidación, sin transmisión de empresa en funcionamiento, no es posible la comunicación de la apertura de negociaciones.

(vi) **Duración de las negociaciones**. Es de 3 meses, computados desde la presentación de la comunicación en el juzgado, sin que sea posible prórroga alguna (*cfr.* art. 690.3.3.ª).

(vii) **Por medio de formulario electrónico normalizado**. En su contenido deberán recogerse las menciones que establece el art. 586 para la comunicación «preconcursal», por la remisión del art. 690.3.

(viii) **Régimen legal supletorio y especialidades**. Será de aplicación el régimen jurídico regulado en el libro II, título II, capítulos I y II, con las siguientes especialidades: (1.ª) Las referencias al concurso de acreedores se entenderán hechas al procedimiento especial del libro III. (2.ª) No será preceptivo el nombramiento de experto en el periodo de negociaciones abierto a solicitud del deudor. (3.ª) Los efectos de la comunicación de apertura de negociaciones no podrán prorrogarse.

(ix) **Suspensión de las ejecuciones**. No podrá afectar en ningún caso a los **acreedores públicos**, sin excepción alguna.

Si la ejecución recayera sobre **bienes o derechos necesarios** para la continuidad de la actividad empresarial o profesional del deudor, una vez iniciado el procedimiento de ejecución, se podrá suspender exclusivamente en la fase de realización o enajenación por el juez que esté conociendo del mismo. Cuando la ejecución sea extrajudicial, la suspensión la podrá ordenar el juez ante el que se haya presentado la comunicación, exclusivamente en la fase de realización o enajenación. En ambos casos, la suspensión, en su caso, acordada, decaerá perdiendo toda su eficacia una vez transcurridos 3 meses desde el día de la comunicación, quedando sin efectos la suspensión, sin que sea preciso dictar resolución alguna. Debemos tener presente que, dentro de los 5 días siguientes a la finalización del plazo de 3 meses de suspensión, el deudor podrá solicitar la apertura del procedimiento especial que, con carácter general, paralizará las ejecuciones judiciales y extrajudiciales sobre los bienes y derechos del deudor (*cfr.* art. 694.4).

(x) **Inadmisión y suspensión de las solicitudes de procedimiento especial**. Durante el periodo de negociaciones y hasta que transcurran 3 meses desde la fecha de la comunicación no se admitirán a trámite las solicitudes de procedimiento especial presentadas por otros legitimados distintos del deudor. Las presentadas antes de la comunicación que no hubieran sido admitidas a trámite quedarán en suspenso.
Las solicitudes suspendidas y las que se presenten una vez transcurridos los 3 meses del periodo de negociaciones se proveerán dentro de los 5 días hábiles siguientes a la expiración del plazo sin que el deudor hubiera solicitado la apertura del procedimiento especial.

(xi) **Deber de solicitar el procedimiento especial**. Transcurridos los 3 meses del periodo de negociaciones, el deudor que se encuentre en situación de insolvencia actual deberá solicitar la apertura del procedimiento especial dentro de los 5 días hábiles siguientes.

(xii) **Suspensión del deber legal de disolución por pérdidas sociales cualificadas**. Mientras estén en vigor los efectos de la comunicación, quedará en suspenso el deber legal de acordar la disolución por existir pérdidas que dejen reducido el patrimonio neto a una cantidad inferior a la mitad del capital social (*cfr.* art. 363.1 TRLSC) y, en consecuencia, dejará también de tener eficacia la eventual responsabilidad de los administradores sociales por el incumplimiento de ese deber legal.

31. Solicitud de apertura del procedimiento especial

Principio de rogación. El procedimiento especial sólo podrá ser tramitado a instancia de parte legitimada, no cabe su declaración de oficio. La legitimación para poder instarlo es similar a la que se reconoce en el procedimiento concursal, pues el procedimiento se podrá iniciar a petición (i) del deudor (art. 691), (ii) de un acreedor o (iii) de socios de la entidad deudora personalmente responsables de las deudas sociales (art. 691 ter).

(A) Solicitud por el deudor. Requiere la concurrencia de un estado de **insolvencia** en cualquiera de sus modalidades temporales, (i) actual, (ii) inminente o (iii) probable. En caso de deudor persona jurídica, la **competencia** para solicitar la apertura corresponde al órgano de administración.

Postulación y defensa (art. 691.1). El deudor deberá comparecer asistido por abogado. El art. 687.6 dispone que la participación del deudor en el procedimiento especial requerirá asistencia letrada y representación procesal mediante procurador.

Formulario normalizado (art. 691.2). Se presentará y tramitará electrónicamente (i) bien a través de la sede judicial electrónica, (ii) bien en las notarías u (iii) oficinas del RM o (iv) cámaras de comercio que hayan asumido tales funciones. En aquellos casos en los que el deudor no disponga de los medios tecnológicos necesarios para acceder a la sede judicial electrónica, las notarías, las oficinas del registro mercantil o las cámaras de comercio que hayan asumido tal función podrán prestar el servicio que resulte necesario, el cual tendrá carácter gratuito, a los efectos de facilitar la presentación electrónica del formulario. Las personas especialmente habilitadas, esto es, el notario, el registrador mercantil y la cámara de comercio en su caso, deberán comprobar la identidad del solicitante y, en su caso, la representación que ostenten.

Contenido de la solicitud (art. 691.3). El formulario normalizado que presente el deudor deberá estar íntegramente cumplimentado, e incluirá los siguientes extremos:

(1.º) Identificación del deudor, de su domicilio, de su centro principal de intereses y de cualquier otro establecimiento.

(2.º) Breve memoria que (i) justifique la solicitud, que incluya una (ii) descripción de la situación económica, (iii) de la situación de los trabajadores, y una (iv) descripción de las causas y del alcance de las dificultades financieras, incluyendo (v) el tipo de insolvencia en que el deudor alega encontrarse, señalando si esa insolvencia es actual, inminente o probable.

(3.º) Si el deudor fuera persona casada, indicará (i) la identidad del cónyuge, (ii) con expresión del régimen económico del matrimonio. Nada se dice de la pareja de hecho.

(4.º) Elección del (i) procedimiento de continuación o del (ii) procedimiento de liquidación, y, en este último supuesto, si se prevé la transmisión de la empresa en funcionamiento.

(5.º) Elección de alguno de los módulos regulados en el capítulo IV del título II o en el capítulo II del título III del libro III. Es una elección meramente facultativa que no ha de realizarse necesariamente en este momento, distinguiéndose diferentes posibilidades según se siga (i) el procedimiento especial de continuación (*cfr.* arts. 701 a 704) o (ii) el procedimiento especial de liquidación (*cfr.* arts. 712 a 714).

(6.º) (i) El activo, con valoración de cada partida, y (ii) el pasivo, con identificación individualizada de cada acreedor, de la cuantía de cada crédito, de su naturaleza concursal y de si está o no vencido, incluyéndose de manera separada los créditos litigiosos.

(7.º) Enumeración y detalles de los contratos pendientes de ejecución.

(8.º) Enumeración de posibles contingencias susceptibles de afectar al valor de la empresa.

(9.º) Si el deudor fuera empleador, (i) el número de trabajadores con (ii) expresión del centro de trabajo al que estuvieran afectados, y (iii) la identidad de los integrantes del órgano de representación de los mismos si los hubiera, (iv) con expresión de la dirección electrónica de cada uno de ellos.

Tiempo de la solicitud. Por aplicación del régimen concursal supletorio, el deudor no está obligado a solicitar el inicio del procedimiento especial en los casos de (i) insolvencia inminente o (ii) probable, pero sí está obligado a hacerlo en los 2 meses siguientes a la fecha en que conociera o debiera haber conocido su estado de (iii) insolvencia actual (*cfr.* art. 5.1), presumiéndose tal conocimiento cuando concurra alguno de los hechos externos reveladores del art. 2.4.

Sin embargo, el art. 691.5 introduce una especialidad al señalar que el deudor deberá solicitar la apertura de este procedimiento especial en el plazo de 1 mes, una vez transcurridos los 3 meses de incumplimiento en el pago a que se refiere el art. 2.4.5.º [supuestos de sobreseimiento generalizado en el pago de (i) obligaciones tributarias exigibles durante los 3 meses anteriores a la solicitud, (ii) el de las cuotas de la seguridad social durante el mismo período o el de (iii) salarios e indemnizaciones de trabajadores correspondientes a las 3 últimas mensualidades]. La sanción para el caso de incumplimiento de la obligación de pronto inicio del procedimiento especial, estableciendo que, de no solicitarse el procedimiento en el plazo anterior, las quitas y esperas que resulten de la aprobación del plan de continuación no afectarán a los créditos tributarios y de seguridad social.

Comunicación a la Administración (art. 691 bis). El deudor comunicará en el plazo de 72 horas a la TGSS y a la AEAT la presentación de solicitud de apertura de procedimiento especial de continuación sobre el que conste su condición de acreedora.

Forma. Será a través del medio habilitado al efecto por ambos organismos y, en todo caso, se acompañará de un documento de reconocimiento de deuda actualizado a la fecha.

Sanción para el caso de incumplimiento. Excluirá a los créditos de Seguridad Social y de la Agencia Tributaria de las quitas y esperas que resulten de la aprobación del plan de continuación.

(B) Solicitud por acreedor o (C) por socio personalmente responsable (art. 691 ter.1). Los acreedores o los socios personalmente responsables de las deudas del deudor que se encuentre en estado de insolvencia actual podrán solicitar la apertura del procedimiento especial mediante la presentación del formulario normalizado.

Insolvencia. Su legitimación sólo concurre en el supuesto de insolvencia actual, no si sólo es probable o inminente.

Defensa y postulación. Nada se dice sobre el deber de representación procesal y defensa letrada, por lo que se debe entender aplicable la obligatoriedad que para el concurso establece el art. 6.2.

Socio personalmente responsable por las deudas. Es indiferente que esa responsabilidad sea solidaria o subsidiaria, pues el texto no distingue al respecto. Comprende los mismos supuestos que en el caso del concurso de acreedores; remisión a su sede. Esa legitimación no debe extenderse a quienes, siendo socios, su responsabilidad personal se deriva de otra condición distinta, como puede ser, p.ej., la de administrador social o la de fiador.

Contenido de la solicitud en formulario normalizado (art. 691 ter.2). Deberá estar íntegramente cumplimentado, incluyendo los siguientes extremos:

(1.º) Identificación completa del solicitante y del deudor cuyo procedimiento especial se solicita, debiendo incluirse preceptivamente una dirección de correo electrónico a efectos de la práctica de comunicaciones durante la tramitación del procedimiento.

(2.º) Breve memoria explicativa que justifique la solicitud, que incluya, en su caso, una descripción del crédito que ostente frente al deudor, y una justificación explicativa de la situación de insolvencia actual con alegación del hecho o hechos externos reveladores de acuerdo con el libro I (*cfr.* art. 2.4).

(3.º) Elección de un procedimiento de continuación o de un procedimiento de liquidación.

(4.º) Elección de alguno de los módulos regulados en el capítulo IV del título II o en el capítulo II del título III del libro III. Vale lo dicho al tratar de la solicitud a instancia del deudor.

Aportación de los documentos (art. 691 ter.3). El solicitante deberá entregar por medios electrónicos los documentos justificativos necesarios. Deberá estar en disposición de entregar las copias autenticadas u originales de los documentos, en caso de ser requerido al efecto, en los 5 días hábiles siguientes al requerimiento.

32. Tramitación de la apertura del procedimiento especial

Juzgado competente (art. 691 quater.1). Es el que correspondería en caso de concurso de acreedores. El juez tendrá igualmente competencia para conocer de cualquier incidente que se suscite en el procedimiento especial. Remisión a todo lo que en sede concursal se expone en relación con la competencia objetiva, territorial e internacional.

Reparto (art. 691 quater.2). La solicitud será repartida y remitida a la oficina judicial que corresponda el mismo día de la presentación o el siguiente día hábil.

Admisión (art. 691 quater.3). En el mismo día o, en el siguiente hábil al del reparto, el LAJ examinará la solicitud y comprobará el cumplimiento de todos los requisitos legales.

- (i) **Cuando estime que la solicitud es completa**, la tendrá por efectuada por decreto con efectos desde la fecha de presentación.
- (ii) **Cuando la solicitud adoleciera de algún defecto** (art. 691 quater.4), el LAJ concederá al solicitante un plazo de 3 días para su subsanación. Si el solicitante no procede a la subsanación requerida, el LAJ dará cuenta al juez para que resuelva sobre la admisión. En caso contrario, una vez subsanado el defecto, el LAJ tendrá la solicitud por efectuada de acuerdo con el apartado anterior.

Solicitud por acreedor o tercero: emplazamiento del deudor (art. 691 quinquies.1). El LAJ notificará la solicitud al deudor para que éste, en el plazo de 5 días desde la notificación, realice una de las siguientes actuaciones:

- (1.º) **Acepte la solicitud** y presente el formulario normalizado de apertura del procedimiento especial, acompañando la documentación necesaria. La falta de actuación por el deudor debidamente notificado se entenderá como aceptación de la solicitud.
- (2.º) **Cuando la solicitud del acreedor o del socio personalmente responsable sea de apertura del procedimiento especial de continuación**, rechace tal posibilidad y solicite la apertura del procedimiento especial de liquidación. Esta solicitud del deudor abrirá de manera automática el procedimiento especial de liquidación siempre que haya sido debidamente presentada y concurran los requisitos legales. No es posible tramitar el procedimiento de continuación en contra de la voluntad del deudor.
- (3.º) **Cuando la solicitud del acreedor o del socio personalmente responsable sea de apertura de un procedimiento especial de liquidación**, rechace tal posibilidad y solicite la apertura del procedimiento especial de continuación. Esta solicitud del deudor abrirá de manera automática el procedimiento especial de continuación siempre que haya sido debidamente presentada y concurran los requisitos legales. No cabe la liquidación contra la voluntad del deudor; sin embargo, será posible la conversión en procedimiento de liquidación en los términos previstos en el art. 693.

(4.º) **En caso de no encontrarse en situación de insolvencia actual, se oponga** a la apertura del procedimiento especial presentando el formulario normalizado, y alegando y probando la solvencia actual. En este supuesto, el deudor podrá solicitar una ampliación de plazo por otros cinco días hábiles.

Posibles motivos de oposición. La oposición del deudor podrá fundarse en (i) la falta de legitimación del solicitante, (ii) la inexistencia del hecho externo revelador del estado de insolvencia en que se fundamente la solicitud o (iii) que no se encontraba o ya no se encuentra en estado de insolvencia actual. No podrá formular oposición el deudor por esta causa si la solicitud presentada por el acreedor se fundara en (1) la existencia de un título por el cual se hubiera despachado ejecución o apremio sin que del embargo hubieran resultado bienes libres conocidos bastantes para el pago; o en (2) la existencia de embargos por ejecuciones pendientes que afecten de una manera general al patrimonio del deudor; o en (3) la falta de pago de obligaciones tributarias exigibles durante los 3 meses anteriores a la solicitud de apertura del procedimiento especial de liquidación, de pago de cuotas de la seguridad social y demás conceptos de reclamación conjunta durante el mismo periodo o de pago de salarios e indemnizaciones derivadas de las relaciones de trabajo correspondientes a las 3 últimas mensualidades.

Comprobación de la solicitud del deudor (art. 691 quinquies.2). En el plazo de 3 días hábiles, el LAJ examinará la solicitud del deudor y, una vez comprobado que dicha solicitud o, en su caso, la oposición, se han presentado en tiempo y forma, las tendrá por presentadas. Si la solicitud o la oposición no cumplen con los requisitos formales, el LAJ lo notificará al solicitante, que tendrá un plazo de 3 días hábiles para modificar la solicitud.

Vista y resolución. En caso de oposición, el juez podrá convocar al deudor y al acreedor que ha instado el procedimiento a una vista, que se celebrará dentro de los cinco días siguientes, y resolverá al final de la misma o dentro del plazo máximo de 3 días hábiles. Si no considera necesaria la celebración de la vista, la resolución deberá dictarse dentro de los 10 días siguientes a la presentación de la solicitud.

33. Auto de apertura del procedimiento especial

Resolución de apertura (art. 692.1). Se realizará mediante auto. Se distinguen dos supuestos posibles: (i) dentro de los 2 días hábiles siguientes a la admisión a trámite de la solicitud, o, (ii) en caso de oposición del deudor, en el auto que la resuelva en los términos previstos en el artículo anterior.

Contenido. El auto de apertura incluirá (i) la identificación del deudor, (ii) el tipo de procedimiento especial, y, en su caso, (iii) mención de los distintos módulos seleccionados por el solicitante, de acuerdo con lo previsto en el capítulo IV del título II o en el capítulo II del título III del libro I. Además, deberá (iv) especificar si, conforme a la documentación e información facilitada en el formulario, el procedimiento especial se declara sobre la base de probabilidad de insolvencia, insolvencia inminente o insolvencia actual. El art. 692.2 señala que, en él, (v) el juez indicará el fundamento de su competencia judicial internacional, indicando si es un procedimiento principal o territorial.

Cuestión de competencia: declinatoria (art. 692.3). El deudor o cualquier acreedor podrá impugnar la resolución de apertura por falta de competencia judicial internacional o territorial mediante declinatoria en el plazo de 10 días a contar desde la publicación en el Registro público concursal de la resolución de apertura del procedimiento especial.

Notificación (art. 692.4). El LAJ notificará el auto al deudor y, en su caso, al acreedor solicitante, y lo remitirá al RPC.

La comunicación de la apertura (i) a los restantes acreedores, así como (ii) al cónyuge del deudor, le compete realizarla por conducto electrónico en todo caso al deudor, sea o no el solicitante de la tramitación del procedimiento (art. 692 bis.1). Con la comunicación va pareja la posibilidad por parte del acreedor de tener acceso «on line» a la documentación presentada en el juzgado, sin necesidad de dar traslado a todos y cada uno de los acreedores de esa documentación.

Para garantizar el cumplimiento de esa obligación, impone el art. 692 bis.2 que cada comunicación se dirigirá simultáneamente al LAJ.

Registros públicos (art. 692 bis.3). Será publicada en el RPC. En caso de apertura a solicitud de los acreedores, la publicación en el RPC surtirá los efectos de notificación respecto del deudor y demás acreedores de cuya dirección electrónica no se tenga constancia.

La apertura del procedimiento especial será inscrita en los registros de personas y bienes conforme a las reglas del libro I (art. 692 bis.4), lo que conlleva la inscripción en (i) el RC, respecto de los deudores personas naturales, en (ii) el RM, para los susceptibles de inscripción en él, sean personas naturales o personas jurídicas, en (iii) otros registros de personas, de otras entidades, como p.ej., los registros de cooperativas y en (iv) los registros de bienes, entre los que, por su importancia, destacamos el (v) RP, el (vi) RVPBM.

34. Elección de modalidad de tramitación y conversión del procedimiento

Modalidades de tramitación. El procedimiento se tramitará como **(i) procedimiento de continuación** o como **(ii) procedimiento de liquidación**. Tanto el deudor como los acreedores y los demás legitimados habrán de optar, en el momento de la solicitud, por una concreta modalidad (art. 693.1). Será posible su conversión, de procedimiento de continuación a procedimiento de liquidación; lo que no es posible es la transformación inversa.

Conversión a instancia de los acreedores. Es necesario distinguir dos supuestos (art. 693.2 y 3):

(1) Los acreedores cuyos créditos representen más del 50 % del pasivo podrán, en cualquier momento, solicitar la conversión del procedimiento de continuación en uno de liquidación sin necesidad de justificación adicional, siempre que el deudor se encuentre en insolvencia actual.

(2) Los acreedores cuyos créditos representen un 25 % del pasivo podrán, en cualquier momento, solicitar la conversión de un procedimiento de continuación en uno de liquidación cuando, objetivamente, no exista la posibilidad de continuación de la actividad en el corto y medio plazo.

En ambos casos los acreedores realizarán la solicitud por medio del formulario normalizado.

Tramitación de la solicitud de conversión (art. 693). Recibida y comprobada la cuantía del pasivo en virtud de la documentación disponible, el LAJ notificará la solicitud al deudor y al resto de los acreedores. En el plazo de 3 días hábiles desde la notificación, el deudor y los acreedores podrán oponerse a la conversión alegando, exclusivamente, la insuficiencia de la cuantía del pasivo instante de la conversión, en el caso del apartado 2, y la insuficiencia del pasivo o la posibilidad objetiva de continuación, en el del apartado 3, adjuntando en todo caso la documentación que consideren oportuna. En ambos casos, el deudor podrá oponerse alegando que no se encuentra en estado de insolvencia actual. Son tasados los diferentes motivos de oposición a la conversión.

Resolución (art. 693.5). El juez resolverá mediante auto sobre la conversión del procedimiento transcurridos los 3 días sin que se haya producido oposición. Cuando el deudor o los acreedores se hayan opuesto, el juez, excepcionalmente, podrá convocar a las partes a una vista, que habrá de celebrarse dentro de los 5 días hábiles siguientes a la recepción de la oposición. Si se convoca la vista, el juez resolverá en el acto de la vista o en los 3 días hábiles siguientes. Si no considera necesaria la vista, el juez resolverá dentro de los 5 días hábiles siguientes a la oposición.

El juez rechazará la conversión si no se han alcanzado las mayorías requeridas del pasivo o, en el caso del supuesto regulado en el apartado 3, si se acredita objetivamente la posibilidad de continuación de la actividad a corto y medio plazo, y, en ambos casos, cuando quede acreditado que el deudor no se encuentra en estado de insolvencia actual.

La apertura del procedimiento especial de liquidación se realizará mediante auto.

35. Efectos de la apertura del procedimiento especial

Efectos generales de su apertura. Distinguimos:

(1) **Facultades patrimoniales del deudor** (art. 694). Mantendrá las facultades de administración y disposición sobre su patrimonio, aunque solo podrá realizar aquellos actos de disposición que tengan por objeto la continuación de la actividad empresarial o profesional, siempre que se ajusten a las condiciones normales de mercado. Es necesario distinguir entre **(i) los actos de administración**, para los que el deudor gozará de plenas facultades, y **(ii) los actos de disposición**, entre los cuales es preciso hacer nueva distinción, entre (a) los que se ajusten a las normales condiciones del mercado y (b) los que exceden de ella, respecto de los cuales ha de entenderse limitada la facultad dispositiva del deudor.

Alteración en las facultades patrimoniales. Es posible introducirla pues, como señala el art. 694.2 las facultades de administración y disposición podrán ser sometidas a las limitaciones establecidas en el capítulo IV del título II o en el capítulo II del título III del libro III. Son las medidas o módulos especiales que pueden ser solicitados en cada una de las modalidades de tramitación del procedimiento especial: (i) en el procedimiento especial de continuación (en el que hay que estar a lo regulado sobre esas medidas o módulos especiales en los arts. 701 al 704) y (ii) en el procedimiento especial de liquidación (cuyos medidas o módulos especiales se regulan en los arts. 712 al 714).

(2) **Limitación de la rescisión de las compensaciones de créditos** (art. 694.3). Protege o blinda las compensaciones de créditos, haciéndolas inmunes al eventual ejercicio de una acción rescisoria si se cumplen cuatro requisitos: (i) que no concurra fraude en las partes que han aplicado la compensación de créditos, entendiendo esa exigencia como la necesidad de que no concurra el «consilium fraudis», esto es, la intención o voluntad de dañar a un tercero; (ii) que la compensación de créditos tenga lugar en el marco de un contrato de cuenta corriente, o, alternativamente, (iii) en el marco de la actividad empresarial o profesional ordinaria del deudor, por lo que no dará cobertura a aquellas operaciones de compensación derivadas de operaciones extraordinarias que sobrepasen ese límite; y, (iv) que concurra un requisito de naturaleza temporal, pues la compensación de créditos ha de tener lugar en los 3 meses anteriores al comienzo del procedimiento especial, que tiene lugar con el correspondiente auto (*cfr.* art. 692.1).

(3) Paralización de las ejecuciones contra el deudor (art. 694.4). La apertura del procedimiento supondrá la paralización de las ejecuciones judiciales o extrajudiciales sobre los bienes y derechos del deudor, con independencia de si la ejecución se había ya iniciado o no en el momento de la solicitud y de la condición del crédito o del acreedor, siendo de aplicación lo previsto en el capítulo II del título II del libro II, con las especialidades aquí previstas.

Excepciones. La suspensión de las ejecuciones no afectará a (i) los créditos con garantía real, sin perjuicio de que el deudor lo solicite de acuerdo con los supuestos que así lo permitan en este libro III; (ii) los créditos que no se vean afectados por el plan de continuación; (iii) los créditos públicos, no se suspenderá la ejecución de los créditos que tengan la calificación de privilegiados de acuerdo con las reglas generales ni, en todo caso, de los porcentajes de las cuotas de la seguridad social cuyo abono corresponda a la empresa por contingencias comunes y contingencias profesionales ni a los porcentajes de la cuota del trabajador que se refieran a contingencias comunes o accidentes de trabajo y enfermedad profesional.

Régimen de paralización de las ejecuciones:

(i) Tiene lugar con la apertura del procedimiento especial, no con la simple solicitud de su inicio.

(ii) Afecta a todas las ejecuciones que se sigan contra el deudor, ya sean (a) judiciales o extrajudiciales, (b) ya iniciadas o que se inicien con posterioridad a la apertura del procedimiento especial, (c) con independencia de la naturaleza del crédito ejecutado y (d) con independencia también de la condición del acreedor ejecutante.

(iii) Se contiene una remisión expresa a la regulación de los efectos del preconcurso (arts. 594 al 610).

(iv) La suspensión no afectará a los créditos con garantía real ni a los que no se vean afectados por el plan de continuación.

(v) Respecto de los créditos públicos, no se suspende la ejecución de (a) los privilegiados ni (b) los de las cuotas de la seguridad social cuyo abono corresponda a la empresa por contingencias comunes o accidentes de trabajo y enfermedad profesional.

Efectos especiales en ciertos supuestos de apertura del procedimiento. Se regulan en los arts. 694 bis y 694 ter una serie de efectos que sólo se producen en determinados supuestos.

(i) En el procedimiento de continuación y (ii) en el de liquidación con transmisión de la empresa en funcionamiento se producen los siguientes efectos especiales:

(1) Efectos sobre los contratos pendientes de ejecución (art. 694 bis.1). Se aplicarán, con las especialidades establecidas en el libro IV, las reglas de la sección 1.ª del capítulo IV del título III del libro I en relación con los efectos sobre los contratos pendientes de ejecución, esto es, las reglas de los arts. 156 al 159, donde se recoge el principio general de vigencia de los contratos (art. 156), y se regulan los efectos sobre los contratos sinalagmáticos pendientes de cumplimiento por uno de los contratantes (art. 157) o por ambos (art. 158).

(2) Efectos sobre los contratos con obligaciones recíprocas pendientes de cumplimiento (art. 694 bis.2). La apertura del procedimiento especial, por sí sola, no afectará a los contratos con obligaciones recíprocas pendientes de cumplimiento. En particular, se tendrán por no puestas las cláusulas contractuales que prevean la suspensión, modificación, resolución o terminación anticipada del contrato por el mero motivo de: (1.º) La presentación de la solicitud de apertura o su admisión a trámite. (2.º) La solicitud de suspensión general o singular de acciones y procedimientos ejecutivos. (3.º) Cualquier otra circunstancia análoga o directamente relacionada con las anteriores.

(3) Suspensión del deber legal de disolución de sociedades por pérdidas cualificadas (art. 694 bis.3). La apertura del procedimiento especial de continuación implicará la suspensión del deber legal de acordar la disolución por pérdidas cualificadas en tanto se tramita, con el juego que ello traerá en orden a la no aplicación de la responsabilidad de los administradores por el incumplimiento del deber legal que ahora se suspende.

(4) Contratos pendientes de ejecución por ambas partes (art. 694 bis.4). La apertura de la liquidación no afectará a los contratos pendientes de ejecución por ambas partes.

(5) Cláusulas resolutorias. Continúa el indicado precepto señalando que no serán válidas las cláusulas que permitan la resolución anticipada en caso de liquidación, en tanto exista la posibilidad de transmisión de la empresa en funcionamiento y no se haya producido un incumplimiento del contrato, posterior o anterior al inicio del procedimiento especial de liquidación.

(iii) En el procedimiento de liquidación sin transmisión de empresa en funcionamiento (art. 694 ter.1). Señala los supuestos en los que se entenderá que el procedimiento de liquidación se realiza sin transmisión de la empresa en funcionamiento: (a) cuando así lo determine el deudor en la solicitud de apertura de la liquidación, (b) cuando así se desprenda del contenido del plan de liquidación o (c) cuando así lo determine el juez tras las alegaciones al plan de los acreedores.

(1) Efecto de conversión en dinero y vencimiento anticipado de créditos (art. 694 ter.2). Tiene lugar desde el momento de la apertura de la liquidación, en tres supuestos, (i) cuando así lo indique el deudor, (ii) se desprenda del plan de liquidación o (iii) lo determine el juez tras las alegaciones realizadas al plan por los acreedores.

(2) Disolución de la sociedad deudora (art. 694 ter.3). La apertura de la liquidación supone la disolución de la sociedad. En caso de sustitución de la deudora por un AC, los administradores y liquidadores podrán desarrollar las funciones de representación de la deudora necesarias para defender sus derechos en el seno del procedimiento especial de liquidación.

(3) Efectos específicos de la liquidación del deudor persona natural (art. 694 ter.4). La apertura de la liquidación del deudor persona natural producirá los efectos específicos en relación con los alimentos y la disolución de la sociedad conyugal previstos en el libro I (concurso).

36. Ejercicio de acciones judiciales para el incremento del patrimonio del deudor

Supuestos regulados. Se recogen dos acciones judiciales.

(i) **(Acción rescisoria** (art. 695). Se distinguen una serie de plazos:

(1) **Plazo para la comunicación de información relevante (30 días)**, art. 695.1. Desde la comunicación de la apertura del procedimiento especial y durante los treinta días hábiles siguientes, los acreedores y los socios personalmente responsables de las deudas del deudor podrán comunicar cualquier información que pueda resultar relevante a los efectos del posible ejercicio de acciones rescisorias contra actos realizados por el deudor. Esa comunicación se hará mediante formulario normalizado. Su realización no constituye requisito alguno para gozar de legitimación para la solicitud de apertura de la calificación abreviada (véase la regulación contenida en el art. 716).

(2) **Plazo para la solicitud de nombramiento de experto o AC (45 días)**, art. 695.2. Dentro de ese plazo, los acreedores que representen al menos el 20 % del pasivo total podrán solicitar el nombramiento de un experto en la reestructuración o un AC a los efectos del ejercicio de acciones rescisorias. Los acreedores que representen un porcentaje del pasivo mayor al que ha solicitado el nombramiento pueden oponerse al mismo, salvo que los solicitantes asuman íntegramente la retribución del experto en la reestructuración o del AC.

(3) **Si ya hubiese experto o AC nombrado** (art. 695.4). Los acreedores que representen al menos el 10 % del pasivo total podrán solicitar el ejercicio de la acción rescisoria. Esa solicitud constituye el paso previo para esos acreedores gocen de una legitimación subsidiaria para el ejercicio de la acción, pues en caso de negativa del experto en la reestructuración o del AC, o en caso de falta de respuesta dentro de los 15 días hábiles siguientes, los acreedores solicitantes tendrán legitimación subsidiaria para entablar la acción rescisoria. Los acreedores litigarán a su costa en interés del procedimiento especial, según el régimen de legitimación activa subsidiaria de acreedores en el libro I.

Ejercicio de las acciones rescisorias. No contiene el Libro III más reglas especiales que las que recoge en sus tres últimos apartados el art. 695, por lo que, en lo no previsto en ellas, será de aplicación el régimen de la acción rescisoria concursal de aplicación supletoria.

(1) La acción no suspenderá el normal desarrollo procesal del procedimiento especial (art. 695.5).

(2) La acción solo podrá ser ejercida en caso de insolvencia actual del deudor (art. 695.6), no cabe su ejercicio en los supuestos de insolvencia inminente o probable.

(3) La acción puede ser objeto de cesión a un tercero y, en caso de procedimiento especial de continuación, su ejercicio puede incluirse en el plan de continuación (art. 695.7).

(ii) Acciones de responsabilidad (art. 696). Las reglas del artículo anterior se aplicarán para el ejercicio de las acciones de responsabilidad contra (i) los administradores, (ii) liquidadores o (iii) auditores de la sociedad deudora cuando se dirijan a exigir responsabilidad civil.

37. El procedimiento especial de continuación

Introducción. Pretende que el profesional o la entidad continúe en el desarrollo de su actividad, superando su insolvencia por medio un acuerdo con sus acreedores que apruebe un «plan de continuación» de esa actividad. Esa aprobación va a requerir de forma ineludible (i) la formación de una lista de acreedores y (ii) una votación, pero las diferencias que separan ambos hitos de los que se siguen en el concurso de acreedores son extraordinarias.

Presentación del plan de continuación (art. 697.1). Podrá ser presentado por el deudor o por los acreedores con la solicitud de apertura del procedimiento especial o en los 10 días hábiles siguientes a la declaración de apertura del procedimiento especial.

Legitimación. Doble criterio de legitimación y de temporalidad. Están legitimados para su presentación tanto (i) el deudor como (ii) los acreedores; podrán hacerlo tanto el uno como los otros (i) con la solicitud o (ii) dentro de los 10 días hábiles siguientes al auto de apertura. Debemos añadir también (iii) al experto en reestructuraciones, cuyo nombramiento, en el seno de un procedimiento de continuación, puede ser solicitado por acreedores que representante cierto porcentaje del pasivo (entre el 20 % y 40 %, según los casos, *cfr.* art. 704).

Si quien solicita la apertura es el deudor, se tramitará el procedimiento de continuación siempre que así lo solicite dentro del plazo correspondiente. Y, si no lo hace, dará lugar de forma automática a la tramitación de un procedimiento de liquidación, siempre que el deudor se encuentre en estado de insolvencia actual. Así lo dice el art. 697.2 cuando señala que la falta de presentación del plan de continuación en el plazo señalado supone la automática conversión del procedimiento en uno de liquidación, salvo que el deudor no se encontrase en situación de insolvencia actual, en cuyo caso podrá plantear oposición conforme a lo dispuesto en los apartados 4 y 5 del artículo 693. La resolución del juez estimando la oposición del deudor supondrá la conclusión del procedimiento especial.

Concurrencia de propuestas (art. 697 bis.4). En caso de que se haya presentado más de una propuesta, se tramitará en primer lugar la presentada por el deudor y, entre las presentadas por los acreedores, se atenderá al orden temporal de presentación. No se permite la simultánea tramitación de varios planes de continuación.

Contenido del plan de continuación (art. 697 ter).

- (1.º) La relación y cuantía de los créditos afectados por el plan.
- (2.º) Los efectos sobre los créditos, que podrán ser tanto quitas como esperas, una combinación de ambas, su conversión en préstamos participativos o su capitalización; si el plan va a afectar a los derechos de los socios, el valor nominal de sus acciones o participaciones sociales.
- (3.º) La agrupación de cada uno de los créditos en clases, que se conformarán de acuerdo con su valor económico, reflejado por la graduación de los créditos en el concurso de acreedores, según el libro I de esta ley.
- (4.º) Un plan de pagos, que incluya con detalle las cuantías y los plazos durante toda la duración del plan de continuación.
- (5.º) Los efectos sobre los contratos con obligaciones recíprocas pendientes de cumplimiento que, en su caso, vayan a quedar afectados por el plan.
- (6.º) Una descripción justificada de los medios con los que propone cumplir con la propuesta, incluyendo las fuentes de financiación proyectadas.
- (7.º) Las garantías con que cuente la ejecución del plan, cuando resulte aplicable.

(8.º) Una descripción justificada de las medidas de reestructuración operativa que prevé el plan, la duración, en su caso, de las medidas, y los flujos de caja estimados, que deberá estar relacionada con el plan de pagos.

(9.º) Una memoria que explique las condiciones necesarias para el éxito del plan de reestructuración y las razones por las que ofrece una perspectiva razonable de garantizar la viabilidad de la empresa en el medio plazo.

(10.º) Las medidas de información y consulta con los trabajadores que, de conformidad con la ley aplicable, se hayan adoptado o se vayan a adoptar.

Cuando el plan contuviera medidas de reestructuración operativa, éstas deberán llevarse a cabo de acuerdo con las normas que les sean aplicables. Las controversias que se susciten en relación con las mismas se sustanciarán ante la jurisdicción competente.

38. Tramitación del plan de continuación

Admisión a trámite (art. 697 bis.1). Recibida la propuesta de plan de continuación, el LAJ comprobará el cumplimiento formal de los requisitos. La propuesta se entenderá admitida a trámite (i) de forma expresa, cuando se dicte la correspondiente resolución o (ii) de forma tácita, cuando transcurran 3 días hábiles sin resolución advirtiendo de defectos.

Subsanación de defectos (art. 697 bis.1). Si el LAJ apreciara la existencia de defectos en la propuesta, concederá un plazo de 3 días hábiles para su subsanación. Transcurrido el plazo referido sin que se hubieran subsanado, el plan se tendrá por no presentado y el juez resolverá por auto la conversión de la liquidación salvo oposición del deudor que acredite que no se encuentra en estado de insolvencia actual.

Comunicación del plan a los acreedores (art. 697 bis.2). Admitida a trámite la propuesta del plan de continuación, el deudor la comunicará electrónicamente a los acreedores en el plazo de 3 días hábiles desde la notificación del LAJ confirmando la correcta realización de la propuesta o desde que hayan transcurrido los 3 días sin notificación alguna por el LAJ. Éste recibirá en copia cada comunicación realizada por el deudor a los acreedores, para así poder comprobar y controlar su efectiva remisión. La obligación de remisión electrónica de la copia pesará sobre el deudor con independencia de que sea él o no el autor de esa propuesta, siendo lógico que así sea, pues sólo él tiene conocimiento de la dirección electrónica de los diferentes acreedores.

Régimen sancionador (art. 697 bis.3). La falta de comunicación o la comunicación extemporánea del deudor a los acreedores constituirá causa de conversión del procedimiento en uno de liquidación, que se declarará por el juez de oficio o a instancia del deudor o de los acreedores.

Consulta e información del plan por los trabajadores (art. 697 quater). Si el deudor es empleador, los representantes legales de los trabajadores tendrán derecho, cuando así lo prevea la legislación laboral, a ser informados y consultados sobre el contenido del plan de continuación con carácter previo a su aprobación u homologación.

Tramitación escrita (art. 697 quinquies.1). El procedimiento de aprobación, alegaciones y votación se realizará por escrito.

Alegaciones al plan de continuación.

Legitimación (art. 697 quinquies.2). Una vez presentado el plan y comunicado su contenido, los **acreedores**, (i) en caso de propuesta presentada por el deudor, o este último y el resto de los acreedores, (ii) en caso de propuesta presentada por los acreedores o por un socio personalmente responsable de las deudas de la sociedad, o el **experto en la reestructuración** en ambos casos, dispondrán de un plazo de 15 días hábiles para realizar alegaciones, aportando la documentación justificativa que consideren oportuno. En el caso del experto en la reestructuración, el plazo se computará desde su nombramiento.

Contenido (art. 697 quinquies.3). Podrán tener por objeto cualquier parte del contenido del plan de continuación, incluidas las referidas a la cuantía, características y naturaleza de los créditos afectados por el plan, según se determinan en la lista de créditos incluida por el deudor en su solicitud o en un momento posterior, tras la apertura del procedimiento a petición de un acreedor o de un socio personalmente responsable de las deudas de la sociedad.

La no formulación de alegaciones (art. 697 quinquies.4). Conllevará su aceptación y la imposibilidad de efectuar una impugnación posterior del mismo en relación con la cuantía, características y naturaleza de su crédito, o con la clase a que ha sido asignado; se entenderá como aceptación tácita e impedirá la impugnación posterior.

Solicitud de inclusión de créditos omitidos (art. 697 quinquies.5). Cualquier persona que tenga un crédito contra el deudor y que no se encuentre en la lista de acreedores incluida en o tras la solicitud de apertura del procedimiento especial, o en la propuesta de plan de continuación, podrá solicitar la inclusión del crédito dentro de los 20 días hábiles siguientes a la apertura del procedimiento especial de continuación. Para ello deberá presentar electrónicamente el correspondiente formulario normalizado.

Resolución sobre las alegaciones y comunicación de créditos omitidos (art. 697 quinquies.7). El LAJ dará traslado de las alegaciones al juez para que este, en el plazo máximo de 15 días hábiles, decida mediante auto. Excepcionalmente, el juez podrá convocar una vista y resolverá mediante auto en los 5 días siguientes a su celebración.

39. Votación del plan de continuación

Sistema de votación. Se abrirán dos períodos de votación distintos, uno para aquellos créditos que no hayan efectuado alegación alguna al plan y un segundo período para los que, habiéndola efectuado o habiendo realizado una comunicación de un crédito omitido en el plan, se encuentren aún pendientes de la correspondiente resolución judicial.

(1) **Créditos que no hayan efectuado alegaciones** (art. 697 quinquies.6). Transcurrido el plazo habilitado al efecto, se abrirá el periodo de votación en relación con los créditos sobre los que no se hayan presentado alegaciones, que durará 15 días hábiles contados a partir de la comunicación electrónica a los acreedores de su comienzo, realizada por el deudor, con copia al LAJ. La votación se realizará por medio del formulario normalizado. Si se hubieran presentado alegaciones relativas al valor de los medios con los que se propone cumplir con la propuesta que tuvieran objetivamente entidad suficiente para influir en el sentido del voto, el juez podrá suspender el comienzo del periodo de votación cuando así haya sido solicitado por el acreedor impugnante.

(2) **Créditos que hayan efectuado alegaciones** (art. 697 quinquies.8). El plazo para la emisión del voto en relación con los créditos sobre los que se hayan realizado alegaciones o que hayan solicitado su inclusión comenzará a contar desde la resolución judicial sobre las mismas.

Consentimientos necesarios para la aprobación definitiva del plan (art. 698.1). Para su válida aprobación, el deudor y, en su caso, los socios de la sociedad deudora que sean legalmente responsables de las deudas sociales, deberán dar su consentimiento al plan propuesto por los acreedores. Cuando el plan contenga medidas que afecten a los derechos políticos o económicos de los socios de la sociedad deudora, se requerirá igualmente el acuerdo de estos, siendo de aplicación lo previsto en el libro II para la adopción del acuerdo.

Créditos afectados por el plan (art. 698.2). Se entenderá que lo son los que tengan esta consideración de acuerdo con lo establecido en el libro II (créditos afectados en la negociación preconcursal).

Principio general (art. 698.3). Cualquier crédito, incluidos los créditos contingentes y sometidos a condición, puede ser afectado por el plan de continuación.

Excepciones: (i) Los créditos de alimentos derivados de una relación familiar, de parentesco o de matrimonio, (ii) los créditos derivados de daños extracontractuales, (iii) los créditos derivados de relaciones laborales distintas de las del personal de alta dirección (iv) ni en el supuesto de los créditos públicos, la parte que deba calificarse como privilegiada. (v) En ningún caso se verán afectados los porcentajes de las cuotas de la seguridad social cuyo abono corresponda a la empresa por contingencias comunes y contingencias profesionales ni los porcentajes de la cuota del trabajador que se refieran a contingencias comunes o accidentes de trabajo y enfermedad profesional.

Límites aplicables al plan (art. 698.5). El plan deberá incluir un tratamiento paritario de los créditos en condiciones homogéneas, y ningún crédito mantendrá o recibirá, de conformidad con el plan, pagos, derechos, acciones o participaciones, con un valor superior al importe de sus créditos.

Límites aplicables a los créditos públicos (art. 698.6). En ningún caso, el plan de continuación podrá suponer para estos créditos: (i) el cambio de la ley aplicable; (ii) el cambio de deudor, sin perjuicio de que un tercero asuma sin liberación de ese deudor la obligación de pago; (iii) la modificación o extinción de las garantías que tuvieren; o (iv) la conversión del crédito en acciones o participaciones sociales, en crédito o préstamo participativo o en un instrumento de características o de rango distintos de aquellos que tuviere el originario. (v) Tampoco podrá suponer quitas ni esperas respecto de los porcentajes de las cuotas de la seguridad social cuyo abono corresponda a la empresa por contingencias comunes y por contingencias profesionales ni a los porcentajes de la cuota del trabajador que se refieran a contingencias comunes o accidentes de trabajo y enfermedad profesional.

Votación, escrutinio y arrastre (art. 698.4). Todo titular de un crédito afectado tendrá derecho al voto por el nominal de su crédito, computándose cada crédito por el principal más los recargos e intereses vencidos.

Escrutinio. No se efectúa por cabezas, es por clases (art. 698.7). La votación se realizará según la división por clases prevista en la propuesta de plan de continuación, con la particularidad de computarse la abstención como un voto favorable.

Arrastre intra-clase. Dentro de cada clase, bastará con obtener una mayoría absoluta del pasivo correspondiente a esa clase. Exigiendo una mayoría reforzada de 2/3 en el caso de que la clase estuviera formada por créditos con garantía rea*l*.

Arrastre inter-clases. Aquellas que han votado en contra del plan podrán verse arrastradas por las que voten a favor, en los términos que establece el art. 698.10;

el plan se considerará aprobado cuando haya sido aprobado por todas las clases de créditos o al menos por: (1.º) Una mayoría simple de las clases, siempre que al menos una de ellas sea una clase de créditos con privilegio especial o general; o, en su defecto, por, (2.º) Una clase que, de acuerdo con la clasificación de créditos del concurso de acreedores, pueda razonablemente presumirse que hubiese recibido algún pago tras una valoración del deudor como empresa en funcionamiento.

Supuesto especial de la AEAT (art. 698.11). Se entenderá que ha votado a favor del plan de continuación que contenga una quita no superior al 15 % del importe de sus créditos ordinarios, salvo que se indique lo contrario (*cfr.* art. 10.3 de la Ley 47/2003, LGP).

Certificación y notificación del resultado (art. 697 quinquies.9). Transcurrido el plazo de votación, el LAJ certificará el resultado y lo notificará electrónicamente al deudor y los acreedores. **Posibilidades**:

(1) **Aprobación provisional del plan** (art. 697 sexies.1). Transcurridos 15 días hábiles sin que se hayan resuelto las alegaciones formuladas o la insinuación de nuevos créditos, y habiéndose alcanzado la mayoría suficiente, el LAJ aprobará provisionalmente el plan de continuación. Continuará la tramitación de las actuaciones, pero no podrán realizarse aquellas que perjudiquen el derecho de los acreedores cuyas alegaciones estuviesen pendientes de resolución.

La aprobación definitiva tendrá lugar cuando se resuelvan todas las alegaciones, momento en que el LAJ procederá a proclamarla, certificando el resultado, y lo notificará electrónicamente al deudor y los acreedores; a partir de entonces comenzará a discurrir el plazo de 10 días hábiles para la solicitud de pronunciamiento judicial sobre la homologación del plan (*cfr.* art. 698 bis.1).

(2) **Rechazo del plan** (art. 697 sexies.3). Cuando, transcurridos los 15 días hábiles, se constate que no será posible alcanzar la mayoría suficiente, el LAJ certificará el rechazo del plan de continuación, con independencia de que se resuelvan las alegaciones pendientes de resolución. El rechazo del plan conllevará la apertura de la liquidación si insolvencia (*cfr.* art. 705.1).

40. Homologación del plan de continuación

Concepto y clases. Es la resolución, expresa o tácita, mediante la que se declara que el plan aprobado es conforme con el ordenamiento jurídico, cumpliendo cumulativamente los requisitos que establece el art. 698 bis.6.

(1) **Homologación expresa**. Tiene lugar mediante una resolución judicial tras una fase de tramitación (art. 698 bis.1). Una vez aprobado el plan por los acreedores, el deudor o los acreedores titulares de créditos afectados por el plan podrán solicitar que el juez se pronuncie sobre la homologación del plan dentro de los 10 días hábiles siguientes a la notificación de la certificación del resultado favorable a la aprobación en el procedimiento escrito.

(2) **Homologación tácita** (art. 698 bis.2). Si, trascurrido el plazo previsto en el apartado anterior, ni el deudor ni ningún acreedor solicitare un pronunciamiento judicial expreso sobre la homologación, el plan se considerará tácitamente homologado. En caso de considerarlo necesario, el deudor o cualquier interesado podrá obtener una declaración de homologación tácita del plan de continuación del juzgado competente. Se reduce considerablemente su posibilidad a la luz del art. 698 bis.3 al recoger los supues-

tos en los que la homologación tácita no será posible. Son: (i) cuando la aprobación del plan se haya conseguido con una mayoría del pasivo cuyo voto se ha considerado positivo por ausencia de voto, según se establece en el artículo precedente. Esta homologación expresa será obligatoria (ii) cuando se incluyan créditos de los acreedores públicos en el plan.

Tramitación de la homologación expresa (art. 698 bis):

(1) Solicitud (art. 698 bis.4). Se realizará mediante presentación de formulario normalizado, junto con las alegaciones que se consideren oportunas.

(2) Traslado al deudor y a los acreedores. Una vez recibida la solicitud, el LAJ dará traslado al deudor y al resto de los acreedores para que, en el plazo de 15 días hábiles, manifiesten lo que consideren oportuno. Si lo considera necesario, el juez podrá convocar a las partes a una vista.

(3) Eventual solicitud de informe de un experto en reestructuración, si fue nombrado. Dentro de la regulación de una de las medidas especiales que pueden solicitarse en la tramitación del procedimiento de continuación, el art. 704 regula el nombramiento de un experto en reestructuración, en cuyo supuesto podrá el juez (facultativamente, en unos casos, y, de forma necesaria en otros) solicitar que informe sobre ciertos aspectos. En este sentido, dice el art. 698 bis.5 que el juez podrá solicitar un informe de un experto en la reestructuración sobre el valor del deudor como empresa en funcionamiento cuando lo considere necesario, y, en todo caso, cuando una clase de acreedores afectados por el plan haya votado en contra. En este supuesto, el plazo máximo para resolver será de veinte días hábiles.

(4) Resolución judicial (art. 698 bis.4). Transcurrido el plazo de alegaciones o, en su caso, la celebración de la vista, el juez dictará auto homologando o rechazando la homologación del plan en un plazo máximo de 10 días hábiles.

Requisitos para la homologación expresa (art. 698 bis.6). El juez procederá a homologar el plan siempre que se cumplan cumulativamente los siguientes requisitos:

(1.º) Que el deudor se encuentre en probabilidad de insolvencia, insolvencia inminente o insolvencia actual y el plan ofrezca una perspectiva razonable de asegurar la viabilidad de la empresa en el corto y medio plazo.

(2.º) Que se hayan observado los requisitos procesales y se hayan alcanzado las mayorías necesarias previstas para el procedimiento especial de continuación.

(3.º) Que los créditos dentro de la misma clase sean tratados de forma paritaria.

(4.º) Que el plan supere la prueba del interés superior de los acreedores, de acuerdo con las reglas del libro II. La remisión debe entenderse realizada al art. 654.7.º, en el que se detallan los supuestos en los que se considerará que el plan no supera esta prueba cuando sus créditos se vean perjudicados por el plan [en aquella norma, de reestructuración, ahora de continuación] en comparación con su situación en caso de liquidación concursal de los bienes del deudor, individualmente o como unidad productiva. A los efectos de comprobar la satisfacción de esta prueba, se comparará el valor de lo que reciban conforme al plan con el valor de lo que pueda razonablemente presumirse que hubiesen recibido en caso de liquidación concursal. Para calcular este último valor, se considerará que el pago de la cuota de liquidación tiene lugar a los dos años de la formalización del plan.

(5.º) Que, en el caso de que el plan no haya sido aprobado por una clase de acreedores, el plan sea justo y equitativo. Como regla general se entenderá que el plan es justo y equitativo (i) cuando la clase de acreedores que haya votado en contra reciba un trato más favorable que cualquier clase de rango inferior, (ii) el plan sea imprescindible para asegurar la viabilidad de la empresa y (iii) los créditos de los acreedores afectados no se vean perjudicados injustificadamente.

(6.º) Cuando se haya concedido o se vaya a conceder financiación al deudor en virtud del plan de continuación, que dicha financiación sea necesaria para asegurar la viabilidad de la empresa y no perjudique injustificadamente los intereses de los acreedores.

(7.º) Se hayan observado los requisitos y efectos previstos en este libro respecto de los acreedores públicos y el deudor se encuentre al corriente en el pago de las deudas tributarias y de seguridad social devengadas que hayan surgido con posterioridad a la solicitud de apertura del procedimiento especial de continuación.

Publicidad e impugnación de la homologación judicial (art. 698 ter). El auto de homologación del plan de continuación se publicará de inmediato en el RPC.

Esa publicación marca el dies a quo para el cómputo del plazo de su impugnación al disponer el art. 698 quater.1 que el auto de homologación del plan de continuación podrá ser impugnado ante la Audiencia Provincial dentro de los 15 días siguientes a la publicación del auto en el RPC, correspondiendo la legitimación activa para esa impugnación a (i) los titulares de créditos afectados que hayan votado en contra del plan y (ii) a los acreedores públicos.

No obstante, esa impugnación del auto de homologación del plan carecerá en todo caso de efectos suspensivos (art. 698 quater.2).

Efectos respecto de la financiación (art. 698 quinquis.1). Los créditos derivados de la financiación interina otorgada desde el comienzo del periodo de negociación, y, en su ausencia, durante los 3 meses anteriores a la declaración del procedimiento especial de continuación, o por nueva financiación, otorgada para la implementación de dicho plan, serán calificados conforme a lo establecido en el libro I [del concurso de acreedores] para los créditos por financiación interina o nueva en el concurso de acreedores. Para que la financiación concedida antes de la apertura del procedimiento especial se considere interina, será necesario que el plan de continuación haya sido aprobado o que se haya enajenado la unidad productiva.

41. Posibles vicisitudes finales del plan de continuación

Enumeración de las posibles vicisitudes. Una vez que se abre la vía del procedimiento especial por la modalidad del plan de continuación, las únicas posibilidades que caben, respecto del mismo, son (i) que se dé su total cumplimiento o (ii) que se frustre el plan de continuación, en cuyo ámbito se ha de encuadrar también el supuesto en el que, simplemente, (iii) el deudor lo incumple.

Cumplimiento del plan de continuación (art. 699). Presunción legal de cumplimiento del plan al señalar que éste se considerará cumplido, sin necesidad de ulterior trámite, cuando, pasados 30 días naturales del plazo del último pago previsto, ningún acreedor hubiera solicitado la declaración de incumplimiento. El juez así lo declarará mediante auto, de oficio o a solicitud del deudor.

Frustración del plan de continuación (art. 699 bis). Son los supuestos en los que se produce la apertura del procedimiento de liquidación porque el plan de continuación no llega a cumplir la función para él prevista por cualquiera de las siguientes causas que determinarán la apertura del procedimiento especial de liquidación, siempre que el deudor se encuentre en insolvencia actual.

(i) **Falta de aprobación** (art. 699 bis.2). En el caso de que no se hubieran alcanzado las mayorías necesarias, el juez declarará mediante auto la apertura de la liquidación en el mismo día o dentro de los dos días hábiles siguientes a la finalización del procedimiento escrito.
(ii) **Rechazo de la homologación**, dice el art. 699 bis.3 TRLC, el juez, en el mismo auto, acordará la apertura del procedimiento especial de liquidación.
(iii) **Estimación de la impugnación de la homologación judicial**. A este supuesto se refiere en art. 699 bis.4 al decir que, en caso de estimación del recurso frente al auto de homologación, el juez acordará la apertura del procedimiento especial de liquidación el día siguiente al de la comunicación de la sentencia por la Audiencia Provincial.
(iv) **Incumplimiento del plan de continuación**. Trataremos más adelante, sus especialidades.

Efectos de la frustración del plan. Tienen lugar los siguientes:

(i) **Cese del experto en la reestructuración** (art. 699 bis.5). La terminación del procedimiento de continuación implicará su cese automático.
(ii) **Posibilidad de impugnación del auto de apertura de la liquidación** (art. 699 bis.6). En los supuestos anteriores, el deudor podrá impugnar el auto de apertura de la liquidación alegando que no se encuentra en insolvencia actual. Para ello, tendrá un plazo de cinco días hábiles desde la publicidad del auto de apertura. La impugnación se realizará mediante presentación de formulario normalizado, que irá acompañado de la documentación probatoria que considere conveniente. El juez podrá convocar a una vista tanto al deudor como a los acreedores o al experto en la reestructuración, si hubiese sido nombrado, dentro de los 10 días hábiles siguientes a la presentación del formulario normalizado y resolverá oralmente, al final de la misma o dentro de los cinco días hábiles siguientes, si procede la tramitación del procedimiento especial de liquidación o, por el contrario, su conclusión.

Se ha de tener presente, en cuanto a los efectos de la impugnación del auto de apertura de la liquidación que esa impugnación no tendrá efectos suspensivos, sin perjuicio de las medidas cautelares que el juez considere oportunas, según declara el apartado séptimo del art. 699 bis TRLC.

Incumplimiento del plan de continuación. No basta con el mero incumplimiento del plan por parte del deudor. Es necesario, además, obtener una declaración judicial de incumplimiento, para lo que se ha de tramitar el procedimiento regulado en el art. 699 ter:

(1) **Legitimación activa**. Cualquier acreedor que estime incumplido el plan de continuación en relación con su crédito podrá solicitar la declaración de incumplimiento durante el plazo de 2 meses desde que se produjo. La legitimación viene dada por el incumplimiento «en relación con su crédito», por lo que es necesario esa afectación directa, no bastando con un mero incumplimiento respecto del crédito de un tercero. Parece, claramente, de caducidad para el ejercicio de la acción, no de prescripción.
(2) **Solicitud**. Se realizará mediante formulario normalizado.
(3) **Prueba del incumplimiento**. La falta de pago en tiempo y forma o el incumplimiento de cualquier obligación establecida en el plan en favor del acreedor solicitante de la declaración de incumplimiento será prueba de dicho incumplimiento.
(4) **Celebración facultativa de vista pública**. El juez podrá convocar al deudor y a los acreedores que considere a una vista, que deberá celebrarse dentro de los 10 días hábiles siguientes a la presentación del formulario

normalizado.

(5) **Resolución**. El juez resolverá oralmente al final de la vista o dentro de los cinco días hábiles siguientes, declarando incumplido el plan y abierto el procedimiento especial de liquidación o, en caso de que no se considere probado el incumplimiento, rechazando la solicitud.

(6) **Efectos en caso de declaración de incumplimiento del plan** (art. 699 ter.4). Norma de remisión a la regulación del concurso de acreedores sobre el incumplimiento del convenio.

Supuesto especial de apertura del procedimiento de liquidación (art. 699 quater). Se configura un supuesto especial en el que, sin que se pueda hablar propiamente de un incumplimiento del plan de continuación, se produce la apertura de del procedimiento especial de liquidación. También determinará la apertura del procedimiento especial de liquidación, en todo caso, que el deudor no se encuentre al corriente en el cumplimiento de las obligaciones tributarias o frente a la Seguridad Social impuestas por las disposiciones vigentes, siempre que su devengo sea posterior al auto de apertura del procedimiento especial.

Exoneración del pasivo insatisfecho (art. 700). En todos los casos de frustración del plan de continuación, si el deudor fuera persona física, podrá solicitar la exoneración del pasivo insatisfecho conforme a lo establecido en el libro I.

42. Medidas o módulos que se pueden solicitar en el procedimiento de continuación

Enumeración. Se deja en manos de las partes la posibilidad de incluir otras medidas o módulos, ya desde el momento inicial de solicitud de su tramitación. Se trata de:

(i) **Solicitud de suspensión de las ejecuciones** (art. 701). La sola apertura del procedimiento especial no suspende la ejecución de los créditos con garantía real ni de los créditos públicos (*cfr.* art. 694.4). Mediante de este **módulo se busca la ampliación de la suspensión de las ejecuciones. Así,** con la solicitud de apertura del procedimiento especial de continuación o en cualquier momento posterior, el deudor podrá solicitar la suspensión de las ejecuciones judiciales o extrajudiciales sobre los bienes y derechos necesarios para la actividad empresarial o profesional que deriven del incumplimiento de un crédito con garantía real o de un crédito público, con independencia de si la ejecución se había ya iniciado o no en el momento de la solicitud y de la condición del crédito o del acreedor. Así pues, debemos distinguir:

(1) **Legitimación**: sólo le corresponde al deudor.

(2) **Ámbito objetivo**: sólo cuando afecte a bienes o derechos «necesarios» para la actividad empresarial o profesional, siendo irrelevante que la ejecución ya se haya iniciado o no en el momento de realizarse la solicitud.

(3) **Solicitud**. Se solicitará mediante formulario normalizado. Por lo que se refiere al momento, puede hacer con la misma solicitud de apertura del procedimiento especial o en cualquier otro momento posterior.

(4) **Adopción de medidas por el LAJ**. Dentro del mismo día o el primer día hábil siguiente, comprobará la concurrencia de los requisitos legales de forma, ordenará su publicación en el Registro público concursal, y notificará electrónicamente la suspensión al acreedor y al juzgado o a la autoridad que estuviese conociendo de la ejecución. La suspensión producirá efectos desde que el juzgado o autoridad que estuviere

conociendo de la ejecución recibiera la notificación.

(5) **Duración de la suspensión**. Se mantendrá hasta el momento en que se compruebe objetivamente que no se aprobará un plan de continuación, y, en todo caso, por un máximo de 3 meses desde el decreto en que se tenga por efectuada la solicitud. Transcurridos esos 3 meses, quedará sin efectos la suspensión, sin que sea preciso dictar acto alguno por el LAJ.

(6) **Posible oposición por el acreedor**. El acreedor podrá oponerse a la suspensión en caso de que no concurran los requisitos legales incluidos en este artículo. La oposición deberá interponerse en 5 días hábiles desde la notificación, mediante formulario normalizado presentado electrónicamente. El deudor tendrá 3 días hábiles para formular alegaciones. Si lo considera necesario, el juez convocará a las partes a una vista, que deberá celebrarse dentro de los 10 días siguientes a la finalización del plazo de alegaciones del deudor. El juez resolverá mediante auto dentro de los 10 días siguientes a la expiración del plazo de alegaciones por el deudor, u oralmente al final de la vista o dentro de los 2 días siguientes, en caso de celebración de una vista virtual. El trámite de oposición no tendrá efectos suspensivos y el auto que lo decida no será susceptible de recurso alguno.

(ii) **Solicitud de un procedimiento de mediación** (art. 702). Tiene por objeto el nombramiento por el juzgado de un mediador con el fin de facilitar la negociación del plan de continuación.

(1) **Legitimación activa**. Corresponde (i) al deudor o (ii) acreedores cuyos créditos representen al menos un 20 % del total del pasivo.

(2) **Momento de la petición**. En cualquier momento desde la apertura del procedimiento especial hasta el final del plazo de votación.

(3) **Finalidad y régimen aplicable**. Su única finalidad es la negociación de un plan de continuación entre el deudor y los acreedores, y se regirá por lo dispuesto en este artículo y por lo dispuesto para el nombramiento de un experto en la reestructuración en este libro en cuanto a la elección, designación y retribución.

(4) **Mecanismos de mediación**. Como regla general, la mediación se realizará por medios electrónicos, por videoconferencia u otro medio análogo de transmisión de la voz o la imagen, siempre que quede garantizada la identidad de los intervinientes.

(5) **Breve duración**. Tendrá una duración máxima de 10 días hábiles. No significa ello que necesariamente haya de ser agotado ese plazo, pues si, en algún momento, el mediador entiende que no es posible alcanzar un acuerdo, cerrará formalmente de manera definitiva la mediación y lo notificará al juzgado. En tal caso, de cierre anticipado, prevé el quinto y último apartado del precepto una especial consecuencia al señalar que, si el mediador hubiera cerrado anticipadamente la mediación, el deudor o acreedores con un veinte por ciento del total del pasivo podrán solicitar la apertura del procedimiento especial de liquidación siempre que el deudor se encuentre en estado de insolvencia actual.

(iii) **Solicitud de limitación de las facultades patrimoniales del deudor** (art. 703). La declaración del procedimiento especial no altera las facultades de administración y de disposición del deudor. Con esta medida o módulo se pretende introducir una excepción en ese régimen general, introduciendo la posibilidad de limitar las facultades patrimoniales del deudor.

(1) **Requisitos subjetivo y objetivo**. Es necesaria la concurrencia de dos requisitos: (i) uno subjetivo, pues ha de ser solicitada por acreedor o acreedores cuyos créditos representen al menos el veinte por ciento

del pasivo total; (ii) el segundo, objetivo, pues requiere que el deudor se encuentre en situación de insolvencia actual, no bastando con la insolvencia inminente o simplemente probable.

(2) **Solicitud**. Se hará por medio de formulario normalizado (i) determinando las facultades que se pretenden limitar y (ii) justificando los motivos por los que procede la limitación.

(3) **Tramitación**. Dentro de los 3 días hábiles siguientes a la presentación de la solicitud, el deudor podrá realizar las alegaciones que a su derecho convengan y el juez resolverá por medio de auto dentro de los 3 días siguientes.

(4) **Resolución y recurso**. El auto estimando o desestimando la solicitud será recurrible en reposición, que se resolverá, previa celebración de una vista, dentro del plazo de los 3 días hábiles siguientes a la misma.

(5) **Publicidad**. El auto estimatorio se hará constar (i) en el folio abierto a la sociedad en el RM, y (ii) en el Libro sobre administración y disposición de bienes inmuebles previsto en la legislación hipotecaria para su traslado al Índice Central Informatizado.

(iv) **Solicitud de nombramiento de experto en reestructuración** (art. 704). El régimen general del procedimiento especial de continuación no prevé el nombramiento de experto en la reestructuración. El criterio determinante para la regulación viene establecido por las facultades que se le atribuyan al experto, pudiendo éstas alcanzar (i) funciones de intervención de las facultades de administración y disposición del deudor o, más allá, (ii) funciones de sustitución de tales facultades, siendo distinta la legitimación activa para solicitar tal nombramiento.

(1) **Experto con funciones de intervención**. En cualquier momento del procedimiento, (i) el deudor o (ii) acreedores cuyos créditos representen al menos el 20 % del pasivo total podrán solicitar el nombramiento de un experto en la reestructuración con funciones de intervención de las facultades de administración y disposición del deudor, por medio del formulario normalizado habilitado al efecto.

(2) **Experto con funciones de sustitución**. En cualquier momento del procedimiento, acreedores cuyos créditos representen al menos el 40 % del pasivo total podrán solicitar el nombramiento de un experto en la reestructuración con funciones de sustitución de las facultades de administración y disposición del deudor, siempre que el deudor se encuentre en situación de insolvencia actual, y de acuerdo con el formulario normalizado. Obsérvese que, a diferencia del primer supuesto, en este se requiere que el deudor se encuentre en situación de insolvencia actual.

(3) **Oposición a la solicitud**. Se establecen dos mecanismos o vías distintas:

(3.1) Por acreedores que representen la mayoría del pasivo. La solicitud de nombramiento de un experto en la reestructuración será rechazada si se oponen acreedores que representen la mayoría del pasivo, salvo que el nombramiento sea necesario a efectos de realizar las valoraciones previstas o entablar acciones rescisorias o de responsabilidad, según se prevé en este libro III.

(3.2) En el caso de que se haya solicitado el nombramiento de experto con funciones de sustitución, el deudor o, en todo caso, los acreedores que representen la mayoría del pasivo podrán oponerse al nombramiento presentando el formulario normalizado, dentro de los cinco días hábiles siguientes a la notificación de la solicitud de nombramiento del experto y acompañando los documentos acreditativos de su solvencia. El juez resolverá, en el plazo de cinco días hábiles, si procede nombrar el experto con sustitución o, por el contrario, si se le nombra con meras facultades de intervención.

(4) **Funciones del experto**. Tendrá facultades de (i) propuesta del plan de continuación, (ii) podrá emitir opiniones técnicas sobre cualquiera de los extremos susceptibles de afectar a la formación de la voluntad de los acreedores en relación con el plan, y (iii) podrá mediar entre el deudor y sus acreedores. El experto en la reestructuración (iv) podrá realizar aquellas funciones que le son expresamente reconocidas en este Libro.

(5) **Elección del experto**. Establece dos mecanismos de nombramiento alternativos; (i) en el primero de ellos se dice que el nombramiento del experto en la reestructuración recaerá en la persona que elijan de mutuo acuerdo el deudor y acreedores cuyos créditos representen más del cincuenta por ciento del pasivo total, acuerdo que será notificado por formulario normalizado oficial al juzgado junto con la solicitud de nombramiento o dentro de los cinco días siguientes. (ii) Alternativamente, de no haber acuerdo, y en todo caso si no se recibe comunicación de la persona dentro del plazo, el nombramiento se realizará por el juez siguiendo el procedimiento previsto en el libro II para el nombramiento de experto por el juez, en remisión que conlleva la aplicación del art. 676.

(6) **Retribución del experto**. Correrá a cargo del solicitante, y se determinará de mutuo acuerdo entre el deudor y los acreedores que representen la mayoría del pasivo, salvo que la solicitud provenga de los acreedores y estos asuman voluntariamente el coste de la retribución, en cuyo caso les corresponderá la determinación de la cuantía. De no existir acuerdo o asunción voluntaria por los acreedores, la cuantía se fijará aplicando los aranceles establecidos para la retribución de administradores concursales.

(7) **Cese**. Según tuvimos ocasión de exponer cuando analizamos la finalización del procedimiento especial de continuación, cuando este se produce tiene lugar de forma automática el cese del experto (*cfr.* art. 699 bis.5).

43. El procedimiento especial de liquidación

Apertura (art. 705.1). Supuestos:

(1) **A solicitud del deudor o de un acreedor**. En este segundo caso corresponderá al acreedor solicitante el privilegio concedido en el libro I al acreedor instante del concurso de acreedores.

(2) **Cuando no sea viable un plan de continuación**. Se abrirá igualmente cuando (i) no se haya aprobado un plan de continuación, (ii) no se haya homologado el plan aprobado o, habiendo sido homologado, (iii) haya sido incumplido por el deudor, siempre y cuando en estos tres casos el deudor se encuentre en insolvencia actual. Se comunicará a los acreedores y será sometida a la misma publicidad registral que se establece para la apertura del procedimiento especial (*cfr.* art. 692 bis).

(3) Cuando el deudor no esté al corriente en el cumplimiento de las obligaciones tributarias o frente a la Seguridad Social, cuyo devengo sea posterior al auto de apertura del procedimiento especial. *Cfr.* la remisión al art. 699 quater.

Inventario de la masa activa y lista de acreedores. El procedimiento especial de liquidación exige la necesidad de determinar y cuantificar la masa activa y pasiva que será objeto de liquidación, haciéndolo sobre la base de la lista de bienes y de créditos aportada por el deudor, sobre la cual los acreedores podrán formular alegaciones o bien solicitar la inclusión de créditos no incluidos.

(1) Alegaciones (art. 706.1). En los 20 días hábiles siguientes a la apertura del procedimiento especial de liquidación, cualquier acreedor podrá presentar por medios electrónicos, a través de formulario normalizado, alegaciones en relación con la cuantía, características y naturaleza de su crédito [obsérvese que se restringe la legitimación a sólo lo que afecta a los créditos de su titularidad, no haciendo referencia a los créditos de terceros], o respecto del inventario de la masa activa. Transcurrido dicho plazo, se considerarán definitivos tanto los créditos sobre los que no se hayan realizado alegaciones como las partidas del inventario no impugnadas.

(2) Solicitud de inclusión de créditos no incluidos (art. 706.2). Dentro del mismo plazo [esto es, 20 días hábiles desde la apertura del procedimiento especial de liquidación] y de la misma forma [es decir, por medios electrónicos, a través de formulario normalizado], cualquier persona que tenga un crédito contra el deudor podrá solicitar la inclusión del mismo en el procedimiento especial de liquidación. La solicitud incluirá la identificación del acreedor, con la aportación de una dirección de correo electrónico, así como todos los datos relevantes relativos al crédito, incluyendo su concepto, cuantía, fechas de adquisición y vencimiento, características y clasificación que se pretenda. Si se invocare un privilegio especial, se indicarán los bienes o derechos a que afecte y, en su caso, los datos registrales. A la solicitud se acompañará copia del título o de los documentos relativos al crédito.

(3) Tramitación (art. 706.3). En el plazo de 5 días hábiles desde la recepción de la solicitud, y tras comprobar el cumplimiento de los requisitos legales, el LAJ tendrá por presentada la solicitud. El deudor y, en su caso, la AC, podrán presentar alegaciones sobre modificación de crédito o del inventario o sobre insinuación de nuevo crédito mediante formulario normalizado dentro del plazo de cinco días.

(4) Vista (art. 706.4). El juez podrá convocar una vista que habrá de celebrarse dentro de los 10 días siguientes a la finalización del plazo para alegaciones del deudor o de la AC. Cuando el deudor sea persona jurídica y no exista duda objetiva de que el activo no será suficiente para satisfacer, ni siquiera parcialmente, el crédito que se insinúa o cuya modificación se pretende, el juez no convocará vista ni realizará trámite ulterior alguno.

(5) Resolución judicial. El juez decidirá mediante auto sobre la solicitud de inclusión o modificación en el plazo de 15 días hábiles desde que finalizó el plazo de alegaciones.

Tramitación de la liquidación. En la regulación se crean dos sistemas alternativos para llevar a cabo la liquidación del deudor (art. 707.1), al decir que, en la solicitud de apertura del procedimiento especial de liquidación, el deudor deberá señalar su disposición para liquidar el activo o, por el contrario, solicitará el nombramiento de un AC; esto es, o bien se compromete a hacerlo él personalmente o habrá de solicitar la designación de quien por él lo haga.

Plan de liquidación.

(1) Plazo de presentación (art. 707.2). Desde el momento de la apertura voluntaria de la liquidación, el deudor que haya mostrado su disposición para liquidar el activo o, en otro caso, el AC, tiene 20 días hábiles para presentar un plan de liquidación por medio de formulario normalizado.

(2) **Contenido del plan de liquidación** (art. 707.3). Deberá exponer, motivadamente, los tiempos y la forma previstos para la liquidación del activo, de manera individualizada para cada bien o categoría de bienes genéricos. Siempre que sea posible, deberá preverse la enajenación unitaria del establecimiento o del conjunto de unidades productivas de la masa activa. A estos efectos, el plan incluirá una valoración de la empresa o de las unidades productivas realizada por un AC o, en caso de que no hubiera sido nombrado, por un experto designado al efecto de acuerdo con lo dispuesto en el capítulo II de este título III. El plan de liquidación se comunicará por medios electrónicos mediante formulario normalizado por el deudor o por el AC a los acreedores dentro del mismo día o el primer día hábil siguiente, con copia al LAJ.

(3) **Observaciones y propuestas de modificación** (art. 707.4). Dentro de los 10 días hábiles siguientes desde la fecha en que se haya comunicado el plan de liquidación, (i) el deudor, (ii) los acreedores concursales y, en su caso, (iii) los representantes de los trabajadores podrán formular observaciones y propuestas de modificación. En el caso de que el plan de liquidación contuviera previsiones sobre la modificación sustancial de las condiciones de trabajo o el despido colectivo de trabajadores, se estará a lo establecido en el libro I en materia de contratos de trabajo.

(4) **Plan de liquidación modificado** (art. 707.5). El deudor o la AC tienen 10 días hábiles desde que finalicen los plazos para la determinación de los créditos y para modificar el plan en función de las alegaciones formuladas, de la información recibida y, en su caso, de la lista de créditos modificada. Transcurrido el plazo, se notificará a los acreedores y, en su caso, al deudor, así como a los representantes de los trabajadores, el plan de liquidación modificado o se les notificará la ausencia de modificaciones. A partir de ese momento se abre la posibilidad de que el plan, modificado o no, sea objeto de impugnación.

(5) **Impugnación del plan** (art. 707.6). Si no se modificara el plan de liquidación, o si el deudor o los acreedores no estuvieran de acuerdo con las modificaciones propuestas, estos podrán impugnar el plan mediante la comunicación de formulario normalizado, dentro de los 3 días hábiles siguientes. Si no se reciben impugnaciones, el juez declarará automáticamente aprobado el plan mediante auto, que será inmediatamente ejecutable.

(6) **Vista y resolución judicial** (art. 707.7). Recibidas las impugnaciones, el juez podrá convocar a las partes, en los cinco días hábiles siguientes, a una vista y resolverá al final de la misma o dentro de los 3 días hábiles siguientes, confirmando el plan o modificándolo. El procedimiento de modificación del plan de liquidación no paralizará las actuaciones de liquidación salvo que el juez establezca cautelarmente lo contrario en relación con actuaciones concretas.

(7) **Auto irrecurrible** (art. 707.8). Contra el auto de aprobación del plan de liquidación no cabrá recurso.

Ulterior modificación del plan de liquidación aprobado. La aprobación judicial o, en su caso, la no impugnación del plan propuesto no significa que éste no pueda ser objeto de ulterior modificación o cambio, previa solicitud por (i) el deudor o (ii) el AC, siempre que de ello resulte alguna ventaja para los acreedores. Así lo establece el art. 707 bis.1 al señalar que el deudor o el AC podrá solicitar del juez en cualquier momento la modificación del plan aprobado si lo estima conveniente para la mayor y más rápida satisfacción de los acreedores. La solicitud especificará las concretas reglas del plan que deben ser modificadas y aquellas otras que deban ser suprimidas o introducidas, así como la justificación de los cambios propuestos.

Tramitación (art. 707 bis.2). La propuesta de modificación se realizará mediante formulario normalizado y se notificará al deudor, si procede, y a los acreedores, que, en el plazo de 10 días, podrán realizar las alegaciones que consideren oportunas.

Resolución judicial (art. 707 bis.3). Si lo estima conveniente, el juez, mediante auto, podrá aprobar la modificación propuesta en los términos en que hubiera sido solicitada por el deudor o por el AC, introducir en ella las modificaciones que estime necesarias sobre la base de las alegaciones recibidas, o denegar la solicitud de modificación. Contra el auto los interesados no podrán interponer recurso.

Ejecución de las operaciones de liquidación.

(1) **Comienzo de las operaciones** (art. 708.1). Dentro de los 10 días siguientes a la presentación de alegaciones al plan de liquidación, el deudor o, en su caso, la AC, podrán comenzar las operaciones de liquidación contenidas en el plan que no hayan sido impugnadas, sobre las que no se hayan realizado alegaciones o sobre las que se hayan realizado alegaciones cuyo contenido no comporte la necesidad de suspender la ejecución.

(2) **Operaciones de liquidación ejecutables** (art. 708.2). Cuando no se hayan producido alegaciones sobre las operaciones de liquidación, el deudor o, en su caso, la AC comenzará inmediatamente a ejecutar el plan de liquidación.

(3) **Sistemas de liquidación** (art. 708.3). La liquidación de bienes individuales o de categorías genéricas de bienes se producirá a través del sistema de plataforma electrónica previsto al efecto, y complementariamente mediante entidad especializada, a menos que se justifique debidamente conforme a criterios objetivos. El art. 708.6 dispone que, a los efectos de acceso al registro de las operaciones de liquidación llevadas a cabo a través de la plataforma, se entenderá como título inscribible la certificación generada electrónicamente por el sistema.

(4) **Duración de las operaciones de liquidación** (art. 708.4). Se fija un límite máximo a la extensión en el tiempo de esas operaciones, al señalar que no podrá durar más de 3 meses, prorrogables a petición del deudor o de la AC por un mes adicional.

    Art. 708.5: Cuando, debido a circunstancias extraordinarias ajenas al procedimiento especial, un bien o derecho no pueda ser objetivamente liquidado en el plazo regulado en el apartado anterior, el deudor persona física o, en su caso, su AC comunicará dicho extremo al juez, junto con un plan para la realización del activo. El plan podrá incluir el uso de fondos de la masa activa para sufragar los costes de realización del bien o derecho, siempre que dichos gastos sean inferiores al previsible valor de realización de dicho bien o derecho. El resultado de la liquidación deberá ser distribuido entre los acreedores del procedimiento especial, siguiendo el orden de prelación previsto en el informe final de liquidación.

Deber de información periódica (art. 709.1). Cada mes, a contar de la apertura de la liquidación, el deudor o la AC, según corresponda, presentarán un informe sobre el estado de las operaciones de liquidación. A ese informe se acompañará una relación de los créditos contra la masa, en la que se detallarán y cuantificarán los devengados y pendientes de pago, con indicación de sus respectivos vencimientos. El informe mensual se comunicará electrónicamente mediante formulario normalizado a los acreedores y al deudor, en su caso, así como al LAJ.

Especialidades de la transmisión de empresa o unidad productiva (art. 710.1). La transmisión de la empresa o de sus unidades productivas se llevará a cabo con sujeción a las reglas del concurso de acreedores, con las siguientes especialidades:

(1.ª) La transmisión se llevará a cabo por venta directa en favor del tercero que ofrezca como mínimo un quince por ciento más del valor acordado y mantenga el resto de condiciones.
(2.ª) La venta directa se llevará a cabo de acuerdo con los principios de concurrencia y transparencia. A tal fin, las condiciones generales y el precio fijado de acuerdo con la valoración se notificarán a los acreedores y se publicarán en el Registro público concursal.
(3.ª) De no ser posible la venta directa, la transmisión se realizará por subasta.
(4.ª) El precio de adjudicación de la subasta no podrá, en ningún caso, ser inferior a la suma del valor de los bienes y derechos del deudor incluidos en el inventario.
(5.ª) Cuando se reciba más de una oferta cuyos contenidos difieran, objetivamente, en el modo en que se garantiza la continuidad de la empresa o del establecimiento mercantil, el mantenimiento de los puestos de trabajo o la satisfacción de los créditos, el deudor o la AC, oídos los representantes de los trabajadores, presentarán un informe al juez, con propuesta de resolución, para que este resuelva de acuerdo con el artículo que regula la regla de la preferencia establecida en el libro I.

Remisión (art. 710.2). También podrá presentarse una oferta de adquisición de empresa o de unidad productiva con la solicitud de procedimiento especial de liquidación de acuerdo con las reglas de los artículos 224 bis a 224 quater.

Especialidades en la liquidación de créditos frente a terceros (art. 711) Salvo que los créditos se transmitan como parte de la empresa en funcionamiento, el deudor o el AC del procedimiento especial dispondrán de un plazo máximo de 3 meses desde la apertura de la liquidación para obtener el pago de los créditos frente a terceros existentes en la masa activa. En su caso, este plazo se extenderá hasta la finalización de la calificación.

En cualquier momento, cuando esté debidamente justificado y siempre dentro de los 3 meses siguientes a la apertura del procedimiento especial, el deudor o el AC deberán liquidar los créditos frente a terceros de la masa activa de alguna de las siguientes maneras:
(1) La transmisión de los créditos a un tercero. Si el descuento es mayor del treinta por ciento del valor nominal actualizado será necesario presentar al menos tres ofertas por el crédito, debiendo ser al menos una de ellas de entidades financieras o de entidades de reconocida trayectoria en el mercado secundario del crédito.
(2) El deudor o el AC del procedimiento especial podrán ceder el crédito o el conjunto de créditos que representen al menos el veinte por ciento del total del valor de la masa activa a un tercero, para que este gestione su cobro. La remuneración del cesionario consistirá en un porcentaje de la cantidad recuperada. Cuantos gastos y costas generen el recobro se entenderán incluidas en la remuneración del cesionario. La diferencia entre la cuantía cobrada y la retribución del cesionario se distribuirá entre los acreedores según quedara establecido en el procedimiento especial de liquidación. El pago lo realizará el cesionario, previa deducción de la comisión de cobro. Cada mes, el cesionario deberá informar a los acreedores del deudor con créditos aun insatisfechos del estado de la recuperación del crédito.

Especialidad en caso de deudor persona física: exoneración del pasivo insatisfecho (art. 715). En caso de deudor empresario o profesional persona física, una vez terminada la liquidación y distribuido el remanente, podrá el deudor que reúna los requisitos legales para ello solicitar la exoneración del pasivo insatisfecho conforme a lo establecido en el libro I de esta ley.

44. Medidas o módulos que se pueden solicitar en el procedimiento de liquidación

Módulos. En el procedimiento especial de liquidación, de forma análoga a lo que acontece en el procedimiento de continuación, también se deja en manos de las partes la posibilidad de incluir otras medidas o módulos, ya desde el momento inicial de solicitud de su tramitación.

(i) **Solicitud de suspensión de las ejecuciones** (art. 712). Desde la apertura del procedimiento especial de liquidación, y en tanto exista una posibilidad objetiva razonable de que la empresa o las unidades productivas puedan transmitirse en funcionamiento, el deudor podrá solicitar la suspensión de las ejecuciones judiciales o extrajudiciales sobre los bienes y derechos necesarios para la actividad empresarial o profesional que deriven del incumplimiento de un crédito con garantía real, con independencia de si la ejecución se había ya iniciado o no en el momento de la solicitud y de la condición del crédito o del acreedor. Se entenderá en todo caso que no existe posibilidad de transmisión de la empresa o de las unidades productivas cuando así lo haya señalado el deudor en la solicitud de apertura de la liquidación o cuando así se desprenda del plan de liquidación.
Tramitación. La solicitud de suspensión se realizará mediante formulario normalizado. El LAJ comprobará la concurrencia de los requisitos legales de forma, ordenará su publicación en el Registro público concursal y en el Registro Mercantil y de la Propiedad competentes y notificará electrónicamente la suspensión al acreedor y al juzgado o a la autoridad que estuviese conociendo de la ejecución. La suspensión producirá efectos desde que el juzgado o autoridad que estuviere conociendo de la ejecución recibiera la notificación.
Duración de la suspensión (art. 712.3). La suspensión de la ejecución se mantendrá hasta el momento en que se compruebe objetivamente que la empresa no se transmitirá en funcionamiento y en todo caso transcurridos 3 meses desde el decreto en que se tenga por efectuada la solicitud. Transcurridos esos 3 meses, la suspensión se levantará de manera automática.
Remisión normativa. La tramitación de la solicitud de suspensión y la oposición a la misma se llevará a cabo en la forma establecida en el procedimiento especial de continuación.
Supuesto especial de apertura de liquidación por frustración del plan de continuación. Cuando la apertura de la liquidación se produzca tras la frustración de un plan de continuación y se hubiera solicitado la suspensión durante la tramitación del plan, el plazo de 3 meses seguirá contando desde que comenzó a surtir efecto, aunque, a solicitud del deudor, este plazo podrá prolongarse por un mes adicional, si el juez lo considera necesario y se dan todos los requisitos previstos.

(ii) **Solicitud de nombramiento de un AC** (art. 713).

(1) **Legitimación activa**. En cualquier momento del procedimiento especial de liquidación, (i) el deudor o (ii) los acreedores cuyos créditos representen al menos el veinte por ciento del pasivo total podrán solicitar el nombramiento de un AC que sustituya al deudor en sus facultades de administración y disposición. El porcentaje anterior quedará reducido al 10 % en caso de paralización de la actividad empresarial o profesional del deudor.
Contempla un supuesto especial a instancia de un único acreedor cuando el deudor:
(1.º) Haya provisto información insuficiente o inadecuada.
(2.º) Haya observado un comportamiento que genere dudas razonables sobre la conveniencia de que el deudor realice directamente las operaciones de liquidación.

Además de la especialidad en orden a la legitimación, también resulta especial el supuesto en orden a la remuneración, pues, en estos supuestos, la retribución del AC correrá a cargo del deudor y el cobro se producirá tras la satisfacción del crédito público privilegiado.

(2) Facultades del AC. Sustituirá al deudor en sus facultades de administración y disposición. El AC tendrá facultades de propuesta del plan de liquidación, podrá emitir opiniones técnicas relativas a la valoración de los activos y de las ofertas de adquisición de la empresa o de unidades productivas, tendrá las facultades de administración conferidas en el procedimiento y las facultades de disposición necesarias para proceder a la liquidación del activo, dentro del marco de la liquidación. El AC podrá realizar aquellas funciones que le son expresamente reconocidas en este libro.

(3) Nombramiento. Recaerá en la persona inscrita en el Registro público concursal que elijan, de mutuo acuerdo, el deudor y acreedores cuyos créditos representen más del cincuenta por ciento del pasivo total. Cuando no haya acuerdo sobre la persona, se aplicarán las reglas sobre nombramiento del AC en el concurso de acreedores.

(4) Retribución. Se determinará de mutuo acuerdo entre el deudor y los acreedores que representen la mayoría del pasivo, salvo que la solicitud provenga de los acreedores. De no existir acuerdo o asunción voluntaria por los acreedores, la cuantía se fijará aplicando los aranceles establecidos en el reglamento por el que se establezca el arancel de derechos de los administradores concursales. La retribución del AC correrá a cargo del solicitante. Si lo hubiera solicitado el deudor, el cobro se producirá tras la satisfacción del crédito público privilegiado.

(iii) **Solicitud de nombramiento de experto para la valoración de la empresa o de establecimientos mercantiles** (art. 714).

(1) **Legitimación para la solicitud**. (i) El deudor, (ii) los acreedores o, excepcionalmente en casos de complejidad especial, (iii) el AC, podrán solicitar el nombramiento de un experto a los solos efectos de la valoración de la empresa o de una o más de sus unidades productivas.

(2) **Solicitud**. Se comunicará por medio de formulario normalizado, e incluirá, en su caso, el nombre del experto y la retribución acordada entre el deudor y los acreedores, con identificación de estos.

(3) **Nombramiento y retribución**. Se acordarán por el deudor y los acreedores que representen la mayoría del pasivo. De no haber acuerdo, el nombramiento y, en su caso, la retribución se determinará por el LAJ de acuerdo con el sistema de nombramiento y retribución de peritos judiciales.

(4) **Pago de la retribución**. Será satisfecha por el solicitante. Si existe ya un AC nombrado en el procedimiento, el experto no podrá ser retribuido con cargo a la masa del procedimiento especial con independencia de quién solicite el nombramiento. Si lo hubiera solicitado el deudor, el cobro se producirá tras la satisfacción del crédito público privilegiado.

45. Calificación abreviada del procedimiento especial

Apertura de la calificación abreviada. Principio de rogación. Requiere solicitud de parte legitimada (art. 716):

(1) **Supuesto ordinario**. Dentro de los sesenta días naturales siguientes a la apertura de la liquidación, (i) la AC, en caso de que haya sido nombrada, (ii) acreedores que representen al menos el 10 % del pasivo y (iii) los socios personalmente responsables de las deudas podrán solicitar la apertura de la

calificación abreviada de manera justificada.

(2) **Supuestos cualificados**. En el supuesto de que el deudor (i) hubiera cometido inexactitud grave en cualquiera de los formularios normalizados remitidos o en los documentos que los acompañen, o (ii) cuando hubiera acompañado o presentado documentos falsos, la apertura de la calificación abreviada podrá ser instada por cualquier acreedor.

Plazo para la solicitud. En ambos casos, 60 días naturales desde la apertura de la liquidación.

Solicitud. Se comunicará por medio de formulario normalizado e incluirá una memoria expresando los motivos que considera podrían fundar la calificación como culpable, aportando los documentos probatorios que se consideren relevantes.

Notificación de la apertura. Recibida la solicitud, el LAJ, en el plazo de 3 días hábiles, una vez comprobado el cumplimiento de los requisitos legales notificará a las partes la apertura de la calificación abreviada.

Tramitación de la calificación abreviada (art. 717).

(1) **Informe razonado de la AC y de los acreedores**. La AC, en el plazo de 20 días hábiles desde la apertura del procedimiento abreviado o desde el nombramiento expresamente realizado a estos efectos, presentará un informe razonado y documentado sobre los hechos relevantes para la calificación del procedimiento especial de liquidación, con propuesta de resolución.
En el mismo plazo, los acreedores que representen al menos el 10 % del pasivo, y en todo caso los acreedores públicos, podrán presentar informe razonado y documentado sobre los hechos relevantes para la calificación del procedimiento especial de liquidación, con propuesta de resolución.

(2) **Calificación como culpable: su contenido**. Si la AC propusiera la calificación como culpable, el informe expresará (i) la identidad de las personas a las que deba afectar la calificación y la de las que hayan de ser consideradas cómplices, (ii) justificando la causa, así como (iii) la determinación de los daños y perjuicios que, en su caso, se hayan causado por las personas anteriores y (iv) las demás pretensiones que se consideren procedentes conforme a lo previsto por la ley.

(3) **Calificación como fortuito: efecto**. Si el informe de la AC lo califica como fortuito, el juez, sin más trámites, ordenará mediante auto el archivo de las actuaciones, a menos que alguno de los acreedores públicos hubiera presentado informe calificando el concurso como culpable. Contra el auto que ordene el archivo de las actuaciones no cabrá recurso alguno.

(4) **Tramitación**. Si el informe de la AC o el de alguno de los acreedores públicos calificaran el procedimiento como culpable, se dará traslado al deudor y a todas las demás personas afectadas por la calificación o declaradas cómplices, a fin de que, en plazo de 15 días hábiles, acepten o se opongan a la calificación como culpable. La oposición se realizará mediante escrito de impugnación del informe de la AC, que será firmado por abogado.

(5) **Vista y sentencia**. El juez podrá convocar a las partes a una vista, en un plazo no superior a 5 días, que excepcionalmente podrá ser una vista ordinaria cuando se considere necesario para la práctica de las pruebas propuestas. En el plazo de 10 días hábiles tras la vista y en todo caso dentro de los 20 días siguientes a la presentación de los escritos de oposición, el juez dictará sentencia. Se establece un plazo distinto en el caso de que no se hubiere formulado oposición, pues en tal supuesto el juez dictará sentencia en el plazo de 3 días hábiles.
Régimen general aplicable a la calificación abreviada (art. 718). Es aplicable la regulación del libro I respecto de las disposiciones generales de la calificación del concurso y de la sentencia de calificación. Con una

especialidad, respecto a las presunciones de culpabilidad, pues se considerará además como presunción, sin admitir prueba en contrario, la provisión de información o documentación gravemente inexacta o falsa de acuerdo con el artículo 688.

46. Conclusión del procedimiento especial de liquidación

Informe final de liquidación (art. 719). Corresponde su elaboración al AC o, de no haber sido nombrado, al propio deudor.

(1) **Plazo de emisión**. Dentro de los 10 días hábiles siguientes a la conclusión de la liquidación de la masa activa y del pago a los acreedores, y en todo caso transcurridos 3 meses desde su comienzo o 4 meses si se concedió prórroga por el juez, el deudor o la AC comunicará electrónicamente, por medio de formulario normalizado, el informe final de liquidación, solicitando la conclusión del procedimiento. **Excepción**. Si estuviera en tramitación la calificación, o una acción rescisoria o de responsabilidad, el informe final se presentará dentro de los 15 días hábiles siguientes a la notificación de la sentencia.

(2) **Contenido**. El deudor o el AC, como información mínima, detallarán las operaciones de liquidación realizadas, incluyendo el momento de cada operación liquidativa y las cantidades obtenidas, así como el momento y las cuantías satisfechas a los acreedores. Además, el apartado tercero, añade que el informe final incluirá una lista de los créditos que quedan por satisfacer, así como una lista de los activos que aún no hayan podido ser liquidados a través de la plataforma de liquidación. Esta lista, que incluirá los detalles de pago de los acreedores con créditos aun insatisfechos, será entregada por medios electrónicos que dejen constancia de la entrega y recepción a la plataforma electrónica de liquidación.

Oposición al informe final o a la conclusión del procedimiento especial (art. 719.4). El deudor o los acreedores podrán formular oposición al informe final o a la conclusión del procedimiento especial de liquidación en el plazo de 10 días hábiles desde la comunicación del informe. La oposición se formulará mediante formulario normalizado junto con las alegaciones y los documentos probatorios que se consideren pertinentes. El juez decidirá si convoca al deudor, a la AC y a la parte oponente a una vista virtual, que se celebrará dentro de los cinco días siguientes. Al final de la vista, o en los 3 días hábiles siguientes, resolverá la oposición mediante sentencia, contra la que no cabrá recurso.

Conclusión del procedimiento especial de liquidación (art. 720). Procederá:

(1.º) **Cuando se considere cumplido el plan de continuación**. Contra el auto de conclusión podrá interponerse recurso de reposición por los acreedores que consideren incumplido el plan.

(2.º) **Una vez liquidados los bienes y derechos de la masa activa**, aplicado lo obtenido en la liquidación a la satisfacción de los créditos, y presentado el informe final sin que se hubiese formulado oposición en plazo, o, habiéndose formulado, el juez hubiera resuelto desfavorablemente.

(3.º) **Cuando se compruebe la insuficiencia de la masa activa para satisfacer créditos contra la masa**. Si los bienes de un deudor no se hubieran liquidado íntegramente, se mantendrá en la plataforma, que continuará realizando pagos periódicos a los acreedores a medida que se vayan produciendo las ventas de los activos, de acuerdo con las reglas generales del libro I y conforme a la lista final de créditos insatisfechos aportada a la plataforma por el deudor o por el AC en el momento de conclusión del procedimiento especial de liquidación. Los gastos necesarios para la conservación de estos bienes se satisfarán también con cargo al producto obtenido de la venta de activos.

(4.º) **Cuando se compruebe el pago o consignación de la totalidad de los créditos** reconocidos o la íntegra satisfacción de los acreedores por cualquier otro medio, o el desistimiento o la renuncia de la totalidad de los acreedores.

Efectos. Hemos de distinguir:

(i) Deudor persona jurídica (art. 720.2). En el auto de conclusión del procedimiento, el juez ordenará la cancelación de la hoja en el registro público en el que figure inscrita, con cierre definitivo.

(ii) Deudor persona natural (art. 720.3). Tras la conclusión del procedimiento, cesarán las limitaciones sobre las facultades de administración y de disposición, salvo las que, en su caso, se contengan en la sentencia de calificación abreviada, y el deudor seguirá siendo responsable del pago de los créditos insatisfechos, salvo que obtenga la exoneración del pasivo insatisfecho.

DERECHO INTERNACIONAL PRIVADO

47. Introducción

Libro IV. En sus arts. 721 a 755, el TRLC contiene la regulación del Derecho internacional privado aplicable a la materia, que se ve complementada con el Reglamento (UE) 2015/848, del Parlamento y del Consejo, de 20 de mayo de 2015. Así pues, y por lo que se refiere a los demás países integrantes de la Unión, será de aplicación aquel Reglamento, sobre el que existe una consolidada doctrina jurisprudencial desarrollada por el Tribunal de Justicia de la Unión Europea.

La regulación recoge los principios de la Ley Modelo de la Comisión de las Naciones Unidas para el Derecho mercantil internacional sobre insolvencia transfronteriza, recomendada por Resolución 52/158, de 15 de diciembre de 1997, de la Asamblea General de la Organización de las Naciones Unidas (ONU). Se sigue el criterio de atribuir la competencia territorial para declarar y tramitar el concurso en función del lugar en que radique el centro de los intereses principales del deudor, sin perjuicio de que se puedan abrir otros concursos territoriales en aquellos estados en que el deudor tenga otros establecimientos.

Principio de reciprocidad. Preside la normativa contenida en el Texto Refundido, de forma que, en su ausencia, supuesto al que se equipara la una falta sistemática a la cooperación por las autoridades de un Estado extranjero, no se aplicarán respecto de los procedimientos seguidos en dicho Estado, los títulos III y IV del Libro IV (art. 721.2), es decir, la regulación relativa al reconocimiento de procedimientos extranjeros de insolvencia y a la coordinación entre procedimientos paralelos de insolvencia.

48. Ley aplicable

Regla general (art. 772). Es la aplicación de nuestro ordenamiento jurídico; sin perjuicio de las excepciones que luego veremos, la ley española determinará los presupuestos y efectos del concurso declarado en España, su desarrollo y su conclusión. Los concursos que se declaren y tramiten en España se regirán por la ley española.

Excepciones. Buscan la protección de terceras personas cuando concurre un punto de conexión con la legislación de otro estado, que da lugar a la aplicación de ésta aun cuando se trate de un concurso seguido ante un juzgado o tribunal español. Pasamos a exponer esas excepciones.

(1) **Derechos reales**. Dice el art. 723.1 que los efectos de la declaración de concurso sobre derechos reales de un acreedor o de un tercero que recaigan en bienes o derechos de cualquier clase de la masa activa, comprendidos los conjuntos de bienes y derechos cuya composición pueda variar en el tiempo, y que en el momento de declaración del concurso se encuentren en el territorio de otro Estado se regirán exclusivamente por ley de éste. La aplicación de la ley del estado en que se encuentre el bien podrá permitir al tercero titular del derecho real sobre la cosa ejercitar el *ius separationis* o, incluso, la ejecución singular, si la *lex rei sitae* así se lo permite. Todo ello sin perjuicio de las acciones de reintegración que en su caso procedan (art. 723.3, en relación con el art. 730, que no permite su ejercicio cuando la persona beneficiada por el acto perjudicial para la masa acredite que dicho acto está sujeto y es regulado por la ley de otro estado que no permite en ningún caso su impugnación).

(2) **Bienes vendidos con reserva de dominio**. La Ley distingue:

(i) **Si el concursado es el comprador** (art. 723.1), la lex rei sitae se aplicará a los derechos del vendedor respecto de los bienes vendidos al concursado con reserva de dominio, que, así pues, se regirán por la ley del lugar donde se encuentre la cosa vendida en el momento de ser declarado el concurso.

(ii) **Si el concursado es el vendedor del bien** (el art. 723.2); la declaración de concurso del vendedor de un bien con reserva de dominio que ya haya sido entregado y que al momento de la declaración se encuentre en el territorio de otro estado no constituye, por sí sola, causa de resolución ni de rescisión de la venta y no impedirá al comprador la adquisición de su propiedad.

Todo ello se entiende sin perjuicio de las acciones de reintegración que en su caso procedan (art. 723.3, en relación con el art. 730).

(3) **Derechos del deudor sobre bienes sometidos a registro público** (art. 724). Los efectos de la declaración de concurso sobre derechos del deudor que recaigan en bienes inmuebles, buques o aeronaves sujetos a inscripción en registro público se acomodarán a lo dispuesto en la ley del estado bajo cuya autoridad se lleve el registro. Debemos llamar la atención sobre el hecho de que la determinación del fuero aplicable no resulta del lugar en que se encuentre físicamente el bien, sino de aquel en que se ubica la oficina pública registral en que haya sido inscrito.

(4) **Terceros adquirentes, posteriores al concurso, de bienes registrables** (art. 725). La validez de los actos de disposición a título oneroso del deudor sobre bienes inmuebles o sobre buques o aeronaves que estén sujetos a inscripción en registro público, realizados con posterioridad a la declaración de concurso, se regirán, respectivamente, por la ley del Estado en cuyo territorio se encuentre el bien inmueble o por la de aquel bajo cuya autoridad se lleve el Registro de buques o aeronaves. La finalidad de la norma trata de proteger a los terceros adquirentes a título oneroso que confían en la legislación del lugar en que radica el inmueble y en la publicidad registral correspondiente, sin que, por lo tanto, sea de aplicación la regulación contenida en nuestra legislación concursal sobre las limitaciones de las facultades patrimoniales y dispositivas del concursado, por lo que, para la validez del acto dispositivo, ni será necesaria la intervención del AC ni, en su caso, la autorización del juez español del concurso, el cual carecerá de jurisdicción para anular o declarar la ineficacia de tales actos dispositivos. No obstante, y respecto de la validez y eficacia de los actos dispositivos llevados a cabo por el deudor con anterioridad a la declaración del concurso en España, los mismos quedan sujetos a la legislación española, pues las acciones de reintegración de la masa se rigen por el fuero del lugar de declaración del concurso.

(5) **Valores negociables representados por anotaciones en cuenta** (art. 726). Los efectos de la declaración de concurso sobre derechos que recaigan en va-

lores negociables representados mediante anotaciones en cuenta se regirán por la ley del Estado del registro donde dichos valores estuvieren anotados. La norma comprende cualquier registro de valores legalmente reconocido, incluidos los llevados por entidades financieras sujetas a supervisión legal. Son obvias las razones de seguridad jurídica en el tráfico económico que inspiran la norma; se trata, con ella, de proteger al adquirente de los valores negociales que confía en la aplicación a las operaciones de venta de esos títulos de la legislación del estado donde los valores se encuentran anotados y no la legislación española por el hecho de que el titular de los mismos se sujete a ella, habiendo sido declarado en concurso sujeto a nuestro ordenamiento.

(6) **Sistemas de pagos y mercados financieros** (art. 726). Sin perjuicio de lo dispuesto en el art. 723 [relativo a los derechos reales y pactos de reserva de dominio], los efectos del concurso sobre los derechos y obligaciones de los participantes en un sistema de pago o compensación o en un mercado financiero se regirán exclusivamente por la ley del Estado aplicable a dicho sistema o mercado. Se busca dar seguridad jurídica a las operaciones financieras internacionales; por ello, en estos supuestos ni siquiera serán de aplicación los mecanismos de reintegración de la legislación española previstos para operaciones anteriores a la declaración del concurso.

(7) **Compensación de créditos** (art. 727). Sin perjuicio de las acciones de reintegración que en su caso procedan, la declaración de concurso no afectará al derecho de un acreedor a compensar su crédito cuando la ley que rija el crédito recíproco del concursado lo permita en situaciones de insolvencia. Se introduce así una excepción a la regla general conforme a la cual en nuestro Derecho no cabe la compensación de deudas una vez declarado el concurso, siempre que la ley extranjera aplicable al otro crédito admita la compensación en caso de insolvencia de una de las partes.

(8) **Contratos sobre bienes inmuebles** (art. 728). Los efectos del concurso sobre los contratos que tengan por objeto la atribución de un derecho de uso o a la adquisición de un bien inmueble se regirán exclusivamente por la ley del Estado donde se halle. Será de aplicación la lex rei sitae.

(9) **Contratos de trabajo** (art. 729). Los efectos del concurso sobre el contrato de trabajo y sobre las relaciones laborales se regirán exclusivamente por la ley del Estado aplicable al contrato. Así, p.ej., en el caso de concurso de una sociedad con domicilio en España y con un centro de trabajo en otro país, los contratos de los trabajadores de ese centro ubicado en el extranjero se regirán por la legislación laboral del país en que se encuentra y con sometimiento a la jurisdicción de sus tribunales de justicia. La razón de ser radica en el carácter de orden público que tiene la legislación laboral, tanto en lo que se refiere a los derechos individuales de los trabajadores como a los derechos colectivos.

(10) **Acciones de reintegración**. La legislación española es aplicable a las acciones de reintegración que procedan en los concursos tramitados ante tribunales españoles. No obstante, se recoge una importante excepción en el art. 730 cuando dice que el ejercicio de acciones de reintegración al amparo de esta ley no procederá cuando el beneficiado por el acto perjudicial para la masa activa pruebe que dicho acto está sujeto a la ley de otro Estado que no permite en ningún caso su impugnación. En todo caso, pesará la carga de la prueba sobre quien así lo sostenga, tanto (i) en lo que se refiere a la sujeción del acto a la legislación de otro estado como (ii) en cuanto a la inatacabilidad de ese acto según esa legislación.

(11) **Juicios declarativos pendientes** (art. 731). Los que se refieran a un bien o a un derecho de la masa se regirán exclusivamente por la ley del Estado en el que estén en curso, es decir, la ley del lugar de celebración del juicio, consecuencia lógica del respeto de la soberanía de los estados en lo que a la aplicación de sus leyes procesales se refiere, en las que es evidente su naturaleza de orden público. Sin embargo, para las ejecuciones no se establece igual criterio, rigiendo mecanismos conducentes a obtener la restitución por el ejecutante de lo obtenido (art. 741.1).

49. Procedimiento territorial ante los tribunales españoles

Procedimiento principal y procedimiento territorial. Conforme a la legislación concursal española es posible la coexistencia y tramitación simultánea de un procedimiento de insolvencia principal tramitado en el estado extranjero en el que el deudor tenga el centro de sus intereses principales y un procedimiento de insolvencia territorial, que se tramitará en España, cuando el mismo deudor tenga en nuestro país un establecimiento o bienes afectos a una actividad económica, limitándose el procedimiento a seguir en nuestro país a los bienes y derechos del deudor que se encuentren en España en el momento de iniciarse el procedimiento.

Regla general (art. 732). Con las excepciones establecidas en esa misma sección, **el concurso territorial se regirá por las mismas normas que el concurso principal**. Así, si el concurso principal es declarado fuera de España, la existencia en nuestro país de un establecimiento del mismo deudor (que no de otra sociedad perteneciente al mismo grupo empresarial) permitirá la apertura aquí de un concurso territorial que se regirá por las normas que regulan el concurso de acreedores en el país en que se sigue el concurso principal.

El reconocimiento de un procedimiento extranjero principal permitirá abrir en España un concurso territorial sin necesidad de examinar la **insolvencia del deudor** (art. 733), por cuanto el examen de la concurrencia del requisito de la insolvencia del deudor procederá hacerlo con sujeción a la ley del Estado en que se tramita el concurso principal, siendo competente para ello el juez que conoce del procedimiento principal.

La **legitimación para instar** el concurso principal vendrá determinada por la ley estatal que le sea de aplicación, pudiendo solicitar la declaración de un concurso territorial en España (art. 734): *(1.°)* Cualquier persona legitimada para solicitar la declaración de concurso con arreglo a la esta Ley. *(2.°)* El representante del procedimiento extranjero principal; la expresión «representante del procedimiento» comprende las distintas denominaciones que en las legislaciones nacionales de cada estado recogen la figura equivalente al AC de la legislación española.

Finalmente, y en cuanto al **alcance de un eventual convenio** que se apruebe en el concurso territorial, las limitaciones de los derechos de los acreedores... tales como la quita y la espera, sólo producirán efectos con respecto a los bienes del deudor no comprendidos en este concurso si hay conformidad de todos los acreedores interesados (art. 735).

La reforma operada por la Ley 16/2022 completó esta regulación introduciendo el art. 735 bis conforme al cual, a los efectos del artículo 36 apartado 5 del Reglamento (UE) 2015/848 del Parlamento Europeo y del Consejo, de 20 de mayo de 2015, sobre procedimientos de insolvencia, para el **procedimiento de aprobación del compromiso** se seguirá lo dispuesto en el Libro II de esta ley y se requerirá el voto favorable de acreedores locales afectados que representen las mayorías previstas en ese libro.

50. Especialidades del concurso en España cuando concurre elemento extranjero

En el Texto Refundido se recogen las especialidades del procedimiento concursal que se han de aplicar en aquellos concursos de acreedores que se sigan ante un tribunal español, ya sea principal o territorial, cuando concurra un elemento extranjero. Las especialidades afectan a:

(1) **La información, por escrito e individualizada** (salvo que el juez disponga otra forma por estimarla más adecuada a las circunstancias del caso), que la AC facilitará a los acreedores conocidos con residencia habitual, domicilio o sede en el extranjero, con indicación de las lenguas en que se redactarán.
Establece el art. 738.1 que, declarado el concurso, la AC realizará sin demora una **comunicación individualizada** a cada uno de los acreedores conocidos que tengan su residencia habitual, domicilio o sede en el extranjero, si así resultare de los libros y documentos del deudor o por cualquier otra razón constare en el concurso.
Respecto del **contenido de la información** que deberá ser facilitada, comprenderá la identificación del procedimiento, la fecha del auto de declaración, el carácter principal o territorial del concurso, las circunstancias personales del concursado, los efectos acordados sobre las facultades de administración y disposición respecto de la masa activa, el llamamiento a los acreedores, incluso a aquellos garantizados con derecho real, el deber de comunicar los créditos en la forma y dentro del plazo establecidos en esta Ley y la dirección postal del juzgado.
Forma en que habrá de llevarse a cabo. Cuando conste la dirección electrónica del acreedor, la comunicación se efectuará por medios telemáticos, informáticos o electrónicos; y se realizará por escrito y mediante envío individualizado, salvo que el juez disponga cualquier otra forma por estimarla más adecuada a las circunstancias del caso.
Idioma a emplear (art. 740.1). Se realizará en castellano y, en su caso, en cualquiera de las lenguas oficiales [en las comunidades autónomas de nuestro país], pero en el encabezamiento de su texto figurarán también en inglés y francés los términos «Comunicación para la presentación de créditos. Plazos aplicables».

(2) **La publicidad que haya de darse al auto de declaración de concurso** en cualquier estado extranjero donde convenga a los intereses del concurso, así como su publicidad registral **y la de otros actos del procedimiento**. Dispone el art. 736 que el juez, de oficio o a instancia de interesado, podrá acordar que se publique el contenido esencial del auto de declaración del concurso en cualquier Estado extranjero donde convenga a los intereses del concurso, con arreglo a las modalidades de publicación previstas en dicho Estado para los procedimientos de insolvencia. La AC podrá solicitar la publicidad registral en el extranjero del auto de declaración y de otros actos del procedimiento cuando así convenga a los intereses del concurso.

(3) **Respecto de la eficacia liberatoria de los pagos** (art. 737.1). El pago hecho al concursado en el extranjero por un deudor con residencia habitual, domicilio o sede en el extranjero, solo liberará a quien lo hiciere si ignorase la apertura del concurso en España. De limitarse a tal declaración el precepto, supondría imponer al *solvens* la carga de la prueba de un hecho negativo, con la gran dificultad, por no decir imposibilidad, de poder efectuarla, pues constituye una auténtica *probatio diabólica*; por ello se introduce en el art. 737.2 una presunción de ignorancia de la existencia del procedimiento, que admite

prueba en contrario, y que aprovechará a quien realizó el pago antes de haberse dado a la apertura del concurso la publicidad a que se refiere el apartado primero del artículo anterior.

(4) **La comunicación de créditos a la AC** (art. 739), con especial referencia a las lenguas en que podrá ser efectuada (art. 740.2), si bien se introduce el importante matiz de que, sujetos a condición de reciprocidad, los créditos tributarios y de la Seguridad Social de otros estados serán admitidos como créditos ordinarios (art. 739.2). Así, el art. 739 establece que los acreedores que tengan su residencia habitual, domicilio o sede en el extranjero comunicarán sus créditos a la AC conforme a lo dispuesto en esta Ley. Todo acreedor podrá comunicar su crédito en el procedimiento principal o territorial abierto en España, con independencia de que también lo haya presentado en un procedimiento de insolvencia abierto en el extranjero. Esta regla incluye, sujetos a condición de reciprocidad, los créditos tributarios y de la Seguridad Social de otros Estados, que en este caso serán admitidos como créditos ordinarios. Por su parte, el art. 740.2 dispone que los acreedores con residencia habitual, domicilio o sede en el extranjero comunicarán los créditos en lengua castellana o en otra oficial propia de la comunidad autónoma en la que tenga su sede el juez del concurso. Si lo hicieren en lengua distinta, la AC podrá exigir posteriormente una traducción al castellano.

(5) **Respecto de la restitución e imputación de pagos obtenidos en el extranjero**, dispone el art. 741 que el acreedor que, tras la apertura de un concurso principal en España, obtuviera un pago total o parcial de su crédito con cargo a bienes y derechos de la masa activa situados en el extranjero o por la realización o ejecución de los mismos deberá restituir a la masa lo que hubiera obtenido, sin perjuicio de lo dispuesto en el artículo 723. En el caso de que dicho pago se obtuviera en un procedimiento de insolvencia abierto en el extranjero, se aplicará la regla de imputación de pagos contenida en el título IV del Libro IV. Cuando el Estado donde se hallaren los bienes no reconociera el concurso declarado en España o las dificultades de localización y realización de esos bienes así lo justificaren, el juez podrá autorizar a los acreedores a instar en el extranjero la ejecución individual, con aplicación, en todo caso, de la regla de imputación a que se refiere el apartado anterior.

51. Reconocimiento de procedimientos extranjeros de insolvencia

Se establece en los artículos 742 al 748 el régimen sobre el reconocimiento y ejecución en España de resoluciones dictadas en procedimientos de insolvencia tramitados en el extranjero.

Reconocimiento de la resolución de apertura. Tiene especial importancia el reconocimiento de la resolución de apertura de un procedimiento de insolvencia tramitado en estado extranjero —el equivalente al auto de declaración de concurso— pues de la misma se derivan la mayor parte de los efectos del procedimiento. Al respecto, el art. 742.1 establece que las resoluciones extranjeras que declaren la apertura de un procedimiento de insolvencia se reconocerán en España mediante el procedimiento del **exequátur** regulado en la Ley 29/2015, de 30 de julio, de cooperación jurídica internacional en materia civil, si reúnen los **requisitos** siguientes:

(1.º) Que la resolución se refiera a un procedimiento colectivo fundado en la insolvencia del deudor, en virtud del cual sus bienes y actividades queden sujetos al control o a la supervisión de un tribunal o una autoridad extranjeras a los efectos de su reorganización o liquidación.

(2.º) *Que la resolución sea definitiva según la ley del Estado de apertura. Por ello, el art. 742.4 dispone que* la tramitación del exequátur podrá suspenderse cuando la resolución de apertura del procedimiento de insolvencia hubiera sido objeto, en su Estado de origen, de un recurso ordinario o cuando el plazo para interponerlo no hubiera expirado.

(3.º) *Que la competencia del tribunal o de la autoridad que haya abierto el procedimiento de insolvencia esté basada en alguno de los criterios contenidos en esta ley o en una conexión razonable de naturaleza equivalente.*

(4.º) *Que la resolución no haya sido pronunciada en rebeldía del deudor o, en otro caso, que haya sido precedida de entrega o notificación de cédula de emplazamiento o documento equivalente, en forma y con tiempo suficiente para oponerse.*

(5.º) *Que la resolución no sea contraria al orden público español.*

No obstante, la concurrencia de estos requisitos, ello no impedirá la modificación o revocación del reconocimiento si se demostrase la alteración relevante o la desaparición de los motivos por los que se otorga (art. 742.5).

Efectos del reconocimiento. Con carácter general, y salvo las disposiciones contenidas en la regulación que analizamos y que regulan la ley aplicable en los términos antes expuestos, salvo en los supuestos previstos en el capítulo I del título II de este libro, las resoluciones extranjeras reconocidas producirán en España los efectos que les atribuya la ley del Estado de apertura del procedimiento (art. 745.1).

No obstante, es necesario distinguir según se le atribuya al procedimiento de insolvencia extranjero (i) la condición de procedimiento principal o (ii) la de procedimiento extranjero territorial; al respecto, dice el art. 742.2 que el procedimiento de insolvencia extranjero se reconocerá: (1.º) Como procedimiento extranjero principal, si se está tramitando en el Estado donde el deudor tenga el centro de sus intereses principales. (2.º) Como procedimiento extranjero territorial, si se está tramitando en un Estado donde el deudor tenga un establecimiento o con cuyo territorio exista una conexión razonable de naturaleza equivalente, como la presencia de bienes afectos a una actividad económica.

(i) El reconocimiento de un procedimiento extranjero principal no impedirá la apertura en España de un concurso territorial (art. 742.3), lo que conllevará que el procedimiento principal tendrá una eficacia universal, afectando a todos los bienes y derechos del deudor, incluidos los que se ubiquen en España. Por ello, el art. 745.3 establece que, en el caso de declaración de un concurso territorial en España, los efectos del procedimiento extranjero se regirán por lo dispuesto en el título IV de este libro, que regula la necesaria coordinación entre procedimientos paralelos de insolvencia.

No obstante, el art. 745 bis, introducido por la reforma operada por la Ley 16/2022, establece una importante excepción a la eficacia universal del procedimiento principal extranjero al disponer que, en el caso de que se haya abierto un concurso principal en el extranjero y sus efectos sean reconocidos en España, con arreglo a esta ley o cualquier otra norma de la Unión Europea o convencional aplicables, los efectos del concurso sobre los contratos de trabajo y las relaciones laborales sometidas al derecho español se regirán exclusivamente por esta ley. Si, conforme a esta ley, la competencia en materia laboral hubiese correspondido al juez del concurso, el juez de lo mercantil que habría sido competente para abrir un procedimiento de insolvencia territorial será competente para aprobar la extinción o modificación de esos contratos, aunque no se haya incoado ningún procedimiento concursal en España.

(ii) **El reconocimiento como procedimiento extranjero territorial** no producirá efectos respecto de los bienes y derechos del deudor situados en España. Por ello el art. 745.2 dispone que los efectos de un procedimiento territorial extranjero se limitarán a los bienes y derechos que en el momento de su declaración estén situados en el Estado de apertura.

Reconocimiento de las restantes resoluciones posteriores a la de apertura del procedimiento de insolvencia. El art. 744.1 establece que, una vez obtenido el exequátur de la resolución de apertura, cualquier otra resolución dictada en ese procedimiento de insolvencia y que tenga su fundamento en la legislación concursal se reconocerá en España sin necesidad de procedimiento alguno, siempre que reúna los requisitos previstos en el artículo 742. Es decir, se producirá un reconocimiento automático de las resoluciones por el solo hecho de tratarse de una resolución dictada en un procedimiento colectivo de insolvencia, de ser la resolución firme, haber sido dictada por tribunal o autoridad competente en virtud de una conexión razonable, que haya sido debidamente notificada y que no sea contraria al orden público español. Sin embargo, respecto del requisito de la previa entrega o notificación de cédula de emplazamiento o documento equivalente será exigible, además, respecto de cualquier persona distinta del deudor que hubiera sido demandada en el procedimiento extranjero de insolvencia y en relación con las resoluciones que le afecten.

Oposición. No obstante, ese reconocimiento automático, el art. 744.2 permite la posibilidad de formular oposición al mismo, para lo cual estará legitimada cualquier persona interesada quien podrá solicitar que el reconocimiento de la resolución extranjera en cuestión sea declarado a título principal por el procedimiento de exequátur regulado en la Ley 29/2015, de 30 de julio, de cooperación jurídica internacional en materia civil. Si el reconocimiento de la resolución extranjera se invocare como cuestión incidental en un proceso en curso, será competente para resolver la cuestión el juez o tribunal que conozca del fondo del asunto.

Efectos. Respecto de los efectos que conlleva el reconocimiento de estas resoluciones posteriores a la de apertura del procedimiento de insolvencia, vale lo escrito anteriormente en relación con el reconocimiento de la resolución de apertura dictada por órgano de Estado extranjero.

Excepciones: se mantiene la exigencia del exequátur. Se establecen una serie de excepciones en las que por la gravedad y transcendencia de las mismas se mantiene la exigencia del exequátur.

(i) Las resoluciones extranjeras que tengan carácter ejecutorio según la ley del Estado de apertura del procedimiento en el que se hubieren dictado, pues las mismas no gozarán del reconocimiento automático, siendo necesario el previo exequátur para su ejecución en España (art. 746).

(ii) El reconocimiento y ejecución en España de las medidas cautelares adoptadas antes de la apertura de un procedimiento principal de insolvencia en el extranjero por el tribunal competente para abrirlo, que también exige el correspondiente exequátur (art. 748.1). Se debe entender, en consecuencia, que cuando se trate tan solo del reconocimiento de medidas cautelares adoptadas con posterioridad a la resolución de apertura ya reconocida en España, quedará sometido al régimen general establecido en el art. 744, pues si también se pretende la ejecución en España de tales medidas, el sometimiento ya no será a ese precepto sino al art. 746, que también exige el previo exequátur.

No obstante, el art. 748.2 establece una posibilidad alternativa al exequátur al disponer que antes del reconocimiento de un procedimiento extranjero de insolvencia y a instancia de su administrador o representante, podrán adoptarse conforme a la ley española medidas cautelares, incluidas las siguientes: (1.ª) La paralización de cualquier medida de ejecución contra bienes y derechos del deudor. (2.ª) La atribución al administrador o representante extranjero, o a la persona que se designe al adoptar la medida, la administración o la realización de aquellos bienes o derechos situados en España que, por su naturaleza o por circunstancias concurrentes, sean perecederos, susceptibles de sufrir grave deterioro o de disminuir considerablemente su valor. (3.ª) La suspensión del ejercicio de las facultades de disposición, enajenación y gravamen de bienes y derechos del deudor.

La solicitud de adopción de estas medidas cautelares puede tener lugar antes o después de la solicitud de reconocimiento de la resolución de apertura del procedimiento de insolvencia, pero en el primer caso, dice el párrafo final del art. 748 que la resolución que las adopte [las medidas cautelares] condicionará su subsistencia a la presentación de esta última solicitud [la de reconocimiento de la resolución de apertura del procedimiento de insolvencia] en el plazo de veinte días.

Pagos a deudor sometido a procedimiento de insolvencia. El art. 747, en regulación que ha de ser relacionada con la contenida en el art. 737, establece los efectos de los pagos hechos en España a un deudor sometido a procedimiento de insolvencia abierto en otro Estado. Si conforme a la legislación de ese Estado el pago debiera hacerse al administrador o representante en él designado, el pago hecho en España a un deudor sometido a procedimiento de insolvencia abierto en otro Estado... sólo liberará a quien lo hiciere ignorando la existencia del procedimiento. Nuevamente, la imposición de la carga de la prueba de un hecho negativo se ve suavizada con el establecimiento de una presunción que recoge el art. 747.2 al decir que, salvo prueba en contrario, se presumirá que ignoraba la existencia del procedimiento quien realizó el pago antes de haberse dado a la apertura del procedimiento de insolvencia extranjero la publicidad en esta Ley para la declaración de concurso.

52. Coordinación entre procedimientos paralelos de Insolvencia

Necesidad de coordinación procesal. La posibilidad de la tramitación simultánea de un procedimiento de insolvencia principal, en el estado en el que el deudor tenga el centro de sus intereses principales, y un procedimiento de insolvencia territorial, en cualquier otro estado en el que el deudor tenga un establecimiento o bienes o derechos afectos a una actividad económica, impone la necesidad de una coordinación entre ambos procedimientos, regulada en los arts. 749 a 752, independientemente de que en España sea objeto de tramitación el procedimiento principal o el territorial.

Supuesto de tramitación en España del procedimiento principal (art. 749.1). La AC del concurso declarado en España y el administrador o representante de un procedimiento extranjero de insolvencia relativo al mismo deudor y reconocido en España están sometidos a un deber de cooperación recíproca en el ejercicio de sus funciones, bajo la supervisión de sus respectivos jueces, tribunales o autoridades competentes. La negativa a cooperar por parte del administrador o representante, o del tribunal o autoridad extranjeros, liberará de este deber a los correspondientes órganos españoles. Nuevamente vemos la importancia que en el ámbito del Derecho internacional tiene el principio de reciprocidad.

Contenido de la cooperación. Podrá tener por objeto, con carácter enunciativo y no exhaustivo (art. 749.2):

(1.º) El intercambio, por cualquier medio que se considere oportuno, de informaciones que puedan ser útiles para el otro procedimiento, sin perjuicio del obligado respecto de las normas que amparen el secreto o la confidencialidad de los datos objeto de la información o que de cualquier modo los protejan. En todo caso, existirá la obligación de informar de cualquier cambio relevante en la situación del procedimiento respectivo, incluido el nombramiento de administrador o representante, y de la apertura en otro Estado de un procedimiento de insolvencia respecto del mismo deudor.

(2.º) La coordinación de la administración y del control o supervisión de los bienes y actividades del deudor.

(3.º) La aprobación y aplicación por los tribunales o autoridades competentes de acuerdos relativos a la coordinación de los procedimientos.

Sin perjuicio de lo anterior, la AC del concurso principal declarado en España reclamará en cualquier otro procedimiento territorial abierto en el extranjero la presentación, en tiempo oportuno, de propuestas de convenio, de planes de liquidación o de cualquier otra forma de realización de bienes y derechos de la masa activa o de pago de los créditos (art. 749.3, párrafo segundo).

Supuesto de tramitación en España de concurso territorial (art. 749.3). El otro supuesto posible es el de tramitación en España de un concurso territorial siendo objeto en Estado extranjero de tramitación un procedimiento de insolvencia principal. En tal caso, la AC española deberá permitir al administrador o representante del procedimiento extranjero principal la presentación, en tiempo oportuno, de propuestas de convenio, de planes de liquidación o de cualquier otra forma de realización de bienes y derechos de la masa activa o de pago de los créditos.

Para el ejercicio de los derechos de los acreedores, en especial los relativos a la comunicación o insinuación de créditos y de participación en la tramitación del concurso, se pretende facilitarlo mediante el régimen que establece el art. 750. Se establece que en la medida que así lo permita la ley aplicable al procedimiento extranjero de insolvencia, su administrador o representante podrá comunicar en el concurso declarado en España, y conforme a lo establecido en esta ley, los créditos reconocidos en aquél. Bajo las mismas condiciones, el administrador o representante estará facultado para participar en el concurso en nombre de los acreedores cuyos créditos hubiera comunicado.

La AC de un concurso declarado en España podrá presentar en un procedimiento extranjero de insolvencia, principal o territorial, los créditos reconocidos en la lista definitiva de acreedores, siempre que así lo permita la ley aplicable a ese procedimiento. Bajo las mismas condiciones estará facultada la AC, o la persona que ella designe, para participar en aquel procedimiento en nombre de los acreedores cuyos créditos hubiere presentado.

Evidentemente, las posibilidades establecidas en el art. 750 lo son a favor de los acreedores, por lo que nada obsta para que éstos puedan proceder, directamente, ellos mismos, a la comunicación de los créditos o a participar, también directamente, en el procedimiento de insolvencia que se siga.

El art. 751 contempla el supuesto en el que un acreedor obtenga en un procedimiento extranjero de insolvencia pago parcial de su crédito, en cuyo supuesto y en aplicación del principio de la par conditio creditorum, no podrá pretender en el concurso declarado en España ningún pago adicional hasta que los restantes acreedores de la misma clase y rango hayan obtenido en éste una cantidad porcentualmente equivalente.

Finalmente, y para el supuesto de resultar excedente del activo en el procedimiento territorial que se siga en España, el art. 752 dispone que, a condición de reciprocidad, se pondrá a disposición del administrador o representante del procedimiento extranjero principal reconocido en España. Y para el supuesto de haberse tramitado en España el concurso principal, y resultare remanente en el procedimiento territorial seguido en el extranjero, la AC [española] reclamará igual medida en aquel procedimiento extranjero. De nuevo, la reciprocidad.

53. Especialidades del derecho preconcursal en el ámbito internacional privado

La reforma operada por la Ley 16/2022. Introdujo en el Libro IV un nuevo título, el V, bajo la rúbrica «de las especialidades del Derecho preconcursal».

(i) **Regla general**; normas aplicables a las negociaciones preconcursales y a los planes de reestructuración. Dice el art. 753.1 que las normas de Derecho internacional privado establecidas en esta ley se aplicarán, con las adaptaciones pertinentes, a la comunicación de la apertura de negociaciones con los acreedores y a los planes de reestructuración regulados en el libro II.
En el apartado segundo, se aclara el contenido de la norma anterior al señalar que, sin perjuicio de lo establecido en el artículo siguiente, los títulos III y IV se aplicarán a los procedimientos de reestructuración preventiva extranjeros siempre que estos procedimientos sean funcionalmente equivalentes a los regulados en esta ley. Se presumirá que existe equivalencia funcional cuando se trate de procedimientos colectivos, basados en la legislación en materia de insolvencia, y cuyo fin sea la reestructuración del deudor o de su empresa, para garantizar su viabilidad y evitar la insolvencia.

(ii) **Regla sobre la ley aplicable**. Dice el art. 754 que los efectos de la comunicación de apertura de negociaciones con los acreedores y de la homologación del plan de reestructuración reguladas en el libro II de esta ley se someterán a lo dispuesto en ese libro y tendrán alcance universal. En particular, no se aplicarán las reglas especiales previstas en los artículos 723 a 731, salvo la prevista el artículo 726 para los derechos sobre valores, sistemas de pagos y mercados financieros.

(iii) **Regla especial relativa a la competencia judicial preconcursal sobre filiales extranjeras de sociedad matriz española**. Establece el art. 755 que cuando los tribunales españoles sean competentes para conocer de los procedimientos que se regulan en el Libro II [Derecho preconcursal] en relación con la sociedad matriz de un grupo de sociedades, podrán extender su competencia en relación con sociedades filiales cuyo centro de intereses principales se localice fuera de España, si concurren los siguientes requisitos: (1.º) Que la sociedad matriz haya instado la comunicación regulada en el libro II o vaya a quedar sometida al plan de reestructuración. (2.º) Que la comunicación o la homologación del plan de reestructuración se hayan solicitado como reservada en relación con las filiales, en cuyo caso ni la comunicación ni las resoluciones sobre la homologación del plan respecto de las filiales se publicarán en el Registro público concursal. Estas resoluciones se dictarán separadamente de las resoluciones relativas a la sociedad matriz. (3.º) Que la extensión de la competencia sobre las filiales resulte necesaria para garantizar el buen fin de las negociaciones de un plan de reestructuración o la adopción y cumplimiento del plan.

No obstante, esa competencia del juzgado español tendrá un alcance un tanto limitado, pues el último párrafo del art. 755 establece que, en cualquier caso, la competencia solo alcanzará a los acreedores contractuales comunes a la sociedad matriz y a las filiales.

PARTE II

DERECHO CONCURSAL: CONCURSO DE ACREEDORES

PRESUPUESTOS

1. Concepto y presupuestos

Concepto. Es el procedimiento judicial, cuyos incidentes se tramitan en forma contenciosa, mediante el que se pretende que un deudor, que se encuentra en situación de insolvencia o próximo a ella, alcance un convenio con sus acreedores para el pago de las deudas, con quita y/o espera y otros posibles contenidos facultativos, o, de no ser posible, se proceda a la liquidación ordenada de su patrimonio.

Presupuestos.

- **(i)** Subjetivo: capacidad concursal del deudor (art. 1)
- **(ii)** Objetivo: situación de insolvencia, actual o inminente (art. 2)
- **(iii)** Existencia de una masa activa
- **(iv)** Concurrencia de una pluralidad de acreedores

2. Presupuesto subjetivo

Capacidad concursal. Es la aptitud para ser declarado en concurso. No coincide con la capacidad procesal.

Regla general. La ostenta cualquier deudor, sea persona natural o jurídica (art. 1.1). Con independencia de la capacidad de obrar del deudor; los menores y los discapacitados sujetos a medidas excepcionales de representación por curador, pueden ser declarados en concurso.

Excepciones. **(i)** Hay personas jurídicas que, pese a tener personalidad, carecen de capacidad concursal (organización territorial del Estado y organismos públicos y demás entes de Derecho público); y, **(ii)** la herencia (no tiene personalidad propia, pero puede ser declarada en concurso).

Se exige que el centro de sus intereses principales esté en España (art. 45.1). Es el lugar donde el deudor ejerce de modo habitual y reconocible por terceros la administración de sus intereses. En las personas jurídicas se presume que coincide con su domicilio social (art. 45.2).

Supuesto especial: el emprendedor de responsabilidad limitada (Ley 14/2013). No afectación de su vivienda habitual al pago de las deudas empresariales o profesionales. En su concurso, lo obtenido de la venta de la vivienda sólo se destina al pago de las deudas de las que debe responder; el remanente no engrosará la masa activa (pues no puede aprovechar a los acreedores empresariales o profesionales).

Procedimiento individual, a salvo los supuestos de concursos conexos. Remisión.

3. Concurso y patrimonio: el concurso sin masa

Requisito objetivo: existencia de una masa activa (titularidad de bienes y derechos). La actual regulación es resultado de la reforma de la Ley 16/2022.

Supuestos de concurso sin masa (art. 37 bis). Cuando concurra (alguno de) los siguientes supuestos:

- **(i)** El concursado carezca de bienes y derechos embargables;
- **(ii)** El coste de realización sea manifiestamente desproporcionado respecto del previsible valor venal;
- **(iii)** Los bienes y derechos sin cargas sean de valor inferior al previsible coste del procedimiento;
- **(iv)** Los gravámenes y cargas tengan un importe superior al valor de mercado de los bienes y derechos.

Especialidades de la declaración del concurso (art. 37 ter). Si de la solicitud de concurso y de los documentos que la acompañen resulta estar el deudor en alguno de los supuestos del art. 37 bis, se dicta auto declarando el concurso, sin más pronunciamientos, ordenando su publicación en BOE y RPC, con llamamiento a los acreedores de, al menos, el 5 % del pasivo para que, en 15 días, soliciten el nombramiento de AC para que presente informe razonado y documentado.

Contenido del informe «razonado y documentado» del AC (art. 37 ter.1). Versará sobre si existen indicios:

- **(1)** De que el deudor realizó actos perjudiciales para la masa activa que sean rescindibles.
- **(2)** Para el ejercicio de la acción social de responsabilidad contra:
  - (i) Los administradores o liquidadores, de hecho o de derecho, de la concursada.
  - (ii) La persona natural designada por la persona jurídica administradora para el ejercicio del cargo de administrador.
  - (iii) Quien tenga atribuidas facultades de alta dirección de la sociedad, cuando no exista delegación permanente de facultades.
- **(3)** De que el concurso pudiera ser calificado de culpable.

Posibles escenarios:

- **(1)** **No se formula la solicitud de informe del AC** (art. 37 ter.2), el deudor persona natural puede solicitar la exoneración del pasivo insatisfecho (*cfr.* art. 150.1, dentro de los 10 días siguientes al vencimiento del plazo de solicitud de nombramiento de AC, sin que se hubiese efectuado). Tras la tramitación de esa solicitud de exoneración o, de no producirse, tras el transcurso del plazo para efectuarla, procede la finalización y archivo de las actuaciones.
- **(2)** **Se formula solicitud de informe del AC** (art. 37 quater), se dicta auto nombrando AC para que en 1 mes emita el informe, fijando su retribución, que corresponde a los acreedores solicitantes. Sobre el deudor pesa un deber de colaboración con el AC (art. 37 quater.2); si no colabora, incurrirá en causa de calificación del concurso como culpable (*cfr.* art. 444).

Emisión del informe. Posibles conclusiones del AC:

- **(i)** **Si no aprecia concurrencia de indicios suficientes** para el ejercicio de acciones rescisorias o de responsabilidad o para la calificación del concurso como culpable, hay que estar a lo dispuesto para el caso de que no se hubiese formulado la solicitud de emisión del informe. El deudor persona natural dispone de 10 días para solicitar la exoneración del pasivo insatisfecho (*cfr.* art. 501.1).

(ii) **Si aprecia la concurrencia de indicios suficientes**, se dicta auto complementario con los demás pronunciamientos de la declaración de concurso y apertura de la fase de liquidación (art. 37 quinquies, sin apertura, por lo tanto, de la fase de convenio).

Ejercicio de las acciones judiciales (art. 37 quinquies).

(i) **Plazo y legitimación**: deber de ejercicio por el AC en los 2 meses siguientes a la presentación del informe; subsidiariamente, de no ejercitarlas en ese plazo, están legitimados los acreedores solicitantes del nombramiento de AC.

(ii) **Costas y gastos**: se aplica el régimen para el ejercicio subsidiario de acciones por los acreedores (*cfr.* art. 232.3).

Liquidación de sociedades con desequilibrio patrimonial (art. 485). En la resolución que acuerda la conclusión del concurso por insuficiencia de masa activa, el juez ordenará el cierre provisional de la hoja registral (con su firmeza, el LAJ expedirá mandamiento al registro). Transcurrido 1 año sin reapertura del concurso, el registrador procederá a la cancelación de la inscripción con cierre definitivo de la hoja.

Sociedades de capital sin activo y con pasivo. Distinción de dos supuestos:

(i) **Si concurre un solo acreedor,** cabe cancelar los asientos registrales con escritura elevando a público los acuerdos sociales de aprobación del balance de liquidación del que resulta la inexistencia de activo a liquidar, declarando liquidada la sociedad, por no caber la declaración de concurso al concurrir un solo acreedor. Ver Rs DGSJFP.

(ii) **Si concurre una pluralidad de acreedores,** no cabe culminar el proceso de liquidación sin acudir al concurso (aunque sea a través del régimen especial del concurso sin masa).

4. Concurso de personas jurídicas

Capacidad concursal. No todas la ostentan. Especialidades:

(i) **Personas jurídicas públicas** (*cfr.* art. 1.3). Carecen de ella. Vide infra.

(ii) **Microempresas** (*cfr.* art. 685), se sujetan al régimen especial del Libro III.

Que reúnan ciertas características (art. 685.1). Delimita el concepto legal de «microempresa»:

(1.ª) Menos de 10 trabajadores. Haber empleado durante el año anterior a la solicitud una media inferior. Este requisito se entenderá cumplido cuando el número de horas de trabajo realizadas por el conjunto de la plantilla sea igual o inferior al que habría correspondido a menos de 10 trabajadores a tiempo completo.

(2.ª) Volumen de negocio o pasivo. Inferior a 700.000 euros o un pasivo inferior a 350.000 euros según las últimas cuentas cerradas en el ejercicio anterior a la presentación de la solicitud. En esta segunda característica la concurrencia ya es alternativa, no acumulativa.

Grupo de sociedades (art. 685.2). Si formase parte de un grupo, los criterios fijados en el apartado anterior se computarán en base consolidada y no en base individual.

Sociedades irregulares (actúan en el tráfico sin inscripción registral). *Cfr.* art. 39.1 TRLSC: se aplican las normas de la sociedad colectiva o, en su caso, de la sociedad civil. Art. 36.2: para la inscripción de las resoluciones, cuando no conste hoja abierta al concursado, se practicará previamente su inscripción.

Entes sin personalidad jurídica propia. Aunque puedan ostentar capacidad procesal (*cfr.* art. 6.2 LEC), parece que no ostentan capacidad concursal (*cfr.* art. 41.1). Supuestos, entre otros muchos:

(i) UTEs (*cfr.* Ley 18/1982).
(ii) Comunidades de bienes.
(iii) Comunidades de edificios en régimen de propiedad horizontal
(iv) ¿Quid comunidades de bienes que desarrollan actividad económica bajo un CIF? Comunidad convertida tácitamente en sociedad (civil o mercantil) irregular («comunidad societaria»), gozando de personalidad jurídica que permite la declaración del concurso.

Sociedades con hoja registral cancelada. La cancelación registral tiene eficacia meramente declarativa; continúa gozando de personalidad: puede ser declarada en concurso.

Filiales españolas de multinacionales extranjeras. Sí cabe su concurso.

5. Entidades públicas

Regla general. No pueden ser declaradas en concurso (i) las entidades que integran la organización territorial del Estado, (ii) los organismos públicos, ni (iii) los demás entes de Derecho público (art. 1.3).

Sociedades mercantiles de capital público. Aun cuando se integran en el sector público (*cfr.* art. 2.2 Ley 18/2001), sí pueden ser declaradas en concurso.

6. Presupuesto objetivo: la insolvencia

Concepto (art. 2.1). Es la imposibilidad de cumplir regularmente (sin acudir a mecanismos extraordinarios) las obligaciones exigibles (art. 2.3), con independencia de la causa que lo produce (no se identifica con el desbalance patrimonial ni con las pérdidas agravadas del TRLSC).

Clases. La LC suprimió la distinción entre (i) insolvencia provisional (daba lugar a la suspensión de pagos) e (ii) insolvencia definitiva (daba lugar a la quiebra). Hoy sólo se distingue entre: (i) **Insolvencia actual**, (ii) **Insolvencia inminente** e (iii) **Insolvencia probable.** Determinan la legitimación activa para instar el concurso y el momento a partir del cual se puede acceder al preconcurso.

(i) Insolvencia actual. Concepto: ver supra. Exige cierto grado de continuidad (posibilidad de puntuales situaciones de iliquidez). Es indiferente la causa que la produce

Requisitos:

(1) Imposibilidad de cumplimiento de las obligaciones (vide art. 1156 CC).
(2) Exigibilidad de las obligaciones
(3) Regularidad en el cumplimiento (ajustarse a los parámetros de normalidad en los modos de financiación y en las condiciones del mercado)

(ii) Insolvencia inminente (art. 2.3). Cuando se prevé que en los 3 meses siguientes entrará en insolvencia actual. Ese concreto plazo fue fijado por la Ley 16/2022.

Juicio de probabilidad. Conveniencia de solicitar el concurso, pero no obligación de así hacerlo.

(iii) Insolvencia probable (introducida por Ley 16/2022). Art. 584.2: cuando sea objetivamente previsible que, de no alcanzarse un plan de reestructuración, el deudor entrará en insolvencia en los próximos 2 años. Su finalidad: el pronto acceso a los mecanismos preconcursales.

7. Pluralidad de acreedores

Creación jurisprudencial. No tiene sentido abrir un concurso cuando cabe acudir a procedimientos singulares. Supuesto asimilado: un solo acreedor con una pluralidad de acreedores subordinados. *Cfr.* art. 465.2.°, es causa legal de conclusión del concurso la existencia de un solo acreedor en la lista definitiva de acreedores.

Alegación y prueba de su concurrencia. Corresponde a quien promueve la declaración de concurso: basta acreditar la concurrencia de, al menos, dos acreedores.

Falta de pluralidad sobrevenida, tras la declaración de concurso. Es irrelevante. La litispendencia se produce con la formulación de la solicitud. Por ello, el art. 465 no la recoge como causa de conclusión del concurso (*cfr.* art. 465.2.°).

8. Prueba de la insolvencia

En el concurso voluntario. La carga de la prueba pesa sobre el deudor (*cfr.* art. 2.2). No obstante, los tribunales han reducido considerablemente el peso de la carga sobre el deudor, por la posibilidad de anticiparse a ella, hasta el extremo de que se puede afirmar que se accederá a la petición del deudor salvo en los supuestos de concurrir defectos formales.

En el concurso necesario. Esa exigencia no pesa sobre acreedor instante del concurso («probatio diabólica»). Basta que pruebe la concurrencia de alguna de los hechos reveladores de la insolvencia del deudor que el TRLC recoge (vide infra). De este modo, la estrategia defensiva del deudor podrá basarse en (i) acreditar la no existencia del hecho externo invocado, (ii) la inexistencia del crédito del instante del concurso o (iii) la acreditación de la solvencia del deudor (con los matices que luego veremos).

9. Por el acreedor solicitante: los hechos externos reveladores

Prueba de la insolvencia y «hechos reveladores». En ningún caso se le exige al acreedor instante del concurso. Sólo ha de acreditar la concurrencia de alguno de los «hechos reveladores» a los que se le atribuye una naturaleza indiciaria del estado de insolvencia. La insolvencia es la causa del concurso, pero lo que ha de comprobar el juez es la concurrencia o no de alguno de los hechos tipificados en la Ley.

Supuestos tasados de hechos externos reveladores (art. 2.4):

(1) Declaración de insolvencia firme y previa (judicial o administrativa).

(2) Despacho de ejecución con embargos insuficientes. Es indiferente si el mandamiento de ejecución o apremio es judicial o administrativo. Su realidad se acredita con testimonio de la resolución que lo acuerde. Además, es necesario un resultado infructuoso de los embargos frente a lo reclamado por principal, intereses y costas.

(3) Embargos generalizados sobre el patrimonio del deudor. Pueden tratarse de embargos despachados a petición de terceros y no del acreedor instante del concurso. También pueden ser embargos acordados en una ejecución provisional de una resolución judicial que aún no es firme. Se exige una pluralidad de embargos, pero no necesariamente de ejecutantes. No son supuestos asimilables la concurrencia de una pluralidad de garantías hipotecarias a favor de terceros. Cabe una estrategia defensiva basada en la existencia de una importante parte del patrimonio no afectada por los embargos.

(4) Sobreseimiento generalizado. Exige la acreditación documental de una pluralidad de incumplimientos de obligaciones vencidas. «Generalizado», exige que no sea esporádico o aislado, sin que suponga que el cumplimiento de algunas obligaciones impida la concurrencia del hecho revelador (el sobreseimiento ha de ser general, pero no completo).

(5) Sobreseimiento generalizado en alguna categoría especial: (i) obligaciones tributarias exigibles en los 3 meses anteriores a la solicitud del concurso; (ii) cuotas de la TGSS durante el mismo período; (iii) salarios e indemnizaciones de los trabajadores de las 3 últimas mensualidades. Bastará con que concurra en una sola de esas tres categorías.

(6) Alzamiento o liquidación apresurada o ruinosa. «Alzamiento» se ha de entender en el sentido ordinario o común, no en el sentido jurídico-penal. La liquidación apresurada o ruinosa ha de afectar a la totalidad del patrimonio o a su mayor parte.

Legitimación activa. El solicitante debe acreditar su condición de acreedor. Si no se trata de un título ejecutivo, el deudor puede oponer la negación de esa legitimación. No cabe pretender que el juez del concurso examine el fondo de la cuestión. Basta con justificar documentalmente la existencia del crédito, salvo que resulte patente su extinción (por pago, caducidad o prescripción o cualquier otro motivo). El debate sobre el fondo se ha de remitir al trámite de la comunicación y reconocimiento de créditos (por el trámite del incidente concursal).

SOLICITUD Y DECLARACIÓN DE CONCURSO

10. La fase común del concurso

Principio de justicia rogada. No cabe la apertura de oficio del concurso (*cfr.* art. 22.3, para el supuesto en que el solicitante no comparece a la vista o no se ratifica en su solicitud, para conceder un plazo de 5 días a otros posibles acreedores para que puedan solicitar la declaración de concurso).

Fase común del concurso. Se da en todos los procedimientos, con independencia de que se abra o no una posterior fase de convenio y/o una fase de liquidación. Su objeto es hacer posible la elaboración del informe por la AC.

11. Concurso voluntario y concurso necesario

Distinción. **Doble criterio (subjetivo y temporal)**, según quién presente en el juzgado la primera solicitud (no se atiende a la fecha de la admisión a trámite o la de subsanación de defectos). Hay que estar a la fecha y hora de la solicitud presentada en primer lugar:

- **(i) Concurso voluntario**. Aquel en el que la primera solicitud presentada es la del deudor.
- **(ii) Concurso necesario**. La primera solicitud es de persona distinta al deudor (art. 29.1).

Excepción (art. 29.2). El concurso es necesario cuando, en los 3 meses anteriores a la solicitud del deudor, se hubiese presentado y admitido a trámite otra por cualquier legitimado, aunque éste (i) hubiera desistido, (ii) no comparecido a la vista o (iii) no se hubiese ratificado en la solicitud. Se trata de evitar actuaciones subrepticias del deudor en connivencia con el acreedor.

Blindaje por la apertura comunicada de negociaciones preconcursales (art. 610). Las solicitudes presentadas por persona distinta al deudor se repartirán al juzgado en que se hubiese efectuado la comunicación de negociaciones preconcursales, pero no se admitirán a trámite mientras no transcurra el plazo de 3 meses desde la fecha de la comunicación (y su prórroga). Las presentadas antes de la comunicación aún no admitidas a trámite quedarán en suspenso.

Diferencias de tramitación. No existen diferencias estructurales entre el concurso voluntario y el necesario. Por ello, si prospera un recurso de apelación contra la denegación de una petición de concurso necesario (por estar en trámite uno voluntario), no procede la anulación de lo actuado, sino la conversión, con conservación de lo ya practicado, con las modificaciones necesarias: (i) reconocimiento del privilegio del instante del concurso, (ii) posible cambio de régimen del AC y (iii) tratamiento de las costas originadas por la eventual oposición del deudor.

12. Inicio del concurso y ministerio fiscal

Papel del MF. Carece de legitimación activa para instar el concurso. La Ley 16/2022 suprimió su legitimación para instar la declaración de concurso culpable (calificación del concurso, remisión a su sede).

Puesta de manifiesto de indicios de insolvencia en instrucción de delitos (art. 4). Si en actuaciones por (i) delitos contra el patrimonio y (ii) contra el orden socioeconómico se ponen de manifiesto indicios de insolvencia de algún responsable penal, el MF instará del juez que conozca de la causa la comunicación de los hechos a los acreedores para que puedan instar la declaración de concurso o ejercitar las acciones que procedan. También instará la comunicación al juez competente para conocer el concurso por si se encontrase ya en tramitación.

13. El concurso voluntario

Concepto. Atendiendo al doble criterio subjetivo y temporal, es el concurso declarado a instancia del deudor por ser su petición la primera en el tiempo (*cfr.* art. 29.1).

Deber jurídico de solicitud (art. 5). Está obligado el deudor a solicitar el concurso dentro de los 2 meses siguientes a la fecha en que hubiese conocido o debido conocer su estado de insolvencia. Ese conocimiento se presume, salvo prueba en contrario, cuando hubiese acaecido alguno de los hechos externos reveladores del art. 2.4. Con ello se trata de evitar el deterioro de la situación económica del deudor.

No rige el deber si la insolvencia es sólo inminente o probable.

El deber legal prevalece sobre los pactos contractuales de compromiso de no solicitar la declaración de concurso en el supuesto de insolvencia actual.

Moratoria concursal por causa del Covid-19. Por RD-L 16/2020 y Ley 3/2020 se suspendió la vigencia del deber hasta el 31-12-2020, término que fue objeto de ulteriores prórrogas, hasta su finalización el 30-6-2022.

Negociaciones preconcursales. Remisión. La comunicación al juzgado del inicio de negociaciones preconcursales produce un blindaje frente a las solicitudes de concurso necesario y, a la vez, la prórroga del plazo legal para instar el concurso voluntario, que pasará de los 2 meses que antes vimos, a (al menos) 6 meses (2 meses para comunicar al juzgado el inicio de las negociaciones, otros 3 meses para alcanzar un acuerdo, sin perjuicio de una posible prórroga, y 1 mes más para solicitar la declaración de concurso); son plazos civiles, no procesales, salvo en el caso del mes último.

Sanción por incumplimiento de la obligación (art. 444.1.º). Impone una presunción *iuris tantum* de culpabilidad a los efectos de la calificación del concurso.

14. Decisión sobre la solicitud de concurso voluntario

En el deudor persona natural. La decisión corresponde al propio deudor (art. 3.1). Si es menor de edad, precisa la asistencia de quienes hayan de complementar o suplir su falta de capacidad; si es discapacitado sujeto a medidas de apoyo de naturaleza representativa, es precisa la intervención de su curador.

En el deudor persona jurídica. La decisión le corresponde al órgano de administración o liquidación (art. 3.1). Si el cargo está vacante, deberá ser nombrado para poder instar la declaración de concurso.

Delegación de competencias. Nada impide la delegación en un consejero-delegado o una comisión ejecutiva (al no estar entre las facultades legalmente indelegables).

Grupos de sociedades. Rige el mismo criterio. El administrador social de la dominante no puede instar el concurso de sus filiales; sólo lo pueden hacer sus propios órganos de administración.

Excepción. Están legitimados los socios personalmente responsables de las deudas sociales (art. 3.3).

15. Solicitud de concurso voluntario

Solicitud. Escrito en el que debe expresarse el estado de insolvencia actual o inminente en que se encuentre el deudor. Se presentará en modelo oficial (art. 6.2).

Postulación. Se requiere asistencia de abogado y representación por procurador con poder especial para solicitar el concurso (art. 6.2), (i) autorizado por notario, (ii) conferido apud acta o (iii) por comparecencia electrónica en la correspondiente sede judicial (*cfr.* también art. 510). No se requiere la firma del deudor, aunque nada lo impide y, en las personas jurídicas, puede ser medio adecuado para acreditar la adopción de la decisión por el órgano de administración.

Documentación. Además de todos los documentos que se consideren necesarios para acreditar la insolvencia actual o inminente (art. 6.1), deben ser aportados (art. 7):

(1) Una memoria expresiva de:

- **(i) La historia económica y jurídica del deudor**; conveniencia de aportar el historial registral en las entidades sujetas a inscripción.
- **(ii) La actividad a que se haya dedicado los 3 últimos años;** conveniencia de indicar los CNAE.
- **(iii) Los establecimientos, oficinas y explotaciones que titule; i**ncluso de locales no abiertos al público; es importante indicar si lo son en propiedad, arrendamiento o análogo derecho de uso o disfrute.
- **(iv) Las causas del estado de insolvencia en que se encuentre;** la Ley 16/2022 suprimió la exigencia de recoger las consideraciones oportunas sobre la viabilidad patrimonial del deudor.
- **(v) Si el deudor es persona casada,** se expresará (i) la identidad del cónyuge, (ii) la fecha del matrimonio, (iii) el régimen económico matrimonial y, en su caso, (iv) la fecha de las capitulaciones matrimoniales.
- **(vi) Si el deudor tiene pareja inscrita,** se indicará la identidad de la pareja y la fecha de inscripción en el registro correspondiente.
- **(vii) Si el deudor es una persona jurídica,** indicará (i) la identidad de los socios o asociados de que se tenga constancia, (ii) la identidad de los

administradores o liquidadores, de los directores generales y, en su caso, del auditor de cuentas; (iii) si tiene admitidos valores a cotización en un centro de negociación; y (iv) si forma parte de un grupo de sociedades enumerará las que se integran en éste, identificando la sociedad dominante (respecto del concepto de grupo, se estará al art. 42.1 CCo, aunque el control lo ostente una persona natural o una persona jurídica que no sea sociedad mercantil, *cfr.* DA 1.ª).

(2) **Un inventario de los bienes y derechos que integran su patrimonio,** con expresión de (i) su naturaleza, (ii) sus características, (iii) el lugar en que se encuentren y (iv) si están inscritos en un registro público, los datos de identificación registral, (iv) el valor de adquisición, (v) las correcciones valorativas que procedan y (vi) la estimación del valor de mercado a la fecha de la solicitud; (vii) los derechos, (viii) los gravámenes, (ix) las trabas y (x) las cargas que afecten a estos bienes a favor de acreedor o de tercero, (xi) con expresión de su naturaleza y, (xii) en su caso, los datos de identificación registral. Se ha señalado que, si el fondo de comercio ha sido creado por la actividad el deudor, no debe ser incluido en el inventario; sí se podrá incluir si fue adquirido a título oneroso.

(3) **La relación de acreedores,** con expresión de (i) su identidad, (ii) domicilio, (iii) dirección electrónica, (iv) la cuantía, (v) el vencimiento de los créditos y (vi) las garantías personales o reales; (vii) si algún acreedor hubiere reclamado judicialmente el pago, se identificará el procedimiento y el estado de las actuaciones.

(4) **Si el deudor fuera empleador, el número de trabajadores**, con expresión del centro de trabajo, la identidad de sus representantes, si los hubiere, con expresión de su dirección electrónica.

Documentos contables y complementarios (art. 8). Si el deudor está obligado a llevar contabilidad:

(1) **Las cuentas anuales** y, en su caso, **los informes de gestión** (si presenta balance abreviado) **y los informes de auditoría** (obligatorios o voluntarios), de los 3 últimos ejercicios finalizados, estén o no aprobadas las cuentas. Sobre el deber de formular las cuentas una vez declarado el concurso, *cfr.* arts. 115 y 116. Recomendable acreditar el depósito de esas cuentas en el RM.

Cfr. art. 16 TRLSC, sobre la inoponibilidad a la masa de los contratos celebrados entre la sociedad unipersonal y el único socio que no hayan sido transcritos al correspondiente libro-registro y no se hallen referenciados en la memoria anual o lo hayan sido en memoria no depositada.

(2) **Una memoria de los cambios significativos del patrimonio posteriores a las últimas cuentas anuales**, formuladas, aprobadas y depositadas.

(3) **Una memoria de las operaciones realizadas con posterioridad a las últimas cuentas anuales** que, por su objeto, naturaleza o cuantía excedan del giro o tráfico ordinario del deudor.

(4) **Si el deudor forma parte de un grupo de sociedades**, las cuentas anuales y el informe de gestión consolidados y el informe de auditoría, de los 3 últimos ejercicios, y una memoria de las operaciones con otras sociedades del grupo durante ese período y hasta la solicitud de concurso. *Cfr.* art. 42 CCo (DA 1.ª). Importante: nada se exige respecto de las cuentas anuales de las otras sociedades del grupo.

(5) **Los estados financieros intermedios** que el deudor esté obligado a comunicar o remitir a autoridades supervisoras, elaborados con posterioridad a las últimas cuentas acompañadas con la solicitud.

Consecuencias de la omisión de presentar los documentos. Los documentos de los arts. 7 y 8 son de presentación obligatoria. Si falta alguno de ellos, se expresará en la solicitud la causa (art. 9). La omisión injustificada da lugar a la concesión de un plazo para la subsanación del defecto u ofrecer una justificación. **Facultativa presentación de otros documentos.**

16. Resolución judicial

Posibles resoluciones. Tras el reparto y remisión al juzgado que corresponda (en el mismo día o el siguiente hábil), el juez pronunciará alguna de las siguientes resoluciones (art. 10.1):

- **(1) Auto de declaración de concurso.** Si (i) se considera competente y (ii) resulta la concurrencia de los presupuestos subjetivos y objetivo del concurso (art. 10.2).
- **(2) Requerimiento de subsanación de defectos**, otorgando un único plazo de 3 días (art. 11). Tras cumplimentar el requerimiento, sólo cabe:
  - **(2.1) Auto de inadmisión** (art. 11.2), si el deudor no procede a la justificación o subsanación requerida. Sólo cabe recurso de reposición.
  - **(2.2) Auto de declaración de concurso o auto desestimatorio, según proceda** (art. 11.3).
- **(3) Auto de desestimación de la solicitud** (art. 12). Sólo cabe recurso de reposición.

17. Desistimiento

Sólo cabe antes de que se dice el auto de declaración de concurso. Una vez declarado, el solicitante pierde la capacidad de disposición sobre el procedimiento concursal. *Cfr.* art. 465.3.°, una vez terminada la fase común, es posible el desistimiento o renuncia de la totalidad de los acreedores reconocidos. Así pues, no es posible el desistimiento antes de la finalización de la fase común.

18. El concurso necesario

Concepto. Es el instado por persona distinta al deudor en un momento anterior a haberlo hecho éste (*cfr.* art. 29.1). **Excepción**: cuando en los 3 meses anteriores a la solicitud del deudor se hubiese presentado y admitido a trámite otra por cualquier legitimado, aunque (i) hubiese desistido, (ii) no hubiese comparecido en la vista o (iii) no se hubiese ratificado en la solicitud (art. 29.2). Con ello se trata de impedir actuaciones subrepticias del deudor en connivencia con un acreedor promovente.

Solicitud potestativa. Inexistencia de un deber legal de solicitud. A diferencia del concurso voluntario.

Moratoria concursal por la crisis sanitaria del Covid-19. El RD-L 16/2020 (posteriormente modificado por la Ley 3/2020, que, a su vez lo fue por el RD-L 34/2020) suspendió la obligación del deudor de instar su concurso hasta el 31-diciembre-2020, en término posteriormente ampliado hasta el 30-junio-2022, y de la posibilidad de instar el concurso por un tercero.

19. Legitimación activa

(1) Cualquier acreedor (art. 3.1). Puede ser instado con independencia de que el crédito sea o no líquido, dinerario o no, privilegiado, ordinario o subordinado.

Excepción (art. 3.2): No está legitimado el acreedor que, en los 6 meses anteriores a la solicitud, haya adquirido el crédito inter vivos y a título singular, después de su vencimiento. Finalidad: evitar el nocivo comercio de créditos vencidos para, posteriormente, instrumentar la solicitud de concurso como medida de presión para obtener el pago.

Carecen de legitimación: (i) quien dejó de ser acreedor, habiéndolo sido en el pasado; (ii) quien, pese a tener una expectativa, aun no titula el crédito (ej., el fiador que aún no pagó la deuda garantizada).

Fomento de la solicitud de concurso. No hay obligación legal de instar el concurso. Pero el legislador la fomenta (i) concediendo un privilegio al 50 % del crédito no subordinado (art. 280.7.º) y (ii) considerando créditos contra la masa las costas y gastos de la solicitud (art. 24.2). Se ha de ponderar el riesgo de una desestimación de la solicitud con imposición de costas y condena a la indemnización de daños y perjuicios (arts. 24.2 y 27.1).

Actuación concertada de varios acreedores. Es posible. Distribución del privilegio.

Documentación a aportar. La que prueba el crédito y los hechos externos reveladores de la insolvencia, así como la concurrencia de una pluralidad de acreedores.

Desistimiento. Es posible antes de ser dictado el auto de concurso.

(2) Socios responsables de las deudas sociales (art. 3.3). Con independencia de si es subsidiaria o solidaria. No comprende los socios en los que su responsabilidad personal se deriva de condición distinta a la de ser socio (ej., administrador social o fiador).

Supuestos: (i) Socios colectivos en la sociedad colectiva y la sociedad comanditaria (art. 147 CCo y art. 1.4 TRLSC). (ii) Integrantes de Agrupación de Interés Económico (art. 5 de Ley 12/1991). (iii) Socios de sociedades irregulares (art. 39.1 TRLSC). (iv) El socio único en la sociedad de capital unipersonal que no haya publicitado la unipersonalidad (art. 14.1 TRLSC). (vi) La SL con capital inferior a 3.000 euros cuando, en caso de liquidación, el patrimonio es insuficiente para el pago de las obligaciones sociales (art. 4.1 TRLSC).

(3) En el concurso de una herencia no aceptada pura y simplemente, están legitimados:

- **(i)** Los acreedores del deudor fallecido
- **(ii)** Los herederos de éste (produce los efectos de la aceptación a beneficio de inventario)
- **(iii)** El administrador de la herencia (aquí debemos incluir no sólo el administrador judicialmente nombrado, sino también al nombrado por el testador y el albacea con facultades para administrar la herencia).

(4) Supuestos especiales de sociedades sujetas a control por la Administración. Están legitimados:

- **(i)** La CNMV, para instar el concurso de empresas de servicios de inversión (art. 76 bis LMV).
- **(ii)** El Consorcio de Compensación de Seguros, el de entidades de seguros y reaseguros (art. 34.1 LOSSP).

(5) El administrador judicial del art. 630 LEC. ¿Supuesto de concurso necesario o de concurso voluntario?

20. Solicitud efectuada por tercero

Postulación. Asistencia de letrado (de graduado social si se trata de empleado del deudor, *cfr.* art. 513.2 en relación con art. 21.1 LPL) y representación de procurador (no se exige poder especial, *cfr.* art. 512.1; por (i) escritura pública, (ii) apoderamiento apud acta o (iii) comparecencia electrónica).

Contenido de la solicitud. Generalmente, reviste forma de demanda. Su contenido:

(1) **Si el solicitante es acreedor.** Debe identificar sus créditos, con expresión de:
- **(i)** Su origen o fuente
- **(ii)** Su naturaleza, detallando si es privilegiado, ordinario o subordinado y si tiene garantías
- **(iii)** El importe, desglosando principal e intereses; si no es dinerario, debe valorarlo en dinero
- **(iv)** Fecha de adquisición y vencimiento
- **(v)** Situación actual del crédito, detallando si ha sido o no reclamado judicialmente, con identificación del procedimiento judicial o arbitral que se siga
- **(vi)** Se acompañará documento acreditativo; bastará para acreditar la legitimación del solicitante, si no resulta diáfano que se ha perjudicado cualquier posibilidad de reclamación (ej, por caducidad, prescripción o pago o cumplimiento).
- **(vii)** Los hechos externos reveladores del estado de insolvencia (*cfr.* art. 2.4)

(2) **Los demás legitimados** expresarán en la solicitud (i) el carácter con que la formulan y (ii) acompañarán el documento acreditativo de su legitimación o propondrán la prueba necesaria para acreditarla (art. 13.2).

(3) **Medios de prueba de que se valga o pretenda valerse** para acreditar los hechos externos reveladores de la insolvencia (art. 13.3, no siendo suficiente la testifical por si sola). No precluye en ese momento la proposición de prueba (*cfr.* art. 23.1).

(4) **Documentos acreditativos o indiciarios de la existencia de una pluralidad de acreedores.**

Peticiones adicionales (mediante otrosí) y, en su caso, solicitud de medidas cautelares.

Limitaciones del solicitante. A diferencia del deudor instante del concurso, no puede (i) proponer convenio, (ii) ni pedir la liquidación de los bienes y derechos del deudor.

21. Provisión de la solicitud

Inmediatez. Es repartida y remitida a la oficina judicial en el mismo día o el siguiente hábil; ese mismo o el siguiente, el juez examinará su competencia (art. 14.1).

Examen judicial (art. 14.2): (i) su propia competencia; (ii) legitimación activa del solicitante (a la vista de los documentos aportados); (iii) capacidad concursal del deudor.

Vías de tramitación (art. 14.2). Son dos, según sea posible o no la contradicción por el deudor:

(1) **Supuestos de declaración de concurso inaudita parte**. El juez declara el concurso el primer día hábil siguiente cuando la solicitud presentada por el acreedor se funda en:

(i) Una previa declaración (firme) judicial o administrativa de insolvencia.
(ii) Título con despacho de ejecución o apremio sin embargo de bienes libres bastantes.
(iii) Embargos por ejecuciones pendientes que afecten de forma general al patrimonio del deudor

Caben los recursos del art. 25 contra el auto que declara el concurso.

(2) Supuestos sujetos a contradicción. En los demás supuestos de hechos reveladores o si la solicitud procede de otro legitimado distinto a un acreedor, se dicta auto de admisión a trámite, ordenando el emplazamiento del deudor, con traslado de la solicitud, para que comparezca en 5 días, y podrá formular oposición, proponiendo los medios de prueba. Se forma la Sección 1.ª. Se notifica la resolución a administraciones públicas a las que procede notificar el concurso.

Recurso contra la inadmisión de la solicitud (art. 17.2). Sólo cabe el de reposición.

Subsanación de defectos de la solicitud (art. 17). Se procederá como en el supuesto de solicitud por el deudor (remisión al art. 11): concesión de plazo de 3 días para la subsanación. Posibilidades:

(1) Si no subsana el defecto, se dicta auto de inadmisión a trámite de la solicitud, frente al cual sólo cabe recurso de reposición.

(2) Justificado o subsanado el defecto, el juez procederá conforme a lo dispuesto en el artículo anterior.

Acumulación de solicitudes (art. 15). Las solicitudes posteriores a la admisión a trámite se acumulan a la primera repartida, teniendo por comparecidos a los solicitantes y sin retrotraer las actuaciones. Es un supuesto distinto al de la acumulación de concursos declarados (*cfr.* art. 41).

Incidencia del preconcurso comunicado (art. 610.1). Las solicitudes de concurso presentadas por personas distintas al deudor se repartirán al juzgado que hubiera tenido por efectuada la comunicación, pero no se admitirán a trámite mientras no transcurran 3 meses desde la comunicación (más, en su caso, la prórroga del preconcurso). Y las presentadas antes de la comunicación, aún no admitidas a trámite, quedan en suspenso.

22. Emplazamiento del deudor

Supuestos (art. 16):

(1) Si es persona natural. En la forma prevista en los arts. 149 y ss LEC. Si no se conoce su domicilio o el resultado es negativo, se utilizarán medios oportunos para averiguar su domicilio o residencia, conforme a la LEC (*cfr.* art. 156 LEC).

(2) Si es persona jurídica. Si no puede ser emplazada en su domicilio registral, el LAJ se dirigirá al registro público para averiguar la identidad de (i) administradores, (ii) liquidadores o (iii) directores generales, para realizar el emplazamiento a través de ellos.

(3) Agotadas todas las vías de emplazamiento, el juez podrá declarar el concurso inaudita parte.

23. Medidas cautelares

Objeto. En el auto de declaración de concurso se resolverá sobre las medidas cautelares instadas en la solicitud, para asegurar la integridad del patrimonio del deudor (art. 18.1, remisión a la LEC).

Principio de rogación. Sólo caben a instancia de parte, del legitimado para instar el concurso necesario (art. 18.1).

Momento de la petición. Con la solicitud del concurso. Nada impide una petición posterior (en todo caso, anterior a la declaración del concurso) si sobrevienen circunstancias que así lo aconsejan.

Tramitación procesal. *Cfr.* art. 721 y ss LEC. Requisitos: (i) ofrecimiento de caución y (ii) acreditación de la apariencia de buen derecho (fumus boni iuris) y del peligro de la mora (periculum in mora).

Contragarantía (art. 18.2). El juez pude pedir al solicitante que preste fianza para responder de los daños y perjuicios que se puedan producir al deudor si la solicitud de concurso es desestimada.

Recursos. ¿Es aplicable el régimen de la LEC o hay que estar a la regulación del régimen de recursos en la legislación concursal (*cfr.* art. 1 LORC y art. 253)?

Adopción inaudita parte. *Cfr.* art. 739 LEC.

Duración de las medidas. Sobre las medidas cautelares adoptadas se pronunciará el juez en el auto que declare el concurso o en el que desestime la solicitud (art. 18.3). Aunque puede parecer que desaparecerán con esa resolución, no será así necesariamente; (i) si se declara el concurso, puede resultar conveniente su mantenimiento hasta la aceptación del cargo por el AC; (ii) si se desestima la solicitud (*cfr.* 456.2 y 744 LEC) procede su alzamiento, salvo que se recurra el auto y el recurrente, con la interposición del recurso, solicite su mantenimiento.

24. Posibles posturas del deudor frente a la solicitud

(1) **Allanamiento.** El juez dicta auto de concurso (art. 19.1). Frente al auto, sólo cabe recurso de reposición, aunque la cuestión es discutida ¿Procede el auto en todo caso? Algunos tribunales han señalado la necesidad de que el juez analice la concurrencia de los requisitos subjetivos y objetivos para la declaración de concurso. Según el art. 19.2, el mismo efecto lo produce que, con posterioridad a la solicitud de cualquier legitimado, el deudor, antes de ser emplazado, solicite el concurso voluntario.

(2) **No formular oposición en plazo.** Se equipara al allanamiento (art. 19.2). Rompe con el art. 496.2 LEC que no equipara rebeldía y allanamiento.

(3) **Oponerse a la solicitud. Caben diferentes estrategias de defensa** (art. 20.1): (i) falta de legitimación del solicitante; (ii) inexistencia del hecho externo revelador de la insolvencia en que se funde la solicitud; (iii) aun habiéndose producido el hecho externo, no hay insolvencia.

    Si el deudor alega que no hay insolvencia, le incumbe la prueba de su solvencia (art. 20.2). Antes de la reforma de 2022 sólo podía basarse su prueba en la contabilidad. El solicitante del concurso no tiene que probar la insolvencia, sólo la concurrencia de alguno de los hechos indiciarios legalmente previstos.

Elemento temporal de la insolvencia. Ha de existir cuando es declarada (al dictarse el auto).

Proposición de prueba. Debe realizarse en el escrito de oposición; pero no precluye ahora pues el art. 23.1 admite la proposición en el acto de la vista (tanto por el solicitante como por el deudor).

Legitimación para la oposición. Corresponde, en exclusiva, al deudor. *Cfr.* art. 25.2 un curioso caso de mayor legitimación para recurrir que para oponerse a la solicitud.

Citación para la vista (art. 21). A celebrar en el plazo de los 10 días siguientes a la oposición. Deberán comparecer con todos los medios de prueba que se puedan practicar en el acto. Si el deudor está obligado a llevar contabilidad, debe comparecer con los libros de llevanza obligatoria.

25. Vista

Celebración. Bajo la presidencia del juez (art. 22.1), dentro de los 10 días siguientes a la oposición (art. 21).

(1) Si el deudor no comparece. Se dicta auto de concurso (art. 22.2).

(2) Si el solicitante no comparece o no se ratifica en la solicitud. Auto teniendo por desistido al solicitante. Si el juez considera que concurre presupuesto objetivo y hay otros posibles acreedores, antes de dictar auto, se les concederá a esos acreedores un plazo de 5 días para que formulen alegaciones (art. 22.3, consecuencia del principio de justicia rogada); pueden consistir en hacer suya la solicitud inicial o presentar otra solicitud.

(3) Si no comparece el acreedor ni el deudor (no previsto en la Ley). Se declara concluso el proceso.

(4) Si concurren ambas partes sosteniendo sus posturas iniciales. Sigue adelante la vista.

Consignación por el deudor del importe del crédito vencido (art. 22.2). Debe el deudor (i) consignar en el mismo acto de la vista, (ii) acreditar haberlo hecho antes de la vista o (iii) manifestar la causa legítima de la falta de consignación. La consignación es potestativa; el deudor no está obligado a hacerla.

Tramitación de la vista (art. 22.4). En caso de (i) falta de consignación, (ii) cuando, a pesar de haber sido hecha, o (iii) cuando el crédito no está vencido, o (iv) cuando el solicitante no es un acreedor, si el acreedor se ratifica en la solicitud, el juez oirá a las partes sobre la procedencia de la declaración de concurso. Sólo procede la entrega de lo consignado cuando el concurso no es declarado; si se declara, lo consignado forma parte de la masa activa del concurso.

Prueba.

Proposición. El juez decide sobre su pertinencia (art. 23.1). La proposición en el escrito de solicitud de concurso y en el de oposición no impide su ulterior ampliación en el acto de la vista.

Práctica de la prueba admitida. En la propia vista o, si no es posible, en el siguiente día hábil; en ningún caso más allá de 10 días (art. 23.2). El juez puede interrogar directamente a las partes, los testigos y los peritos.

Apreciación de la prueba. Con arreglo a las reglas de valoración de la LEC (art. 23.4).

26. Resolución judicial

Plazo y forma. Dentro de los 3 días siguientes: (i) auto de declaración de concurso o (ii) de desestimación de la petición (art. 24.1).

Costas procesales (art. 24.2). **(i) En caso de concurso**, tienen la consideración de créditos contra la masa (aunque guarda silencio, también las de segunda instancia, en su caso); **(ii) en caso de desestimación**, condenará al solicitante a su pago, salvo si concurren serias dudas de hecho o de derecho. El principio de vencimiento debe ser excepcionado en los casos de acreditación de existencia de un hecho revelador de la insolvencia, pese a lo cual el deudor acredita su solvencia.

Indemnización de daños y perjuicios (art. 27). Consecuencia de la desestimación de la solicitud de concurso. El deudor presentará escrito ante el juez solicitando su liquidación, acompañando relación detallada. Acompañará los documentos e informes periciales que considere convenientes. Cauce procesal, el previsto en arts. 712 y ss LEC para la liquidación de los daños y perjuicios. Una vez determinados, se requiere de pago al solicitante, procediéndose a su exacción forzosa si no los pagase.

27. Recursos contra el auto

Recurso de apelación (art. 25.1). Cabe frente (i) al auto de concurso y también frente (ii) al auto de desestimación. No tiene efecto suspensivo, salvo que, excepcionalmente, el juez acuerde lo contrario. Al admitirlo a trámite, debe pronunciarse sobre el mantenimiento (total o parcial) de las medidas cautelares acordadas o adoptar las que considere necesarias.

Legitimación para recurrir (art. 25.2):

- **(i) Para apelar el auto de concurso**, están legitimados (i) el deudor y (ii) cualquier persona que acredite interés legítimo (aunque no hubiera comparecido con anterioridad, p.ej., el administrador de la sociedad declarada en concurso). Chocante supuesto de legitimación más amplia para recurrir que para iniciar el procedimiento.
- **(ii) Para apelar el auto desestimatorio,** sólo la parte solicitante del concurso.

Recurso de reposición (art. 24.3). Cabe frente a los demás pronunciamientos del auto de concurso. Se limita la legitimación a *«cualquiera de las partes»* (solicitante y deudor). Algunos ejemplos de tales *«pronunciamientos»* son: (i) costas procesales, (ii) nombramiento del AC, (iii) régimen de limitación de facultades patrimoniales y (iv) medidas cautelares (aunque, respecto de éstas, es debatido si la remisión normativa del art. 18.1 a la LEC altera o no el régimen de recursos del TRLC). También es debatido si todo recurso contra esos pronunciamientos ha de ser de reposición o si sólo procederá en los casos en que no se interponga recurso de apelación (lo que parece más lógico). También es dudoso si cabe apelación frente a la resolución que resuelve el recurso de reposición (*cfr.* art. 546).

Dies a quo para recurrir (art. 24.2). **(i) Respecto de las partes comparecidas**, se inicia con la notificación del auto, y **(ii) respecto de los demás legitimados**, con la publicación del concurso en el BOE.

Costas procesales (art. 25.5). No hay especialidad; rige el principio del vencimiento. Pese al silencio, las impuestas al deudor tienen la consideración de créditos contra la masa (*cfr.* art. 242.1.4.°).

Fecha del concurso (art. 26). En caso de apelación contra el auto de desestimación de la solicitud, si es estimado, fijará como fecha del concurso la de la resolución apelada. Norma congruente con todo el sistema, que pivota sobre la fecha de declaración de concurso por el juzgado.

28. Auto de declaración de concurso

Auto de concurso. Su contenido y publicidad son sustancialmente idénticos en el concurso voluntario y en el necesario. Abre fase común de la tramitación del concurso y da lugar a la formación de las secciones 2.ª (del AC), 3.ª (masa activa) y 4.ª (masa pasiva). *Cfr.* art. 31.1.

Contenido del auto de concurso (art. 28). Pronunciamientos:

(1) El carácter voluntario o necesario del concurso, con indicación, en su caso, de que (i) el deudor ha presentado propuesta de convenio, (ii) ha solicitado la liquidación de la masa activa o (iii) ha presentado una oferta vinculante de adquisición de unidad productiva.

(2) Los efectos sobre las facultades de administración y disposición del deudor respecto de la masa activa. Cabrán los regímenes (i) de intervención o (ii) de suspensión.

(3) El nombramiento del AC, con expresión de sus facultades.

(4) El llamamiento a los acreedores para comunicar a la AC sus créditos en el plazo de 1 mes desde el siguiente a la publicación de la declaración del concurso en el BOE. Sobre comunicación individualizada, *cfr.* art. 252.1.

(5) La publicidad que haya de darse al concurso. Véase el siguiente epígrafe.

(6) Apertura de la fase común (art. 30.1). Supone la apertura de la Sección 1.ª (excepto en caso de solicitud de concurso necesario, que se abre con la admisión a trámite de la solicitud, *cfr.* art. 14.3).

(7) Apertura de secciones (art. 31.1). Además de la Sección 1.ª, se abrirán la 2.ª (de la AC), la 3.ª (de la masa activa) y la 4.ª (de la masa pasiva), cada una de ellas encabezada con testimonio del auto o, en su caso, de la sentencia de declaración de concurso.

Contenidos especiales del auto. Sólo en ciertos supuestos:

(1) En el concurso necesario, el requerimiento al concursado para que en 10 días desde la notificación presente los documentos que habría de acompañar a la solicitud de concurso (art. 28.2).

(2) Medidas cautelares. Las necesarias para asegurar la integridad, conservación o administración de la masa activa hasta que el AC acepte el cargo (art. 28.3). Es necesaria su solicitud previa (principio de rogación).

(3) Si se solicita la liquidación, se acordará; con simultánea apertura de la fase de liquidación y formación de la Sección 5.ª, que se encabeza aquella solicitud (art. 30.2).

(4) Si el deudor propone un convenio, se ordenará la formación de la Sección 5.ª, que se encabeza con la propuesta y, en su caso, las adhesiones a ella.

Disolución de los regímenes económicos de comunidad. No procede en este momento, pues hay que esperar a que el cónyuge no deudor efectúe, si así le conviene, la solicitud de disolución, lo cual sólo puede tener lugar en un momento posterior al pronunciamiento del auto de concurso.

Eficacia del auto de concurso. Produce de inmediato los efectos de la Ley y tiene fuerza ejecutiva, aunque no sea firme (art. 32). Los recursos contra él se admiten a un solo efecto (sin carácter suspensivo, *cfr.* art. 25.1). No produce efectos retroactivos desde la solicitud (no es de aplicación el art. 410 LEC).

29. Notificación y publicidad del auto

Notificación del auto. Por el LAJ, en el mismo día (art. 34) a:

(1) **Las partes comparecidas**. Si el deudor no lo ha hecho, la publicación en el BOE produce los efectos de la notificación (art. 33.1).

(2) **Al cónyuge o pareja del concursado**, si está casado o tiene pareja inscrita (art. 33.2).

Publicidad. Distinguimos:

(1) **Publicidad obligatoria por edictos** (art. 35.1). Tras la aceptación del AC, el LAJ remitirá edicto para su publicación gratuita en (i) el BOE y (ii) el RPC. Contenido del edicto:
   - **(i)** El NIF del concursado
   - **(ii)** El órgano judicial que declara el concurso
   - **(iii)** El número de autos y el número de identificación general del procedimiento
   - **(iv)** Fecha de presentación de la solicitud, fecha de reparto y fecha del auto de concurso
   - **(v)** El régimen de intervención o de suspensión de las facultades del concursado
   - **(vi)** Identidad del AC
   - **(vii)** Plazo para la comunicación de créditos
   - **(viii)** Expresión de la dirección postal y electrónica del AC
   - **(ix)** Dirección electrónica del RPC

(2) **Publicidad facultativa** (art. 35.2). En el auto de concurso, el juez, de oficio o a instancia de parte, puede acordar cualquier publicidad complementaria imprescindible para la efectiva difusión del concurso.

(3) **Publicidad registral.** Práctica de asientos en los siguientes registros públicos:
   - **(i)** **Registro civil (RC).** Si el concursado es persona natural, con el contenido del art. 36.1.
   - **(ii)** **Registro mercantil (RM).** Si el concursado es persona natural o jurídica inscribible, se anotarán y (una vez sea firme el auto) se inscribirán las circunstancias del art. 36.2. Si no consta hoja abierta al concursado, se practica previamente la inscripción de éste.
   - **(iii)** **Otros registros públicos.** Si consta o debiera constar su inscripción en ellos, se inscribirán en ellos las mismas circunstancias (art. 36.2, ej. Registros de cooperativas).
   - **(iv)** **Registros de bienes y derechos** en los que el concursado tenga inscripciones a su favor. Se anotarán y (una vez sea firme el auto) se inscribirán las circunstancias del art. 37. Su efecto: no podrán anotarse más embargos o secuestros posteriores a la declaración del concurso que los acordados por el juez de éste. Y provoca el cierre del registro para los actos dispositivos realizados con infracción del régimen de intervención o suspensión del auto de concurso. Pero no afecta a los actos dispositivos o embargos anteriores a la fecha del auto, con acceso posterior al registro.

EFECTOS SOBRE EL CONCURSADO

30. Limitación de facultades patrimoniales

Regímenes. El auto de concurso declara (i) el régimen de intervención o (ii) el de suspensión.

Afectación de la capacidad de obrar. Con distinto alcance en cada uno de los regímenes, respecto de su patrimonio. No tienen las limitaciones una naturaleza punitiva o sancionadora.

Facultades patrimoniales afectadas: (i) las de administración y (ii) las de disposición de la masa activa (*cfr.* art. 106), (iii) la asunción, modificación o extinción de obligaciones patrimoniales y (iv) el ejercicio de las facultades del deudor en la comunidad conyugal (*cfr.* art. 107.1). Sólo afecta a los actos inter vivos; conservará la libertad de disposición mortis causa.

No afecta a la continuación de la actividad profesional o empresarial, que no se interrumpe con la declaración de concurso (*cfr.* art. 111.1).

Declaraciones y autoliquidaciones tributarias. Es necesario distinguir (art. 118): (i) en caso de intervención, competen al concursado bajo la supervisión del AC; (ii) en caso de suspensión, competen al AC.

Inicio de los efectos. Desde la fecha del auto de concurso. Tienen plena validez los actos dispositivos anteriores a esa fecha del concursado (STS:2017:3918, para una posterior inscripción de hipoteca cuya escritura fue otorgada antes del auto).

Habilitación temporal del concursado. Hasta la aceptación del cargo por el AC es necesario llenar ese vacío. Por ello el art. 111.2 permite al concursado realizar (i) actos imprescindibles (ii) para continuar su actividad (¿se excluye al concursado consumidor?), (iii) en condiciones normales de mercado, (iv) sin perjuicio de las medidas cautelares adoptadas en el auto de concurso (hay que matizar, *cfr.* art. 18, las medidas se adoptan al admitir a trámite la solicitud de concurso, sin perjuicio de que sean mantenidas al declarar el concurso). Si no concurre alguno de los cuatro requisitos, el AC podrá instar posteriormente su nulidad con base en el art. 109.1.

31. Régimen de intervención

Regla general. En el concurso voluntario, el concursado conserva las facultades de administración y disposición, pero sometido a la intervención del AC, que podrá autorizar o denegar, según tenga por conveniente (art. 106.1), atendiendo sólo al interés del concurso.

Excepciones: posibilidad de modulación judicial. El juez puede acordar la suspensión en caso de concurso voluntario o la mera intervención en el concurso necesario, motivando el acuerdo y señalando los riesgos a evitar y las ventajas que se quieran obtener (art. 106.3). Sólo es imperativo el régimen de suspensión en el concurso de la herencia (*cfr.* art. 570).

Ámbito objetivo: sólo los actos patrimoniales. No los actos meramente personales.

Alcance de la intervención. Supone la necesidad de autorización o conformidad, ya sea verbal o escrita (aconsejable cuando exceden de la gestión ordinaria).

Infracción. Los actos son válidos y eficaces, pero pueden ser anulados en tanto no sean convalidados o confirmados por el AC; pero, pese a su validez, no tienen acceso a los registros públicos en tanto (i) no se convaliden o confirmen, o (ii) se acredite la caducidad de la acción de anulación o (iii) su desestimación en resolución firme.

Autorización judicial. Necesaria en los actos dispositivos que excedan del ejercicio ordinario de la actividad, por la prohibición de enajenar o gravar bienes y derechos de la masa activa hasta (i) la aprobación del convenio o (ii) la apertura de la fase de liquidación (art. 205).

Las enajenaciones han de tener una finalidad conservativa del patrimonio; ejemplos de posibles causas: (i) necesidad de tesorería, (ii) naturaleza perecedera de lo enajenado, (iii) su rápida depreciación, (iv) eludir gastos de conservación, (v) vigencia temporal de ofertas recibidas, etc.

Venta de unidad productiva (*cfr.* art. 206.1.3.º). Detallada regulación en arts. 215 a 224. Vide pre-pack concursal. Remisión.

Cauce procesal para obtener la autorización judicial (art. 518):

- **(i)** Solicitud por escrito del AC. ¿Dudosa legitimación del concursado?
- **(ii)** Traslado para alegaciones por 3 días por las partes
- **(iii)** Auto resolviendo en los 5 días siguientes; fija la forma de la enajenación (cabe la venta directa, según circunstancias concurrentes).
- **(iv)** Frente al auto sólo cabe recurso de reposición.

Distinción entre actos de administración y actos de disposición. Complejidad. Hay que atender a (i) la naturaleza del acto y (ii) la actividad en que se integra (*cfr.* art. 206.1.1.º).

Excepciones a la prohibición legal de enajenar (art. 206):

- **(i)** Actos inherentes a la continuación de la actividad profesional o empresarial.
- **(ii)** Actos indispensables para las exigencias de tesorería que requiere la tramitación del concurso.
- **(iii)** Actos indispensables para garantizar la viabilidad de establecimientos o unidades productivas. En estos tres casos, el AC comunicará los actos al juez, justificando su carácter indispensable.
- **(iv)** Disposiciones de bienes no necesarios para continuar la actividad si (i) hay ofertas sustancialmente coincidentes con el valor dado en el inventa-

rio (si inmuebles, diferencia inferior al 10 %; si muebles, inferior al 20 %); y, (ii) no consta una oferta superior. Se comunicará la oferta al juez y quedará aprobada si en 10 días no se presenta otra superior.

Requisito formal de las enajenaciones (art. 205). En las anteriores a la aprobación del convenio o a la apertura de la fase de liquidación, el AC debe declarar en el instrumento público el motivo de la enajenación o gravamen, sin que el registrador pueda exigir que se acredite su existencia para su inscripción.

32. Régimen de suspensión

Regla general (art. 106.2). En el concurso necesario, el concursado tendrá suspendido el ejercicio de las facultades de administración y disposición sobre la masa activa; la AC sustituye al deudor en su ejercicio.

Actos personales. Quedan excluidos de la legitimación del AC los actos personales sin transcendencia patrimonial; el concursado conserva también la facultad de testar (*cfr.* art. 107.2).

Personas jurídicas. Los administradores continúan en el cargo (vacío de facultades patrimoniales). Pueden convocar juntas y también las presiden. Representan a la concursada en el procedimiento concursal y sus incidentes.

Excepciones. Modulación judicial. El juez puede acordar la suspensión en el concurso voluntario o la intervención en el concurso necesario, motivando el acuerdo, señalando los riesgos que pretende evitar y las ventajas que quiere obtener (art. 106.3). La modulación no cabe en el concurso de la herencia, en el que siempre se aplicará el régimen de suspensión (art. 570).

Cambio de régimen. La alteración del régimen general puede tener lugar (i) al ser declarado el concurso o (ii) en un momento posterior, a solicitud del AC (oído el concursado), mediante auto (*cfr.* art. 108.1). Debe atenderse al interés del concurso.

Publicidad del cambio de régimen. Será la misma que la que procede para la declaración de concurso (art. 108.2). *Cfr.* arts. 35 al 37.

33. Infracción por el concursado de las limitaciones patrimoniales

Efectos. Anulabilidad (art. 109.1). Los actos del concursado que infrinjan la limitación o suspensión de sus facultades sólo pueden ser anulados a instancia del AC, salvo que los hubiese convalidado o confirmado. Aplicación del régimen general del art. 1303 CC, con recíproca restitución de las prestaciones del acto o negocio jurídico anulado.

Acción de anulación (art. 109).

(i) Su conocimiento compete al juez del concurso, por el cauce del incidente concursal.

(ii) Legitimación activa. En exclusiva, corresponde al AC. La pierde con la convalidación o confirmación (expresa o tácita), que sana el acto con efectos ex tunc (*cfr.* art. 1313 CC).

(iii) Requerimiento al AC. Cualquier acreedor y quien haya sido parte en el acto puede requerir a la AC que se pronuncie sobre (i) el ejercicio de la acción o (ii) la convalidación o confirmación. Conveniencia de hacerlo por escrito y con fecha fehaciente.

(iv) Legitimación pasiva: (i) el concursado y (ii) quienes fueron parte en el acto o negocio jurídico. Hay litisconsorcio pasivo necesario.

(v) Objeto de la anulación. (i) Han de ser «actos del concursado», sean simples hechos jurídicos o complejos negocios jurídicos. (ii) Posteriores al auto de concurso. (iii) De contenido patrimonial. (iv) No se exige que cause un daño o perjuicio a la masa, basta la infracción de la limitación o suspensión de las facultades del concursado.

(vi) Caducidad de la acción. (i) Si se formula el requerimiento, al mes de su fecha; (ii) si no se formula, con el cumplimiento del convenio por el deudor (firmeza del auto que lo declare) o con la finalización de la liquidación (el informe final o, si se formula oposición, con la sentencia que la resuelva).

(vii) Cabe oposición por vía de excepción (siempre que no haya transcurrido el plazo de caducidad).

Eficacia de los actos anulables (art. 109.4). Son eficaces, pero no pueden ser inscritos en registros públicos mientras (i) no sean confirmados o convalidados, (ii) sea firme la sentencia que desestima la acción de anulación o (iii) se acredite su caducidad. Mientras no conste en los registros la declaración de concurso, no se produce ese cierre registral; en ese caso, el tercero adquirente del concursado no goza de protección registral (art. 33 LH), pero si el ulterior subadquirente (art. 34 LH).

Régimen especial de los pagos realizados por tercero al concursado (art. 110). Sólo libera a quien lo hace si, al tiempo de hacerlo, desconocía la declaración de concurso. Presunción de conocimiento: desde la publicación del auto de concurso en el BOE. Gran dificultad de su destrucción mediante prueba en contrario.

34. Derecho a percibir alimentos con cargo a la masa

Requisitos para percibirlos (art. 123.1):

(1) Que en la masa existan bienes o derechos bastantes para prestarlos;

(2) Que se encuentre el concursado (persona natural) en estado de necesidad (se entiende que concurre si no percibe por otro concepto ingresos equivalentes al IPREM);

(3) Que las necesidades no puedan ser satisfechas de otro modo.

Beneficiarios (art. 123.1). Para atender las necesidades

(i) del concursado,

(ii) de su cónyuge (o pareja de hecho inscrita si el juez aprecia la existencia de pactos expresos o tácitos o de hechos concluyentes de los que se derive la inequívoca voluntad de formar un patrimonio común) y

(iii) descendientes bajo su potestad.

Cuantía y periodicidad de los alimentos. *Cfr.* arts. 142 CC (extensión) y 146 CC (proporcionalidad).

Competencia para su fijación (art. 123.2):

(i) En caso de intervención, la determina el AC. Nada se dice de su ulterior modificación, pero cabe admitirla si se produce un cambio de circunstancias.

(ii) En caso de suspensión, la determina el juez, oídos el concursado y la AC. En este caso se puede modificar por el juez a solicitud de uno con audiencia del otro.

Deber legal del concursado de prestar alimentos a otros (art. 124.1). Si en la masa hay bienes bastantes, las personas distintas a las enumeradas en el art. 123, respecto de las cuales el concursado tenga deber de prestarlos (*cfr.* art. 143 CC, ascendientes del concursado y hermanos), sólo podrán obtenerlos con cargo a la masa si no pudieran percibirlos de otras personas legalmente obligadas a prestarlos.

El interesado debe ejercer acción de reclamación ante el juez del concurso (art. 124).

(i) Plazo: 1 año desde que hubiera debido percibirlos (véase art. 1966 CC).
(ii) Cauce procesal: incidente concursal (*cfr.* art. 532.1)
(iii) Legitimación pasiva: concursado y AC.
(iv) Sentencia: fijará su procedencia, cuantía (y periodicidad).

Obligación de prestar alimentos declarada por sentencia anterior al concurso (art. 124.3). Se satisface con cargo a la masa en la cuantía que fije el juez del concurso; el exceso tiene la consideración de crédito concursal ordinario (¿cabe la subordinación por ser el beneficiado persona especialmente relacionada con el concursado?).

Calificación como créditos contra la masa (art. 242.1.3.º). Tienen esa consideración los créditos por alimentos a que tenga derecho el deudor y los que éste deba prestar, devengados antes o después de la declaración de concurso (salvo los que el art. 124.3 califica de créditos ordinarios).

Pensión compensatoria. No es un crédito por alimentos. No le es aplicable el régimen expuesto. Rige el régimen general de calificación de los créditos.

Extinción del derecho a percibir alimentos. Tiene lugar con la apertura de la liquidación (art. 413.1.2.º), salvo cuando fuere imprescindible para atender las necesidades mínimas (i) del concursado, (ii) su cónyuge o pareja de hecho inscrita, (iii) descendientes bajo potestad (quid hijos mayores de edad con discapacidad) y (iv) ascendientes a su cargo.

Supuesto de declaración de insuficiencia de la masa. La Ley 16/2022 suprimió en el art. 250 (orden de preferencia especial de créditos en ese supuesto) la referencia a los créditos por alimentos (que antes de la reforma sólo era superada en preferencia por determinados créditos salariales).

35. Efectos personales de la declaración de concurso

Restricciones sobre los derechos y libertades del deudor. Remisión a la LORC (art. 105). Posibilidad de adoptar medidas restrictivas respecto del concursado o, si es persona jurídica, sus administradores o liquidadores o quienes lo fueron en los 2 años anteriores, sobre:

(i) El secreto de las comunicaciones.
(ii) La libertad de residencia y circulación.
(iii) La inviolabilidad del domicilio.

En cualquier estado del procedimiento. Incluso en el propio auto de declaración de concurso.

Catálogo cerrado. No susceptible de ser ampliado. Objeto de aplicación restrictiva por afectar a derechos constitucionales.

Juicio de proporcionalidad. Ha de razonarse la idoneidad de la medida. Es necesaria su fijación temporal (plazo máximo de vigencia, sin perjuicio de su prórroga si es necesario). Son susceptibles de revisión en cualquier momento.

Ministerio fiscal. Es preceptiva su intervención antes de ser adoptadas las medidas. No, la del deudor o persona afectada (no se conculca su derecho de defensa, que puede ejercer por vía de recurso).

Recurso. Cabe apelación, en los 5 días siguientes (de tramitación preferente y de eficacia no suspensiva); frente a la denegación de las medidas sólo cabe recurso de reposición (art. 546).

36. Obligaciones del concursado

Enumeración (art. 135). (i) Comparecencia, (ii) colaboración e (iii) información.

Obligados (art. 135): (i) concursado persona natural; (ii) administradores y liquidadores del concursado persona jurídica; (iii) quienes desempeñaron esos cargos en los 2 años anteriores; (iv) sus directores generales y quienes lo hayan sido en los 2 años anteriores.

Concreción de sus obligaciones (art. 135):

(1) Comparecer personalmente ante el juzgado y ante la AC cuando sea requerido. *Cfr.* art. 444.2.°.

(2) Colaborar e informar en todo lo necesario o conveniente. *Cfr.* art. 444.2.°.

(3) Poner a disposición del AC los libros obligatorios y cualesquiera otros, documentos y registros relativos a la actividad del concursado. El juez, a petición del AC, puede acordar las medidas necesarias para su efectividad. Es frecuente constatar en la práctica su requerimiento por escrito.

(4) Formulación de cuentas anuales y sometimiento a auditoría (aunque la sociedad esté en liquidación), distinguiendo los supuestos del art. 115:

- **(i) En caso de intervención**, la obligación compete al concursado y a los administradores sociales, bajo la supervisión del AC. Son firmadas también por el AC a los efectos del art. 106.1.

  Para sincronizar la formulación de cuentas y la elaboración del informe por el AC, el art. 115.2 permite que éste autorice la formulación de cuentas del ejercicio anterior al concurso durante el mes siguiente a la presentación del inventario y de la lista de acreedores. La aprobación de esas cuentas debe tener lugar dentro de los 3 meses siguientes al vencimiento de esa prórroga. De la decisión de prórroga se dará cuenta al juez y al RM, no produciendo el cierre de la hoja registral el retraso en el depósito de cuentas. Se indicará la causa del retraso en cada documento de las cuentas anuales.
- **(ii) En caso de suspensión**, la obligación compete al AC (art. 116).
- **(iii) Posibilidad de cambio del auditor de cuentas** del concursado (art. 117). A solicitud fundada del AC, el juez puede acordar la revocación del auditor de cuentas de la concursada y el nombramiento de otro para la verificación de las cuentas anuales.

Incumplimiento. Presunción de culpabilidad en la calificación del concurso (art. 444.2.°). Sobre posibles multas coercitivas y cierre de hoja registral, *cfr.* LEC y arts. 282 y 283 TRLSC.

37. Conservación del patrimonio y continuación de la actividad

Principio de conservación del patrimonio (art. 204). La AC atenderá, en el ejercicio de las facultades de administración y disposición, a la conservación de los elementos que integran la masa activa, del modo más conveniente para el concurso. No se trata tanto de conservar los elementos que lo integran, cuanto de conservar su valor.

Prohibición de enajenación o gravamen (art. 205). Hasta la aprobación del convenio o hasta la aprobación del plan de liquidación (sic), los bienes y derechos que integran la masa activa no se pueden enajenar sin autorización del juez. *Cfr.* excepciones del art. 206.

Continuación de la actividad profesional o empresarial (art. 111). Conlleva el reconocimiento de una actividad dispositiva en el ejercicio ordinario de esa actividad.

- **(i) En casos de suspensión.** El art. 113 impone al AC la adopción de las medidas necesarias para la continuación de la actividad profesional o empresarial. Supone asumir la gestión de la empresa (*cfr.* art. 116). Posibilidad de nombramiento de auxiliar delegado (*cfr.* art. 75).
- **(ii) En caso de intervención.** El deudor continúa con su actividad, bajo la supervisión del AC. Es frecuente dar autorizaciones genéricas (según la naturaleza y cuantía de los actos, *cfr.* art. 112). ¿Es recurrible la negativa de autorización o ulterior ratificación del AC? El art. 532.2 ordena la inadmisión de los incidentes que tengan por objeto solicitar la realización de determinados actos de administración o impugnarlos por razones de oportunidad.

Cese de la actividad del concursado. La finalidad última del concurso es la satisfacción del interés de los acreedores. Puede suceder que ello sólo se pueda alcanzar por medio del cese, total o parcial, de la actividad. Art. 114.1: el juez, a solicitud de la AC, previa audiencia del concursado y de los representantes de los trabajadores, puede acordar por auto el cierre de toda o parte de la actividad. Si la adopción de las medidas supone una modificación sustancial de las condiciones colectivas de trabajo, se tramitará conforme a lo establecido en la Ley (*cfr.* arts. 169 y ss).

Apertura de la fase de liquidación. El AC puede solicitarla, dándose traslado al concursado por 3 días para alegaciones. El juez resuelve por auto en 5 días (art. 408).

38. Efectos sobre los socios integrantes de la entidad concursada

Fomento de las ampliaciones de capital. (i) Al subordinar muchos créditos por considerar a ciertos socios personas especialmente relacionadas con el deudor (*cfr.* art. 283.1.1.º); y, (ii) al eximir del ITP la conversión de créditos en capital si así se acuerda en convenio (art. 45.19 LITPAJD).

Obligaciones de los socios pendientes de cumplir. Los dividendos pasivos o las prestaciones accesorias de los socios sólo pueden ser reclamadas por el AC, cualquiera que fuera el plazo fijado en la escritura o en los estatutos (art. 131.2). La competencia corresponde al juez del concurso (art. 52.3.1.ª).

39. Concurso y responsabilidad patrimonial del socio

(1) **En las sociedades que limitan la responsabilidad del socio**, la insolvencia de la sociedad no afecta al socio (con la excepción del art. 4 TRLSC en la SL con capital inferior a 3.000 euros y a salvo la doctrina del levantamiento del velo, cuando proceda su aplicación).

(2) **En las sociedades sin limitación de responsabilidad**, se reconoce legitimación al socio para instar el concurso (art. 3.3) y, para evitar la extensión del concurso al socio se establece un régimen especial:

(i) Legitimación activa para exigir responsabilidad al socio: sólo corresponde al AC (art. 131.1).

(ii) Competencia: juez del concurso (art. 52.3.1.ª, aunque sólo la refiere a los supuestos de responsabilidad subsidiaria del socio; discutible en los supuestos de responsabilidad solidaria).

(iii) Cauce procesal: incidente concursal.

(iv) Medidas cautelares (art. 133.2). El juez, de oficio o a solicitud razonada del AC, puede ordenar el embargo de bienes y derechos de los socios responsables por deudas de la sociedad anteriores al concurso, cuando resulte fundada la posibilidad de que la masa activa sea insuficiente. El embargo se acordará por la cuantía que el juez estime bastante y sin necesidad de caución con cargo a la masa activa. No obstante, a solicitud del afectado, el juez puede acordar la sustitución del embargo por aval bancario. Contra el auto que resuelve sobre la medida cautelar cualquier afectado puede interponer recurso de apelación.

(3) **Sociedad unipersonal**. La no inscripción de la unipersonalidad en el RM (*cfr.* art. 13 TRLSC) conlleva la responsabilidad solidaria e ilimitada del socio por las deudas contraídas en el período de unipersonalidad no inscrita (*cfr.* art. 14 TRLSC). Y la no llevanza del libro registro de contratos con el socio único o su no detalle en la memoria anual conlleva su responsabilidad (art. 16 TRLSC).

40. Efectos respecto de los administradores sociales

Administradores sociales y concurso (art. 126). Durante el concurso se mantienen los órganos sociales, sin perjuicio de los efectos sobre su funcionamiento por la intervención o suspensión de las facultades de administración y disposición.

Con la apertura de la fase de liquidación. Produce el cese de los administradores o liquidadores de la concursada, que serán sustituidos por la AC; si bien continuarán aquéllos en la representación de la sociedad concursada en el procedimiento concursal y en los incidentes (art. 413.2 y art. 129).

Facultades de los administradores sociales. Distingue el art. 128:

(i) En caso de intervención, la representación de la persona jurídica corresponde a los administradores o liquidadores, sometidos a la autorización del AC.

(ii) En caso de suspensión, la representación corresponde al AC.

Apoderados de la concursada. Los apoderamientos quedarán afectados por la intervención o por la suspensión (art. 128.4). Ver los efectos del concurso sobre el contrato de mandato.

Ejercicio de los derechos políticos. Regla general: corresponde al concursado o sus administradores sociales. Pero el juez, a solicitud de la AC, puede atribuir a ésta en interés del concurso, la representación de la concursada en el ejercicio de los derechos políticos que correspondan a las acciones o participaciones integradas en la masa activa; la AC podrá delegar su ejercicio en quien tenga por conveniente (art. 128.2).

Asistencia del AC a los órganos colegiados (art. 127). Asistirá con voz (y sin voto), debiendo ser convocada en igual tiempo y forma que sus integrantes. Por ello, la junta o el consejo no podrá celebrarse como universal sin la concurrencia del AC. No le corresponde la presidencia de los órganos ni la fijación del orden del día, aunque puede solicitarlo (en caso de negativa, puede solicitar la autorización judicial, *cfr.* arts. 204 y 518). Aunque no tiene derecho de voto, los acuerdos de contenido patrimonial o relevancia directa para el concurso requieren de la autorización del AC (art. 127.3).

Retribución (art. 130). Si el cargo de administrador es retribuido, el juez puede acordar que (i) deje de serlo o (ii) reducir la cuantía, a la vista del (i) contenido y (ii) complejidad de sus funciones y (iii) la importancia de la masa activa. Legitimación activa: no es fijada por la norma; pueden instarlo cualquiera con interés legítimo.

Responsabilidad civil (art. 132). Corresponde exclusivamente al AC el ejercicio de las acciones de la concursada contra (i) sus administradores o liquidadores, de hecho o de derecho; (ii) la persona natural designada para el ejercicio de las funciones del administrador persona jurídica; y (iii) contra la persona que tenga facultades de más alta dirección cuando no exista delegación permanente de facultades del consejo. La competencia para conocer de estas acciones corresponde al juez del concurso (*cfr.* art. 52.3.2.ª). Se entiende que el ejercicio de la acción no precisa el acuerdo previo de la junta general o su propuesta (*cfr.* arts. 238 y 239 TRLSC). El art. 132 debe entenderse limitado a la acción social de responsabilidad por la interrupción de la prescripción de acciones que establece el art. 155.3.

Interrupción de la prescripción de acciones (art. 155.3). Desde la declaración del concurso, hasta su conclusión, se interrumpe la prescripción de las acciones contra (i) socios, (ii) administradores, (iii) liquidadores, (iv) personas naturales designadas para el ejercicio del cargo de administrador por personas jurídicas, (v) cualquier otro que con facultades de alta dirección cuando no exista delegación permanente de facultades por el consejo de administración y (vi) los auditores de la concursada.

Otras acciones de responsabilidad (art. 132.2). Declarado el concurso, corresponde en exclusiva al AC el ejercicio de las acciones de responsabilidad de la concursada contra (i) sus auditores y (ii) los expertos que valoraron las aportaciones sociales en las ampliaciones de capital de la concursada.

Desequilibrio patrimonial por pérdidas. La declaración de concurso produce el cese del deber de instar la disolución cuando las pérdidas hayan reducido el patrimonio neto por debajo de la mitad del capital social (*cfr.* arts. 363.1.e y 365 TRLSC). *Cfr.* STS:2013:5186, sobre la no vigencia de ese deber durante la fase de cumplimiento del convenio.

41. Medidas cautelares sobre administradores y directores generales

Medidas cautelares: embargo (art. 133). Desde la declaración de concurso, el juez, de oficio o a petición razonada del AC, puede adoptar (mediante auto) la medida cautelar de embargo de bienes o derechos de (i) administradores o liquidadores (de hecho y de derecho), (ii) directores generales, (iii) quienes ostentaron esa condición en los 2 años anteriores. Atención: se echa en falta la mención de (i) las personas físicas representantes de las personas jurídicas administradoras y (ii) los altos cargos cuando no existan consejeros delegados.

- **(i) Requisitos**. (i) Fumus boni iuris (la fundada posibilidad de condena de esas personas a la cobertura, total o parcial, del déficit en la sentencia de calificación); exige la concurrencia de indicios racionales. (ii) Periculum in mora (la posibilidad de distracción de bienes por los afectados, haciendo infructuosa su condena en la sección de calificación).
- **(ii) Cuantía**. La que estime el juez. No se requiere caución con cargo a la masa activa.
- **(iii) Sustitución por aval bancario**. La puede acordar el juez a petición del afectado.
- **(iv) ¿Puede la concursada oponerse a la medida?** Hay pronunciamientos contradictorios, pues es difícil imaginar la existencia de un interés legítimo de la deudora para la oposición.
- **(v) Cauce procesal**. El régimen de la LEC para la adopción de medidas cautelares, con las especialidades del TRLC (ej., posibilidad de adopción de oficio).
- **(vi) Recurso contra el auto**. Apelación.

Diferenciar las medidas cautelares del art. 133 de las del art. 18.

- (i) Temporal. De ordinario son adoptadas en un momento muy posterior al auto de concurso.
- (ii) Legitimación activa; las del art. 18 corresponde al solicitante del concurso, mientras que las del art. 133 corresponde al AC y también cabe su adopción de oficio por el juez.

EFECTOS SOBRE LOS JUICIOS DECLARATIVOS

42. Efectos sobre los juicios declarativos en tramitación

Regla general (art. 137). Los juicios declarativos en tramitación a la fecha de declaración del concurso continuarán hasta la firmeza de la sentencia. **Excepciones**: (i) los que hayan de acumularse al concurso (*cfr.* art. 138) y (ii) los que hayan de suspenderse (*cfr.* art. 139).

Requisitos para la continuación del procedimiento.

(i) Que se trate de un «juicio declarativo» (verbal u ordinario).

(ii) Que se encuentre «en tramitación» (lo que tiene lugar con la interposición de la demanda, litispendencia, sin necesidad de esperar a la admisión a trámite); es dudoso si está ya en tramitación un procedimiento con la sola solicitud de medidas cautelares previas a la interposición de la demanda.

(iii) Que el concursado sea parte, como actor o como demandado.

Procedimiento monitorio. Quid en el caso de ser presentado el escrito inicial antes del auto de concurso, que tiene lugar, a su vez, antes de ser interpuesta la demanda. Posibles soluciones:

(i) Postura minoritaria. La litispendencia se produce con la demanda y no con la petición inicial, por lo que el juez ordinario no puede conocer del juicio declarativo.

(ii) Postura mayoritaria. El procedimiento comienza con el escrito inicial porque (i) monitorio y declarativo ulterior son un único proceso cuya competencia (territorial y objetiva) se determina con la admisión de la solicitud inicial; (ii) el art. 818 LEC sirve de fundamento a la unidad procedimental; (iii) el art. 137 en relación con el art. 52. Aunque exista reconocimiento total o parcial de la deuda, el demandado debe denegar el pago al haber sido declarado el concurso. La ejecución sólo compete al juez del concurso.

Juicio cambiario. No tiene naturaleza ejecutiva (*cfr.* art. 517 LEC). Es un procedimiento declarativo especial. El concurso produce la suspensión de las actuaciones ejecutivas (art. 143).

43. Acumulación al concurso de juicios en tramitación

Acciones de responsabilidad (art. 138). Se acumulan de oficio al concurso, siempre que (i) se encuentren en primera instancia y (ii) no haya finalizado el acto del juicio o vista, las acciones de responsabilidad por los daños causados a la persona jurídica concursada dirigidas contra (1) los administradores o liquidadores (de hecho o de derecho), (2) la persona natural representante de persona jurídica administradora, (3) quien tenga atribuidas de alta dirección si no existe delegación de facultades por el consejo de administración y (4) los auditores.

Efectos de la acumulación (art. 138). Continúan su tramitación ante el juez del concurso conforme a su procedimiento de sustanciación. Contra la sentencia cabrán los recursos que procedan como si no existiese acumulación. *Cfr.* arts. 74 al 98 LEC.

44. Suspensión de procedimientos en tramitación

Acciones ejercitadas contra terceros (art. 139). Desde la declaración de concurso (i) hasta la fecha de eficacia del convenio o (ii) en caso de liquidación, hasta la conclusión del procedimiento, quedan en suspenso los siguientes procedimientos iniciados antes del concurso:

(1) Las acciones de reclamación de obligaciones sociales contra los administradores de sociedades de capital que hayan incumplido sus deberes legales en caso de concurrir causa de disolución (*cfr.* art. 136.1.2.° y art. 367 TRLSC). Es dudoso si procede la suspensión si se ejercitan acumuladamente otras acciones de responsabilidad. Quid respecto de los trámites en curso para la adopción de medidas cautelares.

(2) Las acciones directas contra el dueño de la obra, que se reconocen a los que ponen su trabajo y materiales en una obra ajustada alzadamente por el contratista. *Cfr.* art. 1597 CC.

Acciones ejercitadas con posterioridad al auto de concurso. En ambos casos, procede su no admisión a trámite (*cfr.* art. 136.1.2.° y 3.°).

45. Posición del concursado en los procedimientos en tramitación

Supuestos, según el régimen jurídico seguido en el concurso:

(1) **Concursado sujeto a intervención** (art. 119). El deudor conserva la capacidad para actuar en juicio, pero necesita autorización del AC para (i) presentar demanda, (ii) interponer recursos, (iii) desistir, (iv) allanarse (total o parcialmente) y (v) transigir, cuando la materia litigiosa afecta a la masa activa. ¿Quid costas procesales? No se regula; véase la regulación para el supuesto de suspensión.

(2) **Concursado sujeto a suspensión** (art. 120.2). La AC sustituirá al concursado en los procedimientos (civiles, laborales o administrativos) en tramitación, excepto los procedimientos civiles en que se ejercitan acciones de índole personal. Personado el AC, se le concederá un plazo de 5 días para instruirse de las actuaciones. Estamos ante una sustitución procesal.

Limitaciones del AC (art. 120.4). Necesita autorización del juez del concurso para (i) desistir, (ii) allanarse (total o parcialmente) y (iii) transigir litigios iniciados antes del concurso. Las costas por allanamiento o desistimiento autorizados por el juez tienen la consideración de crédito concursal y en caso de transacción se estará a lo pactado por las partes. Procedimiento para obtener la autorización judicial: (i) Solicitud del AC y (ii) Traslado al concursado y demás personados en el procedimiento que deban ser oídos.

Posibilidad de actuación separada del concursado (art. 121), con representación y defensa propia, en los procedimientos en trámite y en los procedimientos nuevos, siempre que un tercer garantice ante el juez del concurso que (i) los gastos (defensa, representación y otros) y (ii) las eventuales costas no recaerán sobre la masa activa y así lo acredite el concursado en el procedimiento en que esté personado. Si se mantiene la representación y defensa separada, no podrá realizar las actuaciones procesales que conforme al art. 120 corresponden al AC con autorización del juez, ni impedir o dificultar que las realice.

Régimen transitorio en tanto el AC no sustituye al concursado en los procedimientos en tramitación, permitiendo a la concursada continuar en la defensa de sus intereses en la litis; se ha señalado que el concursado se encontrará, de facto, bajo el régimen previsto para el supuesto de intervención (*cfr.* STS 2022:3265, sobre necesidad de autorización de la AC para recurrir en apelación la sentencia que se dicte).

Interposición de nuevas demandas bajo el régimen de suspensión. El concursado carece de legitimación, ni siquiera con autorización del AC; sólo éste puede interponer la demanda (STS 2022:3265).

46. Procedimientos declarativos posteriores al concurso

Jurisdicción del juez del concurso. Le compete conocer de los juicios declarativos posteriores al concurso seguidos contra el concursado (art. 52.1.1.ª y art. 136.1), hasta la fecha de eficacia del convenio o hasta la conclusión del procedimiento. Son nulas las actuaciones seguidas ante otros juzgados (art. 136.2). Incluso en caso de demanda reconvencional en procedimiento seguido ante el juez ordinario cuando al ser formulada ya exista auto de concurso.

Supuestos de litisconsorcio. Es necesario distinguir:

- **(i) Si es voluntario** (ej., supuestos de responsabilidad solidaria) la necesaria abstención del juez ordinario sólo aprovecha al concursado; continúan las actuaciones frente a los demás demandados. No cabe la acumulación subjetiva de acciones (*cfr.* art. 73.1.1 LEC).
- **(ii) Si es necesario,** es competente el juez del concurso para conocer de la acción (prevalencia de la norma especial sobre la general, *cfr.* art. 86 ter LOPJ y art. 52, frente al art. 85 LOPJ y art. 45 LEC).

Otras jurisdicciones. En los órdenes (i) social, (ii) contencioso-administrativo y (iii) penal, en las acciones con transcendencia para la masa activa, se emplazará a la AC, en defensa del interés del concurso (art. 136.3).

47. Inadmisión de demandas contra terceros

Supuestos excepcionales. Desde la declaración del concurso hasta la fecha de eficacia del convenio o, en caso de liquidación, hasta la conclusión del procedimiento, no se admitirán las siguientes demandas (art. 136.1):

(1) Los jueces de lo mercantil, las acciones de reclamación de obligaciones sociales contra los administradores de las sociedades concursadas que hubieren incumplido los deberes legales en caso de concurrencia de causa de disolución (*cfr.* art. 367 TRLSC). Véase el art. 139.1, sobre suspensión de esos juicios iniciados antes del concurso.

(2) Los jueces de primera instancia, las demandas de ejercicio contra el dueño de la obra de la acción directa de quienes pusieron su trabajo y materiales en una obra ajustada alzadamente por el contratista. Véase el art. 139.2.

Infracción. Nulidad. De admitirse a trámite esas demandas, se ordenará el archivo de todo lo actuado, previa declaración de nulidad de lo actuado (art. 136.2).

Interrupción de la prescripción de las acciones cuyo ejercicio queda suspendido (art. 155.3), que se iniciará nuevamente a la fecha de conclusión del concurso (art. 155.4).

48. Procedimientos declarativos finalizados

Efectos de las sentencias firmes. Las anteriores a iniciarse el concurso y las que alcancen firmeza con posterioridad vinculan al juez del concurso, dando el tratamiento concursal que corresponda (art. 141). Los créditos que se derivan de ellas son de reconocimiento forzoso (art. 260.1). Sobre su ejecución, véase la regulación de los procedimientos de ejecución.

49. Ejercicio de acciones por el concursado

Régimen general. Supuestos:

En caso de intervención (art. 119). El deudor necesita autorización del AC para (i) demandar, (ii) interponer recursos, (iii) desistir, (iv) allanarse (total o parcialmente) y (v) transigir litigios en materias que puedan afectar a la masa activa. Si el AC considera conveniente la interposición de una demanda y el concursado se negare, podrá el juez autorizar al AC su presentación.

La autorización del AC es revocable en cualquier tiempo (obligando al concursado a desistir).

Efectos de la falta de autorización. Diferentes posturas: (i) Es un mero defecto subsanable que no invalida los actos procesales del concursado, respecto de los que siempre cabe confirmación o convalidación ulterior; (ii) es un presupuesto procesal cuya falta afecta a la capacidad del concursado para ser parte en el proceso, apreciable de oficio e insubsanable.

Interposición de recursos. Es necesario incluso en los procedimientos iniciados con autorización del AC. Son también discutidos los efectos de su infracción (¿nulidad, anulabilidad?, ¿cabe o no la subsanación?).

En caso de suspensión (art. 120). Corresponde al AC la presentación de demandas y de recursos en interés del concurso (de la masa activa y de la pasiva). Las acciones y recursos personales (no patrimoniales, sin transcendencia patrimonial) competen al deudor, pero necesita autorización del AC para (i) presentar demanda, (ii) interponer recursos, (iii) allanarse, (iv) transigir o (v) desistir cuando pueda afectar a la masa activa. No lo necesitará para impugnar la lista de acreedores elaborada por el AC.

Autorización del AC. No se exige forma especial. Cabe (i) bajo cobertura de fe pública (ante el LAJ o en escritura pública) o (ii) en documento privado.

Postulación separada del concursado (art. 121). Por medio de abogado y procurador distintos de los de la AC, en los procedimientos en trámite a la declaración del concurso y en los nuevos, siempre que un tercero garantice ante el juez del concurso (i) los gastos procesales y (ii) la efectividad de una eventual condena en costas y así lo acredite el concursado en el procedimiento en que estuviere personado.

50. Legitimación subsidiaria de los acreedores

Legitimación subsidiaria (art. 122.1). Tanto en el régimen de intervención como en el de suspensión, se le reconoce a los acreedores que hayan instado por escrito al AC el ejercicio de una acción patrimonial que corresponda al concursado, con expresión de las pretensiones y de la fundamentación, cuando el concursado (intervención) o el AC (suspensión) no la ejercitasen en los 2 meses siguientes al requerimiento.

Notificación (art. 122.3). Las demandas que presenten los acreedores deben notificarse a la AC.

Consecuencias económicas (art. 122.2). Los acreedores litigarán a su costa. Si la demanda es total o parcialmente estimada, tendrán derecho al reembolso con cargo a la masa de los gastos y costas hasta el límite de lo percibido por la masa.

51. Mediación y procedimientos arbitrales

Identidad de criterio (art. 140). Tanto en supuestos de mediación y arbitraje, se distingue:

(1) **Procedimientos no iniciados a la declaración del concurso** (cláusulas o contratos de arbitraje y pactos de mediación). El concurso no afecta a su vigencia. No obstante, se reconoce un amplio margen de modulación al juez del concurso, pues, (i) de oficio o (ii) a solicitud del concursado (si intervención) o (iii) del AC (si suspensión) puede acordar, antes del inicio de la mediación o del procedimiento arbitral, la suspensión de los efectos de esos pactos, si entiende que pueden suponer un perjuicio para la tramitación del concurso. Queda a salvo lo establecido en tratados internacionales.

(2) **Procedimientos en tramitación a la declaración del concurso**. Continuarán hasta su terminación y firmeza del laudo. La representación y defensa del concursado se rige por lo establecido para los juicios declarativos. ¿Fecha de inicio del arbitraje? Se ha dicho que es la recepción por el demandado del requerimiento de someter la disputa a arbitraje (*cfr.* art. 27 Ley Arbitraje).

(3) **Laudos arbitrales firmes** (art. 141). Vinculan al juez del concurso, que dará a las resoluciones el tratamiento que corresponda. Se incluirán necesariamente en la lista de acreedores los créditos reconocidos por laudo, aunque no sea firme (*cfr.* art. 260.1).

Acción de anulación del laudo arbitral. Compete a la Sala de lo civil y de lo penal del TSJ de la comunidad autónoma (art. 8.5 Ley Arbitraje).

Norma especial para el supuesto de fraude (art. 140.4). El AC puede impugnar ante el juez del concurso los pactos de mediación y los convenios y procedimientos arbitrales.

52. Concurso y medidas cautelares

Competencia exclusiva del juez del concurso, en todos los órdenes jurisdiccionales, siempre que afecten al patrimonio del concursado (art. 86 ter.4 LOPJ). Incluso las que se puedan adoptar en garantía de responsabilidades civiles en un procedimiento penal.

EFECTOS SOBRE LAS EJECUCIONES

53. Ejecuciones singulares y concurso de acreedores

Regla general: prohibición de inicio de ejecuciones o apremios (art. 142). Desde la declaración de concurso no pueden iniciarse (i) ejecuciones singulares (judiciales o extrajudiciales), ni (ii) apremios administrativos (incluidos los tributarios), contra los bienes y derechos de la masa activa.

54. Suspensión de las ejecuciones en trámite

Suspensión de las ejecuciones en trámite (art. 143.1). Desde la fecha de declaración del concurso, sin perjuicio del tratamiento concursal de esos créditos. Bajo sanción de nulidad. Igual criterio se sigue para las ejecuciones provisionales del art. 526 LEC.

Momento de la suspensión: la declaración de concurso. Pero se puede adelantar mediante una medida cautelar al amparo del art. 18.

Ámbito subjetivo; la suspensión no aprovecha a quienes han de responder solidariamente con el concursado en calidad de: (i) codeudores, (ii) garantes, fiadores, avalistas o hipotecantes no deudores, (iii) cualquier otro supuesto (ej., obligados cambiarios).

Efecto procesal. Suspensión del procedimiento; la decisión corresponde al juez de la ejecución, no al juez del concurso.

Mantenimiento de los embargos practicados. No se alzan, se mantienen.

Excepción (art. 143.2): se puede acordar el levantamiento y cancelación de embargos; requisitos:

- **(i) Competencia**: juez del concurso (no el de la ejecución); *cfr.* art. 52.1.2.º.
- **(ii) Solicitud**: del AC; no cabe actuación de oficio. No está legitimado el concursado.
- **(iii)** Previa audiencia de los acreedores afectados
- **(iv) Requisito objetivo**: que su mantenimiento dificulte gravemente la continuidad de la actividad profesional o empresarial del concursado. Por tanto, no cabe el levantamiento (a) si se solicita la liquidación, (b) si se ha cesado en la actividad o (c) si el deudor es un simple consumidor.
- **(v) Excepción**: no cabe levantar y cancelar los embargos administrativos.

Alzamiento de embargos. Tiene lugar con la liquidación o en caso de aprobación de convenio.

- **(i) En la fase de liquidación**. Con el auto de aprobación del remate o en la resolución que autorice la transmisión de los bienes o derechos realizados (*cfr.* art. 225).
- **(ii) Con la aprobación del convenio** (*cfr.* art. 394.1); se produce una novación de los créditos que provoca el archivo de las actuaciones.
- **(iii) Competencia judicial para el alzamiento.** Corresponde al juez que acordó el embargo, no al juez del concurso.

55. Excepciones administrativas y laborales

Excepciones a la suspensión de las ejecuciones (art. 144.1). Proseguirán las actuaciones y procedimientos de ejecución cuando se incorpore testimonio de la resolución del juez del concurso que declare que el bien o derecho embargado no es necesario para la continuidad de la actividad profesional o empresarial, en los siguientes casos:

- **(1) Ejecuciones laborales** en las que el embargo es anterior a la fecha del concurso.
- **(2) Ejecuciones administrativas** en las que la diligencia de embargo es anterior a la fecha del concurso.

Requisitos necesarios para la continuación de los procedimientos.

- **(1) Previa diligencia de embargo,** anterior al auto de concurso.
- **(2) No necesidad de los bienes embargados**. Corresponde su apreciación al juez del concurso, expidiendo testimonio para su incorporación a las actuaciones ejecutivas (STS 2022:4341). La carga de la prueba corresponde al deudor concursado.
- **(3) Elemento temporal** (art. 149.1). La apertura de la fase de liquidación produce la pérdida del derecho a iniciar la ejecución o la realización forzosa de la garantía sobre bienes o derechos de la masa activa; recuperarán el derecho de ejecución cuando transcurra un año desde la apertura de la liquidación sin que se haya enajenado el bien o derecho.

Aplicación de lo obtenido en esos apremios (art. 144.2). Se destinará al pago del crédito que da lugar a la ejecución y el sobrante se integra en la masa activa. No obstante, cabe el ejercicio de tercería de mejor derecho por el AC (*cfr.* STS 2018:2014).

56. Ejecución de garantías reales

Excepción a la prohibición de ejecuciones: acreedores con garantía real. Se favorece el mercado de créditos con garantía real. Pero se establecen importantes limitaciones, especialmente temporales.

Supuestos asimilados a las garantías reales (art. 150). Se extiende el régimen a unos supuestos que no son de titularidad de derechos sobre cosa ajena:

- (1) **Acciones resolutorias de compraventa de inmuebles por impago del precio aplazado**, aunque deriven de condiciones expresas inscritas en el RP. *Cfr.* art. 1504 CC sobre necesidad de previo requerimiento de pago judicial o notarial.

(2) **Acciones para recuperación de bienes (muebles) vendidos a plazos o financiados con reserva de dominio,** inscritos en el RBM. Propietario dispone de acción para recuperar el bien (*cfr.* art. 250.1.11.° LEC, a ejercitar por el cauce de juicio verbal).

(3) **Acciones para recuperación de bienes cedidos en arrendamiento financiero** inscrito en RP o RBM o formalizado en documento que lleve aparejada ejecución. *Cfr.* DA 1.ª Ley 28/1998 que concede al arrendador financiero una acción especial para recuperar los bienes objeto de leasing.

Garantías reales sobre buques y aeronaves. Régimen especial. Derecho de separación (art. 241).

Suspensión de las ejecuciones en trámite (art. 145.2). Desde la declaración de concurso, las ejecuciones ya iniciadas quedarán suspendidas, aunque ya estuviesen publicados los anuncios de la subasta. Es un efecto automático que debe acordar el órgano ejecutante. Pero la suspensión no es definitiva.

Distinción de regímenes:

Régimen general. Aplicable a todos los bienes y derechos de la masa activa de los concursados que no desarrollen actividad empresarial o profesional o que no sean necesarios para su continuidad.

Régimen especial de bienes y derechos necesarios para continuar esa actividad.

Carácter de los bienes o derechos a ejecutar (art. 147.1). La determinación del carácter necesario o no de los bienes o derechos corresponde al juez del concurso, a solicitud del titular del derecho real, previa audiencia de la AC, cualquiera que sea la fase en que se encuentre el concurso (*cfr.* art. 52.1.3.° y art. 86 ter.1.° LOPJ).

Necesaria petición de parte. No cabe actuación de oficio del juez. Se pronunciará al dar curso a la ejecución en pieza separada cuando lo solicite el acreedor (art. 148.2) o al resolver un incidente concursal ad hoc suscitado por el AC o el acreedor. Tomada la decisión por el juez del concurso, sólo al juez ordinario ejecutante corresponde acordar la suspensión.

Norma interpretativa (art. 147.2). Las acciones o participaciones de sociedades cuyo objeto exclusivo es la tenencia de un activo y pasivo necesario para su financiación no se considerarán necesarias para continuar la actividad, salvo que la ejecución de la garantía fuera causa de modificación o de resolución de las relaciones contractuales que permitan al concursado mantener la explotación de ese activo.

Constatación registral de la declaración de necesidad del bien para la continuación de la actividad, declarada por el juez del concurso, puede ser anotada en el RP. Ello impide expedir las certificaciones de cargas en un procedimiento de ejecución o que se llegue a inscribir la adjudicación que pueda resultar.

Naturaleza cambiante del carácter necesario de un bien o derecho (art. 147.3). La previa declaración del carácter necesario de un bien o derecho no impide que por el titular del derecho real se presente una solicitud posterior para que se declare su carácter no necesario cuando hayan cambiado las circunstancias.

El ámbito objetivo. ¿Qué se entiende por bienes o derechos necesarios para continuar la actividad profesional o empresarial? (*cfr.* art. 145.1 y art. 144.1). Es un concepto jurídico indeterminado que da lugar una cuestión de hecho que debe ser apreciada en cada supuesto.

57. Régimen general de ejecución de bienes no necesarios

Requisito previo para reanudar o iniciar la ejecución. Es necesario que el juez del concurso declare que los bienes o derechos sobre los que recaen las garantías reales no son necesarios para continuar la actividad (art. 146). Por ello, los titulares de los derechos reales de garantía (sean o no acreedores concursales) deben acompañar con la demanda o incorporar al procedimiento ejecutivo que se hubiese suspendido el testimonio de la resolución del juez del concurso que así lo declare. Cumplido ese requisito previo, puede iniciarse la ejecución o alzarse la suspensión y ordenar su continuación.

Delimitación del ámbito objetivo (art. 146):

(1) **Garantías reales sobre bienes o derechos no necesarios para continuar la actividad profesional o empresarial del concursado** (con independencia de que el titular de la garantía sea o no acreedor concursal); ej. garantías sobre la vivienda del deudor o concurso de consumidores.

(2) **Garantías sobre bienes que no son propiedad del concursado, pese a estar en su poder.** Lo procedente es separar esos bienes de la masa y entregarlos a sus legítimos propietarios.

(3) **Cuando el concursado tenga la condición de tercer poseedor del bien o derecho objeto de la garantía**, pues la declaración de concurso no afecta a su ejecución (art. 151).

58. Régimen especial de los bienes necesarios

Prohibición de inicio o continuación de ejecuciones (art. 145.1). Desde la declaración del concurso, los titulares de derechos reales de garantía (sean o no acreedores concursales) sobre bienes o derechos de la masa activa necesarios para continuar la actividad profesional o empresarial, no podrán iniciar ejecuciones sobre esos bienes o derechos.

Temporalidad de la prohibición (art. 148.1). Podrán iniciar o reanudar la ejecución:

(i) Desde la fecha de eficacia de un convenio que no impida la ejecución separada de esos bienes.

(ii) Desde que transcurra 1 año desde la fecha de declaración de concurso sin apertura de la liquidación.

Ámbito objetivo. Comprende también los supuestos asimilados a las garantías reales del art. 150 (vide supra).

Opción del AC (art. 430.2). Durante la paralización de las acciones o suspensión de las actuaciones, el AC dispone de la facultad de comunicar al titular del crédito que opta por atender a su pago con cargo a la masa y sin realización de los bienes y derechos. Con ello se evita que, tras finalizar la paralización o suspensión, se ejecute la garantía.

Causas del cese de la suspensión o paralización:

(1) Cuando desaparezcan sus presupuestos y requisitos (ej., cese el carácter necesario de los bienes).

(2) Cuando se apruebe un convenio que no afecte a la garantía real.

(3) En todo caso, cuando transcurra 1 año desde la declaración del concurso sin que se haya ordenado el inicio de la fase de liquidación.
(4) En caso de apertura de la fase de liquidación.

Inicio o reanudación de la ejecución (art. 148.2). Cuando concurra causa que dé lugar al cese de la suspensión o paralización, el titular del derecho real ha de presentar demanda de ejecución o solicitud de reanudación ante el juez del concurso, que se tramitará en pieza separada dentro del concurso. Una vez iniciadas o reanudadas las actuaciones ejecutivas, no podrán ser suspendidas por razón de las vicisitudes propias del concurso.

Segundo límite temporal preclusivo (art. 149.1). La apertura de la fase de liquidación produce la pérdida del derecho a iniciar la ejecución; no obstante, el titular de la garantía real recuperará el derecho de ejecución forzosa cuando transcurra 1 año desde la apertura de la liquidación sin que se haya enajenado el bien o derecho.

EFECTOS SOBRE LAS OBLIGACIONES DEL CONCURSADO

59. Prohibición de compensación

Compensación de créditos. Opera automáticamente desde que concurren todos los presupuestos del art. 1196 CC, aunque acreedores y deudores no tengan conocimiento de ella.

Especialidad concursal (art. 153.2). Una vez declarado el concurso, no procede la compensación de créditos y deudas a excepción de los que procedan de la misma relación jurídica (compensación de créditos conexos o *«eadem causa»*, en los que existe una conexión funcional o sinalagmática; ej., liquidación de arrendamiento de obra, STS:2014:2477). Igualmente, también cabe la compensación de créditos nacidos tras el auto de concurso (créditos contra la masa, STS:2017:904).

Cabe la compensación anterior, declarada posteriormente (art. 153.1). Si los requisitos se hubiesen cumplido antes de la declaración del concurso, la compensación produce plenos efectos, aunque sea alegada posteriormente. El hecho de que el acreedor comunique al AC la existencia del crédito no impide la compensación. No podrá ser objeto de rescisión concursal, por gozar de protección por la Ley.

Tramitación de las controversias (art. 153.3). Las que puedan surgir sobre el importe de los créditos y las deudas y la concurrencia o no de los presupuestos se resolverán por el juez del concurso por los cauces del incidente concursal. Problemática sobre la oposición de excepción de compensación ante juez ordinario (*cfr.* STS 2021:1860).

Excepciones a la norma general prohibitiva. (1) Compensaciones en operaciones financieras en las que al menos una de las partes sea una entidad de crédito (DA 10.ª LMV); (2) en el ámbito del Derecho internacional privado, cuando la ley que rija el crédito recíproco del concursado así lo permita en situaciones de insolvencia (art. 727).

60. Suspensión del devengo de intereses

Regla general (art. 152.1). Desde la declaración de concurso se suspende el devengo de intereses legales (incluidos los procesales del art. 576 LEC) y convencionales. Debe de entenderse, sólo de los créditos que integran la masa pasiva, no de los créditos contra la masa, que sí devengan intereses (*cfr.* art. 248.2 y STS 2013:2071).

Sólo en beneficio del concursado. No de sus codeudores, fiadores, garantes o avalistas solidarios (STS 2014:2942).

Excepciones (art. 152.2):

(1) **Los créditos salariales,** devengan el interés legal del dinero (antes del concurso devengan el interés del art. 29.3 ET).

(2) **Los créditos con garantía real** devengan los intereses remuneratorios pactados hasta donde alcance el valor de la garantía. Por lo tanto, los intereses moratorios sólo se devengan antes de la declaración de concurso (STS 2019:1222).

Intereses anteriores al auto de concurso. Son calificados como subordinados (art. 281.1.3.º).

Levantamiento de la suspensión. Sólo tiene lugar (difícilmente):

(1) Cuando la propuesta de convenio no contenga quita, se podrá incluir el pago, total o parcial, de los intereses suspendidos por efecto del concurso (art. 320).

(2) En caso de liquidación, si resulta remanente después del pago de los créditos concursales, procede el de los intereses que hubiesen sido suspendidos por la declaración de concurso, calculados al tipo convencional o, si no existe, al legal (art. 440).

61. Suspensión del derecho de retención

Regla general (art. 154.1). Una vez declarado el concurso, queda suspendido el ejercicio del derecho de retención sobre bienes y derechos de la masa activa (ej., en el contrato de obra es frecuente el pacto de retención por el dueño de la obra respecto de pagos al contratista).

Excepciones. Retenciones de Derecho público (art. 154.3). Esa suspensión no afecta a las retenciones impuestas en la legislación administrativa, tributaria y de la seguridad social.

Conclusión del concurso (art. 154.2). Si en el momento de concluir el concurso esos bienes o derechos no hubieran sido enajenados, deben ser restituidos de inmediato al titular del derecho de retención cuyo crédito no haya sido íntegramente satisfecho.

62. Interrupción de la prescripción de las acciones

De acciones no ejercitables durante el concurso. Durante el concurso no cabe el ejercicio de (i) acciones para exigir el cumplimiento de obligaciones del concursado y de (ii) otras acciones frente a terceros. Como consecuencia, se interrumpe la prescripción de:

(1) Las acciones contra el deudor por créditos anteriores al concurso (art. 155.1).

(2) Las acciones contra (i) los socios, (ii) los administradores, (iii) los liquidadores, (iv) la persona natural representante de la persona jurídica designada administradora y (v) la alta dirección cuando no exista consejero delegado, (vi) los auditores y (vii) aquellas otras cuyo ejercicio quede suspendido (art. 155.3). Esta última referencia comprende (*cfr.* art. 136) la acción directa de los subcontratistas contra el dueño de la obra y la acción contra los administradores de la concursada. Respecto de los administradores y liquidadores la interrupción se entiende limitada a la acción individual de responsabilidad, pues la acción social de responsabilidad sí puede ser ejercitada, también por el AC (*cfr.* art. 132).

Reinicio del cómputo del plazo de prescripción (art. 155.4). Tiene lugar a la fecha de conclusión del concurso o, en su caso, con la sentencia que aprueba el convenio.

Obligados solidarios (art. 155.2). La interrupción de la prescripción no produce efectos frente a (i) los deudores solidarios, (ii) los fiadores y (iii) los avalistas. La solidaridad impide el listisconsorcio pasivo necesario, por lo que es posible el ejercicio de las acciones contra aquéllos.

Créditos contra la masa. El art. 248 impone una suspensión temporal de las acciones para exigir el pago de los créditos contra la masa hasta (i) la fecha de eficacia del convenio o (ii) se abra la liquidación o (iii) el transcurso de 1 año desde la declaración del concurso sin que haya tenido lugar uno de esos dos hechos. De ello se ha de concluir, por las razones expuestas, que durante ese plazo de suspensión de esas acciones también se entiende suspendido el cómputo de su prescripción.

63. Vencimiento anticipado de las obligaciones a plazo

Vencimiento anticipado y concurso. La apertura de la liquidación produce el vencimiento anticipado de los créditos concursales aplazados (*cfr.* para el descuento del interés legal del dinero, art. 436) y la conversión en dinero de los que consistan en otras prestaciones (art. 144). Así pues, la sola declaración de concurso no produce el vencimiento anticipado (¿derogación tácita del art. 1129.1.º CC?).

Cláusulas contractuales de vencimiento anticipado de créditos por la declaración de concurso. Nada las impide, por el juego del principio de autonomía de la voluntad. No son contrarias al orden público, aunque no faltan posturas doctrinales contrarias a su admisión (*cfr.* art. 156).

EFECTOS SOBRE LOS CONTRATOS DEL CONCURSADO

64. Introducción

Contratos sinalagmáticos. Hay que distinguir: (i) los contratos en los que, al ser declarado el concurso, hay obligaciones pendientes de cumplimiento por ambas partes; y (ii) aquellos otros en los que una de las partes ya ha cumplido todas sus obligaciones.

Principio general de vigencia de los contratos (art. 156). La declaración de concurso no es causa de resolución anticipada del contrato; se tienen por no puestas las cláusulas que establezcan la facultad de resolución o extinción del contrato sólo por la declaración de concurso.

65. Contratos sinalagmáticos con obligaciones pendientes por ambas partes

Regla general. Cuando existan obligaciones recíprocas pendientes de cumplimiento a cargo de ambas partes, la declaración de concurso no afecta a su vigencia; en consecuencia, ambas partes deben ejecutar las prestaciones comprometidas, siendo con cargo a la masa aquellas a que esté obligado el concursado (art. 158). Este régimen no es aplicable a los contratos unilaterales (STS 2014:2942).

Obligaciones pendientes de cumplimiento. Es necesario determinar cuándo existen obligaciones pendientes de cumplimiento, que no sean accesorias en la satisfacción del interés principal de la contraparte.

66. Resolución sin causa de contratos sinalagmáticos

Resolución en interés del concurso (art. 165.1). Aunque no exista causa de resolución, el concursado (en caso de intervención) y la AC (en caso de suspensión) pueden solicitar la resolución de cualquier contrato con obligaciones recíprocas si lo estiman necesario o conveniente para el interés del concurso.

Requisitos:

- **(i) Ámbito objetivo**. Cualquier contrato sinalagmático; no sólo los pendientes de cumplimiento por ambas partes. No rige para los supuestos de resolución unilateral del contrato por incumplimiento contractual.
- **(ii) Necesaria o conveniente para el interés del concurso**. Puede ser objeto de control jurisdiccional.
- **(iii) Legitimación activa**: varía en función del régimen de intervención (el concursado) o suspensión (la AC). No está legitimada la parte contratante in bonis.

Tramitación procesal (art. 165.2).

- (i) Solicitud de citación a comparecencia previa de (i) el concursado, (ii) la AC y (iii) la otra contratante.
- (ii) De existir acuerdo en la comparecencia sobre la resolución y sus efectos, se dicta auto declarando resuelto el contrato con lo acordado; es preciso el auto, pues no cabe la resolución simplemente convencional.
- (iii) Si hay discrepancias, cualquier legitimado puede formular demanda de resolución (vide infra, el supuesto especial de contrato de leasing).
- (iv) Tramitación de la demanda de resolución por cauce de incidente concursal (art. 165.3).
- (v) Sentencia, acordando las restituciones que procedan. El crédito que corresponda a la contraparte in bonis como indemnización de daños y perjuicios tiene el carácter de crédito concursal, que deben ser probados (STS 2016:4841).

Supuesto especial: el leasing (art. 165.3). Si el contrato es un arrendamiento financiero, a la demanda se acompañará tasación pericial del valor de los bienes cedidos, que el juez podrá tener en cuenta para fijar la indemnización.

67. Contratos sinalagmáticos ya cumplidos por un contratante

Regla general (art. 157). Si la otra está pendiente de cumplimiento total o parcial, el crédito o la deuda del concursado se incluirá, según proceda, en la masa activa o en la pasiva; no ha de tratarse de obligaciones accesorias en la satisfacción del interés principal de la contraparte. La parte in bonis que hubiese cumplido ha de comunicar su crédito y si no le es reconocido por la AC ha de impugnar la lista de acreedores.

68. Resolución de contratos sinalagmáticos por incumplimiento

Distinción previa. *Cfr.* art. 1124 CC. La legislación concursal hace necesario distinguir: (i) si el incumplimiento es anterior o posterior al concurso; (ii) si es un contrato de tracto único o de tracto sucesivo (con una sola prestación continuada en el tiempo o una pluralidad de prestaciones sucesivas, *cfr.* STS 2020:4377).

Según el momento del incumplimiento contractual. Distinguimos:

- **(i) Incumplimiento anterior al concurso** (art. 160). La resolución sólo cabe en el contrato de tracto sucesivo. No cabe en el contrato de tracto único.

(ii) **Incumplimiento posterior al concurso** (art. 161). Cabe por cualquiera de las partes, con independencia de la naturaleza del contrato.

Según la naturaleza del contrato. Distinguimos:

(i) **Contrato de tracto único.** No cabe la resolución posterior al concurso por incumplimiento anterior; sólo cabe por incumplimiento posterior al concurso (STS 2013:3679). La simple prolongación en el tiempo del incumplimiento no permite la resolución (STS 2013:4091). Pero la resolución es de ejercicio extrajudicial y cabe la comunicación de la resolución que tiene lugar con anterioridad al auto de concurso (STS 2012:2629): la relación contractual ya estará resuelta. Aunque no lo dice la Ley, el incumplimiento anterior de la parte in bonis sí permite al concursado instar la resolución del contrato.

(ii) **Contrato de tracto sucesivo.** Cabe la resolución tanto por el incumplimiento anterior como por el posterior (STS 2020:4377). La resolución produce sus efectos ex nunc (no hay devolución o reintegro de prestaciones recíprocas anteriores).

Naturaleza del incumplimiento. Ha de ser grave y total, sin que baste un mero retraso en el cumplimiento, a no ser que frustre el fin práctico del contrato; no se requiere voluntad deliberadamente rebelde al cumplimiento. Se exige que quien promueve la resolución haya cumplido previamente lo que le incumbe.

Acción de resolución por incumplimiento (art. 162). Se ejercita ante el juez del concurso (aunque la promueva el concursado) y se sustancia por los trámites del incidente concursal.

Legitimación. (i) Activa, la parte contratante cumplidora; (ii) pasiva, la parte incumplidora.

Conformidad. Nada impide la conformidad con la resolución instada, incluso por acuerdo extrajudicial (con el consentimiento del AC y comunicación al juzgado).

Efectos de la resolución (art. 163).

(1) **Efecto liberatorio.** Se produce la extinción de la relación obligacional, de forma que quedan extinguidas las obligaciones pendientes de vencimiento derivadas del contrato resuelto.

(2) **Efecto restitutorio.** La resolución tiene eficacia ex tunc, desde la celebración del contrato, por lo que procede la recíproca restitución de prestaciones; no obstante, en los contratos de tracto sucesivo, la eficacia es ex nunc, desde la resolución, pues las prestaciones gozan de autonomía y satisfacen el interés de los contratantes según se van ejecutando, por lo que no procede la recíproca restitución, pues el sinalagma ya se habrá cumplido (STS 2017:1860).

(3) **Calificación de las restituciones del concursado**. Sobre la naturaleza del crédito que corresponda al acreedor que hubiere cumplido sus obligaciones y del crédito por indemnización de daños y perjuicios, es necesario distinguir:

- (a) **Si el incumplimiento fue anterior al concurso**, tienen la naturaleza de crédito concursal, cualquiera que sea la fecha de la resolución.
- (b) **Si el incumplimiento fue posterior al concurso**, tienen la consideración de créditos contra la masa.

Distinción frente a la resolución en interés del concurso. Son dos supuestos distintos los contemplados en el art. 165 (resolución en interés del concurso) y art. 163 (resolución por incumplimiento del concursado).

69. Rehabilitación del contrato incumplido

Oposición por el concursado a la resolución de contrato por él incumplido (art. 164.1). Ejercitada la acción de resolución de (i) un contrato de tracto sucesivo por incumplimiento anterior al concurso o (ii) de cualquier contrato por incumplimiento posterior, el concursado (en caso de intervención) o el AC (en caso de suspensión) pueden oponerse a la resolución solicitando, en interés del concurso, el mantenimiento en vigor del contrato incumplido.

Supuesto de hecho. Ejercicio ante el juez del concurso, por la contratante in bonis, de la acción de resolución por incumplimiento.

Legitimación para la oposición. Según el régimen al que esté sometido el concursado: (i) en caso de intervención, le corresponde al concursado; (ii) en caso de suspensión, al AC.

Interés del concurso. Concepto jurídico indeterminado. Hay que estar al caso concreto.

Requisito formal (art. 164.1). En los casos de incumplimiento posterior al concurso, al formular oposición debe ofrecerse al demandante el pago con cargo a la masa, dentro de 3 meses siguientes a la sentencia, las cantidades adeudadas por prestaciones realizadas. Antes de la Ley 16/2022 fue objeto de distintas soluciones en tribunales si comprendía o no los casos de incumplimientos anteriores al concurso (STS 2012:4011, hacía una interpretación literal, admitiendo la procedencia respecto de incumplimientos anteriores al concurso, en criterio hoy modificado por la Ley 16/2022).

Tramitación de la oposición a la resolución (art. 164.2). El juez, oído el demandante, resolverá sobre el mantenimiento o no del contrato. Contra la sentencia cabe recurso de apelación.

Incumplimiento del pago posterior (art. 164.3). Si el pago de las sumas adeudadas no se realiza dentro de plazo, el mantenimiento del contrato quedará sin efecto.

70. Resolución por declaración del concurso

Principio general de vigencia de los contratos (art. 156). Se tienen por no puestas las cláusulas que permiten (i) suspender o (ii) modificar las obligaciones o efectos de un contrato, así como (iii) la facultad de resolución o (iv) extinción del contrato por la declaración de concurso de cualquiera de las partes o por la apertura de la fase de liquidación.

Excepciones legalmente previstas (art. 159). La declaración de concurso no afectará al ejercicio de la facultad de denuncia unilateral en los casos que la ley expresamente lo permita; tampoco afectará a las leyes que permitan pactar la extinción del contrato en situaciones concursales o de liquidación administrativa de alguna de las partes. Entre otros, señalamos los siguientes supuestos: (i) contrato de sociedad civil en caso de insolvencia de un socio (art. 1700 CC); (ii) contrato de mandato, por insolvencia del mandante o del mandatario (art. 1732 CC; no obstante, es dudoso a la vista del art. 128.4); (iii) la sociedad colectiva, por quiebra de todos los socios (art. 157 CCo); (iv) el contrato de agencia (art. 26 Ley 12/1992); (v) el supuesto de reducción del contrato de seguro (art. 88 Ley 50/1980).

71. IVA y entrega de inmuebles

Inversión del sujeto pasivo (art. 84.1.2.° Ley IVA), en las entregas de bienes inmuebles efectuadas como consecuencia de un proceso concursal; impone la liquidación del IVA al adquirente del bien (que sea profesional sujeto pasivo del impuesto), no al transmitente concursado.

72. Contratos de adquisición de bienes con contraprestación o precio aplazado

Rehabilitación de los contratos (art. 167.1). La AC (por propia iniciativa o a instancia del concursado) puede rehabilitar los contratos de adquisición de muebles o inmuebles con contraprestación o precio aplazado, cuya resolución se produzca dentro de los 3 meses precedentes a la declaración del concurso.

Límite temporal y obligación de pago (art. 167.2). La notificación del ejercicio de esa facultad al otro contratante debe realizarse por el AC antes de que finalice el plazo para la comunicación de créditos (*cfr.* art. 28.1.4.°, un mes desde publicación del edicto en el BOE), con previa o simultánea satisfacción o consignación de las sumas debidas en el momento de la rehabilitación y asunción de los pagos futuros con cargo a la mas.

Requisitos de la rehabilitación. Es de ejercicio extrajudicial y requiere:

(1) **Que el contrato haya sido resuelto dentro de los 3 meses anteriores al concurso.** No requiere el marco del desarrollo de una actividad industrial o profesional. Por resolución se entiende la manifestación de la voluntad de ineficacia por previo incumplimiento. *Cfr.* el diferente régimen jurídico de la compraventa de inmuebles (art. 1504 CC) y de muebles (art. 1505 CC).

(2) **Notificación de la rehabilitación por el AC al enajenante antes del fin del plazo de comunicación de créditos.** Es recomendable una notificación fehaciente. No exige el consentimiento del concursado.

(3) **Contenido de la notificación:** la asunción con cargo a la masa del pago de los vencimientos futuros.

(4) **Pago o consignación de las sumas adeudadas al enajenante en ese momento.** La consignación se realizará en la cuenta de depósitos y consignaciones del juzgado del concurso.

Naturaleza excepcional. Sólo cabe su realización una sola vez, pues el posterior incumplimiento del contrato rehabilitado confiere al acreedor el derecho a resolverlo sin posibilidad de ulterior rehabilitación (art. 167.4).

Oposición a la rehabilitación. No requiere de autorización judicial, pero el enajenante puede oponerse a ella mediante la interposición de incidente concursal si no concurren los requisitos necesarios para su ejercicio o en los supuestos del art. 167.3 (que exigen su acreditación ante el AC si a ésta no le constaren):

(1) Si antes del concurso hubiese ejercido acciones de resolución del contrato o de restitución del bien.

(2) Si antes del concurso hubiese recuperado la posesión del bien por cauces legítimos y devuelto o consignado en lo procedente la contraprestación recibida.

(3) Si hubiese realizado actos dispositivos sobre el bien a favor de tercero.

73. Contratos de arrendamiento urbano

Régimen general. No se ven afectados por la declaración del concurso, salvo en lo que a continuación se expone.

Enervación de la acción y rehabilitación del contrato (art. 168.1). La AC puede enervar la acción de desahucio ejercitada contra el deudor antes del concurso, así como rehabilitar la vigencia del contrato de arrendamiento urbano hasta el momento mismo del lanzamiento. ¿No cabe si la acción es ejercitada tras el concurso?

Legitimación. Corresponde en exclusiva al AC (no al concursado), con independencia del régimen de intervención o suspensión adoptado.

Notificación del ejercicio de la facultad (art. 168.2). Por el AC con previo o simultáneo pago con cargo a la masa de todas las rentas y conceptos pendientes y el compromiso de satisfacer las posibles costas procesales causadas hasta ese momento. El pago se hará con independencia de que el devengo de las sumas adeudadas haya tenido lugar antes o después del auto de concurso (norma excepcional).

Ámbito objetivo de aplicación. Tanto en arrendamientos de viviendas como de locales destinados a otros usos, sujetos a la LAU (no los regulados por el CC o la LAR). Procede, aunque el arrendatario ya hubiera enervado el desahucio en ocasión anterior (art. 168.3, que excepciona lo dispuesto en el art. 22.4 LEC).

Algunas cuestiones debatidas:

- **(i)** Penalización por resolución anticipada del contrato de arrendamiento. La STS 2019:710 admite las cláusulas resarcitorias de daños y perjuicios, pero no cuando obedecen a una penalización o sanción del arrendatario.
- **(ii)** ¿Cabe la enervación de la acción y la rehabilitación del contrato respecto de acciones ejercitadas con posterioridad al auto de concurso?
- **(iii)** ¿Cabe, durante el concurso, la acumulación de acción de desahucio y la de reclamación de rentas? En contra se aduce la imposibilidad de reclamar judicialmente el pago de deudas que forman parte de la masa pasiva, a no ser que se trate de rentas posteriores al auto, a las que son de aplicación las limitaciones para reclamar judicialmente los créditos contra la masa (remisión).
- **(iv)** Competencia judicial para la ejecución de la sentencia de desahucio dictada por un juez ordinario en procedimiento iniciado antes del concurso. *Cfr.* art. 545 (en favor de la competencia de éste) y el art. 52 (en favor de la competencia del juez del concurso, por afectar claramente a un derecho patrimonial del concursado).

74. Contratos de garantía personal

Contrato de fianza. Paradigma de los contratos de garantía personal. Obliga al fiador al cumplimiento de una obligación si no lo hace el deudor principal, (i) subsidiariamente o (ii) de forma solidaria, si así se pactó. El concurso del deudor principal conlleva la posibilidad de reclamar al fiador, tanto en la fianza solidaria (por definición) como en la subsidiaria (*cfr.* art. 1831.3.° CC y 1832 CC).

Crédito del fiador que paga. Queda subrogado en la posición del acreedor (art. 1839 CC) en un crédito previo al concurso y, por lo tanto, sujeto al convenio, pues sólo hay una novación subjetiva (STS 2020:1588).

Reconocimiento del crédito y reclasificación (art. 263.2). Los créditos con fianza de tercero se reconocerán por su importe, sin perjuicio de la sustitución del titular del crédito en caso de pago por el fiador. Una vez subrogado el fiador, la AC debe reclasificar el crédito optando por la clasificación de inferior grado entre las que correspondan al acreedor o al fiador.

Aprobación de convenio antes del pago por el fiador. Sobre el carácter vinculante o no del convenio respecto del fiador:

(i) **Si el acreedor garantizado votó a favor del convenio,** salvo pacto en contrario contenido en el contrato de fianza, se producirá en su crédito la quita y/o espera aprobada en aquél.

(ii) **El convenio no producirá efectos respecto de los derechos de los acreedores frente a los obligados solidarios con el concursado ni frente a fiadores o avalistas,** salvo que esos acreedores hubiesen sido autores de la propuesta, se hubiesen adherido a ella o hubiesen votado a favor de la misma; los obligados solidarios, fiadores y avalistas no podrán invocar la aprobación del convenio ni su contenido en perjuicio de aquéllos (art. 399.1).

75. Contratos de financiación: préstamos y créditos

Contrato de préstamo. La adquisición del dinero por el prestatario tiene lugar íntegramente a la celebración del contrato. **En el ámbito concursal.** La declaración de insolvencia no conlleva la pérdida del beneficio del plazo, que sólo tiene lugar al abrirse la fase de liquidación. Aunque el vencimiento del plazo sea posterior al concurso, estamos en presencia de crédito concursal, pues la deuda ya existía en el momento de ser declarado. Es un contrato real (perfección con la entrega del dinero), y, por lo tanto, unilateral, si las partes no pactan expresamente su naturaleza consensual, que lo convierte en sinalagmático.

Contrato de crédito. La adquisición del dinero por el acreditado tiene lugar de forma paulatina por sucesivas disposiciones hasta un límite máximo.

(i) **Concurso declarado cuando el acreditado ya ha dispuesto de la totalidad del crédito.** Vale lo ya dicho para el contrato de préstamo.

(ii) **Si es declarado cuando el acreditado aún no ha dispuesto de la totalidad.** Estamos ante un contrato sinalagmático, cuya resolución no cabe por el mero hecho de la declaración del concurso. Sólo cabrá si el acreditado ha incumplido alguna obligación. ¿Quid respecto de las cláusulas de vencimiento anticipado por la declaración de concurso o por causas objetivas claramente vinculadas a situaciones de insolvencia? *Cfr.* art. 156 y STS 2011:7180.

Rehabilitación de los contratos de financiación (art. 166). La AC, por propia iniciativa o a instancia del concursado, puede rehabilitar (i) los contratos de crédito, (ii) préstamo y (iii) demás de financiación cuyo vencimiento anticipado por impago de cuotas de amortización o de intereses se haya producido dentro de los 3 meses anteriores a la declaración del concurso.

Ejercicio extrajudicial, sólo por el AC. No se exige el desarrollo de actividad industrial o profesional.

Requisitos:

(1) **Vencimiento anticipado**; que el contrato de financiación haya vencido anticipadamente dentro de los 3 meses anteriores al concurso, por incumplimiento del deudor.

(2) **Ámbito objetivo**; comprende (i) los contratos de crédito, (ii) préstamo y (iii) demás de financiación. Es dudoso si comprende el factoring (además de financiación se pacta la prestación de un servicio de gestión de cobros).
(3) **Notificación en plazo de la rehabilitación**; antes de que finalice el plazo de comunicación de créditos (un mes desde publicación del edicto en el BOE, *cfr.* art. 166.2); ello aconseja dar fehaciencia a la notificación.
(4) **Previo o simultáneo pago o consignación de lo debido a la fecha de rehabilitación y con asunción de los pagos futuros con cargo a la masa** (art. 166.2, *cfr.* art. 242.10.º). La disyuntiva entre pagar o consignar debe entenderse en función de que exista o no acuerdo entre las partes. La consignación se hará en la cuenta de depósitos y consignaciones del juzgado del concurso.

Supuesto de incumplimiento ulterior. A diferencia del art. 167, el art. 166 guarda silencio; pese a ello, se considera aplicable el mismo régimen, por analogía, sin que quepa nueva y ulterior rehabilitación.

Oposición del acreedor (art. 166.3). La rehabilitación no procederá cuando el acreedor se oponga por haber iniciado antes del concurso acciones de reclamación del pago de lo debido contra el deudor, un codeudor solidario o contra cualquier garante. No son suficiente meras reclamaciones extrajudiciales. Es necesario que el acreedor formalice su oposición a través del correspondiente incidente concursal.

Rehabilitación y pago. *Cfr.* art. 430.2.

76. Contrato de mandato

Extinción del mandato. *Cfr.* arts. 1709 CC y 1732 CC. El mandato se extingue por quiebra o insolvencia del mandante o del mandatario. Pero la Ley 38/2011 introdujo la norma que hoy recoge el art. 128.4 (en sede de personas jurídicas): los apoderamientos que existan al tiempo del concurso quedarán afectados por la intervención o por la suspensión de estas facultades.

La Ley 8/2021 modificó el art. 1732.3.º CC, estableciendo que el mandato se acaba por muerte o por concurso del mandante o del mandatario.

77. Contrato de arrendamiento de obra

La acción directa del subcontratista del art. 1597 CC. El subcontratista no tiene más opción que acudir al concurso del contratista principal, pues su acción directa contra el dueño de la obra se ve afectada por:

(i) **Suspensión del procedimiento si la acción se ejercita antes del concurso** (art. 139.2). Desde la declaración de concurso hasta la fecha de eficacia del convenio (en caso de ser aprobado) o hasta la conclusión del concurso (en caso de liquidación), se suspenden los procedimientos iniciados por el ejercicio de la acción directa contra el dueño de la obra.
(ii) **Inadmisión a trámite de las demandas ejercitadas tras el concurso** (art. 136.1.3.º), con suspensión del cómputo de su prescripción (art. 155.3), que se inicia de nuevo con la conclusión del concurso (art. 155.4).

Contrato de transporte. La acción directa del porteador (DA 6.ª Ley 9/2013). El régimen de suspensión e inadmisión de la acción directa en el contrato de obra no es aplicable a este caso, por obedecer a fines distintos y no existir previsión legal alguna (STS 2021:760).

78. Contratos con las Administraciones públicas

Régimen concursal. Remisión a la legislación especial (art. 190). Sólo se rigen por la legislación concursal, en defecto de legislación específica, los contratos privados celebrados por el concursado con las administraciones públicas y otras entidades del sector público (art. 191).

Ley 9/2017 de contratos del sector público. Su régimen.

(1) **Prohibición de contratar** (art. 71.1.c Ley 9/2017). Quien haya solicitado o sea declarado en concurso, salvo que haya adquirido eficacia un convenio; la causa será apreciada directamente por los órganos de contratación (art. 72 Ley 9/2017).

(2) **Exigencia de solvencia para poder contratar** (art. 74 Ley 9/2017).

(3) **Causa de resolución de los contratos administrativos** (art. 211.1.b Ley 9/2017). La declaración de concurso o la declaración de insolvencia en cualquier procedimiento; la resolución del contrato se acuerda por el órgano de contratación, de oficio o a instancia del contratista. No obstante, en caso de concurso, la Administración podrá continuar con el contrato si razones de interés público lo aconsejan, siempre que el contratista preste garantías adicionales suficientes para su ejecución; serán suficientes (i) una garantía complementaria de, al menos, el 5 % del precio del contrato, (ii) el depósito de fianza como cláusula penal para el caso de incumplimiento. El plazo máximo de instrucción y resolución del expediente de resolución contractual es de 8 meses.

Régimen especial de empresas concesionarias (arts. 579 a 581). En sus concursos se aplican las especialidades de la legislación de contratos del sector público y en la legislación específica de cada tipo de contrato administrativo y, además, las siguientes particularidades:

(1) **Efectos del concurso** sobre las concesiones sobre dominio público, se regulan por su naturaleza específica; concesiones sobre dominio público portuario, la disolución o extinción de la persona jurídica titular es causa de extinción de la concesión, sin que puedan ser objeto de enajenación o liquidación (art. 579).

(2) **Legitimación para proponer convenio.** Además del régimen general, podrán presentarla las administraciones públicas (incluidas los organismos y sociedades mercantiles vinculadas o dependientes), aunque no sean acreedores (art. 580).

(3) **Régimen especial de acumulación de dos o más empresas concesionarias** (art. 581) cuando se presenten propuestas de convenio que afecten a todas; procede la acumulación, cualquiera que sea la fase en que se encuentren, aunque la eficacia de los convenios no esté condicionada a la eficacia de los demás. La acumulación procede, aunque hayan sido declaradas en diferentes juzgados, competiendo al juez del concurso de la concesionaria con mayor pasivo en el momento de la solicitud.

EFECTOS SOBRE LOS TRABAJADORES

79. Efectos del concurso sobre los trabajadores

Regla general. La declaración de concurso no produce efecto sobre los contratos laborales.

Jurisdicción del juez del concurso. (i) Expedientes colectivos de modificación sustancial de las condiciones de trabajo; (ii) suspensión y extinción de los contratos laborales de alta dirección.

Salario mínimo interprofesional (SMI). Los límites máximos en la cuantificación de los créditos laborales deben incluir la parte proporcional de las pagas extraordinarias (STS 2021:2708).

Pago de créditos laborales por el FOGASA. Procede el pago parcial en los siguientes términos:

- **(1) Salarios** hasta el triple del SMI, con un máximo de 150 días.
- **(2) Indemnizaciones declaradas** en sentencia, auto, acto de conciliación o resolución administrativa, hasta el máximo de una anualidad sin que el salario base del cálculo pueda exceder de triple del SMI.
- **(3) Subrogación del FOGASA** en la posición de los trabajadores, gozando de sus privilegios, salvo cuando se trate de empresas con menos de 25 trabajadores, supuesto en el que el 40 % del pago efectuado por el FOGASA lo será a fondo perdido (art. 33.8 ET).

Calificación de los créditos laborales. Merecen diferente protección en función de las circunstancias concurrentes.

(1) Créditos contra la masa. Tienen esa consideración:

- (i) Los créditos anteriores o posteriores al concurso por indemnizaciones de accidentes de trabajo y enfermedad profesional, cualquiera que sea la fecha de la resolución que los declare (art. 242.1.1.º).
- (ii) Los créditos por salarios correspondientes a los últimos 30 días de trabajo efectivo realizado antes de la declaración de concurso en cuantía no superior al doble del SMI (art. 242.1.2.º). Su pago se hace de forma inmediata (art. 245.1) y no a su vencimiento. Las cantidades que superen el límite se integran en la masa pasiva y tendrán el carácter de crédito con privilegio general en lo que exceda de esa cifra hasta la cuantía que resulte de multiplicar el triple del SMI por el número de días de salario pendientes de pago (art. 280.1.º); y en lo que exceda de ese tope máximo, tendrán la consideración de créditos ordinarios.

(iii) Los créditos laborales generados por el ejercicio de la actividad profesional o empresarial del concursado tras la declaración de concurso, estando comprendidos en ellos las indemnizaciones por despido o extinción de los contratos de trabajo, así como los recargos sobre las prestaciones por incumplimiento de las obligaciones en materia de salud laboral, hasta que el juez acuerde el cese de la actividad empresarial o profesional o declare la conclusión del concurso. Su pago se hace de forma inmediata (art. 245.1) y no a su vencimiento (art. 242.1.11°).

(2) Créditos con privilegio especial. Los refaccionarios, sobre los bienes refaccionados, mientras sean propiedad o estén en posesión del concursado (art. 270.3.°).

(3) Créditos con privilegio general. Los anteriores a la declaración de concurso por los siguientes conceptos:

(i) Los créditos por salarios que no sean créditos contra la masa ni créditos con privilegio especial, en la cuantía que resulte de multiplicar el triple del SMI por el número de días de salario pendientes de pago (art. 280.1.°). Los que excedan de esa cuantía, tendrán la consideración de créditos ordinarios.

(ii) Por indemnizaciones derivadas de la extinción de los contratos, en la cuantía correspondiente al mínimo legal calculada sobre una base que no supere el triple del SMI (art. 280.1.°). Las indemnizaciones que excedan de esa cuantía tendrán la consideración de créditos ordinarios.

(iii) Por los capitales coste de seguridad social de los que sea legalmente responsable el concursado y los recargos sobre las prestaciones por incumplimiento de las obligaciones en materia de salud laboral devengadas con anterioridad a la declaración de concurso.

(4) Créditos ordinarios. Naturaleza residual; los créditos devengados con anterioridad al concurso que no sean privilegiados ni subordinados (art. 269.3) ni créditos contra la masa. Son los únicos (junto con los cubiertos por garantía real) que siguen devengando intereses, al tipo del interés legal del dinero, durante la tramitación del concurso (art. 152.2), si bien esos intereses se califican como crédito subordinado (art. 281.1.3.°).

(5) Créditos subordinados (art. 281.1):

(i) Los comunicados tardíamente que sean incluidos en la lista de acreedores y los que, no habiendo sido comunicados, sean incluidos por comunicaciones posteriores o por el juez al resolver sobre la impugnación de ésta; salvo que se trate de créditos de reconocimiento forzoso.

(ii) Los créditos por recargos o intereses de cualquier clase, incluidos los moratorios, salvo los cubiertos por garantía real (*cfr.* art. 152.2).

Especialidades procesales. Distinguir:

(1) Procedimientos en tramitación a la declaración del concurso. Regla general: continuación del procedimiento hasta obtener sentencia firme. Excepción (art. 185.1): desde el inicio de procedimiento de despido colectivo, se suspenderán los procesos individuales, hasta que adquiera firmeza el auto que ponga fin al procedimiento colectivo; esa suspensión se comunica a la AC; el auto que acuerde el despido colectivo produce efectos de cosa juzgada sobre los procesos individuales suspendidos.

(2) Procedimientos nuevos, iniciados tras la declaración del concurso (art. 136.3). Competencia de los juzgados de lo social. Si las acciones ejercitadas pudieran ser transcendentes para la masa activa, se emplazará al AC

(3) Ejecuciones singulares. No se pueden iniciar o continuar tras la declaración de concurso (*cfr.* art. 142) quedando en suspenso las que estén en trámite (art. 143), salvo aquellas en las que se hubieran embargado bienes del concursado con anterioridad a la fecha del auto de concurso, si no resultan necesarios para la continuación de la actividad empresarial o profesional (art. 144.1).

80. Expedientes colectivos

Jurisdicción del juez del concurso (art. 53). Una vez declarado el concurso le corresponde el conocimiento de las acciones sociales que tengan por objeto (i) la modificación sustancial de las condiciones de trabajo, (ii) el traslado, (iii) el despido, (iv) la suspensión de contratos y (v) la reducción de jornada por causas económicas, técnicas, organizativas o de producción que tengan carácter colectivo.

Regulación (art. 169). Contenida en la legislación concursal, con aplicación supletoria de la legislación laboral.

Ámbito de aplicación (art. 41 ET). (i) Cuando afecten a la totalidad de los trabajadores, siempre que sea superior a 5; (ii) si afecta (a) al menos a 10 trabajadores cuando tiene menos de 100 trabajadores, (b) al 10 % cuando tiene entre 100 y 300 o (c) a 30 trabajadores en las que tienen 300 o más.

Cambio de tramitador (art. 170). Si a la declaración del concurso ya se hubiesen iniciado los trámites para la modificación sustancial de carácter colectivo, el concursado lo pondrá de inmediato en conocimiento del juez del concurso y la declaración de concurso será comunicada a la autoridad laboral. Según el grado de tramitación del expediente al ser declarado el concurso:

- (i) **Si no se alcanzó un acuerdo o no se comunicó aún la decisión empresarial:** el LAJ cita a los legitimados a una comparecencia para exponer y justificar, en su caso, la continuación ante el juzgado de la tramitación de las medidas, conservando su validez las actuaciones ya practicadas.
- (ii) **Si ya se alcanzó un acuerdo o se hubiese comunicado la decisión empresarial:** el AC ejecutará tales medidas.
- (iii) **Si el acuerdo o la decisión empresarial hubiesen sido impugnados ante la jurisdicción social:** continuará el procedimiento hasta la firmeza de la resolución.

81. Legitimación

Legitimación activa (art. 171), para solicitar la adopción de las medidas colectivas, corresponde (i) al concursado, (ii) a la AC o (iii) a los trabajadores a través de sus representantes legales.

Representación de los trabajadores. Remisión al art. 41 ET. Si los trabajadores no designan representantes, el juez puede acordar una comisión de un máximo de 3 miembros integrada por los sindicatos más representativos.

Suspensión de las acciones resolutorias individuales posteriores a la solicitud de concurso hasta la firmeza del auto con que finalice el procedimiento colectivo, que produce efectos de cosa juzgada sobre los procedimientos individuales suspendidos (art. 185). STS 2011:3846, ello supone la necesaria aplicación íntegra del importe de indemnización de los trabajadores en los despidos colectivos.

82. Tramitación del expediente

Momento del inicio (art. 172). Sólo puede solicitarse del juez del concurso una vez presentado el informe del AC, salvo que la demora en la aplicación de las medidas colectivas pueda (i) comprometer gravemente la viabilidad futura de la empresa o (ii) causar grave perjuicio a los trabajadores; en cuyo caso puede realizarse la solicitud en cualquier momento.

Contenido de la solicitud (art. 173). Se deben exponer y justificar (i) las causas de las medidas y (ii) los objetivos a alcanzar, acompañando los documentos acreditativos; (iii) si la empresa tiene más de 50 trabajadores, se acompañará un plan sobre la incidencia de las medidas propuestas en la viabilidad futura de la empresa. **No hay automatismo** entre el concurso y la procedencia de las medidas. Se impone al concursado un deber de colaboración, pudiendo el AC recabar el auxilio del juzgado para comprobar las causas de la solicitud (art. 175.1).

Período de consultas (art. 174.1). Recibida la solicitud, el juez convocará a un período de consultas (i) al concursado, (ii) a la AC y (iii) a los representantes de los trabajadores (con copia de la solicitud y de los documentos acompañados); duración máxima: (i) 30 días naturales o (ii) 15 días naturales en empresas con menos de 50 trabajadores.

Grupo empresarial y sociedades vinculadas a la concursada (art. 174.2). La AC o los trabajadores pueden solicitar la participación en el período de consultas de otras personas naturales o jurídicas que puedan constituir una unidad de empresa con la concursada. Se puede interesar el auxilio del juzgado para su comprobación o reclamar la documentación económica consolidada de otras empresas (art. 175.2).

Deber de negociación de buena fe (art. 174.3).

Omisión del período de consultas (art. 176). No será necesario: (i) Si la solicitud viene acompañada de un acuerdo suscrito por la AC y los representantes de los trabajadores; (ii) si el juez lo sustituye (a instancia del AC o de los trabajadores) por el procedimiento de mediación o arbitraje de aplicación en el ámbito de la empresa, que debe desarrollarse dentro del plazo máximo señalado para ese período.

Acuerdo (art. 177.1). Requiere la conformidad de la mayoría de los representantes de los trabajadores que representen a la mayoría de los trabajadores.

Contenido (art. 177.2): (i) Identidad de los trabajadores; (ii) fijará las indemnizaciones, que se ajustarán a la legislación laboral (20 días de salario por año trabajado, con un máximo de una anualidad), pero podrán ser superiores.

Comunicación al juez del resultado de las negociaciones (art. 178), al finalizar el período de consultas o cuando se consiga el acuerdo.

Se recaba por el LAJ un informe de la autoridad laboral, que debe ser emitido en 15 días (art. 179).

Resolución judicial (art. 180), por auto sobre las medidas propuestas. Contenido del auto (art. 181); (i) si se alcanza un acuerdo, el juez lo aprobará, salvo si concurre fraude, dolo, coacción o abuso de derecho, en cuyo caso procederá conforme a la legislación laboral; (ii) si no hay acuerdo (art. 182), el LAJ convoca a una comparecencia (que se puede sustituir por un trámite de alegaciones por 3 días), con aportación de prueba documental y el juez determinará lo procedente con arreglo a la legislación laboral.

Efectos (art. 183). Si se acuerda la suspensión o despido colectivo, el auto tiene efectos constitutivos desde su fecha, salvo que señala una fecha posterior, originando la situación legal de desempleo.

Suspensión del derecho del trabajador a la resolución del contrato por un máximo de 12 meses, en el caso de acordarse una modificación colectiva de las condiciones de trabajo (incluso si se acuerda un traslado colectivo, si el nuevo centro de trabajo está en la misma provincia y a menos de 60 km, salvo si el tiempo de desplazamiento de ida y vuelta supera el 25 % de la jornada de trabajo).

Recursos contra el auto (art. 551). Cabe recurso de suplicación y demás recursos previstos en la Ley de jurisdicción social, ante la jurisdicción social, sin efectos suspensivos.

Legitimación para recurrir: (i) el AC, (ii) el concursado, (iii) los representantes de los trabajadores, (iv) el FOGASA, (v) las entidades que integran el grupo laboral de empresas que se declare.

Acciones individuales (art. 541.1). Quedan a salvo las acciones referidas a las relaciones jurídicas individuales, que se tramitan por el incidente concursal laboral, contra el auto. Remisión.

83. Contratos de alta dirección

Ámbito. Contratos regulados por el RD 1382/1985. En caso de conflicto al respecto, no se extiende a esta cuestión la jurisdicción del juez del concurso.

Efectos del concurso (art. 186). La AC (por propia iniciativa o a solicitud del concursado) puede (i) extinguir o (ii) suspender esos contratos.

- **(i) En caso de extinción**, el juez puede moderar la indemnización, dejando sin efecto la pactada en el contrato, con el límite de la indemnización del despido colectivo (20 días de salario por año trabajado, con un máximo de una anualidad). Si no hay pacto en el contrato, la indemnización es de 7 días de salario por año de servicio con un máximo de 6 mensualidades.
- **(ii) En caso de suspensión** (art. 187), el alto directivo puede exigir la extinción, con preaviso de 1 mes, conservando el derecho de indemnización en los términos vistos.

Pago de la indemnización por extinción (art. 188). Pese a ser un crédito contra la masa (cuyo pago procedería al vencimiento), la AC puede solicitar del juez que el pago se aplace hasta la firmeza de la sentencia de calificación (*cfr.* art. 455.2.3.º).

Administradores sociales y doctrina del doble vínculo. Las funciones desempeñadas en el marco de una relación laboral, si se trata de un miembro del órgano de administración, exigen que la remuneración o la indemnización por cese sea valorada a la luz de la legislación societaria (previsión en estatutos del sistema de remuneración, *cfr.* art. 217 TRLSC), sin que quepa distinguir diferente régimen jurídico en función del carácter ejecutivo o no del consejero (STS 2018:494).

LA ADMINISTRACIÓN CONCURSAL

84. La sección 2.ª

Sección 2.ª (art. 508.1.2.º). Comprende lo relativo a la AC y, en su caso, al auxiliar delegado; en ella se incluye en pieza separada el informe de la AC con los documentos que lo acompañan y la relación definitiva de acreedores.

Supervisión de la AC por el juez. Mecanismos: (i) requerimientos de información específica, (ii) de una memoria sobre el estado del procedimiento o sobre cualquier cuestión del concurso, (iii) a través de la resolución de los incidentes derivados de sus decisiones e informes y (iv) sometiendo los escritos de la AC a la audiencia de los personados en el concurso.

Composición de la AC. Necesidad de distinguir entre (i) la regulación de la LC anterior a la reforma de la Ley 17/2014 (en vigor) y (ii) la actual regulación del TRLC (que entrará en vigor cuando se apruebe su desarrollo reglamentario).

Regulación de la LC anterior a la reforma de 2014 (en vigor). Art. 27 LC. La AC está integrada por un único miembro que reúna los siguientes requisitos:

- **(i) Abogado** en ejercicio con 5 años de experiencia profesional y que acredite formación especializada en Derecho concursal.
- **(ii) Economista, titulado mercantil o auditor de cuentas** con 5 años de experiencia profesional, con especialización demostrable en el ámbito concursal.
- **(iii) Persona jurídica** en la que se integre al menos un abogado y un economista, titulado mercantil o auditor de cuentas. Debe comunicar la identidad de la persona natural que reúna alguna de las condiciones de los dos números anteriores.

Regulación del TRLC (arts. 75 al 63, no en vigor), pendiente de desarrollo reglamentario.

Unipersonalidad del cargo (art. 57), que puede ser persona natural o jurídica; incluso en caso de concursos conexos o acumulados (art. 59). Excepción, administración dual (art. 58), en los concursos en que concurra causa de interés público, el juez puede nombrar segundo AC a una Administración pública acreedora o una entidad de derecho público vinculada o dependiente, pero la representación de la AC recaerá en el primer AC. La Administración pública comunicará la identidad del empleado que haya de representarla en el ejercicio del cargo, al que le serán de aplicación el régimen legal de la AC.

Inscripción previa en el RPC (art. 60), con indicación de su ámbito territorial específico. Remisión al Reglamento de los requisitos para la inscripción en función de (i) titulación académica, (ii) superación de una prueba o (iii) acreditación de experiencia profesional (art. 61.1), debiendo los socios o representantes de las personas jurídicas sujetarse a esos criterios (art. 61.2).

Clasificación de los concursos por su complejidad (art. 61.3). El Reglamento los clasificará en 3 clases por razón de su complejidad y precisará los requisitos que el AC ha de cumplir para ser inscrito en cada clase. Los inscritos en una clase superior están habilitados para actuar en la clase o clases inferiores.

Sistema de nombramiento (art. 62). Aleatorio: por turno correlativo en función de la clase de que se trate dentro del ámbito territorial correspondiente. Pero en los concursos de mayor complejidad, se reconoce al juez un amplio margen de discrecionalidad, con motivación de la designación, previa consulta del RPC.

Reglas especiales para los concursos transfronterizos (art. 62.3). Acreditación del conocimiento de lenguas o, alternativamente, con trabajadores con dichos conocimientos o contratación de traductor jurado.

Nombramiento de personas jurídicas (art. 63). Al aceptar el cargo debe identificar a la persona natural que la haya de representar para el ejercicio de las funciones, en la que debe concurrir la cualificación profesional y a la que se aplicará el régimen legal de la AC.

Supuestos especiales (art. 574). (i) De entidad de crédito; (ii) de aseguradora o reaseguradora; y (iii) de entidad sometida a supervisión por la CNMV. Remisión.

85. El auxiliar delegado

Supuestos. Sólo puede ser designado a solicitud del AC, cuando la complejidad del concurso lo exija, con especificación de las funciones a delegar (art. 75). El AC debe proponer quién será el auxiliar delegado y las funciones que asumirá.

Nombramiento (art. 77). Especificará las funciones delegadas y su retribución (art. 78), que corre a cargo de la AC y se abonará a medida que ésta la perciba, que será un porcentaje de ella, salvo que el juez acuerde otra cosa. La resolución del juez es irrecurrible, si bien la solicitud se puede reproducir cuando se modifiquen las circunstancias (art. 79).

Su régimen jurídico (art. 77.2). Le es aplicable el régimen de la AC. Revocación del nombramiento por el juez, de oficio o a instancia de los legitimados para solicitar la declaración de concurso o del otro miembro de la AC (art. 100.1).

86. Nombramiento de la administración concursal

Régimen anterior a la reforma de 2014 (art. 27 LC). Existirá un listado en los decanatos de los juzgados de AC disponibles (elaborado anualmente con los listados del ROAC y de los colegios profesionales).

Nombramiento por el juez procurando una distribución equitativa (*cfr.* art. 27.2 LC).

Concursos conexos y acumulación de concursos. Normas especiales para el nombramiento de un único AC (art. 27.5 LC).

Quejas y recursos (art. 27.6 LC).

87. Incompatibilidades y prohibiciones

Incompatibilidades (art. 64). No pueden ser AC:

(1) Quienes no puedan ser administradores de SA o SL. *Cfr.* art. 213 TRLSC.

(2) Quienes hayan prestado servicios profesionales al deudor o a personas especialmente relacionadas en los 3 últimos años, y quienes en ese plazo hubiesen compartido con el deudor el ejercicio de actividades profesionales. Excepción: *cfr.* art. 224 sexies, respecto del experto en recabar ofertas de adquisición de unidad productiva (pre-pack).

(3) Quienes se encuentren en situación de incompatibilidad prevista en la legislación de auditoría de cuentas (*cfr.* Ley 22/2015) en relación con el deudor, sus administradores o un acreedor que represente más del 10 % de la masa pasiva.

Prohibiciones (art. 65):

(1) Los especialmente relacionados con alguna persona que haya prestado servicios profesionales al deudor o a personas especialmente relacionadas con éste en los últimos 3 años.

(2) Si existen otras personas disponibles en el listado, las personas naturales o jurídicas que hubiesen sido nombradas discrecionalmente como AC o auxiliar delegado por el mismo juzgado o el mismo juez en 3 concursos dentro de los 2 años anteriores desde la fecha del primer nombramiento (computando como un solo nombramiento el de concursos de sociedades pertenecientes al mismo grupo de empresas).

(3) Quienes hubiesen sido separados del cargo en los 3 años anteriores o quienes estén inhabilitados.

(4) Art. 575: Las normas sobre incompatibilidades y prohibiciones son de aplicación a los nombrados a propuesta del FROB, del Consorcio de Compensación de Seguros y de la CNMV (excepto las prohibiciones por razón del cargo o función pública del nombrado o, en caso de administración dual, por razón de la vinculación personal o profesional entre los miembros de la AC).

88. Aceptación del cargo

Comunicación del nombramiento. Lo será por el medio más rápido (art. 66.1), emplazándolo para comparecer y aceptar el cargo dentro de los 5 días siguientes.

Deber de aceptación. Sólo se exceptúan las Administraciones públicas o entidades acreedoras vinculadas (art. 66.2).

Obligaciones que incumben al nombrado:

(1) Seguro de responsabilidad civil o garantía equivalente (art. 67.1). Debe acreditar su vigencia, para responder de posibles daños. Desarrollado por RD 1333/2012. Se excepciona cuando el nombrado sea una Administración o persona vinculada a ella o dependiente; o personal técnico de la CNMV o del Consorcio de Compensación de Seguros.

(2) Dirección postal y electrónica en las que efectuar las comunicaciones de créditos o cualquier otra notificación (art. 67.2); la dirección electrónica debe cumplir las condiciones de seguridad que se detallan en ese precepto.

(3) Manifestación de las causas de recusación, si concurren en el nombrado (art. 67.3).

(4) Manifestar si está integrado en una persona jurídica profesional al objeto de extender el régimen de incompatibilidades a los restantes socios o colaboradores (art. 67.4).

Designación de persona natural representante (art. 63.1), cuando el nombramiento recaiga en persona jurídica.

Entrega de credencial del cargo (art. 68) que será devuelta cuando cese el AC por cualquier causa.

Supuestos de nombramiento patológico. Si el nombrado (i) no comparece, (ii) no tiene seguro o garantía equivalente o (iii) no acepta el cargo, se procederá de inmediato a un nuevo nombramiento (art. 69). Como efecto, procede la inhabilitación durante el plazo de 3 años para concursos dentro del mismo ámbito territorial (art. 70).

Obligación de desempeño. Sólo cabe la renuncia por causa grave o por pérdida sobrevenida de las condiciones para ejercer el cargo (art. 71.1). Excepción: puede renunciar la Administración pública acreedora o la entidad acreedora vinculada.

Publicidad del nombramiento. Recibe la publicidad propia del auto de declaración de concurso que contiene su nombramiento (art. 35.2). Remisión. Además, será comunicado por el propio AC a los acreedores de los que tenga constancia cuando les informe de la declaración de concurso y del deber de efectuar la comunicación de créditos (art. 252).

89. Ejercicio de la administración concursal

Deberes de diligencia e imparcialidad, respecto (i) del deudor (y, si es una persona jurídica) de sus socios, administradores y directores generales y (ii) de los acreedores concursales y de la masa (art. 80).

Bajo la supervisión judicial (art. 82), a cuyo fin el juez podrá requerir en cualquier momento una información especial o una memoria sobre el estado del procedimiento o sobre cualquier cuestión relacionada con él.

Individual (regla general) **o dual**, en cuyo caso las funciones se ejercerán: (i) Regla general; de forma mancomunada y, en caso de disconformidad, resolverá el juez (art. 81.1) por medio de auto, contra el que no cabe recurso y sin que quepa incidente concursal sobre la materia resuelta (art. 83). (ii) Excepcionalmente, el juez podrá atribuir determinadas competencias de forma individualizada a cada AC o distribuirlas entre ellos. En la administración dual, las decisiones y acuerdos que no sean de trámite se consignarán por escrito y serán firmados por los dos integrantes del órgano (art. 81.3).

Resoluciones judiciales para resolver las cuestiones sobre el ejercicio del cargo (art. 83) revestirán la forma de auto, contra el que no cabe recurso ni cabrá plantear incidente concursal.

90. Responsabilidad

Régimen general (art. 94). El AC y los auxiliares delegados responden frente al concursado y los acreedores de los daños causados a la masa por los actos y omisiones contrarios a la ley y por los realizados incumpliendo los deberes del cargo sin la debida diligencia. En caso de administración dual, el régimen de responsabilidad de la Administración pública o entidad vinculada o dependiente y la persona designada para ejercer las funciones será el específico de la legislación administrativa.

Requisitos para la concurrencia de responsabilidad:

(1) **Acción u omisión ilícita o incumpliendo los deberes del cargo**. Con dolo o culpa. Omisión de la diligencia exigible, la propia de un ordenado administrador y un representante leal. Cabe culpa *in vigilando*, pues responde el AC solidariamente con los auxiliares delegados de los actos de éstos, salvo prueba de haber empleado toda la diligencia debida para prevenir o evitar el daño (art. 95).

(2) **Producción de un daño**. Puede producirse (i) sobre el patrimonio del concursado (daño colectivo) o en el patrimonio personal de quien ejercita la acción (daño individual).

(3) **Nexo causal** entre el acto u omisión ilícito y el daño producido.

Responsabilidad tributaria. Sala de conflictos jurisdiccionales (STS 2022:4286) declara la competencia de la Agencia Tributaria para la apertura y tramitación de expediente de derivación de responsabilidad contra un AC por la venta de unidad productiva en el seno de un concurso con autorización del juez, sin perjuicio de la eventual impugnación ante la jurisdicción contencioso-administrativa.

Acciones de responsabilidad. Dos posibles acciones judiciales (art. 94):

(1) **Acción en interés del concursado**. Cuando el daño se causa en su patrimonio. Están legitimados para su ejercicio (i) el propio concursado y (ii) sus acreedores, al mismo nivel; con derecho de reembolso (art. 96) si la sentencia condena a indemnizar daños y perjuicios, con cargo a la suma efectivamente percibida, se le reembolsarán los gastos necesarios que hubiera soportado. El remanente se integra en la masa activa.

(2) **Acción individual de responsabilidad**. Reconocida (i) al concursado, (ii) a los acreedores y (iii) a terceros, por los actos u omisiones del AC y auxiliares delegados que lesionen directamente los intereses de aquéllos (art. 98).

Jurisdicción y tramitación (art. 99). Ante el juez del concurso (*cfr.* ATS 2016:8295A) por los trámites del juicio declarativo que corresponda, según la cuantía que se reclame. No altera la competencia la acumulación de la acción directa contra la aseguradora. Importantes dudas en caso de acumulación contra el segundo administrador (AC dual), contra una Administración pública (*cfr.* art. 94).

Prescripción. Distinguir:

(1) **Acciones por daños a la masa activa**. Prescriben a los 4 años desde que el actor tuvo conocimiento del daño reclamado y, en todo caso, desde que el AC o auxiliar delegado cesen en el cargo (art. 97).

(2) **Acciones individuales**. Prescriben a los 4 años contados desde que el actor tenga conocimiento del daño y, en todo caso, desde que el AC o auxiliares delegados cesen en el cargo (art. 98.2). *Cfr.* art. 9 RD 1333/2012, fija un plazo de 1 año.

91. Retribución

Régimen transitorio. DT Única del RD-Leg 1/2020 (TRLC). La regulación de los arts. 84 a 93 entrará en vigor cuando se apruebe el necesario desarrollo reglamentario. Entre tanto, siguen en vigor el art. 34 al 34 quáter LC, en su redacción anterior a la Ley 17/2014.

Régimen vigente (art. 34 LC).

(1) Retribución con cargo a la masa.

(2) Se determina mediante arancel que atiende a la cuantía del activo y del pasivo y a la previsible complejidad. Se ajustará a las reglas de:

(a) Exclusividad. Sólo pueden percibir las cantidades que resulten del arancel.

(b) Limitación. Nunca por encima de la cantidad máxima que se fije reglamentariamente.

(c) Efectividad. Se garantiza un mínimo retributivo mediante una cuenta de garantía arancelaria dotada con aportaciones obligatorias de los AC que se detraerán de las retribuciones percibidas.

(3) El juez, previo informe de la AC, fija por auto la retribución y los plazos para ser satisfecha.

(4) En cualquier momento, de oficio o a solicitud de parte, se puede modificar si concurre justa causa.

(5) El auto de aprobación y el de modificación es apelable por los legitimados para solicitar el concurso.

Régimen del TRLC. Pendiente de desarrollo reglamentario.

(1) **Retribución con cargo a la masa** (art. 84), salvo que se trate de personal de entidades del art. 577.

(2) **Retribución arancelaria** (art. 85) que atenderá a (i) las funciones efectivamente desempeñadas, (ii) el número de acreedores, (iii) el tamaño del concurso y (iv) la acumulación de concursos.

(3) **Reglas para determinar la retribución** (art. 86.1):

(a) **Regla de la exclusividad.** Sólo podrá percibir lo que resulte del arancel. No puede devengarse cantidad adicional con cargo a la masa.

(b) **Regla de la limitación.** La cantidad máxima total será la menor entre un millón de euros y la que resulte de multiplicar el activo del concursado por 4 %. No obstante, el juez, oídas las partes, puede aprobar motivadamente una remuneración superior cuando, por la complejidad del concurso, lo justifiquen los costes asumidos por la AC, sin que en ningún caso pueda superar el 50 % de dicho límite.

(c) **Regla de duración del concurso.** Se reducirá la retribución de la AC, salvo que el juez aprecie motivadamente que concurren circunstancias objetivas que justifiquen el retraso o que la conducta del AC hubiese sido diligente en el cumplimiento de las demás funciones:

(i) Un 50 % cuando la fase común exceda de 6 meses.

(ii) Un 50 % cuando la fase de convenio exceda de 6 meses.

(iii) Un 50 % cuando la fase de liquidación exceda de 8 meses.

(d) **Regla de la eficiencia**. La retribución se devengará conforme se vayan cumpliendo las funciones atribuidas por la ley y el juez del concurso. En su retribución deberán tenerse en cuenta incentivos orientados a una mayor celeridad y agilidad.

La retribución inicial será reducida por el juez por el incumplimiento de obligaciones, un retraso atribuible al AC o por la calidad deficiente de sus trabajos.

Si el retraso consiste en exceder en más de la mitad del plazo que deba observar o se dilatara más de 16 meses o se incumpliere el deber de información, el juez debe reducir la retribución, salvo que el AC demuestre que el resultado no le es imputable, que existan circunstancias que lo justifiquen o que su conducta hubiese sido diligente en el cumplimiento de las demás funciones. Se considerará que la calidad del trabajo es deficiente cuando se resuelvan impugnaciones del inventario o de la lista de acreedores en favor de los actores en proporción igual o superior al 15 % del valor del inventario o del importe del listado de acreedores. En este caso, el juez reducirá la retribución, al menos, en la misma proporción que la modificación, salvo que concurran circunstancias objetivas que lo justifiquen o que la conducta del AC hubiese sido diligente en las demás funciones.

(e) **Regla de la efectividad o de la cuenta de garantía arancelaria** (art. 86.2). En los concursos con insuficiencia de la masa activa se garantizará a la AC el pago de un mínimo retributivo mediante una cuenta de garantía arancelaria.

(4) **De la cuenta de garantía arancelaria** (arts. 91 a 93).

Será única y se gestionará por el Ministerio de Justicia.

Norma de remisión reglamentaria sobre el régimen de distribución.

Gestión informática, con adecuados mecanismos de control y seguridad y confidencialidad. Se permitirá la expedición de órdenes telemáticas de pago.

Dotación de la cuenta (arts. 92 y 93). Se calculará por aplicación de porcentajes sobre la retribución percibida, que van del 2,5 % al 10 %, estando exento de dotación (i) el AC cuya retribución no alcance los 2.565 euros y (ii) los que tengan derecho a percibir la retribución con cargo a la cuenta de garantía arancelaria. El ingreso en la cuenta de las dotaciones obligatorias se efectuará antes de la rendición de cuentas, dando cuenta al LAJ del importe ingresado. Sanción por falta de ingreso: baja en la sección 4.ª del RPC hasta que proceda a su abono.

Desarrollo reglamentario del arancel. Actualmente contenido en el **RD 1860/2004**.

Determinación de la remuneración. Se fija por auto conforme al arancel. En él se fijarán los plazos, produciéndose el devengo al vencimiento de cada uno de los plazos (art. 87). Se inscribe en el RPC (art. 561.4.º). Su determinación es provisional, pudiendo ser modificado si cambian las cantidades del activo o pasivo como consecuencia de los incidentes interpuestos.

Su modificación. En cualquier estado del procedimiento, el juez, de oficio o a solicitud del concursado o de cualquier acreedor, puede modificar la retribución, si concurre justa causa, con aplicación del arancel (art. 88).

Recursos. Tanto el auto de determinación de la remuneración como el de su modificación son apelables por el interesado y por las personas legitimadas para solicitar el concurso (art. 89). Contra el auto que rechaza la modificación sólo cabe recurso de reposición (*cfr.* art. 546).

Comunicación de retribuciones abonadas. El concursado o quien abone cualquier retribución al AC está obligado a comunicarlo al LAJ, con indicación del importe abonado, de la causa y de su fecha. Igual obligación pesa sobre el AC (art. 90).

Sanción: pérdida de la remuneración. **(i)** Cuando no presente el informe en el plazo legal; contra la resolución cabe recurso de apelación (art. 296.1); **(ii)** cuando sea separado del cargo por exceder la liquidación del plazo máximo de 1 año sin causa que lo justifique (art. 427); nada se dice sobre el recurso que cabe, por lo que rigen las reglas generales sobre recursos del TRLC.

92. Cese de la administración concursal

Causas de cese.

(1) Conclusión del concurso; véase la regulación del efecto de la aprobación del convenio.
(1) Fallecimiento
(2) Renuncia
(3) Recusación
(4) Separación y revocación

Recusación (art. 73). **Son causas de recusación** (i) las circunstancias constitutivas de incompatibilidad o prohibición; supone una remisión al art. 64 (incompatibilidades) y al art. 65 (prohibiciones); y, (ii) las establecidas en la LEC para la recusación de peritos (*cfr.* arts. 124 al 128 LEC).

Pueden afectar también a la persona física representante de la entidad jurídica nombrada AC (*cfr.* art. 63.4).

Procedimiento de recusación.

Legitimación activa. Corresponde a cualquier legitimado para solicitar la declaración de concurso (art. 72). Debe promoverla tan pronto como tenga conocimiento de ella (art. 74.1).

Tramitación. Por los cauces del incidente concursal (art. 74.2).

Sin efectos suspensivos. Durante su tramitación el recusado sigue actuando como AC, sin que la resolución que recaiga afecte a la validez de lo actuado (art. 74.3). *Cfr.* art. 533.2 sobre la posibilidad de suspender aquellas actuaciones que puedan verse afectadas por la resolución que se dicte.

Sentencia. Cabe recurso de apelación. No se prevé la pérdida de la retribución por los trabajos ya ejecutados.

Justas causas de separación (art. 100.1). Cuando concurra justa causa, el juez, (i) de oficio o (ii) a instancia de persona legitimada para solicitar la declaración de concurso o (iii) del otro miembro de la AC, podrá separar del cargo a cualquiera de sus miembros o revocar el nombramiento de auxiliares delegados.

No regula cuáles son esas «justas causas». El art. 100.2 dice que lo serán en todo caso:

(1) El incumplimiento grave del deber de diligencia.
(2) El incumplimiento del deber de imparcialidad e independencia, salvo que concurran circunstancias que aconsejen el mantenimiento en el ejercicio del cargo.
(3) Para otras «justas causas» hay que estar a la gravedad de los hechos y las circunstancias.
(4) Posibilidad de separación «no culpable»; ej., en caso de acumulación de concursos, procede la unificación de la AC, acordando la separación del designado en el procedimiento que se acumula.

Tramitación de la separación. No sigue el cauce del incidente concursal.

(i) Legitimación. A solicitud de cualquiera de los legitimados para solicitar el concurso o del otro miembro de la AC dual (art. 100.1).
(ii) Principio de contradicción. Debe ser oído el AC afectado.
(iii) Resolución en forma de auto, que consignará los motivos de la decisión (art. 100.4). Contra el mismo cabe recurso de reposición; y contra el que lo resuelva, recurso de apelación, sin efecto suspensivo. Publicación en el RPC (*cfr.* art. 561.4.ª).
(iv) Efectos. La separación o revocación del representante de una persona

jurídica supone el cese automático de ésta como AC o como auxiliar delegado (art. 100.3).

(v) Remuneración. Sólo produce su pérdida, con obligación de devolver lo ya percibido, en los supuestos de (i) no presentación del informe en plazo y (ii) prolongación de la fase de liquidación más allá del límite legal.

(vi) Obligación de rendir cuentas.

93. Efectos del cese de la administración concursal

(1) **Nombramiento de un nuevo AC** (art. 101). En caso de revocación de la persona física representante, deberá comunicar simultáneamente al juzgado la identidad del nuevo representante.

(2) **Publicación** del cese y del nuevo nombramiento; igual publicidad que el nombramiento (art. 101.1).

(3) **Devolución de la credencial** por el cesado (*cfr.* art. 68.2).

(4) **Rendición de cuentas**, en el plazo de 1 mes desde que sea requerido (art. 102).

(5) **Baja en el RPC**, que será cautelar mientras la resolución de cese no sea firme (art. 104).

(6) **Pérdida de la remuneración** con obligación de devolución de lo ya percibido sólo en los casos de (i) no presentación del informe en plazo y (ii) prolongación de la fase de liquidación más allá del límite legal.

EL INFORME DE LA ADMINISTRACIÓN CONCURSAL

94. Contenido y documentos anejos

Contenido (art. 292):

(1) Análisis de la memoria acompañada con la solicitud de concurso (voluntario) o aportada a requerimiento del juez en el concurso (necesario).

(2) Exposición del estado de la contabilidad del concursado y su juicio sobre ella.

(3) Memoria de las principales decisiones y actuaciones del AC.

(4) Exposición motivada de la situación patrimonial del concursado.

Documentos anejos al informe.

(i) Necesarios (art. 293.1). En todo caso:

(1) **El inventario de la masa activa** (*cfr.* art. 192), acompañado de (i) la relación de los litigios en tramitación y (ii) de las acciones de reintegración a ejercitar (*cfr.* art. 202). El inventario debe ser referido a la fecha de solicitud de concurso y debe valorar los bienes y derechos. La composición de la masa activa irá variando durante la tramitación del concurso.

(2) **La lista de los acreedores** (comprende dos relaciones ordenadas alfabéticamente, (i) de los acreedores incluidos y (ii) de los excluidos) y (iii) la relación de créditos contra la masa devengados y pendientes de pago.

(ii) Contingentes. Sólo se han de aportar en determinados casos.

(1) Si una empresa forma parte de la masa activa, la valoración de la empresa en conjunto y de cada una de sus unidades productivas (art. 293.2; sobre el concepto de unidad productiva, *cfr.* art. 200.2).

(2) Si se presentó propuesta de convenio, se acompaña el escrito de evaluación (art. 293.3).

95. Inventario de la masa activa

Fecha de cierre (art. 198.1). El inventario de la masa activa incluirá la relación y valoración de los bienes y derechos de que se componía al día de la solicitud del concurso. Como es variable, se ha de indicar si alguno dejó de pertenecer al concursado o varió su valor a la fecha de su elaboración.

Función del inventario. Informativa (STS 2021:2137). La inclusión o no de bienes y derechos no supone título alguno; el AC no está obligado a aportar al inventario los títulos que justifican su inclusión.

Contenido del inventario.

(1) **De los bienes y derechos relacionados** se indicará (art. 199):
- **(i)** Su naturaleza y características
- **(ii)** El lugar en que se encuentren
- **(iii)** Los datos de identificación registral (en su caso)
- **(iv)** Las cargas, trabas y gravámenes que les afecten (con su naturaleza y datos registrales)

(2) **De los establecimientos, explotaciones o unidades productivas** (art. 200); se detallan en documento anejo, con expresión de los bienes y derechos de la masa activa que los integran. Concepto de unidad productiva: conjunto de medios organizados para el ejercicio de una actividad económica.

(3) **Exclusión de los bienes de titularidad ajena** (art. 198.3), aunque goce el concursado de un derecho de uso, salvo que sea por arrendamiento financiero.

En el concurso de persona casada en régimen de gananciales u otro de comunidad (art. 198.2), se incluirán, además de los bienes y derechos privativos del concursado, los gananciales o comunes cuando deban responder de todas o algunas de sus obligaciones, con expresión de ese carácter.

(4) **Avalúo de los bienes y derechos** (art. 201), con arreglo al valor de mercado; se indicará también el valor que resulte de deducir los derechos, cargas y gravámenes que afecten a su valor y las garantías reales, trabas o embargos que garanticen créditos no incluidos en la masa pasiva.

Posibilidad de avalúo por expertos independientes (uniendo sus informes como anejos). *Cfr.* art. 203, sin necesidad de autorización judicial, con remuneración del experto a cargo del AC; se aplica a los expertos el régimen de incompatibilidades, prohibiciones, recusación y responsabilidad del AC.

Bienes y derechos excluidos del inventario. (i) Los de naturaleza no patrimonial y (ii) los inembargables (*cfr.* art. 192.2).

Relaciones complementarias del inventario (art. 202):
- **(i)** Relación de todos los litigios que puedan afectar a la masa activa.
- **(ii)** Relación de las acciones que deben promoverse para la reintegración de la masa.

En ambas se informará sobre la viabilidad, costes y posibilidades de financiación.

96. La lista de acreedores

La masa pasiva: principio de universalidad (art. 251.1). La integran todos los créditos contra el deudor a la fecha de la declaración de concurso, estén o no reconocidos en el procedimiento, salvo que tengan la consideración de créditos contra la masa.

En la sociedad de gananciales y en los demás regímenes de comunidad, los créditos contra el cónyuge del concursado que sean, además, créditos de responsabilidad de la sociedad o comunidad conyugal, quedarán de derecho integrados en la masa pasiva (art. 251.2).

Efecto de la inclusión de un crédito en la lista. A diferencia del inventario, aquí sí produce efectos jurídicos; a la conclusión del concurso, se considera título ejecutivo bastante (art. 484.2).

Créditos concurrentes y no concurrentes. Aquéllos, los reconocidos, participan en el procedimiento concursal, mientras que éstos (los existentes, pero no comunicados o no reconocidos en la lista) no podrán ser satisfechos en el seno del concurso, pero no por ello se extinguen, debiendo ser cumplidos a la terminación del procedimiento con cargo al remanente (si lo hay) o con cargo a los nuevos bienes y derechos que adquiera el deudor, con aplicación de las quitas y esperas acordadas en el convenio (STS 2016:4292 y STS 2016:4721).

Fecha de referencia: la solicitud del concurso (art. 285), no la del auto de su declaración.

Elaboración de tres listas (*cfr.* art. 285): (i) de créditos incluidos y (ii) de créditos excluidos, ambas ordenadas alfabéticamente, a la que se unirá (iii) la de créditos contra la masa.

(i) **Créditos incluidos** (art. 286.1). Expresará (i) la identidad del acreedor, (ii) la causa, (iii) la cuantía por principal e intereses, (iv) las fechas de origen y vencimiento, (v) las garantías, con indicación del valor atribuido en el inventario al bien o derecho sobre el que se constituye la garantía, (vi) la calificación y (vii) su carácter, en su caso, condicional, litigioso o pendiente de previa excusión del patrimonio del deudor principal.

La clasificación lleva a distinguir entre:

(i) créditos ordinarios,

(ii) privilegiados (con distinción según sea el privilegio general o especial)

(iii) subordinados.

Se hará constar, si las hay, las diferencias entre la comunicación y el reconocimiento y las consecuencias de la falta de comunicación oportuna (art. 286.3).

A su vez, se subclasifican los créditos privilegiados (art. 287.1) en las siguientes clases:

(1) Créditos de derecho público;

(2) Créditos laborales, que incluye los que titulen los trabajadores autónomos dependientes en cuantía que no exceda de la prevista en el art. 280.1.º y se excluyen los créditos del personal de alta dirección en la parte que exceda de esa misma cuantía;

(3) Créditos financieros, estén o no los acreedores sujetos a supervisión financiera;

(4) Los restantes créditos.

Obedece esta subclasificación a la posibilidad de arrastre por mayorías reforzadas a la vinculación de un convenio (remisión).

Otra subclasificación necesaria en caso de persona casada sujeta a gananciales u otro régimen de comunidad (art. 286.4): se relacionan separadamente (i) los créditos que sólo pueden hacerse efectivos sobre su patrimonio privativo y (ii) los que pueden hacerse efectivos también sobre el patrimonio común.

(ii) **Créditos excluidos**. Expresará (i) la identidad de cada uno de ellos y (ii) los motivos de la exclusión (art. 286.2).

(iii) **Créditos contra la masa** ya devengados y pendientes de pago, con indicación de sus vencimientos (art. 288). No forman parte de la masa pasiva. No son objeto de impugnación.

Límite del privilegio especial: el valor razonable del bien o derecho (art. 272). A los efectos del convenio y de los planes de reestructuración, el privilegio especial está limitado al valor razonable del bien o derecho sobre el que se constituye la garantía; el importe que exceda del reconocido como privilegio especial, será clasificado según corresponda.

Deducciones sobre el valor razonable (art. 275). (i) El 10 % del valor razonable del bien o derecho y (ii) los créditos pendientes que gocen de preferencia sobre el mismo bien o derecho. En ningún caso el valor de la garantía puede ser inferior a cero ni superior al valor del crédito con privilegio especial, ni al valor de la responsabilidad máxima hipotecaria o pignoraticia pactada.

Ámbito temporal de aplicación. El art. 275 rige sólo «a los efectos del convenio y de los planes de reestructuración». Nunca en fase de liquidación; entonces rige el art. 430.3, conforme al que el importe obtenido de la realización de bienes o derechos afectados se destinará al pago del acreedor privilegiado en cantidad que no exceda de la deuda originaria; el resto, si lo hubiere, corresponde a la masa activa (STS 2019: 1222).

Determinación del valor razonable (art. 273). A los efectos de determinar el límite del privilegio especial, se entenderá por tal:

(1) **En los bienes inmuebles,** el del informe de sociedad de tasación homologada e inscrita en el Registro especial del Banco de España hasta 6 meses antes de la declaración de concurso.

(2) **En los valores mobiliarios cotizados,** el precio medio en el último trimestre anterior a la declaración del concurso, según certificado emitido por la sociedad rectora del mercado.

(3) **En otros bienes o derechos,** el del informe de experto independiente hasta 6 meses antes del concurso.

(4) **En las garantías denominadas en moneda distinta al euro,** se convertirán al tipo de cambio a la fecha de valoración.

(5) **No será necesario informe alguno, en las garantías constituidas sobre** (i) efectivo, (ii) saldo de cuentas corrientes o de ahorro, (iii) dinero electrónico o (iv) imposiciones a plazo fijo.

(6) **Régimen especial de viviendas terminadas** (art. 274). El informe de sociedad de tasación (vide supra, inmuebles) puede sustituirse por una valoración actualizada si desde la última valoración no pasaron más de 6 años por sociedad de tasación homologada e inscrita en el Registro del Banco de España, aplicando la variación constatada para inmuebles situados en la misma zona y de similares características o, subsidiariamente, la variación del precio de la vivienda establecida por el INE para la comunidad autónoma en que radique el bien siempre que no hayan pasado más de 3 años.

(7) **Supuestos especiales.**

  (i) **Pluralidad de bienes** (art. 276); sobre cada bien se aplican las reglas anteriores.

  (ii) **Bienes en proindiviso** (art. 277); el valor de la garantía correspondiente a cada crédito es el resultante de aplicar al límite del privilegio especial la proporción que en el mismo corresponda a cada uno de ellos, según las normas y acuerdos del proindiviso.

(8) **Pago de los informes o valoraciones** (art. 278). Con cargo a la masa y se deducirá de la retribución del AC pendiente de cobro. Si el acreedor afectado solicita un informe contradictorio, se emite a su costa.

(9) **Modificación del límite del privilegio especial por circunstancias sobrevenidas** (art. 279). Deberá aportarse nuevo informe de sociedad de tasación homologada e inscrita en el Registro del Banco de España o de experto independiente. Si la necesidad es alegada por el acreedor afectado, el informe se emitirá a su costa.

97. Plazo para la elaboración del informe

Plazo inicial, dos meses (art. 290). Desde la aceptación del cargo; en caso de AC dual, desde la última aceptación.

Prórroga del plazo (art. 291)

(1) **Prórroga automática**. Si el plazo de comunicación de créditos vence después del plazo para la presentación del informe, éste se prorroga de forma automática hasta los 5 días siguientes a la conclusión del plazo de comunicación de créditos. No es necesaria la solicitud de prórroga.

(2) **Prórroga voluntaria**. Previa solicitud del AC antes de expirar el plazo legal:

(i) **Si concurren circunstancias excepcionales**. Por un plazo no superior a 2 meses más; si fue nombrado en, al menos, tres concursos en tramitación, la prórroga sólo se concederá si el solicitante acredita la concurrencia de causas ajenas al ejercicio profesional.

(ii) **Si el número de acreedores supera los 2.000**. Por un plazo no superior a 4 meses más.

Posibilidad de subsanación de errores materiales tras la finalización del plazo. Admitido en algunas resoluciones judiciales.

Consecuencias del incumplimiento del plazo (art. 296):

(1) **Pérdida del derecho de remuneración**, con devolución de las cantidades ya percibidas, en resolución frente a la que cabe apelación.

(2) **Es un incumplimiento grave de sus funciones**; puede ser causa de separación (*cfr.* art. 100.2).

(3) **Puede causar daños y perjuicios a la masa o a algún acreedor o tercero** (*cfr.* arts. 94 y 98).

98. Presentación del informe y publicidad

Publicidad previa (art. 289.1). Con antelación mínima de 10 días a la presentación del informe, el AC dirigirá comunicación electrónica al concursado y a los acreedores con dirección electrónica conocida, con copia del proyecto de inventario y de la lista de acreedores; con expresión del día en que se presentará el informe.

Potestativa solicitud de rectificación de errores (art. 289.2). Hasta 3 días antes de la presentación del informe, por el concursado y los acreedores por medios electrónicos. La AC dirigirá al concursado y a los acreedores, por conducto electrónico, una relación de las solicitudes de rectificación o complemento.

La omisión de la solicitud de rectificación de errores no restringe la legitimación para la impugnación del informe.

Presentación del informe, en el juzgado.

Publicidad del informe. Distinguimos (art. 294):

(1) **Publicidad registral**. El LAJ lo remite por medios electrónicos al RPC.

(2) **Comunicación al deudor, acreedores y demás personados**. Por correo electrónico (a los que se tenga constancia de su dirección electrónica) o por medio del procurador.

(3) **Publicidad complementaria**. El juez la puede acordarla, de oficio o a instancia de interesado.

99. Finalización de la fase común

Finalización de la fase común (art. 296 bis). Dentro de los 15 días siguientes a la presentación del informe de la AC (que constituye el límite máximo para presentar propuesta de convenio, *cfr.* art. 337), si no se presentó esa propuesta (esté o no admitida a trámite), el LAJ dictará decreto poniendo fin a la fase común, con simultánea apertura de la fase de liquidación (si no estuviere ya abierta).

Agilización de la tramitación. Esta regulación, establecida por la Ley 16/2022, agiliza el final de la fase común, sin necesidad de esperar a la resolución de los incidentes de impugnación del informe de la AC.

100. Impugnación del inventario y de la lista de acreedores

Objeto de impugnación. Lo son ambos documentos (que forman parte del informe del AC), que determinan la composición de la masa activa y de la masa pasiva. No es posible la impugnación del listado de créditos contra la masa, sin perjuicio de las acciones que se ejerciten sobre ellos por el cauce incidental.

- **(1) Impugnación del inventario** (art. 298.1). Puede consistir en la solicitud de (i) la inclusión o (ii) la exclusión de bienes o derechos, (iii) el aumento o (iv) la disminución del avalúo de los incluidos.
- **(2) Impugnación de la lista de acreedores** (art. 298.2). Puede referirse a (i) la inclusión o (ii) exclusión de créditos concursales, (iii) su cuantía o (iv) su clasificación.

Disponibilidad del objeto del procedimiento. No cabe la libre disponibilidad por las partes, porque no cabe la alteración convencional de la clasificación de los créditos establecida por ley (*cfr.* art. 318.1.2.º). El allanamiento y la transacción han de respetar los derechos e intereses de terceros. Siempre será necesaria la homologación judicial.

Legitimación activa (art. 297.1). Las partes personadas en el concurso.

Plazo de impugnación (art. 297.2). 10 días desde la inserción del inventario y de la lista en el RPC.

Necesidad de personamiento en el concurso. Con carácter previo o simultáneo a la impugnación. Basta con tener la condición de interesado (STS 2017:985). Naturalmente, también está legitimado el concursado, no sólo por la cuantía de los créditos, sino también por su calificación; pero se exige que se le derive del informe algún perjuicio o gravamen (del que carece para solicitar la inclusión de nuevos créditos, la mejora de la calificación de los incluidos o el incremento de su cuantía).

Legitimación pasiva.

- (i) Corresponde al AC, que se ve vinculado por la cuantificación y calificación realizada en su informe (doctrina de los actos propios).
- (ii) Además, deberán ser codemandados los interesados en la relación jurídica litigiosa respecto de la que pueda producir efectos la impugnación (ej., los acreedores respecto de los que se pide la exclusión de créditos o su minoración).
- (iii) El concursado, salvo que ocupe la posición de demandante.

Emplazamiento de los acreedores personados. Se les presume un interés legítimo por cuanto la calificación que se le dé a otros créditos les afectará, por lo que deben ser emplazados, dándoles la oportunidad de comparecer y coadyuvar a la parte actora o la demandada.

Procedimiento (art. 300). Las impugnaciones se sustancias por los trámites del incidente concursal, pudiendo el juez de oficio acumular todas o varias para resolverlas conjuntamente.

Posibilidad de acciones reconvencionales. Son posibles siempre que sea competente el juez del concurso y resulte adecuado el cauce procesal (*cfr.* art. 406.2 LEC).

Posibilidad de acumulación de acciones. También son posibles.

101. Efectos de la no impugnación

(1) **Quienes no lo impugnaren no podrán plantear pretensiones de modificación**, aunque sí podrán recurrir en apelación las modificaciones por el juez al resolver las impugnaciones de otros legitimados (art. 299).

(2) **Cancelación de garantías de créditos calificados como subordinados** (art. 302.1). Si el titular no impugna la calificación de su crédito como subordinado, el juez del concurso dictará auto declarando extinguidas las garantías sobre bienes y derechos de la masa activa, ordenando la restitución posesoria y la cancelación de los asientos registrales.

Excepciones, si el concursado es persona natural, respecto de garantías de créditos de personas especialmente relacionadas que deban incluirse entre los créditos con privilegio especial (i) por salarios, (ii) indemnización por extinción de contratos laborales, (iii) indemnizaciones por accidente de trabajo y enfermedad profesional, (iv) capitales costa de seguridad social de los que sea responsable el concursado y (v) recargos sobre prestaciones por incumplimiento de obligaciones en materia de salud laboral.

102. Textos definitivos

Concepto. Son el resultado de la introducción, en el inventario y en la lista de acreedores, de las modificaciones procedentes de las sentencias firmes resolutorias de los incidentes concursales de las impugnaciones. Los textos definitivos ya no podrán ser impugnados.

Remisión o envío (art. 304) en el mismo día de su presentación en el juzgado, (i) al RPC, (ii) a los acreedores con dirección electrónica conocida, (iii) a los personados en el concurso (bien por conducto electrónico, bien a través de su procurador).

Modificaciones de la lista definitiva de acreedores. Como durante la tramitación del concurso pueden concurrir circunstancias que provoquen una alteración de su contenido, se prevé la posibilidad de modificaciones. Los supuestos son contemplados en el art. 308:

(1) Cuando se estimen los recursos contra las resoluciones del juez del concurso en los incidentes de impugnación de la lista de acreedores.

(2) Cuando se resuelvan las impugnaciones de las modificaciones derivadas de la comunicación extemporánea de créditos. Los créditos comunicados tardíamente serán reconocidos conforme a las reglas generales y calificados como subordinados, salvo que el acreedor justifique no haber tenido noticia antes de su existencia, en cuyo caso se calificarán según su naturaleza. A tal fin, la AC resolverá sobre ellas en la lista definitiva de acreedores, pudiendo ser impugnada su decisión dentro de los 10 días siguientes a la puesta de manifiesto de los textos definitivos.

(3) Cuando se dicten resoluciones judiciales en el concurso de las que resulte la existencia, la modificación de su importe o de la clase de crédito o la extinción de un crédito concursal.
(4) Cuando, en un procedimiento administrativo de comprobación o inspección iniciado después de la presentación del informe de la AC o del texto definitivo de la lista de acreedores, se dicte resolución administrativa que suponga la existencia de un crédito concursal de derecho público.
(5) Cuando, en proceso penal iniciado después de la presentación del informe de la AC o del texto definitivo de la lista de acreedores, se dicte sentencia que suponga la existencia de un crédito concursal.
(6) Cuando, en proceso laboral iniciado después de la presentación del informe o del texto definitivo de la lista de acreedores, se dicte sentencias que suponga la existencia de un crédito concursal.
(7) Cuando, después de presentados los textos definitivos, se hubiera cumplido la condición o contingencia o los créditos hubieran sido reconocidos o confirmados por acto administrativo, por laudo o por resolución procesal firme o susceptible de ejecución provisional.

Tratamiento de esos créditos (art. 309). Los créditos tendrán la siguiente clasificación:

(1.º) En los tres primeros casos del art. 308, la que les asigne la resolución judicial.

(2.º) En los demás casos, la que les corresponda con arreglo a su naturaleza, sin que sea posible su subordinación por comunicación tardía.

Cambio de acreedor. Regla general (art. 310.1). En caso de sustitución de un acreedor reconocido (bien por adquisición del crédito o bien por subrogación en el mismo), se mantendrá la clasificación del crédito correspondiente al acreedor inicial.

Por excepción, serán de aplicación las siguientes reglas (art. 310.2):
(1) Créditos salariales o por indemnización por extinción de relación laboral, la subrogación sólo procederá a favor del FOGASA.
(2) Créditos por retenciones tributarias y de la seguridad social debidas por el concursado y créditos de derecho público que gozasen de privilegio general, el carácter privilegiado únicamente se mantendrá cuando el acreedor posterior sea un organismo público.
(3) En caso de pago por deudor solidario, fiador o avalista, el AC reclasificará el crédito optando por la clasificación de inferior grado entre las que correspondan al acreedor o al deudor solidario, al fiador o al avalista que hubiese pagado.
(4) Si el acreedor posterior fuere una persona especialmente relacionada con el concursado, la AC optará por la clasificación de inferior grado entre las que correspondan al acreedor o dicha persona especialmente relacionada.

103. Mecanismos de modificación

Supuestos (art. 311). La modificación de la lista definitiva tendrá lugar:
(i) Por resolución judicial. El AC modificará el texto definitivo en cuanto tenga constancia de ella.
(ii) En los demás casos. Régimen:
(1) Límite temporal (art. 311.2). La modificación del texto definitivo debe solicitarse antes de que (i) recaiga resolución por la que se aprueba el conve-

nio o (ii) se presente el informe final de liquidación o (iii) la comunicación de insuficiencia de la masa activa. A partir de esos momentos ya no será posible la modificación. Sobre el cambio del momento de liquidación por incumplimiento del convenio, véase STS 2016:4720.

(2) Solicitud. Los acreedores la dirigirán a la AC, justificando la modificación pretendida.

(3) Informe escrito de la AC sobre la solicitud (art. 311.3). Caben dos posibilidades:

(a) Si el informe es contrario a la modificación, el solicitante puede promover incidente dentro del plazo de 10 días; si no promueve el incidente se rechazará la solicitud (art. 311.4).

(b) Si el informe es favorable a la modificación pretendida, se da traslado de éste, por 10 días, a los personados; si no se efectúan alegaciones o no son contrarias a la pretensión, el juez acordará la modificación por auto sin ulterior recurso; en otro caso, el juez resolverá, por auto, contra el que cabe recurso de apelación (art. 311.5).

104. Efectos de la modificación de la lista definitiva de acreedores

Efectos derivados del inicio del procedimiento de modificación. La tramitación de la solicitud no impide la continuación de la fase de convenio o liquidación (art. 312.1). No obstante, cuando se estime probable la introducción de la modificación pretendida, el juez del concurso, a petición del solicitante, podrá adoptar las medidas cautelares que considere oportunas para asegurar la efectividad de la resolución a dictar (art. 313).

Efectos del acuerdo de modificación. No afectará a la validez del convenio o de las operaciones de liquidación o pago realizadas (art. 312.2). Cabe la ejecución provisional (art. 314), a petición de parte a fin de que:

(1.º) En la fase de convenio, la modificación se admita provisionalmente a los efectos del ejercicio de los derechos de voto y adhesión y para el cálculo de las mayorías necesarias;

(2.º) En la fase de liquidación, los pagos a realizar tengan en cuenta las modificaciones pretendidas, quedando las cantidades correspondientes en la masa activa hasta que sea firme la resolución, salvo que se garantice su devolución por aval o fianza.

LA MASA ACTIVA DEL CONCURSO

105. Masa activa y patrimonialidad

Masas patrimoniales del concursado. Se distinguen, (i) la masa activa, (ii) la masa pasiva y (iii) los créditos contra la masa.

Masa activa. Principio de universalidad (art. 192.1). La integran la totalidad de los bienes y derechos del concursado a la fecha de la declaración del concurso y los que se reintegren o adquiera hasta su conclusión. Distingue: (i) lo que hay, (ii) lo que debe haber y (iii) lo que habrá.

Patrimonialidad y susceptibilidad de embargo. Sólo integran la masa activa (i) los bienes y derechos de naturaleza patrimonial, (ii) que sean embargables (art. 192.2, *cfr.* arts. 605 a 612 LEC).

Bienes y derechos en comunidad. Sólo se integra en la masa activa la cuota del deudor, presumiéndose iguales las porciones mientras no se pruebe lo contrario (*cfr.* art. 393.2 CC). **Excepción** (art. 197). En una **cuenta indistinta** se presume, salvo prueba en contrario, que la totalidad del saldo es del deudor, por lo que el AC ordenará la inmediata transferencia del saldo a la cuenta intervenida; cualquier interesado puede impugnar la decisión por los trámites del incidente concursal.

106. Masa activa y régimen económico matrimonial

Concurso de persona casada. Atender al régimen económico matrimonial para fijar la masa activa.

Comunidad de gananciales y otros regímenes de comunidad. Se integran en la masa activa (art. 193):

(i) Los bienes y derechos propios o privativos del concursado

(ii) Los gananciales o comunes que deban responder de las obligaciones del concursado.

Por ello, en la fijación de la masa pasiva, se relacionarán separadamente (i) los créditos que sólo pueden hacerse efectivo sobre su patrimonio privativo y (ii) los que también puedan hacerse efectivos sobre el patrimonio común (art. 286.4).

Deudas de las que responden los bienes comunes:

(1) Las contraídas por ambos o por uno con el consentimiento expreso del otro (art. 1367 CC).

(2) Deudas contraídas sólo por el concursado. Regla general: responde el patrimonio privativo del concursado y, subsidiariamente, el patrimonio común (*cfr.* art. 1373 CC). Excepciones que imponen la responsabilidad solidaria de los bienes gananciales (art. 1369 CC):

(i) Deudas contraídas por el concursado en el ejercicio de la potestad doméstica o de la gestión o disposición de bienes gananciales que por ley o capitulaciones le corresponda (art. 1365.1 CC).

(ii) Deudas contraídas por el concursado en el ejercicio de su profesión u oficio o en la administración ordinaria de sus bienes propios (art. 1365.2 CC).

(iii) Obligaciones extracontractuales del concursado consecuencia de su actuación en beneficio de la sociedad conyugal o en el ámbito de la administración de los bienes, salvo las debidas a dolo o culpa grave (art. 1366 CC).

(iv) En caso de separación de hecho, de las deudas contraídas por el concursado para atender a los gastos de sostenimiento, previsión y educación de los hijos a cargo de la comunidad de gananciales (art. 1368).

(3) **Mecanismo de defensa del cónyuge no deudor**. Posibilidad de embargo de bienes gananciales por deudas propias (art. 1373 CC); al ser notificado al cónyuge no deudor, puede éste solicitar que en la traba se sustituyan los bienes comunes por la parte que ostenta el cónyuge deudor en la sociedad conyugal, conllevando su disolución. Por ello, el art. 125.1 reconoce al cónyuge del concursado el derecho a solicitar la disolución de la comunidad conyugal cuando se incluyan en el inventario de la masa activa bienes gananciales que deban responder de las obligaciones del concursado. Presentada la solicitud de disolución, el juez acordará la liquidación de la comunidad conyugal, el pago a los acreedores y la división del remanente entre los cónyuges.

Efectos de no solicitar la disolución de la comunidad conyugal. Se integran en la masa activa todos los bienes comunes que han de responder de las deudas del concursado.

Régimen especial de la vivienda habitual ganancial (art. 125.3). El cónyuge del concursado tendrá derecho a que se incluya con preferencia en su haber hasta donde alcance; si excediera sólo procederá la adjudicación si abonara al contado el exceso. Regla especial de valoración (art. 194.3): el valor de la vivienda habitual será el mayor entre el valor de tasación o el de mercado.

Derecho de adquisición preferente de los bienes comunes, satisfaciendo a la masa la mitad de su valor (art. 194.1). El precio de adquisición será el acordado de común acuerdo entre el cónyuge del concursado y la AC o, en su defecto, el que fije el juez (solicitará informe de experto cuando lo estime oportuno).

Separación de bienes. Presunciones en beneficio de la masa (art. 195).

(1) **Presunción muciana.** Se presume, salvo prueba en contrario, que el concursado donó a su cónyuge la mitad de la contraprestación satisfecha por éste durante el año anterior a la declaración de concurso para la adquisición a título oneroso de bienes o derechos. *Cfr.* art. 1443 CC.

(2) Si se acredita que la contraprestación procedía directa o indirectamente del patrimonio del concursado, se presumirá, salvo prueba en contrario, la donación de la totalidad de la contraprestación.

La separación judicial o de hecho impide el juego de las presunciones (art. 195.3), en el momento de la realización del acto.

El pacto de supervivencia (art. 196), por el que los bienes que se adquieran por mitad por los cónyuges pasan a ser de titularidad del que sobreviva tras el fallecimiento de cualquiera de ellos. Obliga a los cónyuges a mantener el bien indiviso (STS 1971:1241); se considerarán divisibles en el concurso de cualquiera de ellos, integrándose en la masa activa la mitad correspondiente al cónyuge concursado.

107. Operaciones de separación

(A) Separatio ex iure domini (art. 239). Los bienes de propiedad ajena que estén en poder del concursado y sobre los que éste no tenga derecho de uso, garantía o retención serán entregados por la AC a sus legítimos titulares a solicitud de éstos. La denegación de la entrega por el AC puede ser impugnada por los trámites del incidente concursal. Cabe recurso de apelación.

Requisitos:

(1) **Titularidad ajena**. Pesa sobre el titular la carga de acreditarla: la titularidad del dominio u otro derecho distinto (interpretación amplia de «legítimo titular»).

(2) **Posesión o detentación por el concursado**. Exige la identificación de la cosa; por ello, no cabe respecto de cosas fungibles, que darán lugar a un simple derecho de crédito, sometido a las reglas concursales de reconocimiento, clasificación y pago.

(3) **Carencia de título justificativo del concursado** (de uso, garantía o retención); si ostenta alguno, en tanto no sea resuelto no cabrá el ejercicio del derecho de separación

Plazo de ejercicio. No se establece. No se ha de considerar extemporáneo su ejercicio posterior a la elaboración del inventario por el AC

Solicitud. Del titular, dirigida al AC. No hay impedimento en la actuación de oficio por el AC.

Requerimiento previo. ¿Supuesto de procedibilidad? (art. 239.2).

Liquidación de la posesión. La restitución conlleva la necesidad de liquidar la posesión (rige el principio de rogación, debe ser solicitada en la demanda), respecto de los gastos, frutos y deterioros o pérdidas de la cosa poseía, en función de la buena o mala fe posesoria del concursado (*cfr.* arts. 452 a 458).

Supuestos de imposibilidad de separación. Por salida del bien del patrimonio del concursado por enajenación anterior al concurso, frente a la que no cabe la reivindicación, el titular del bien tiene dos alternativas (art. 240.1): (i) exigir la cesión del derecho a recibir la contraprestación si todavía no fue realizada o (ii) comunicar a la AC, para su reconocimiento, el crédito correspondiente al valor de los bienes en el momento de la enajenación más el interés legal. En el segundo caso (art. 240.2), respecto del plazo para efectuar la comunicación, serán de 1 mes desde la firmeza de la resolución judicial que reconozca la imposibilidad de la separación; transcurrido ese plazo se producirán los efectos de la falta de comunicación oportuna; respecto de la calificación del crédito, será ordinario.

(B) Separatio ex iure crediti. Créditos sobre buques y aeronaves (art. 241). Los titulares de créditos con privilegio sobre buques y aeronaves pueden separar estos bienes de la masa mediante el ejercicio de las acciones reconocidas en su legislación específica; si de la ejecución resultara remanente, se reintegrará a la masa.

Créditos con privilegios sobre los buques: Véase su delimitación en legislación especial.

Créditos con privilegios sobre las aeronaves: Véase su delimitación en legislación especial.

Ejercicio del derecho de separación. Mediante el ejercicio de la acción de realización forzosa, sobre el buque o la aeronave, por el cauce del art. 861 LEC. Compete su conocimiento al juez del concurso. Procede, aunque estén en poder de tercero. La afección de los bienes lo es por disposición legal.

Límite temporal para su ejercicio (art. 241.2). La ejecución separada debe ser iniciada en el plazo de 1 año desde la declaración de concurso.

108. Operaciones de reintegración

Concepto. Son las que tienen por objeto la inclusión en la masa activa de determinados bienes y derechos que en el momento de ser declarado el concurso no forman parte de ésta, pero que sí deberían hacerlo, por medio de: (i) Acciones de reintegración de derecho común. (ii) Acción rescisoria concursal.

Acciones de reintegración de Derecho común, que procedan frente a los actos del deudor anteriores a la fecha de declaración del concurso, se ejercitan ante el juez del concurso, aplicando las normas de legitimación, procedimiento y apelación de las acciones rescisorias (art. 238.2).

Delimitación: (i) acciones de nulidad; (ii) acciones de subrogación y (iii) revocatoria o pauliana del art. 1111 CC.

109. Acción rescisoria concursal

Actos rescindibles (art. 226.1). Los actos perjudiciales para la masa activa realizados por el deudor dentro de los dos años anteriores a la solicitud de concurso o, en su caso, a la comunicación de negociaciones preconcursales y los realizados desde esa fecha a la declaración del concurso, aunque no exista intención fraudulenta.

Realizados por el deudor. No cabe la rescisión frente a actos realizados por terceros (STS 2015:2974).

Naturaleza jurídica. Es una acción rescisoria, de ineficacia funcional de un acto válido que causa perjuicios a terceros (STS 2016:5136).

Elementos.

(1) **Objetivo.** Requiere un acto u omisión de quien, con posterioridad, es declarado en concurso, que causa un perjuicio a éste (eventum damnis). Gran amplitud. Pocas exclusiones; entre ellas, las operaciones estructurales de sociedades mercantiles (STS 2016:5136).

El perjuicio para la masa activa. Concepto jurídico indeterminado: es un sacrificio patrimonial injustificado para la masa (que en ocasiones se presume) que puede consistir en una reducción del mismo o en que se impida su incremento o el no respeto del principio de par conditio creditorum. Se exige un nexo de causalidad entre el acto a rescindir y el daño para la masa, sin que sea necesaria una relación de causa-efecto con la insolvencia o su agravamiento.

(2) **Temporal.** El acto rescindible debe tener lugar antes de la declaración del concurso, en alguno de los siguientes lapsos de tiempo:

(i) En los dos años anteriores a la solicitud de concurso;

(ii) Durante el tiempo que va de la solicitud a la declaración del concurso; y

(iii) En los dos años anteriores a la fecha de la comunicación de negociaciones preconcursales para alcanzar un plan de reestructuración y desde esa fecha hasta la declaración de concurso, siempre que (a) no se haya aprobado un plan de reestructuración o no haya sido homologado por el juez y (b) que el concurso se declare dentro del año siguiente a la finalización de los efectos de la comunicación.

Plazo de ejercicio de la acción. No se fija, pues la acción nace y se extingue con el concurso, o con la aprobación del convenio, que provoca el cese del AC, permitiéndose sólo la continuación de la tramitación de las acciones ya ejercitadas.

(3) **Subjetivo o intencional**. No requiere la concurrencia de una intención fraudulenta (scientia fraudis). Sólo se requiere que sean lesivos para la masa, con independencia de si fueron ejecutados con buena o mala fe.

110. Supuestos excluidos de la acción rescisoria

No pueden ser objeto de rescisión (art. 230):

(1) Los actos ordinarios de la actividad profesional o empresarial del deudor realizados en condiciones normales. Requisitos que han de concurrir: (i) Actos ordinarios. Son los habituales o cotidianos en la actividad del concursado. (ii) En condiciones normales; que tengan las características normales de su clase y no tengan un carácter excepcional, respondiendo a la forma usual de realizar tales actos (*cfr.* STS 2013:4178).

(2) Los actos de constitución de garantías a favor de créditos públicos y los de reconocimiento y pago de esos créditos tendentes a lograr su regularización o atenuación de la responsabilidad penal.

(3) Los actos de constitución de garantías a favor del FOGASA.

(4) Los actos comprendidos en las leyes reguladoras de los sistemas de pagos y compensación y liquidación de valores.

(5) Las operaciones de instrumentación de las medidas de resolución de entidades de crédito y empresas de servicios de inversión.

Operaciones preconcursales. Remisión.

111. Presunciones de perjuicio patrimonial

La carga de la prueba del perjuicio patrimonial (art. 229). Corresponde a quien ejercita la acción rescisoria, pero se ve favorecida por el juego de presunciones legales (i) absolutas y (ii) relativas.

(i) **Presunciones absolutas** (iuris et de iure, art. 227):

(1) Actos dispositivos gratuitos, salvo las liberalidades de uso. Comprende todos los actos que suponen una disminución del patrimonio del deudor sin contrapartida.

Garantías contextuales intragrupo. En principio no parece razonable exigir su remuneración por el beneficio patrimonial indirecto de la pertenencia al grupo. No obstante, es necesario distinguir entre **(i) «down stream guarantee»** (garantía de la matriz a una filial), que no es rescindible y **(ii) «up stream guarantee»** (garantía de la filial a la matriz o a una sociedad hermana), que se entiende rescindible; pero la cuestión debe ser resuelta a la luz de las circunstancias concurrentes (STS 2012:7746, STS 2014:1954, STS 2015:2744).

Garantías de socios y administradores. Se impone un análisis casuístico (STS 2015:3049).

(2) Extinción de obligaciones no vencidas (con vencimiento posterior al concurso, *cfr.* art. 1292 CC, STS 2015:757), excepto si contasen con garantía real, en cuyo caso la presunción será relativa, no absoluta.

(ii) Presunciones relativas (*iuris tantum*, art. 228):

(1) Disposiciones onerosas a favor de personas especialmente relacionada con el concursado (*cfr.* los supuestos en arts. 282, persona natural, y 283, persona jurídica). Hay que estar al tiempo en que se efectúa el acto dispositivo, no al tiempo del concurso. Para destruir la presunción es necesario acreditar que el acto no perjudica a los acreedores concursales en la satisfacción colectiva de sus créditos (STS 2013:4178). Son disposiciones onerosas (no gratuitas) el reintegro de préstamos y la distribución de dividendos.

(2) Constitución de garantías reales a favor de obligaciones preexistentes o de nuevas contraídas en sustitución de aquéllas. No comprende la constitución de garantías personales.

(3) Extinción de obligaciones con garantía real de vencimiento posterior al concurso. De no contar con esa garantía, el supuesto entraría dentro de las presunciones absolutas.

112. Legitimación

Legitimación activa en cascada.

(i) La AC (art. 231); no se perjudica si la acción no fue recogida en el inventario.

(ii) Si no la ejercita la AC, los acreedores que previamente hayan instado por escrito al AC el ejercicio de la acción, identificando el acto a rescindir y el fundamento de la rescisión y transcurran 2 meses desde el requerimiento; el transcurso del plazo no impide a la AC el ejercicio de la acción, acumulándose de oficio los procedimientos si ya fue ejercitada por los acreedores; las demandas presentadas por los legitimados subsidiarios se notificarán a la AC (art. 232).

Legitimación pasiva (art. 233):

(i) El concursado (representado por sus administradores o liquidadores, aun en caso de suspensión).

(ii) Quienes hayan sido parte en el acto impugnado. En litisconsorcio pasivo necesario (*cfr.* STS 2007:831).

(iii) El tercero adquirente del bien o derecho a reintegrar cuando el actor pretenda desvirtuar la presunción de buena fe del adquirente o atacar su irreivindicabilidad o su protección registral (tercero hipotecario).

113. Procedimiento

Plazo de ejercicio de la acción. No se fija plazo alguno (a diferencia de la acción rescisoria común que tiene un plazo de 4 años, *cfr.* art. 1299 CC), por lo que puede ejercitarse en cualquier momento durante la tramitación del concurso, incluso en fase de liquidación. No cabe tras la aprobación del convenio, pues con ella cesa el AC, pero no impide la continuación de las acciones en tramitación.

Cauce procesal (art. 234). Incidente concursal. Nada impide que el actor solicite medidas cautelares. Cabe la acumulación con otras acciones por igual cauce y para las que sea competente el juez del concurso. Es posible su ejercicio por vía reconvencional.

Recurso (art. 237). Cabe apelación, de tramitación preferente.

114. Efectos de la rescisión

Ineficacia del acto rescindido (art. 235.1). Hay que distinguir según el objeto de la impugnación:

(1) **Si es un contrato sinalagmático**, la sentencia condenará a la restitución de las prestaciones ya realizadas, con sus frutos e intereses (art. 235.2).

(2) **Si es un acto unilateral**, la sentencia, si procede, condenará a la restitución a la masa activa de la prestación y ordenará la inclusión en la lista de acreedores del crédito que corresponda (art. 235.3).

Reembolso de gastos de los acreedores. Litigarán a su costa en interés del concurso; pero si la demanda es total o parcialmente estimada, tienen derecho a reembolsarse con cargo a la masa sus gastos y costas hasta el límite de lo obtenido por la rescisión (art. 232.3).

Restitución a la masa activa (art. 235.4).

(1) **In natura,** si los bienes y derechos pueden ser reintegrados.

(2) **Si no cabe la restitución** (i) por pertenecer a tercero no demandado o (ii) que haya procedido de buena fe o (iii) goce de irreivindicabilidad o protección registral, se cuantificarán con condena a entregar el valor que tenían cuando salieron del patrimonio del deudor concursado, más el interés legal. Si se aprecia mala fe en quien contrató con el deudor, además, se le condenará a indemnizar la totalidad de los daños y perjuicios causados a la masa activa (*cfr.* art. 235.5).

Restitución a la parte in bonis (art. 236). Es necesario distinguir:

(1) En las obligaciones sinalagmáticas, su derecho tiene la consideración de crédito contra la masa, que se ha de satisfacer simultáneamente a la reintegración a la masa.

(2) En los actos unilaterales de la parte in bonis, tiene la consideración de crédito concursal, con la clasificación que corresponda.

(3) Supuesto de mala fe, el crédito a la prestación tiene la consideración de crédito subordinado (tanto si es sinalagmático como si les unilateral, *cfr.* 281.1.6.º). La mala fe sólo puede ser declarada en la sentencia que resuelve el incidente rescisorio.

(4) Supuestos de restitución no necesaria. Cuando no tuvo lugar (en actos unilaterales del deudor). Simplemente renacerá el crédito extinguido con el rango que le corresponda (*cfr.* STS 2012:7265, STS 2014:1760).

Efectos de la restitución de garantía prestada por el concursado. No cabe afirmar que sean inseparables el negocio rescindido (garantía) y el negocio garantizado (generalmente, un préstamo), que queda incólume, sin perjuicio de lo que el prestamista pueda exigir al prestatario (*cfr.* STS 2014:1954, STS 2016:4723).

Simultaneidad de la restitución recíproca, salvo en los casos de mala fe de la parte in bonis (STS 2012:8314); si la masa activa no dispone de liquidez suficiente, *cfr.* art. 1383 CC (mientras uno de los contratantes no realice la restitución, no cabe compeler al otro a restituir, *cfr.* STS 2012:8314).

Efectos de la restitución. No aclara la ley si los efectos se producen ex tunc (desde la realización del acto rescindido) o ex nunc (desde la sentencia, en postura mayoritaria, pues el acto es válido hasta ese momento, *cfr.* art. 235.4; *cfr.* STS 2012:4181).

115. Enajenación de bienes y derechos de la masa activa

Principio de conservación de la masa activa (art. 204). La AC debe conservar los elementos de la masa activa, en tanto no sean enajenados. **Prohibición de enajenación o gravamen** sin autorización del juez, hasta la aprobación del convenio o la apertura de la fase de liquidación (art. 205).

Excepciones (art. 206) se permiten los siguientes actos de disposición:

(1) Inherentes a la actividad empresarial o profesional (*cfr.* art. 111.1).

(2) Indispensables para satisfacer las exigencias de tesorería que requiera el concurso; han de ser comunicados al juez con justificación del carácter indispensable.

(3) Indispensables para garantizar la viabilidad de explotaciones o unidades productivas que formen parte de la masa activa; han de ser comunicadas al juez con justificación del carácter indispensable.

(4) De bienes no necesarios para continuar la actividad cuando se presenten ofertas sustancialmente coincidentes con el valor del inventario (en caso de inmuebles, si la diferencia es inferior al 10 % y, en caso de muebles al 20 %, si no consta oferta superior). Deber de comunicación al juez con justificación del carácter no necesario; se entiende aprobada si en 10 días no se presenta oferta superior.

Expresión del motivo de la enajenación o gravamen (art. 206.3). El AC debe declararlo en el instrumento público, sin que el registrador pueda exigir su acreditación.

Enajenaciones de bienes y derechos litigiosos (art. 207) Podrán enajenarse con tal carácter, quedando el adquirente a las resultas del litigio; el AC comunicará la enajenación al juzgado que conoce del litigio, que producirá de pleno derecho la sucesión procesal, sin que pueda oponerse la contraparte. Facilita la enajenación (*cfr.* régimen general del art. 17 LEC).

Prohibiciones (art. 208). El AC no podrá adquirir por sí o por persona interpuesta bienes y derechos de la masa activa. Los infractores quedarán inhabilitados y reintegrarán a la masa, sin contraprestación, el bien o derecho adquirido; si fuera acreedor concursal, perderá el crédito de que sea titular.

Regímenes especiales de enajenaciones. (i) De bienes y derechos afectos a privilegio especial; (ii) de unidades productivas o del conjunto de la empresa. Aplicables cualquiera que sea el momento de la enajenación. Con un régimen común para la cancelación de cargas (art. 225), que se acordará en el decreto del LAJ que apruebe el remate o en el auto que autorice la transmisión (salvo que la enajenación de bienes o derechos afectos a créditos con privilegio especial se haya realizado con subsistencia del gravamen); siendo los gastos de cancelación a cargo del adquirente.

116. Realización de bienes afectos a privilegio especial

Modos de enajenación. Se regulan cuatro posibles modos de realización:

(1) **Modo ordinario, por subasta** (art. 209). Será por subasta electrónica, salvo que el juez autorice otro modo de realización (*cfr.* art. 518). No se requiere que sea subasta judicial, pudiendo seguirse también trámites extrajudiciales.

(2) **Venta directa** (art. 210). Requiere autorización del juez. Sólo si se considera un mecanismo más idóneo en interés del concurso. A solicitud del AC o del acreedor con privilegio especial, por el procedimiento para obtener autorizaciones judiciales:

(i) **Si la oferta es por un precio superior al mínimo pactado al constituir la garantía, con pago al contado,** el juez concederá la autorización solicitada.

(ii) **Si se trata de un precio inferior,** el juez podrá autorizar excepcionalmente la venta directa, siempre que el precio ofertado se corresponda con el valor de mercado según tasación oficial actualizada por entidad homologada (bienes inmuebles) o por entidad especializada (bienes muebles).
Posibilidad de mejora de oferta. Concedida la autorización judicial, se anunciarán las condiciones de la enajenación con igual publicidad a la subasta y si dentro de los 10 días siguientes al último anuncio se presenta mejor postor, el juez abrirá licitación entre todos los oferentes determinando la fianza que se ha de prestar.

(3) **Dación en pago o para pago de bienes afectos** (art. 211). Podrá autorizarla el juez en cualquier estado del concurso, tanto a la persona del acreedor como a un tercero, quedando completamente satisfecho del crédito mediante la dación en pago.
Solicitud. Debe ser presentada por el acreedor con privilegio especial o por el AC, con el consentimiento expreso y previo de aquél. Se tramitará por el procedimiento para la obtención de autorizaciones judiciales, pudiendo efectuar alegaciones cualquier interesado.
Autorización. Debe exigir que la posterior realización se efectúe por un valor no inferior al de mercado según tasación oficial actualizada por entidad homologada (bienes inmuebles) o valoración por entidad especializada (bienes muebles). Si hay remanente, corresponderá a la masa activa. Si no se consigue la completa satisfacción del crédito, la parte no satisfecha será reconocida en el concurso con la clasificación que corresponda.

(4) **Enajenación con subsistencia del gravamen** (art. 212). A solicitud del AC, previa audiencia de los interesados, subrogándose el adquirente en la obligación del deudor, quedando excluido el crédito de la masa pasiva. **Excepción**: no tiene lugar la subrogación del adquirente cuando se trate de créditos tributarios y de seguridad social.
Destino de lo obtenido (art. 213). En cualquiera de esos modos de realización, el acreedor privilegiado tiene derecho a recibir el importe en cantidad que no exceda a la deuda originaria (principal e intereses cubiertos, *cfr.* STS 2019:521), cualquiera que sea el valor atribuido en el inventario. Posibilidades:
   (i) Si hay remanente, corresponde a la masa activa.
   (ii) Si no se consigue la completa satisfacción del crédito, la parte no satisfecha será reconocida en el concurso con la clasificación que corresponda.

Realización en globo de unidades productivas (art. 214). Si entre los bienes y derechos afectos a créditos con privilegio especial están incluidos en unidades productivas que se enajenan en conjunto, se aplican estas reglas:

(1) **Si se transmiten sin subsistencia de la garantía,** corresponde a los acreedores privilegiados la parte proporcional del precio obtenido equivalente al valor del bien sobre el que se constituye la garantía respecto del valor global de la unidad. Caben dos posibilidades:
   (i) **Si el precio a percibir no alcanza el valor de la garantía,** es necesaria la conformidad a la transmisión de los acreedores con privilegio especial que tengan derecho de ejecución separada, siempre que representen, al menos, el 75 % de la clase del pasivo privilegiado afectado por la transmisión; la parte del crédito garantizado no satisfecho será reconocido en el concurso con la clasificación que corresponda.

(ii) **Si el precio a percibir fuese igual o superior al valor de la garantía,** no es necesario el consentimiento de los acreedores privilegiados afectados.

(2) **Si se transmiten con subsistencia de la garantía**, subrogándose el adquirente en la obligación de pago, no es necesario el consentimiento del acreedor privilegiado, quedando el crédito excluido de la masa pasiva. El juez velará por que el adquirente tenga solvencia y medios para asumir la obligación que se transmite. No cabe la subrogación del adquirente cuando se trate de créditos tributarios y de seguridad social.

117. Enajenación de empresas o de unidades productivas

Carácter prioritario. Con el fin de evitar (i) el riesgo de un cese de actividad y (ii) el despido de trabajadores.

Peculiaridades laborales. Principio de audiencia de los trabajadores (art. 220.1) y sujeción al régimen de modificación sustancial de las condiciones de trabajo, de carácter colectivo (art. 220.2).

Formas de realización. Se recogen dos posibles alternativas.

(1) **Modo ordinario, por medio de subasta electrónica** (art. 215). Hasta la aprobación del convenio o la apertura de la fase de liquidación, la enajenación de una empresa o de unidades productivas se hará mediante subasta electrónica, salvo que el juez acuerde otro modo de realización (*cfr.* regla general del art. 209). **Posibilidad de adjudicación al oferente** que no difiera en más del 15 % de la oferta superior cuando el juez considere que garantiza mejor la continuidad de la empresa o unidad productiva y de los puestos de trabajo, así como la mejor y más rápida satisfacción de los créditos. Igual regla se aplicará a las ofertas de los trabajadores mediante la constitución de sociedad cooperativa o laboral.

(2) **Enajenación directa o a través de persona o entidad especializada** (art. 216). En cualquier estado del concurso o cuando la subasta quede desierta, mediante auto el juez podrá autorizar (i) la enajenación directa o (ii) a través de persona o entidad especializada.

Determinaciones previas (art. 217). En ambos modos de enajenación, la AC efectuará con carácter previo dos determinaciones: (i) el plazo para la presentación de ofertas y (ii) especificar los gastos realizados con cargo a la masa activa para la conservación en funcionamiento de la actividad y los previsibles hasta la adjudicación definitiva.

Contenido de las ofertas (art. 218). Cualquier que sea el modo de enajenación, las ofertas tendrán el siguiente contenido:

(1) Identificación del oferente, su solvencia y los medios técnicos y humanos a su disposición.

(2) Determinación precisa de los bienes, derechos, contratos y licencias incluidos en la oferta.

(3) Precio ofrecido, forma de pago y garantías; en caso de transmisión de bienes o derechos afectos a créditos con privilegio especial, debe distinguirse en la oferta entre el precio con subsistencia o sin subsistencia de las garantías.

(4) Incidencia de la oferta sobre los trabajadores.

Pluralidad de ofertas: elección de la mejor. Por el AC. En ocasiones no es infrecuente que se adopte por el juez por medio de auto en el iter seguido para la venta de la unidad productiva.

Efectos de la enajenación.

(1) **Sucesión de empresa** (art. 221). Se considerará que existe a efectos laborales y de la seguridad social. El juez del concurso es el único competente para declarar la existencia de sucesión de empresa y para delimitar los activos, pasivos y relaciones laborales que la componen. El juez podrá recabar informe de la Inspección de Trabajo y Seguridad Social que se emitirá en el plazo improrrogable de 10 días.
No obstante, *cfr.* art. 224.1.3.º: La transmisión de la unidad productiva no lleva aparejada la obligación de pago de los créditos no satisfechos por el concursado, salvo en los siguientes supuestos: 3.º Cuando se produzca sucesión de empresa respecto de los créditos laborales y de seguridad social correspondiente a los trabajadores de esa unidad productiva en cuyos contratos queda subrogado el adquirente; el juez del concurso puede acordar respecto de esos créditos que el adquirente no se subrogue en la parte de la cuantía de los salarios o indemnizaciones pendientes de pago anteriores a la enajenación que sea asumida por el FOGASA.

(2) **Subrogación en los contratos** (art. 222). El adquirente queda subrogado en los contratos afectos a la continuidad de la actividad, sin necesidad de consentimiento de la otra parte contratante. Por excepción, la cesión de contratos administrativos se producirá de conformidad con lo establecido en la legislación sobre contratos del sector público.
No tiene lugar la subrogación respecto de aquellos contratos no laborales en los que el adquirente, al formular la oferta, haya manifestado expresamente su intención de no subrogarse (art. 223).

(3) **Subrogación en licencias y autorizaciones administrativas** (art. 222.3). Si el adquirente continúa la actividad en las mismas instalaciones, quedará subrogado en las licencias o autorizaciones administrativas, excepto aquellas en las que el adquirente, al formular la oferta, haya manifestado expresamente su intención de no subrogarse.

(4) **Efectos sobre los créditos pendientes de pago** (art. 224). La transmisión de una unidad productiva no lleva aparejada la obligación de pago de créditos no satisfechos por el concursado, salvo en los siguientes supuestos:

(1.º) Cuando hubiera asumido expresamente esa obligación.

(2.º) Cuando así lo establezca una disposición legal.

(3.º) Cuando se produzca sucesión de empresa respecto de los créditos laborales y de seguridad social correspondiente a los trabajadores de esa unidad productiva en cuyos contratos queda subrogado el adquirente; el juez del concurso puede acordar respecto de esos créditos que el adquirente no se subrogue en la parte de la cuantía de los salarios o indemnizaciones pendientes de pago anteriores a la enajenación que sea asumida por el FOGASA.

Excepción: cuando los adquirentes sean personas especialmente relacionadas con el concursado (*cfr.* arts. 282 al 284).

118. Solicitud de concurso con oferta vinculante de adquisición de unidad productiva

Solicitud de concurso con oferta vinculante (art. 224 bis.1). El deudor puede presentar, junto con la solicitud de concurso, una propuesta escrita vinculante de acreedor o de tercero para la adquisición de una o varias unidades productivas (*cfr.* art. 224 bis.3, sobre la propuesta de trabajadores mediante la constitución de sociedad cooperativa o laboral).

Contenido de la propuesta. Debe asumir la obligación de continuar o reiniciar la actividad de la unidad productiva por un mínimo de 3 años, cuyo incumplimiento permite a cualquier afectado la reclamación de daños y perjuicios.

Auto de concurso. Tiene un contenido especial que recoge el art. 224 bis.2: Concederá 15 días (i) para que los acreedores que se personen puedan formular observaciones a la propuesta y (ii) para que cualquier interesado pueda presentar propuesta vinculante alternativa y (iii) requerirá al AC para que, en ese plazo, emita informe de evaluación.

Publicidad de la oferta (art. 224 bis.9). Se publicará en el portal de liquidaciones concursales del RPC.

Requerimiento de información, al deudor o al autor de la oferta, con el fin de facilitar la presentación de otras ofertas.

Informe de evaluación del AC. Tanto de la oferta acompañada con la solicitud de concurso como de otras alternativas; respecto de éstas el plazo es de 5 días desde el requerimiento. Contenido del informe: (i) valorará la propuesta atendiendo al interés del concurso; (ii) informará sobre los efectos que pudiera tener en la masa activa y pasiva la resolución de los contratos que resulte de cada propuesta.

Apertura de un plazo para la mejora de ofertas (art. 224 bis.6). Emitidos el informe o informes por la AC, el juez, si hubiera varias propuestas, concederá un plazo de 3 días a los oferentes para que, si lo desean, mejoren las que cada uno de ellos hubiera presentado. El juez aprobará la que resulte más ventajosa para el interés del concurso; si se hubiera presentado una propuesta por los trabajadores en alguna de las fórmulas societarias que antes vimos y la oferta sea igual o superior a la de las demás propuestas alternativas presentadas, el juez priorizará dicha propuesta siempre que ello atienda al interés del concurso.

Ejecución de la oferta aprobada (art. 224 bis.7). Si la ejecución de la oferta vinculante aprobada estuviera sujeta al cumplimiento de determinadas condiciones suspensivas, tales como (i) la aprobación de la adquisición por parte de las autoridades de la competencia o supervisoras, o (ii) a la realización de una modificación estructural que afecte a los activos a transmitir, el concursado y la AC llevarán a cabo las actuaciones precisas para asegurar el pronto cumplimiento. El juez podrá exigir al proponente adjudicatario que preste caución o garantía suficiente de consumación de la adquisición si las condiciones suspensivas se cumplieran en el plazo máximo para ello establecido en la oferta vinculante, o de resarcimiento de los gastos o costes incurridos por el concurso en otro caso.

Régimen jurídico de la transmisión de la unidad productiva (art. 224 bis.8). La transmisión de la unidad o de las unidades productivas al adjudicatario estará sometida a las demás reglas establecidas en esta ley para esta clase de transmisiones.

119. Experto independiente para recabar ofertas de adquisición de unidad productiva

Solicitud del nombramiento (art. 224 ter). En caso de (i) probabilidad de insolvencia, (ii) insolvencia inminente o (iii) insolvencia actual, el deudor, sea persona natural o jurídica, podrá solicitar del juzgado competente para la declaración de concurso el nombramiento de un experto que recabe ofertas de terceros para la adquisición, con pago al contado, de una o de varias unidades productivas de que sea titular el solicitante, aunque hubieran cesado en la actividad.

Nombramiento del experto (art. 224 quater). Podrá recaer en persona natural o jurídica que reúna las condiciones para ser nombrado experto en reestructuraciones o AC. La aceptación del nombramiento es voluntaria. La identidad del experto será propuesta por el solicitante.

En la resolución el juez establecerá la duración del encargo y la retribución que podrá estar total o parcialmente en función del resultado.

Naturaleza de la actividad. No es una actividad sujeta al Derecho preconcursal, razón por la que es regulada dentro del Libro I. No producirá ninguno de los efectos propios de las negociaciones preconcursales, lo que explica que el art. 224 quinquies señale que el nombramiento del experto no exime al deudor del deber de solicitar la declaración de concurso.

Especialidades del concurso posterior (art. 224 sexies):

(1) competencia judicial del juez que hubiera nombrado al experto;

(2) nombramiento de AC: en la declaración del concurso, el juez podrá revocar o ratificar el nombramiento del experto; si lo ratificara tendrá este la condición de AC;

(3) retribución del experto: tendrá la consideración de crédito contra la masa.

Las ofertas realizadas por terceros (art. 224 septies). Se imponen a los oferentes: (1) Asumir la obligación de continuar o de reiniciar la actividad por un mínimo de dos años [sorprende la diferencia de tiempo respecto del contemplado en el art. 224 bis.1, que hace referencia a 3 años]. El incumplimiento de este compromiso dará lugar a que cualquier afectado pueda reclamar al adquirente la indemnización de los daños y perjuicios causados. (2) Como se recoge en el art. 224 ter, la obligación de pago será «al contado», esto es, sin aplazamiento o fraccionamiento alguno.

CRÉDITOS CONTRA LA MASA

120. Introducción

Una cuestión terminológica. En el patrimonio del concursado se distinguen (i) la masa activa, en su lado activo, y (ii) la masa pasiva y (iii) los créditos contra la masa, en el pasivo. Crítica por el empleo de la expresión «créditos contra la masa», (i) supone su personificación como un sujeto capaz de contraer deudas; y (ii) tan créditos contra la masa son los así denominados como los que se integran en la masa pasiva, pues la masa activa ha de responder tanto de unos como de otros.

Criterio temporal de distinción. La distinción entre masa pasiva y créditos contra la masa se hace, con carácter general, atendiendo a un criterio temporal: las obligaciones del concursado posteriores a la declaración del concurso constituyen los créditos contra la masa y, en consecuencia, no forman parte de la masa pasiva. A salvo, razones de política legislativa.

Reconocimiento. Los créditos contra la masa no son objeto de (i) comunicación, (ii) reconocimiento ni (iii) clasificación por la AC en el listado de acreedores del concurso.

Créditos prededucibles. No sometimiento a la ley del dividendo; deben ser satisfechos a su vencimiento. Los créditos contra la masa tienen la consideración de créditos prededucibles, pues han de ser satisfechos con cargo a la masa activa del concurso con carácter previo al pago de los restantes créditos concursales.

Intereses. El impago de los créditos contra la masa provocará el devengo de intereses de demora (art. 248.2), a diferencia de lo que acontece con los créditos que integran la masa pasiva, que no devengan intereses, salvo dos concretas excepciones.

Principio de tipicidad legal. El listado que recoge el art. 242.1 no se agota en sí mismo, pues el número 18.° recoge una referencia a cualesquiera otros créditos a los que el TRLC atribuya expresamente tal condición; en el propio TRLC, no en otra norma. Muy discutido que desde el punto de vista constitucional pretender que esta Ley contenga una especie de inmunidad frente a otras leyes posteriores que, sin modificarla, pretendan introducir nuevos supuestos de créditos contra la masa.

121. Créditos anteriores a la declaración del concurso

Excepcionalidad. Se rompe con la regla general, que atiende al criterio temporal, haciéndolo en beneficio de sus titulares por razones de política legislativa.

Son los siguientes casos (art. 242.1 TRLC):

(i) **Los créditos anteriores a la declaración de concurso por responsabilidad civil extracontractual por muerte o daños personales** y los anteriores o posteriores **por indemnizaciones derivadas de accidente de trabajo y enfermedad profesional, cualquiera que sea la fecha de la resolución que los declare**. Si los daños estuvieren asegurados, el crédito del asegurador por subrogación, regreso o reembolso tendrá la consideración de crédito concursal ordinario (art. 242.1.1.º). La norma obedece a estrictos criterios de política legislativa; en el caso de cobertura por contrato de seguro, desparece la razón humanitaria que justifica la calificación.

(ii) **Los créditos por salarios de los últimos 30 días de trabajo efectivo realizado antes de la declaración de concurso en cuantía que no supere el doble del SMI** (art. 242.1.2.º). Especial característica de estos créditos salariales es el pago, pues siendo el criterio general para el pago de los créditos contra la masa el del vencimiento (art. 245.2), el de aquéllos debe realizarse de forma inmediata (art. 245.1), no pudiendo ser objeto de postergación. De haber sido satisfechas las cantidades de estas prestaciones por el FOGASA conforme a su normativa específica, éste se subrogará en los créditos de los trabajadores con su misma clasificación (art. 243), en los términos del art. 33 ET. Las cuantías que superen el límite cuantitativo del duplo del SMI tendrán el reconocimiento de crédito concursal con la calificación que legalmente proceda, que de ordinario será la de crédito con privilegio general del art. 280.1.º.

(iii) **Los créditos por alimentos devengados antes o después de la declaración de concurso** (art. 242.1.3.º, *cfr.* arts. 123 y 124).

(iv) **Los créditos garantizados con privilegio especial**, **respecto de los que el art. 430.2** otorga a la AC la facultad de o bien esperar a la ejecución forzosa de tales créditos o bien pagar a estos acreedores los importes vencidos por principal e intereses, asumiendo, en este segundo caso, la obligación de atender los **sucesivos vencimientos como créditos contra la masa**, con el objeto de **evitar la ejecución de los bienes y derechos afectos**; en este sentido, véase el art. 242.1.15.º.

(v) **Los créditos de rehabilitación de contratos o de enervación de desahucio y en los demás previstos en esta Ley, correspondan por las cantidades debidas y las de vencimiento futuro a cargo del concursado** (art. 242.1.15.º), en los términos establecidos (1) en el art. 166 (operaciones crediticias), (2) art. 167 (adquisición de bienes con precio aplazado) y (3) art. 168 (enervación del desahucio en arrendamientos urbanos). Respecto de este último caso, comprenderá las obligaciones de pago de rentas y demás conceptos pendientes, así como las posibles costas procesales causadas hasta ese momento. En todos estos supuestos el concursado ha de abonar en el acto las cantidades adeudadas a esos acreedores y adquirirá el compromiso del pago a su vencimiento de las que se vayan devengando posteriormente, que tendrán la consideración de créditos contra la masa. Son supuestos en los que un crédito potencialmente concursal se transforma, a raíz del mantenimiento del contrato, en crédito contra la masa, debido a la privación que sufre el tercero contratante de la facultad de resolver la relación contractual obligándole a continuar con quien incumplió y ha sido declarado en concurso.

122. Gastos procesales

Enumeración. Son los recogidos en los números 4.° al 8.° del art. 242.1, dentro de los que distinguimos los siguientes conceptos:

(i) **Los créditos por costas en caso de declaración de concurso [necesario]** (art. 242.1.4.°). La reforma de 2022 suprimió la referencia a «los gastos necesarios»; ahora, sólo tendrán la calificación de créditos contra la masa si (1) tienen la consideración de costas y (2) son incluidos en la tasación que de ellas se practique.

La norma premia a quien inicia el procedimiento concursal en beneficio de todos los acreedores. El crédito contra la masa alcanza sólo a los derechos y suplidos ocasionados por la solicitud y declaración de concurso, pero no al resto de las actuaciones; el arancel de los procuradores prevé para la tramitación de la sección primera el 50 % de los derechos de todo el procedimiento concursal, pero no delimita la cuantía que corresponderá específicamente al procurador por sólo la solicitud y declaración de concurso, será necesario realizar un cálculo estimativo.

Concepto de «costas». Se exige que el auto que declara el concurso necesario contenga una imposición de costas procesales para que tengan la consideración de crédito contra la masa; si no existe esa imposición no se gozará de tal privilegio. Respecto del importe o cuantía de los honorarios del letrado instante del concurso son de aplicación las consideraciones que haremos respecto del letrado del concursado.

(ii) **Los créditos por la publicidad de la declaración de concurso y de cualquier otra resolución judicial que acuerde el juez**, así como **los relativos a la adopción de medidas cautelares** (art. 242.1.5.*°)*; que se entiende son las que recoge el art. 18 respecto de medidas cautelares anteriores a la declaración de concurso.

(iii) **Los créditos por la asistencia y representación del concursado y de la AC durante toda la tramitación del procedimiento y sus incidentes y demás procedimientos judiciales** en cualquier fase del concurso, cuando su intervención sea legalmente obligatoria o se realice en interés de la masa, hasta la eficacia del convenio o, en otro caso, hasta la conclusión del concurso, con excepción de los ocasionados por los recursos que interponga el concursado contra resoluciones del juez cuando fueren total o parcialmente desestimados con expresa condena en costas (art. 242.1.6.°).

(a) **Retribución del letrado del concursado**. Los honorarios no constituyen una mera cuestión interna entre el profesional y su cliente, pues grava directamente la masa activa; después de la declaración de concurso, lo que hubiera convenido con su letrado respecto del precio de sus servicios no resulta oponible a la AC que representa los intereses del concurso y de los acreedores concursales; para la fijación de los honorarios profesionales del letrado del concursado se debe atender a la complejidad del trabajo desarrollado, su calidad, el tiempo invertido, la responsabilidad asumida, la transcendencia económica, la utilidad para la parte y cuantos datos sirvan para ponderar la remuneración, partiendo de que las normas de honorarios profesionales de los colegios de abogados carecen de eficacia vinculante y son meramente orientativas. Alguna resolución ha fijado un límite máximo, muy razonable, al señalar que la minuta del letrado del concursado en ningún caso puede ser superior a los honorarios del AC por la fase común; ningún precepto del Texto Refundido exige que los honorarios del letrado del concursado deban ser fijados por el juez del concurso; simplemente lo que debe hacer será dirigirse a la AC para que proceda a autorizar el pago de su importe; sólo si surgiese conflicto o negativa en ese momento, podrá el letrado plantear su reclamación ante el juez del concurso, por el trámite del incidente concursal. No tendrán la consideración de créditos contra la masa los honorarios del letrado por preparación de la solicitud de concurso que finalmente no le fue encomendada por el concursado; no se niega que proceda su devengo, lo que se afirma es que se calificarán como créditos ordinarios integrados dentro de la masa pasiva.

(b) **Gastos de representación procesal del concursado**. Se ha debatido la cuestión relativa a la posibilidad de moderar el importe de los derechos del procurador que lo representa, de forma que no se proceda a una aplicación automática del arancel. El RD-L 5/2010 estableció en su DA un límite máximo de 300.000 euros a la cuantía global por los derechos devengados por un procurador en un mismo proceso, de cualquier naturaleza que sea, estableciendo que en los procesos concursales la base para regular los derechos que se devenguen será el sesenta por ciento del pasivo resultante de la lista definitiva de acreedores presentada por la AC; si bien cuando el número de acreedores que figuren en la lista sea superior a 300, la base del cálculo se elevará al setenta por ciento del pasivo.

(c) **Dirección letrada del AC.** Se entenderá incluida en las funciones del letrado miembro de la AC (art. 511), y, en consecuencia, habrá de considerar comprendida en la remuneración que resulte de aplicar el arancel reglamentario. Por otra parte, no cabe incluir los derechos por la representación procesal del AC toda vez que del art. 511 resulta que no es necesaria su representación por procurador.

(iv) **Los créditos por los gastos y las costas judiciales ocasionados por la asistencia y representación del concursado, de la AC o de acreedores legitimados en los juicios que, en interés de la masa**, continúen o inicien, salvo lo previsto para los casos de desistimiento, allanamiento, transacción y defensa separada del deudor y, en su caso, hasta los límites cuantitativos en ella establecidos (art. 242.1.7.º).

(v) **Los créditos por la condena al pago de las costas** como consecuencia de la desestimación de las demandas que se hubieran presentado o de los recursos que se hubieran interpuesto por la AC o por el concursado con su autorización o como consecuencia del allanamiento o del desistimiento. En caso de transacción, se estará a lo pactado por las partes en materia de costas (art. 242.1.8.º).

123. Créditos posteriores al concurso

Regla general. Constituye la regla general en la categoría de los créditos contra la masa.

(i) **Los créditos por la retribución del AC, así como los créditos por la retribución del experto para recabar ofertas de adquisición de la unidad productiva** (art. 242.1.9.º).

(ii) **Los créditos que resulten de obligaciones válidamente contraídas durante el procedimiento por la AC** [en el régimen de suspensión] **o, con la autorización o conformidad de ésta**, por el concursado sometido a intervención (art. 242.10.º). Es de aplicación con independencia de que el concursado continúe o no en el desarrollo de una actividad económica o profesional o, simplemente, se trate de un consumidor. Es el supuesto prototípico de la categoría de los créditos contra la masa, en atención al criterio temporal.

(iii) **Los créditos generados por el ejercicio de la actividad profesional o empresarial** del concursado tras la declaración del concurso hasta la aprobación judicial del convenio o, en otro caso, hasta la conclusión del concurso. Quedan comprendidos en este número los créditos laborales devengados después de la declaración de concurso, las indemnizaciones por despido o extinción de los contratos de trabajo, así como los recargos sobre las prestaciones por incumplimiento de las obligaciones en materia de salud laboral, hasta que el juez acuerde el cese de la actividad profesional o empresarial, o declare la conclusión del concurso (art. 242.1.11.*º).*

Deudas tributarias (vide infra. obligaciones de naturaleza legal). Hay que estar a la fecha de devengo para determinar cuáles integran la masa pasiva y cuáles serán créditos contra la masa.

Sanciones o recargos de la Administración. Se atenderá, no a la fecha de la resolución administrativa que la acuerda, sino al momento en que tiene lugar el hecho que, por constituir un incumplimiento o infracción, hace surgir la posibilidad de la sanción; pero tendrán la consideración de créditos contra la masa si se trata de sanciones, intereses y recargos accesorios de otros créditos contra la masa devengados con posterioridad al concurso (STS 2013:6555).

Indemnizaciones declaradas por los tribunales con posterioridad al concurso. No tendrán la consideración de créditos contra la masa cuando respondan a hechos acaecidos antes de la declaración del mismo, pues el crédito indemnizatorio no se genera por el ejercicio de la actividad profesional o empresarial posterior a la declaración del concurso, en la medida en que la causa que lo genera es anterior; pero si el hecho indemnizado tiene lugar con posterioridad al concurso entonces sí estaremos en presencia de un crédito contra la masa, excepto en el caso del art. 242.1.1.º.

Momento final para el devengo de los créditos contra la masa. Hasta que el juez acuerde el cese de la actividad profesional o empresarial, o declare la conclusión del concurso; la reforma de la Ley 16/2022, al introducir, en sede de liquidación concursal, el art. 414 bis, bajo la rúbrica «especialidades en caso de incumplimiento del convenio», en su primer apartado establece que los créditos contraídos por el deudor durante el período de cumplimiento del convenio tendrán la consideración de créditos concursales, criterio que también se aplica en los casos de apertura de oficio de la declaración por nulidad del convenio aprobado.

(iv) **Los créditos que resulten de prestaciones a cargo del concursado en los contratos con obligaciones recíprocas pendientes de cumplimiento** que continúen en vigor tras la declaración de concurso, **y los créditos por incumplimiento posterior a la declaración de concurso por parte del concursado** (art. 242.1.12.º). El primer inciso se refiere a los contratos sinalagmáticos no afectados por la declaración del concurso, en los que las obligaciones que pesan sobre el concursado, según se va produciendo su vencimiento, tendrán la naturaleza de créditos contra la masa, por lo que habrá que estar a lo dispuesto en los arts. 157 y 158; y el segundo inciso de la norma contempla los créditos nacidos del incumplimiento por el concursado obligado que haya tenido lugar con posterioridad al auto de concurso.

Algunos tipos contractuales. Análisis breve.

(a) En los contratos de *leasing* son dos las posiciones adoptadas por los tribunales. (i) La que entiende que el arrendador financiero, con la entrega del bien, ya ha cumplido la totalidad de sus obligaciones, por lo que no existirían obligaciones recíprocas pendientes de cumplimiento y, por lo tanto, en aplicación del art. 157, las cuotas vencidas durante el concurso formarían parte de la masa pasiva si bien con privilegio especial, de conformidad con el art. 270.4.º. (ii) Quienes entienden que la prestación del arrendador financiero está fraccionada y sujeta a vencimientos mensuales sucesivos, de forma que cada cuota mensual o renta es la contraprestación por la cesión del bien durante ese mes; por ello, sólo las cuotas vencidas antes de la declaración del concurso formarán parte de la masa pasiva, pues las vencidas con posterioridad tendrán la consideración de créditos contra la masa, de conformidad al art. 158. STS 2014:1105 y STS 2013:4918 han señalado la necesidad de estar al concreto clausulado de cada caso a los efectos de determinar si la reciprocidad contractual existe en la fase posterior del contrato, en la fase funcional, y, de este modo, determinar la naturaleza del crédito, si ordinario o contra la masa.

(b) **En el contrato de *renting***, las cuotas debidas con anterioridad a la declaración del concurso tendrán la consideración de crédito concursal y las posteriores, caso de no ser resuelto el contrato, de crédito contra la masa si los bienes arrendados son necesarios para la continuidad de la actividad empresarial.

(c) **El *swap* o permuta de tipos de interés** es el contrato por el que una entidad de crédito y su cliente acuerdan intercambiar sobre un capital nominal de referencia los importes resultantes de aplicar un coeficiente diferente del tipo de interés a un plazo determinado, de forma que, aleatoriamente, se juega con el diferencial de los tipos de interés que se intercambian. Respecto de las liquidaciones que se practiquen con posterioridad a la declaración del concurso, algún tribunal consideró que se trata de créditos contra la masa, pues estamos en presencia de obligaciones recíprocas; o incluso, no configurarlo como un contrato autónomo, pues está vinculado a otro principal que es el de préstamo o crédito, por lo que ha de seguir la clasificación que corresponde al contrato al que está vinculado y, tratándose de intereses, han de ser clasificados como subordinados. Sin embargo, en otro sentido, STS 2015:4918 ha señalado que en el *swap* vigente tras el concurso no hay obligaciones recíprocas pendientes de cumplimiento a cargo de ambas partes, pues no existe reciprocidad (sin perjuicio de que el riesgo sí sea bilateral por la aleatoriedad propia del contrato), son obligaciones autónomas, por lo que no merecen la sujeción al art. 158 y, en consecuencia, se consideran los créditos a favor del banco como créditos concursales ordinarios.

(d) **En los contratos de suministro** la declaración de concurso marca nuevamente la diferencia entre créditos concursales y créditos contra la masa, siendo de la primera clase los correspondientes a obligaciones devengadas antes de se produzca aquélla.

(e) **La compraventa de inmueble con precio aplazado** estando aquél pendiente de entrega. En tanto el contrato no sea voluntaria o judicialmente resuelto (art. 161, necesariamente por la vía del incidente concursal y ante el juez del concurso) no es posible reconocer a la parte compradora un crédito restitutorio actual contra la masa; la consecuencia de considerar al comprador de vivienda con precio aplazado y pendiente de entrega del bien adquirido como titular de un crédito contra la masa (consistente en la entrega de la vivienda comprada), conlleva la no obligación de proceder a la comunicación o insinuación del crédito, pudiendo, en consecuencia, ejercitar la acción de impugnación para el caso de haber sido, indebidamente, incluido su crédito en la lista de acreedores que conforma la masa pasiva.

(v) **Los créditos que resulten de obligaciones nacidas de la ley o de responsabilidad extracontractual por daños causados con posterioridad a la declaración de concurso y hasta su conclusión** (art. 242.1.13.º). Con la única excepción del art. 242.1.1.°. Así pues, realizamos nuestra exposición distinguiendo entre (a) las obligaciones legales o nacidas de la ley y (b) las obligaciones extracontractuales.

(a) **Obligaciones nacidas de la ley**. Entre ellas deben incluirse las obligaciones tributarias, las de la Seguridad Social y, por disposición expresa del art. 152.2, los intereses correspondientes a las deudas laborales al tipo legal. Analizamos algunos supuestos.

Obligaciones tributarias. Hay que atender al momento del devengo, esto es, cuando tiene lugar el hecho imponible, con independencia del momento de conclusión del plazo para el ingreso en el Tesoro (STS 2009:5679).

Sanciones administrativas. Hay que estar a la fijación de su nacimiento y no de su reconocimiento; aquél se produce con la realización del hecho o acto que constituye una infracción, lo que crea la posibilidad de la sanción; no hay que atender, por lo tanto, a la fecha de la resolución administrativa que impone la sanción, momento en que, simplemente, se produce su reconocimiento (STS 2011:719).

Derramas giradas por una junta de compensación. Ese organismo cumple primordialmente funciones administrativas de orden urbanístico, actuando en lugar de la propia Administración; también tiene indudable naturaleza pública el crédito que surge de la ejecución de obras de urbanización, sin perjuicio de la naturaleza privilegiada que les pueda corresponder a la luz de la legislación urbanística e hipotecaria al afectar las parcelas de resultado al pago de los costes de urbanización que le correspondan; en consecuencia, las cuotas o derramas devengadas por la junta de compensación tras la declaración de concurso de uno de sus miembros o integrantes tendrán la consideración de créditos contra la masa encuadrables en el art. 242.1.13.°, tratándose de créditos líquidos, vencidos y exigibles, sin perjuicio de la liquidación definitiva que proceda practicar en su momento, y por lo tanto no es procedente su calificación como créditos contingentes (STS 2014:3169).

Ejecución provisional de sentencia. También han merecido la calificación como obligación legal, la devolución de lo percibido en ejecución provisional de sentencia que posteriormente es revocada.

(b) **Obligaciones nacidas de responsabilidad extracontractual del concursado**. Las indemnizaciones declaradas por los tribunales con posterioridad al concurso no tendrán la consideración de créditos contra la masa cuando respondan a hechos acaecidos antes de la declaración del mismo, en la medida en que la causa que lo genera es anterior, pero si el hecho indemnizado tiene lugar con posterioridad al concurso entonces sí estaremos en presencia de un crédito contra la masa.

(vi) **Los créditos por intereses y frutos en caso de retraso de la obligación de entrega de los bienes y derechos de propiedad ajena** (art. 242.1.14.°).

(vii) **En caso de liquidación, los créditos concedidos al concursado antes de la apertura de la fase de liquidación, para financiar el cumplimiento del convenio aprobado por el juez**, según el plan de viabilidad presentado, si así se hubiera previsto en el convenio. La misma regla se aplicará a los créditos prestados por personas especialmente relacionadas con el deudor, será necesario que los créditos afectados por el plan representen más del sesenta por ciento del pasivo total, con deducción de los créditos de aquellas para calcular esa mayoría (art. 242.1.16.°).

(viii) **El 50 % del importe de los créditos derivados de la financiación interina o de la nueva financiación concedidos en el marco de un plan de reestructuración homologado** cuando los créditos afectados por ese plan represen-

ten al menos el 51 % del pasivo total (art. 242.1.17.º, *en su parte inicial*). Para el concepto de «financiación interina» y de «nueva financiación» hay que estar a lo dispuesto en los arts. 665 y 666.
La Ley 16/2022 introdujo, en la parte final del art. 242.1.17.º que, en el caso de que esa financiación haya sido concedida o comprometida por personas especialmente relacionadas con el deudor, será necesario que los créditos afectados por el plan representen más del sesenta por ciento del pasivo total, con deducción de los créditos de aquéllas para calcular esa mayoría. Ahora se permite la protección de esos créditos a cambio de que alcancen un determinado volumen del total del pasivo.

(ix) **Cualesquiera otros créditos a los que esta Ley atribuya expresamente tal consideración de créditos contra la masa** (art. 242.1.18.º). Se trata de una remisión a otros supuestos de configuración de créditos contra la masa recogidos en el Texto Refundido, no en cualquier otra norma, aunque lo sea de rango legal, pues se entiende que sólo la Ley Concursal puede reconocer la calificación de un crédito como contra la masa.

124. Pago de los créditos contra la masa

Créditos prededucibles (art. 244). El pago se hará con cargo a los bienes y derechos no afectos al pago de créditos con privilegio especial. Con carácter previo al pago de los créditos concursales; son, por lo tanto, créditos «de previo pago» (*cfr.* art. 429).

Momento del pago (art. 245.1). Los créditos por **salarios** que tengan la consideración de créditos contra la masa se pagarán de forma inmediata; y los **restantes** créditos contra la masa se pagarán a sus respectivos vencimientos. El pago de los créditos contra la masa, una vez devengados, puede requerirse de la AC y si ésta no atiende al pago, puede reclamarse mediante un incidente concursal; pero, lógicamente, mientras esté pendiente de liquidación o de determinación de su cuantía, no podrán ser abonados (STS 2016:2301). **Algunos supuestos que fueron objeto de debate**:

(i) **Retribución del AC.** Para la remuneración de la fase común, en postura mayoritaria, se dice que el vencimiento del crédito tiene lugar en el momento que fije el auto que aprueba su retribución o, caso de no fijarlo, en el momento en que proceda el pago de conformidad con el RD 1860/2004 regulador del arancel; conforme a su art. 8, la retribución correspondiente a la fase común se abonará en un 50 % dentro de los 5 días siguientes al de la firmeza del auto que la fije y el otro 50 % dentro de los 5 días siguientes a la firmeza de la resolución que ponga fin a la fase común; respecto de la retribución correspondiente a cada mes que transcurra de la fase de convenio o de la fase de liquidación, dispone el art. 10 que se percibirá a mes vencido dentro de los 5 primeros días de la mensualidad siguiente; por ello la STS 2016:2618 sostiene que en ningún caso cabe considerar que la fecha de vencimiento del crédito contra la masa sea la de aceptación del cargo, sino la de prestación efectiva de los sevicios y sujeta a los hitos temporales que establece el RD 1860/2004.

(ii) **Honorarios del letrado del concursado.** Vencen cuando se presta el servicio o al finalizar la fase procesal de que se trate.

Compensación de créditos. Es debatido si cabe la compensación de los créditos contra la masa con las eventuales deudas vencidas que el acreedor tenga con el concursado, por considerarse que no opera la prohibición establecida en el art. 153, que sólo afecta a los créditos concursales.

Innecesaria comunicación de créditos. Aun cuando no se exige la comunicación de los créditos contra la masa, será conveniente que el acreedor ponga en conocimiento de la AC la existencia del crédito para poder obtener de ésta su reconocimiento y pago. No está sujeta a plazo alguno, pudiendo serlo en cualquier estado del proceso concursal.

Alteración de la regla general de pago. La regla general de pago de los créditos contra la masa a su vencimiento podrá ser alterada por la AC (art. 245.3) si la masa activa fuera suficiente para la satisfacción de todos los créditos contra la masa; la postergación del pago de los créditos contra la masa no podrá afectar (i) a los créditos por alimentos, (ii) a los créditos laborales, (iii) a los créditos tributarios (iv) ni a los de la seguridad social.

Requisitos para la postergación: (i) Que lo considere conveniente para el interés del concurso, según un criterio objetivo. (ii) Que la masa activa sea bastante para el pago de todos los créditos contra la masa, pues de no ser así, el orden en el que se ha de hacer su pago vendrá fijado por el art. 250 de forma imperativa.

Reconocimiento de los créditos contra la masa (art. 246). Corresponde a la AC, pero sometido a control jurisdiccional (art. 247): las acciones relativas al reconocimiento o a la falta de reconocimiento de los créditos contra la masa y las de reclamación del pago se ejercitarán ante el juez del concurso por los trámites del incidente concursal.

Ejercicio de acciones judiciales de reclamación del pago. Con el fin de no comprometer la viabilidad de la actividad empresarial o profesional del concursado y permitir cierto desahogo, se suspende el ejercicio de tales acciones judiciales o administrativas (art. 248.1), que sólo podrán iniciarse a partir de la fecha de eficacia del convenio, sin que ello impida el devengo de los intereses, recargos y demás obligaciones. La STS 2014:5408 señaló que el único escenario en que podría admitirse una ejecución de créditos contra la masa es el que se abre con la aprobación del convenio, en el que se levantan los efectos de la declaración de concurso; una vez abierta la fase de liquidación no tiene sentido iniciar una ejecución separada contra la masa, pues contradice el carácter universal que supone la liquidación concursal, cuyas únicas excepciones lógicas vienen determinadas por las ejecuciones de garantías reales (siempre que se hubiesen iniciado antes de la apertura de la fase de liquidación); por ello, los titulares de créditos contra la masa lo que deberán hacer es instar su pago dentro de la liquidación. Una vez aprobado el convenio, al haber cesado con él la jurisdicción exclusiva y excluyente del juez del concurso, la ejecución habrá de ser interesada ante el órgano jurisdiccional ordinario que corresponda.

Límite temporal. La Ley no fija un límite temporal máximo para el ejercicio de esta acción, entendiéndose como tal la firmeza del auto que declara el cumplimiento del convenio, puesto que el hecho de que se produzca la aprobación judicial de un convenio, que no vincula a los titulares de créditos contra la masa, no significa que este incidente concursal quede vacío de contenido, pues la AC continuará en sus funciones en la tramitación del incidente no concluido.

No forman parte de la masa pasiva. Los créditos contra la masa no forman parte de la masa pasiva del concurso ni se incluyen, por ello, en la lista de acreedores del informe de la AC, sino en la relación separada del art. 293.1.2.°. No es el cauce de impugnación de la lista de acreedores el adecuado para pretender el reconocimiento de un crédito contra la masa, puesto que el objeto de dicho incidente es precisamente la inclusión o exclusión de créditos concursales, o la cuantía o clasificación de los créditos concursales reconocidos. Ese no es el caso del crédito que apareciendo en la lista como concursal su titular pretende que sea calificado como crédito contra la masa, pues en tal supuesto sí es procedente acudir al trámite impugnatorio de la lista de acreedores; la cuestión se plantea, especialmente, en los supuestos de acumulación de acciones de impugnación del listado y acciones en las que se pretende el reconocimiento de créditos contra la masa.

Plazo para el ejercicio de acciones por créditos contra la masa. No recoge el TRLC un plazo preclusivo concreto para el ejercicio de las acciones destinadas a impugnar el reconocimiento o calificación de un crédito contra la masa. Pese a ello, los tribunales, con el fin de evitar un abuso o ejercicio desleal de esta acción vienen exigiendo que se formule en un plazo razonable desde que el titular del crédito tuvo conocimiento de esa calificación, pues lo contrario supondría crear una situación de confianza en que el crédito no será impugnado.

LA MASA PASIVA

125. Introducción

Masa pasiva y créditos contra la masa. La distinción entre una y otra categoría se hace, con carácter general, en atención a un criterio temporal: las obligaciones del concursado posteriores a la declaración del concurso constituyen los créditos contra la masa y, en consecuencia, no forman parte de la masa pasiva. Sin embargo, y rompiendo con esa regla general, entre los créditos contra la masa se integran algunos supuestos que no se ajustan al criterio temporal señalado.

Principio de universalidad (art. 251). Todos los créditos contra el deudor, a la fecha de la declaración de concurso, quedarán de derecho integrados en la masa pasiva, estén o no reconocidos en el procedimiento, salvo que tengan la consideración de créditos contra la masa. La expresión «estén o no reconocidos en el procedimiento» supone incluir en la masa pasiva los llamados créditos «no concurrentes», esto es, los no comunicados o no reconocidos por la AC.

Régimen de gananciales u otro de comunidad (art. 251.2). Los créditos contra el cónyuge del concursado, que sean, además, créditos de responsabilidad de la sociedad o comunidad conyugal, quedarán integrados en la masa pasiva.

126. Llamamiento a los acreedores

El auto de concurso. Contendrá un llamamiento a los acreedores para que pongan en conocimiento de la AC la existencia de sus créditos en 1 mes desde la publicación de la declaración de concurso en el BOE (art. 28.1.4.º).

Comunicación individual complementaria (art. 252.1). El AC realizará una comunicación individualizada a los acreedores cuya identidad y domicilio consten en la documentación que obre en autos (la aportada por el deudor), informando de la declaración de concurso y del deber de comunicar los créditos. Cuando conste la dirección electrónica del acreedor, la comunicación se efectuará por medios electrónicos. De no constar, se efectuará por comunicación postal.

Acreedores en el extranjero (art. 738). Especialidades con la finalidad de facilitarles el ejercicio de sus derechos. Se les informará por escrito y mediante envío individualizado, salvo que el juez disponga cualquier otra forma por estimarla más adecuada, sobre las circunstancias que detalla la norma, en castellano y, en su caso, en cualquiera de las lenguas oficiales, pero en el encabezamiento de su texto figurarán también en inglés y francés los términos *«Comunicación para la presentación de créditos. Plazos aplicables»* (art. 740).

Comunicación individual obligatoria. Con independencia de que conste o no su condición de acreedores, la comunicación individual de la declaración de concurso es de obligado cumplimiento respecto de (art. 253): (1) la AEAT y (2) la TGSS; en ambos casos se efectuará a través de los medios que estén habilitados en las respectivas sedes electrónicas. (3) La representación de los trabajadores, si la hubiere, haciéndoles saber de su derecho a personarse como parte en el procedimiento (art. 254).

Reconocimiento de créditos no comunicados. Aun cuando un crédito no haya sido comunicado por su titular, podrá ser reconocido por la AC si su existencia resulta de la documentación contable del deudor, pese a lo cual es muy conveniente efectuar la comunicación del crédito con el fin de evitar riesgos a la luz de las consecuencias que la comunicación tardía de créditos o la falta de ella.

127. La comunicación de créditos

Comunicación de créditos (art. 255). Los acreedores anteriores a la declaración de concurso procederán a la comunicación a la AC de los créditos dentro del plazo de 1 mes a contar desde el día siguiente a la publicación en el BOE del auto de declaración del concurso (*cfr.* art. 28.1.4.°, al que se remite el art. 255); más que un deber, constituye una carga, pues se establece en su propio beneficio y no en el del concurso; su no observancia le depara al acreedor importantes desventajas.

Legitimación y mecanismos de comunicación (art. 257): (1) por escrito firmado (i) por el acreedor, (ii) por cualquier otro interesado o (iii) por quien acredite representación de ellos, que se dirigirá a la AC en el domicilio designado al efecto o (2) por medios electrónicos. Ésta presenta indudables ventajas, pues así le constará al AC la dirección electrónica del acreedor y, en consecuencia, estará obligado en su momento a remitirle las comunicaciones previas a la emisión de su informe y todas las demás comunicaciones que a lo largo de la Ley se le imponen.

Contenido del escrito de comunicación (art. 256). Expresará (i) nombre, (ii) domicilio y (iii) demás datos de identidad del acreedor, (iv) así como los relativos al crédito, su concepto, cuantía, fechas de adquisición y vencimiento, características y clasificación que se pretenda. Si se invocare un privilegio especial, se indicarán, además, los bienes o derechos de la masa activa a que afecte y, en su caso, los datos registrales. Y señalará (v) una dirección postal o una dirección electrónica para que la AC realice cuantas comunicaciones resulten necesarias o convenientes. Debe prevalecer una interpretación no formalista de estos requisitos de la comunicación.

Documentos que se aportarán con la comunicación (art. 256). Se acompañará copia del título o de los documentos relativos al crédito. Salvo que los títulos o documentos figuren inscritos en un registro público, la AC podrá solicitar los originales o copias autorizadas de los títulos o documentos aportados, así como cualquier otra justificación que considere necesaria.

Regla especial: pluralidad de concursos de deudores solidarios (art. 258). En caso de concursos de deudores solidarios, el acreedor o el interesado podrán comunicar la existencia de los créditos a la AC de cada uno de los concursos. El escrito presentado en cada concurso expresará si se ha efectuado o se va a efectuar la comunicación en los demás, acompañándose, en su caso, copia del escrito o de los escritos presentados y de los que se hubieren recibido. Tal prevención encuentra su justificación en el art. 438.1 que establece que la suma de lo percibido en todos los concursos no podrá exceder del importe del crédito, pues el exceso sería, evidentemente, un cobro indebido.

128. Consecuencia de la comunicación de créditos y de su omisión

Efecto de la comunicación del crédito dentro de plazo. La AC ha de proceder al examen del escrito y la documentación aportada, tomando la decisión que proceda en cuanto a su inclusión o no en la lista de acreedores con la calificación que corresponda, obligándole a pronunciarse de forma expresa al respecto, pues ha de recoger el crédito, bien en el listado de acreedores incluidos o bien en el de acreedores excluidos.

Efectos de la falta de comunicación del crédito o de su comunicación tardía (art. 281.1.1.º). Procederá su clasificación como subordinado. Se exceptúan de esta regla, y se procederá a su clasificación según corresponda, los supuestos recogidos en el art. 260 bajo la rúbrica de «reconocimiento forzoso de los créditos».

Comunicación extemporánea (art. 268). Una vez concluido el plazo de impugnación de la lista de acreedores y antes de la presentación de la lista definitiva, se podrán presentar nuevas comunicaciones de créditos. Estos créditos serán reconocidos o excluidos por la AC conforme a las reglas generales. No obstante, si fueran reconocidos, se clasificarán como créditos subordinados. Se exceptúa el supuesto en el que el acreedor justifique no haber tenido noticia de la existencia de los mismos antes de la conclusión del plazo de impugnación, en cuyo caso estos créditos serán clasificados según la naturaleza que les corresponda.

Debemos distinguir:

(1) **Si la comunicación del crédito se produce tardíamente, pero con anterioridad al vencimiento del plazo de la AC para la emisión de su informe provisional o bien no habiendo sido comunicados oportunamente sean finalmente incluidos en la lista por el juez al resolver sobre la impugnación de ésta**, procederá su calificación como crédito subordinado, salvo en los supuestos que antes mencionamos del art. 260, de reconocimiento forzoso de determinados créditos.

(2) **Si la comunicación se produzca después de que transcurra el plazo que la AC tiene para la emisión de su informe provisional o no llegue a ser comunicado**, el art. 268 dispone que tendrán la consideración de créditos subordinados, salvo que el acreedor justifique no haber tenido noticia antes de su existencia, en cuyo caso se clasificarán según su naturaleza; y a tal fin, la AC resolverá sobre ellos en la lista de acreedores definitiva.

Créditos no comunicados o no concurrentes. Conforme al criterio establecido por la STS 2016:4721 solo los créditos concursales reconocidos en la lista de acreedores son créditos concurrentes en el concurso, que otorgan un derecho efectivo a participar en el procedimiento concursal y a verse satisfechos con la masa activa. Los créditos no concurrentes, no resultan extinguidos (salvo que la causa de su no inclusión sea que así se haya declarado al resolver el incidente de impugnación de la lista de acreedores); la consecuencia de su no inclusión se limita a que no podrán ser satisfechos en el concurso con cargo a la masa activa, sino que lo serán, de ser posible, una vez concluido el concurso, ya con el remanente de la liquidación o con los nuevos bienes que pudieran entrar en el patrimonio del concursado una vez concluida la liquidación y con ella el concurso, o bien, en caso de convenio, una vez declarado el cumplimiento del mismo, pero naturalmente, en este caso con las quitas que hubiesen sido acordadas en él, pues en ningún caso su carácter de «no concurrentes» los puede hacer de mejor condición.

129. La lista de acreedores

Pluralidad de listas de créditos. Propiamente la denominación de «lista de acreedores» es incorrecta; ni se trata de una sola lista ni es de acreedores; en realidad debe hablarse de listas de créditos, pues un mismo acreedor podrá figurar con diferentes créditos.

Según el art. 286 los listados son:

(1) La relación de acreedores incluidos expresará:

(i) La identidad de cada uno de los acreedores.

(ii) La identificación del crédito, con indicación de su causa, la cuantía por principal y por intereses, fechas de origen y vencimiento de los créditos reconocidos de que fueren titulares.

(iii) Las garantías personales o reales prestadas o constituidas, con indicación del valor atribuido en el inventario, conforme a lo establecido en esta ley, al bien o derecho sobre el que se hubiera constituido la garantía.

(iv) La calificación jurídica de cada uno de los créditos de que el acreedor fuera titular, esto es, si ostentan algún privilegio (general o especial), o si son ordinarios o subordinados. En su caso se indicará en esa relación el carácter de condicionales, litigiosos o pendientes de la previa excusión del patrimonio del deudor principal que tuviera cada uno de los créditos. Además, los acreedores con privilegio general o especial, deberán estar incluidos en las siguientes subclases (art. 287): (1.º) Créditos de derecho público; (2.º) Los créditos laborales; se consideran tales los créditos de los acreedores por derecho laboral y los créditos de los trabajadores autónomos económicamente dependientes en cuantía que no exceda de la prevista en el número 1.º del artículo 280; no tendrán la consideración de créditos laborales los derivados de una relación laboral de carácter especial del personal de alta dirección en la parte que exceda de la cuantía prevista en el número 1.º del artículo 280. (3.º) Créditos financieros, entendiéndose por tales los derivados de cualquier endeudamiento financiero con independencia de que estén o no sometidos a supervisión financiera. (4.º) Resto de acreedores, entre los cuales se incluirán los acreedores por operaciones comerciales y los no incluidos en las categorías anteriores. Esta clasificación de los créditos privilegiados tendrá relevancia a los efectos de una eventual imposición por la mayoría de un arrastre en cuanto al sometimiento de los mismos al convenio, pese a tratarse de créditos privilegiados.

(v) Si las hubiere, se harán constar las diferencias entre la comunicación y el reconocimiento y las consecuencias de la falta de comunicación oportuna (art. 286.3).

(vi) Cuando el concursado fuere persona casada en régimen de gananciales o cualquier otro de comunidad de bienes, se relacionarán separadamente los créditos que sólo pueden hacerse efectivos sobre su patrimonio privativo y los que pueden hacerse efectivos también sobre el patrimonio común (art. 286.4).

(2) La relación de los acreedores excluidos expresará la identidad de cada uno de ellos y los motivos de la exclusión (art. 286.2). Éstos no limitarán, posteriormente, la defensa que el AC haga de su criterio en un eventual incidente interpuesto por el acreedor; siempre, naturalmente, que las nuevas alegaciones no resulten contradictorias con la justificación de la exclusión realizada en el informe, pues el AC, como los demás, no podrá ir contra sus propios actos.

(3) Lista de créditos contra la masa. En relación adjunta se detallarán y cuantificarán los créditos contra la masa devengados y pendientes de pago, con indicación de los vencimientos (art. 288). Los créditos contra la masa no forman parte de la masa pasiva del concurso y por ello no se incluyen en la lista de acreedores del informe de la AC, sino que lo serán en esta relación adjunta.

Fecha de referencia (art. 285). La lista vendrá referida a la fecha de solicitud del concurso.

Plazo de elaboración. Al ser partes integrantes del informe, la AC dispondrá de un plazo de 2 meses contados a partir de la fecha en que se produzca la aceptación del cargo (art. 290). Es objeto de una prórroga automática si el plazo de comunicación de créditos venciera después del plazo legal para la presentación del informe, hasta los 5 días siguientes a la conclusión del plazo de comunicación de créditos (art. 291.1); y puede ser prorrogado por el juez, en caso de que concurran circunstancias excepcionales, a solicitud de la AC, por tiempo no superior a 2 meses más.

Impugnación del listado de acreedores. La decisión de la AC sobre el reconocimiento de los créditos es susceptible de ser recurrida, por el cauce del incidente concursal (art. 297), ante el juez, mediante la impugnación del listado de acreedores que se integra en el informe.

130. Reconocimiento de créditos

Compete a la AC, bajo control jurisdiccional (art. 259). La AC determinará la inclusión o exclusión de los créditos en la lista de acreedores que se adoptará respecto de cada uno de los créditos. Esta actividad está sujeta al control jurisdiccional por el cauce de la impugnación de la lista de acreedores a través del correspondiente incidente concursal.

Objeto de reconocimiento. No se limita a sólo (i) los créditos que hubiesen sido comunicados por los acreedores, sino que también se extiende a (ii) los que resulten de la documentación del concursado y (iii) los que, por cualquier otra causa, consten en el concurso.

Naturaleza del reconocimiento. Es debatida la naturaleza declarativa o simplemente informativa de la inclusión de un crédito en la lista de acreedores, especialmente importante a la luz de la eventual obtención de la exoneración del pasivo insatisfecho.

Discrecionalidad de la AC. Goza de una gran discrecionalidad en el reconocimiento de los créditos, sin perjuicio, naturalmente, de la posterior revisión judicial en caso de ser impugnada la lista que elabore. No obstante, existen algunas normas especiales en la Ley que establecen, en unos casos, (i) el reconocimiento automático de algunos créditos (si bien los dos supuestos en que así ocurría fueron suprimidos por la Ley 16/2022), (ii) que imponen a la AC el reconocimiento en otros y (iii) que, para los supuestos de créditos de existencia incierta, establecen el régimen especial de los llamados créditos contingentes.

131. Créditos de reconocimiento forzoso

Supuestos (art. 260). La AC deberá reconocer, sin margen alguno de discrecionalidad:

(1) **Los créditos reconocidos por resolución procesal o por laudo, aunque no fueran firmes**; en este último caso, a falta de firmeza del laudo o resolución, se equiparan a los créditos sujetos a condición resolutoria del art. 261.1, a no ser que los consideremos como créditos contingentes en aplicación del art. 262, en su calidad de créditos litigiosos.

(2) **Los asegurados con garantía real inscrita en registro público**. Es un efecto específico de la fe pública registral.

(3) **Los que consten en documento con fuerza ejecutiva**, que son enumerados en el art. 518.2 LEC. No deben incluirse entre los mismos la letra de cambio, el pagaré ni el cheque, pues, pese a las similitudes entre el procedimiento ejecutivo y el juicio cambiario, con la vigente LEC estos instrumentos han perdido la fuerza ejecutiva que sí tenían bajo la anterior legislación procesal.

(4) **Los que consten en certificación administrativa**, es decir, los reconocidos por acto administrativo del que se haya expedido certificación, con independencia de que sea firme o no, pues en caso de no serlo se equipara a los créditos sujetos a condición resolutoria. La norma no es sino una traslación al ámbito concursal del principio de ejecutividad inmediata y de presunción de legitimidad de que gozan los actos administrativos (arts. 56 y 57 Ley 30/1992). El único margen de decisión posible para el AC queda limitado a la clasificación que merece el crédito público, todo ello sin perjuicio de la posibilidad que le asiste de impugnar el acto administrativo de que se trate (art. 260.2, *in fine*). No obstante, y para el supuesto de emisión de certificaciones sucesivas y de distinto contenido, la Administración emitente deberá justificar en qué conceptos han variado las partidas incluidas en la certificación inicial. Son debatidos los límites de este obligado reconocimiento; al respecto se ha señalado que la obligatoriedad sólo cubre a los créditos concursales (no a los créditos contra la masa) y que no da cobertura a conceptos en los que, pese a ser recogidos en la certificación administrativa, con claridad se evidencia que no han podido nacer o generarse, en cuyo supuesto tanto el AC como el juez, al resolver la impugnación, podrán excluir de la certificación tales partidas o créditos. En todo caso, la calificación de esos créditos corresponde a la AC, sin que esté vinculada al respecto por las pretensiones de la Administración certificante.

(5) **Los créditos de los trabajadores cuya existencia y cuantía resulten de los libros y documentos del deudor o por cualquier otra razón consten en el concurso**.

Alcance del reconocimiento forzoso. Es debatida la cuestión relativa a si en estos cinco supuestos los titulares de los créditos quedan eximidos de la preceptiva comunicación, pues se ha señalado que el precepto, en rigor, no dispensa de la carga de comunicar los créditos, sino que releva de la necesidad de acreditar su existencia; y, sólo en caso de no reconocimiento del crédito por la AC, el acreedor habrá de promover la impugnación de la lista de acreedores y, de resultar exitosa, no soportará las consecuencias de la eventual falta de comunicación.

Discrepancia. Por el carácter imperativo de su reconocimiento, la única posibilidad que, en caso de discrepancia, como dispone el art. 260.2, será que no obstante el reconocimiento, la AC, dentro del plazo para la emisión de su informe, podrá impugnar en juicio ordinario, los convenios o procedimientos arbitrales si concurriera fraude; la existencia y validez de los créditos asegurados con garantía real o que consten en documento con fuerza ejecutiva, así como, a través de los cauces establecidos al efecto por su legislación específica, los actos administrativos.

132. Supuestos especiales de reconocimiento

Supuestos especiales de reconocimiento. Comprende (i) los créditos sometidos a condición resolutoria, (ii) los litigiosos, (iii) los garantizados con un patrimonio adicional de responsabilidad, (iv) los créditos de derecho público de las Administraciones públicas y sus organismos públicos que resulten de procedimientos de comprobación o inspección, (v) los créditos contingentes y (vi) los créditos contra el concursado con deudor solidario o con fianza o aval de tercero.

Modificaciones. El art. 266 dispone que, si antes de la presentación de la lista definitiva de acreedores se hubiera cumplido la condición o hubiera acaecido la contingencia a que se refieren los artículos de esta subsección, la AC, de oficio o a solicitud del interesado, deberá incluir en esa lista las modificaciones que procedan. Esta norma debe ser puesta en relación con el art. 268 (sobre comunicaciones de créditos posteriores a la elaboración del informe) y el art. 308 (sobre modificaciones de los textos definitivos), que complementan la previsión contenida en el art. 266.

133. Créditos sometidos a condición resolutoria

Condición resolutoria. (i) Estando pendiente la condición, la obligación produce todos sus efectos como si fuese pura (art. 1113.2 CC), sin perjuicio de los efectos de la resolución. (ii) Una vez incumplida la condición la obligación se purifica. Y, (iii) si se cumple la condición, tiene lugar la retroacción de los efectos resolutorios, pues el art. 1123 CC impone que los obligados, cumplidas aquéllas, deberán restituirse lo que hubiesen percibido. En cuanto a las obligaciones de hacer y no hacer, se observará, respecto a los efectos de la resolución, lo dispuesto en el párrafo segundo del artículo 1.120 CC.

Régimen concursal. El art. 261 distingue según se haya cumplido o no la condición:

- **(i) Estando pendiente de cumplimiento la condición**, los créditos sometidos a condición resolutoria se reconocerán como condicionales y, en tanto no se cumpla la condición, disfrutarán de los derechos concursales que correspondan a su cuantía y calificación (art. 261.1).
- **(ii) En caso de cumplimiento de la condición** [resolutoria], podrán anularse, a petición de parte, las actuaciones y decisiones en las que el acto, la adhesión o el voto del acreedor condicional hubiere sido decisivo. Podrá, incluso, llegar a ser anulado el convenio que se alcance en el concurso si el voto o la adhesión del acreedor sujeto a condición resolutoria (posteriormente cumplida) hubiese sido determinante para la obtención de la mayoría necesaria. Las demás actuaciones se mantendrán, sin perjuicio del deber de devolución a la masa, en su caso, de las cantidades cobradas por el acreedor condicional, y de la responsabilidad en que dicho acreedor hubiere podido incurrir frente a la masa o frente a los acreedores (art. 261.2).
- **(iii) Una vez verificado definitivamente el incumplimiento de la condición** (añadimos nosotros), la obligación se purifica, perdiendo su naturaleza condicional y, también entonces, disfrutará de los derechos concursales que correspondan a su cuantía y calificación.

Medidas cautelares (art. 261.5). Cuando el juez del concurso estime probable el cumplimiento de la condición resolutoria o la confirmación del crédito contingente, podrá, a petición de parte, adoptar las medidas cautelares (i) de constitución de provisiones con cargo a la masa, (ii) de prestación de fianzas por las partes y (iii) cualesquiera otras que considere oportunas; no obstante, mientras el concurso se encuentre en fase común, al no haberse iniciado el pago de créditos concursales, no existe el peligro que estas medidas tratan de evitar, por lo que no parece que resulte procedente su adopción.

Créditos sujetos a condición suspensiva. Procede su calificación como créditos contingentes, siendo su régimen jurídico distinto al de los sujetos a condición resolutoria.

Cumplimiento de la condición. El art. 266 recoge los efectos derivados del cumplimiento de la condición, diciendo que, si antes de la presentación de la lista definitiva de acreedores se hubiera cumplido la condición o hubiera acaecido la contingencia, la AC, de oficio o a solicitud del interesado, deberá incluir en esa lista las modificaciones que procedan.

134. Créditos públicos

Normas especiales de calificación (art. 265).

(1) Créditos recurridos. Los recurridos en vía administrativa o judicial tendrán la consideración de créditos sometidos condición resolutoria, aun cuando su ejecutividad se encuentre cautelarmente suspendida; supone una implícita remisión al art. 261 y, por lo tanto, se hace necesario distinguir los tres supuestos que antes analizamos.

(2) Créditos por comprobación o inspección. Los créditos que pudieran resultar de procedimientos de comprobación o inspección se reconocerán como contingentes hasta su cuantificación, a partir de la cual tendrán el carácter que les corresponda con arreglo a su naturaleza sin que sea posible su subordinación por comunicación tardía.

(3) Sumas defraudadas. Igual criterio se ha de seguir respecto de las sumas defraudadas a la Administración tributaria o de la Seguridad Social desde que sea admitida a trámite una querella o denuncia contra el concursado; es decir, se calificarán como contingentes hasta que resulten reconocidos por sentencia.

(4) Liquidaciones vinculadas al delito. Se reconocerán como contingentes, hasta que recaiga sentencia firme.

(5) Autoliquidaciones y declaraciones. Cuando a la fecha de la declaración de concurso no se hubiera presentado alguna declaración o autoliquidación que sea precisa para la determinación de un crédito de derecho público o de los trabajadores, deberá cumplimentarse por el concursado, en caso de intervención, o por la AC cuando no lo realice el concursado o en caso de suspensión de las facultades de administración y disposición. Si, por ausencia de datos, no fuera posible la determinación de su cuantía deberá reconocerse como crédito contingente.

Modificaciones por la AC (art. 266). Si antes de la presentación de la lista definitiva de acreedores se hubiera cumplido la condición o hubiera acaecido la contingencia a que se refieren los artículos de esta subsección, la AC, de oficio o a solicitud del interesado, deberá incluir en esa lista las modificaciones que procedan.

135. Créditos contingentes

Tienen la consideración de créditos contingentes:

(1) **Los sujetos a condición suspensiva** (art. 261.3). En las obligaciones condicionales la adquisición de los derechos, así como la resolución o pérdida de los ya adquiridos, dependerán del acontecimiento que constituya la condición (art. 1114 CC); en consecuencia, en las condiciones suspensivas, cuando esté pendiente la condición, el acreedor no puede reclamar el cumplimiento de la obligación y el deudor que hubiese pagado puede repetir el pago.

Serán reconocidos en el concurso como créditos contingentes sin cuantía propia y con la clasificación que corresponda, admitiendo a sus titulares como acreedores legitimados en el procedimiento sin más limitaciones que la suspensión de los derechos de adhesión, de voto y de cobro. La confirmación del crédito contingente o su reconocimiento en sentencia firme o susceptible de ejecución provisional otorgará a su titular la totalidad de los derechos concursales que correspondan a su cuantía y clasificación.

Los créditos a plazo o a término no son créditos sujetos a condición y, por lo tanto, no tendrán la consideración de créditos contingentes. Especial interés presentan los supuestos de resolución unilateral de los contratos sinalagmáticos llevada a cabo al amparo del art. 1124 CC en caso de incumplimiento por una de las partes; tal resolución extrajudicial, si no existe conformidad entre los contratantes en cuanto a su procedencia y a sus consecuencias, dará lugar a un procedimiento judicial; si ese litigio aún no existe, si la demanda aún no fue interpuesta, los eventuales y discutidos créditos derivados de la resolución contractual no merecerán la calificación de créditos litigiosos, pero no quiere ello decir que no proceda su calificación como créditos contingentes, pues la decisión judicial será necesaria para la resolución del conflicto, constituyendo aquélla una *conditio iuris* respecto del nacimiento y cuantificación de las obligaciones derivadas del discutido incumplimiento contractual (STS 2014:2143).

Los créditos devengados por las juntas de compensación por derramas de urbanización no se entienden sujetos a condición suspensiva o resolutoria por cuanto si bien es cierto que están pendientes de una posterior liquidación definitiva, tal circunstancia no suspende la exigibilidad de los saldos provisionales, estando incluso facultada la junta de compensación para solicitar la expropiación de los terrenos del propietario moroso o interesar el cobro de la deuda por vía de apremio; por todo ello, las cuotas o derramas devengadas antes de la declaración de concurso del juntacompensante no deben ser calificados como créditos contingentes (STS 2014:3169).

(2) **Los créditos litigiosos**. Son aquellos sobre los que se ha suscitado una contienda procesal, es decir, se ha interpuesto una demanda antes de la presentación del informe provisional del AC, mientras no recaiga una resolución firme o susceptible de ejecución provisional que lo reconozca (STS 2016:4093); sin embargo, el art. 262, tras señalar que los créditos litigiosos seguirán el mismo régimen de los créditos sometidos a condición suspensiva, añade que, a los efectos de esta Ley, tendrá la condición de crédito litigioso desde que se conteste la demanda relativa al mismo, con lo que no basta con la interposición de la demanda para que tengan tal consideración, siendo necesario, además, que haya tenido lugar la presentación del escrito de contestación, lo que es conforme con el juego del art. 1535 CC que califica como litigioso un crédito desde la contestación de la demanda; sin embargo, hoy en día es generalizada la interpretación del precepto, a la luz de los arts. 401 y 411 LEC, en el sentido de que con la sola presentación de la demanda se produce la *perpetuatio iurisdictionis* y, en consecuencia, procede desde entonces la calificación del crédito como litigioso.

Pueden resultar de **actuaciones penales**, cuando claramente sea objeto de controversia en tal jurisdicción la validez o existencia del crédito; no obstante, la STS 2016:4093 declaró la necesidad de adoptar ciertas cautelas; es preciso que la AC y, en su caso, el juez del concurso que conozca del incidente de reconocimiento del crédito aprecien que las diligencias penales entrañan una clara y seria controversia sobre la realidad y existencia del crédito.

(3) **Los créditos, contra terceros, afianzados por el concursado**. El deudor concursado goza del beneficio de excusión, por lo que no se podrán hacer efectivos contra la masa sin la previa excusión del patrimonio del deudor principal. Por ello el art. 263.1 dice que se reconocerán como créditos contingentes mientras el acreedor no justifique cumplidamente a la AC haber agotado la excusión, confirmándose, en tal caso, el reconocimiento del crédito en el concurso por el saldo subsistente. En consecuencia, (i) si el acreedor obtiene el pago íntegro del deudor principal, no se integrará el crédito en la masa pasiva; y (ii) si no se obtiene pago alguno o solo un pago parcial, el crédito será reconocido en la masa pasiva en la cuantía que reste por ser satisfecha («saldo subsistente»).

¿Tal norma opera en los supuestos en que la responsabilidad del fiador o avalista concursado sea solidaria? Al no gozar éste del beneficio de excusión, se ha señalado que el reconocimiento del crédito lo será como puro y simple y no como contingente. Frente a esta tesis, se ha argumentado que aun cuando se pacte la fianza como solidaria, sigue siendo subsidiaria en el sentido de que para poder ir contra el fiador es preciso un incumplimiento previo del deudor principal, pues en eso, precisamente, se diferencia la obligación del fiador solidario de la obligación del deudor solidario; sólo cuando el deudor principal haya incumplido operará el beneficio de excusión si fue pactado o, si no lo fue, será entonces, y sólo entonces, cuando el acreedor podrá dirigirse contra el fiador solidario; de este modo el impago del deudor principal opera como una suerte de condición suspensiva respecto del nacimiento de la obligación del fiador concursado y, por ello, procede calificar tal crédito como contingente (STS 2014:2944).

(4) **Supuestos de créditos de derecho público** en los que, según analizamos bajo el epígrafe anterior, conforme al art. 265, procede su calificación como contingentes. Nos remitimos a lo allí expuesto.

Efectos de la calificación del crédito como contingente (art. 261.3). Serán reconocidos sin cuantía propia y con la calificación que corresponda:

(i) **Cuantía.** No pueden ser computados en el pasivo a efectos de mayorías para la aprobación de un convenio, razón por la cual el precepto les limita expresamente los derechos de adhesión y de voto (art. 261.2 y 3), además del de cobro. Sin perjuicio de hacer constar su cuantía a los meros efectos de facilitar información; nada más.

(ii) **Calificación.** Procederá incluirlos, según su naturaleza, entre los privilegiados, los ordinarios o los subordinados, significando en el listado de acreedores, naturalmente, su carácter de crédito contingente.

Medidas cautelares (art. 261.5). Cuando el juez del concurso estime probable la confirmación del crédito contingente, podrá, a petición de parte, adoptar medidas cautelares de (i) constitución de provisiones con cargo a la masa, (ii) de prestación de fianzas por las partes y (iii) cualesquiera otras que considere oportunas en cada caso.

Finalización de la contingencia (art. 261.4). La confirmación del crédito contingente o su reconocimiento en sentencia firme o susceptible de ejecución provisional otorgará a su titular la totalidad de los derechos concursales que correspondan a su cuantía y calificación. Pero, a diferencia de lo que se establece para los créditos sujetos a condición resolutoria, no será posible la anulación de las actuaciones anteriores, independientemente de la poca o mucha trascendencia económica que tenga el crédito contingente.

Si antes de la presentación de la lista definitiva de acreedores se hubiera cumplido la condición o hubiera acaecido la contingencia a que se refieren los artículos de esta subsección, la AC, de oficio o a solicitud del interesado, deberá incluir en esa lista las modificaciones que procedan.

Algunos supuestos de créditos contingentes. Vemos tres:

(1) **Créditos derivados del descuento bancario**. La entidad bancaria anticipa al descontatario el importe de los créditos que éste titula frente a terceros, haciéndolo contra la entrega de los documentos que ostenta, correspondiendo al banco exigir el pago de esos créditos a los deudores, de forma que, ante un eventual incumplimiento por el deudor, el descontante está obligado a responder ante el mismo, si bien la entidad crediticia siempre podrá dirigirse contra el deudor. El hecho de que el banco descontante pueda exigir el pago al descontatario (el concursado) si el tercero destinatario del efecto descontado no lo atiende al vencimiento, constituye una condición suspensiva conforme a la cual el descuento produce la plena transmisión de los créditos representados por los efectos, de modo que la titularidad es adquirida por la entidad descontante, a lo que no obsta que no lo sea con carácter definitivo, pues la cesión se efectúa «salvo buen fin» (el riesgo del pago corre a cargo del cedente), pues esa cláusula se entiende implícita en el descuento, por lo que si los efectos resultan impagados puede exigir el reintegro de la descontataria concursada; así será mientras el riesgo esté en curso, en tanto no se produce el vencimiento del efecto, pues si éste es pagado por el tercero, se extinguirá el crédito contra el concursado descontatario y si es definitivamente impagado, procederá el reconocimiento del crédito del banco como crédito ordinario, sin necesidad de proceder previamente a la restitución al concursado de los efectos impagados, que sólo será exigible contra el pago íntegro de la obligación cambiaria. Distinta es la calificación que procede cuando el concursado no es el descontatario del efecto sino el deudor cedido del crédito no vencido, pues el concursado que ha emitido un efecto es deudor frente al legítimo tenedor, con independencia de que esté o no vencido; se trata, simplemente, de una obligación sujeta a plazo, pero no a condición y por ello el crédito del banco será un crédito ordinario y no contingente.

(2) **Fianza o aval prestado por tercero en garantía del concursado**; el eventual crédito de regreso del fiador antes de haber efectuado el pago sería un crédito contingente del art. 261.3, por cuanto dependería de un acontecimiento futuro e incierto, aunque muy probable a la luz de la insolvencia del concursado afianzado o avalado; el fiador o avalista, una vez que ha efectuado el pago al acreedor, está legitimado para recuperar del deudor concursado lo que haya pagado, subrogándose en la posición del acreedor satisfecho, beneficiándose así de la antigüedad del crédito garantizado y de sus privilegios y garantías por la cantidad total pagada (*cfr.* art. 1839 CC); respecto de los intereses pagados por el fiador o avalista, conlleva la calificación del crédito por los mismos como subordinado por aplicación del art. 281.1.3.° (STS 2012:3802).

(3) **El contrato de factoring** permite la simultánea prestación por el factor, generalmente asumiendo el riesgo de la insolvencia del deudor cedido y financian-

do al cedente de los créditos. Se admiten dos modalidades: **(i) el *factoring* con recurso o impropio** (se prestan los servicios de gestión de cobros y de financiación) y **(ii) el *factoring* sin recurso o propio** (además, se presta una garantía por el factor, quien asume el riesgo de la insolvencia del deudor en los términos pactados en el contrato); tal distinción tiene importancia a los efectos de un eventual concurso del acreedor cedente, pues en el segundo el crédito del factor será contingente (sujeto a la condición de que resulte impagado por el tercero deudor) mientras que en el primero, el factor carece de crédito alguno contra el cedente concursado al haber asumido el riesgo del impago por el tercero deudor.

136. Créditos con deudor solidario o con fianza de tercero

Créditos con fianza de tercero (art. 263.2). Los créditos en los que el acreedor disfrute de fianza de tercero se reconocerán por su importe sin limitación alguna y sin perjuicio de la sustitución del titular del crédito en caso de pago por el fiador. Venían señalando los tribunales que en el caso de fianza solidaria prestada por tercero, con renuncia a los beneficios de excusión y división, la obligación de pago asumida por el garante es una obligación distinta y autónoma de la garantizada y, en consecuencia, el fiador es un deudor pleno por lo que no se considerará como una obligación sujeta a condición (el impago por el deudor principal) y por ello no tendrá el carácter de contingente; sin embargo la STS 2014:2944 señaló que en la fianza solidaria la obligación del fiador sigue siendo subsidiaria, pues para que nazca la exigibilidad es necesario un previo incumplimiento por el deudor principal, de lo que se derivaría su contingencia; por ello actúa como una suerte de condición suspensiva a la que le es de aplicación el régimen del art. 261.3; de esta forma, mientras el crédito frente al deudor principal no sea exigible por no haber vencido, no se cumple la condición del incumplimiento del deudor principal y, por lo tanto, el crédito frente al fiador solidario debe ser reconocido en el concurso de este último como contingente.

Reclasificación del crédito por pago por el fiador (art. 263.2). Una vez realizado el pago, con subrogación del fiador en la posición jurídica del acreedor afianzado, la AC deberá reclasificar el crédito optando por la clasificación de inferior grado de entre las que correspondan al acreedor o al fiador, es decir, por la que resulte menos gravosa para el concurso.

Créditos con obligados solidarios con el concursado. La declaración del concurso y la comunicación del crédito por el acreedor, no le impiden a éste ejercitar cuantas acciones le asistan frente a los demás obligados solidariamente con el concursado, bien por ser éste codeudor o fiador o avalista solidario, con independencia de que el crédito sea calificado como concursal o contra la masa. El juez del concurso, naturalmente, no será competente en las reclamaciones judiciales que se entablen por el acreedor contra esos obligados solidariamente con el concursado, al no existir una situación de litisconsorcio pasivo necesario entre los diferentes obligados.

Cobro parcial del crédito (art. 264). Respecto de estos supuestos, a solicitud del acreedor que hubiese cobrado parte de su crédito de un avalista, fiador o deudor solidario del concursado, podrán incluirse a su favor en la lista de acreedores tanto el resto de su crédito no satisfecho como la totalidad del que, por reembolso o por cuota de solidaridad, corresponda a quien hubiere hecho el pago parcial, aunque éste no hubiere comunicado su crédito o hubiere hecho remisión de la deuda. La norma está relacionada con lo dispuesto en el art. 437 conforme al cual el acreedor que, antes de la declaración de concurso, hubiera cobrado parte del crédito de un deudor solidario, de un fiador o de un avalista del deudor tendrá derecho a obtener en el concurso del deudor los pagos correspondientes a aquéllos hasta que, sumados a los que perciba por su crédito, cubran el importe total de éste. Ambos preceptos resultan de la aplicación al concurso del art. 1213 CC, conforme al cual el acreedor a quien se hubiese hecho un pago parcial puede ejercitar su derecho por el resto con preferencia al que se hubiere subrogado en su lugar en virtud del pago parcial del mismo crédito. Tal preferencia explica que el art. 264 le permita al acreedor exigir que en la lista aparezca su derecho al total de la deuda, aunque el tercero subrogado no hubiese comunicado su crédito o, incluso, hubiese perdonado al deudor (*Cfr.* STS 2012:2876). No obstante, conviene recordar que no todo pago de una deuda ajena produce la subrogación del que paga en la posición del acreedor; ésta sólo tiene lugar, según el art. 1209 CC, cuando lo dispone la ley (así, en los casos previstos en el art. 1210 CC) o por acuerdo entre el *solvens* y el acreedor (*cfr.* art. 1159 CC); fuera de esos casos, el pago hecho por tercero sólo dará lugar al nacimiento de un crédito nuevo a favor del solvens (al reembolso de todo lo pagado o de sólo aquello en que le hubiese sido útil el pago al deudor, *cfr.* art. 1158 CC).

137. Cuantificación de los créditos

Regla general. Es obligación de la AC proceder, con la elaboración de la lista de créditos que integran la masa pasiva, a su cuantificación. Como quiera que éstos pueden consistir en dar, hacer o no hacer alguna cosa (art. 1088 CC), y entre los primeros lo que se ha de entregar no necesariamente consistirá en dinero, la Ley establece que, a los solos efectos de la cuantificación del pasivo, todos los créditos que se reconozcan se computarán en dinero y se expresarán en moneda de curso legal [en euros], sin que ello suponga su conversión ni modificación (art. 267.1). Esta labor es necesaria para poder fijar el importe total que alcanza la masa pasiva y, en consecuencia, establecer las mayorías necesarias para la aprobación del convenio.

Supuestos especiales (art. 267). Cuantificación con especialidades:

(1) **Prestaciones dinerarias expresadas en otra moneda.** Se computarán en la de curso legal según el tipo de cambio oficial en la fecha de declaración del concurso.

(2) **Prestaciones no dinerarias.** Las obligaciones consistentes en dar cosa distinta, las de hacer y no hacer se computarán por el valor de las prestaciones o del bien en la fecha de la declaración de concurso.

(3) **Prestaciones dinerarias futuras** (todavía no vencidas). Se computarán por su valor a la fecha de la declaración de concurso, conforme al tipo de interés legal vigente en ese momento, por medio del correspondiente descuento de su valor.

138. Transmisión de créditos de la masa pasiva

Venta o cesión de un crédito antes del concurso. Es un negocio lícito, expresamente permitido por la ley (*cfr.* art. 1526 CC), que únicamente exige la comunicación al deudor con el fin de que el eventual pago efectuado por éste al antiguo acreedor no le libere de la obligación (art. 1527 CC). No obstante, el TRLC establece unos efectos especiales que produce la cesión de créditos cuando están integrados en la masa pasiva, distinguiendo según se produzca antes o después de la declaración de concurso. Así, salvo prueba en contrario, se presumen personas especialmente relacionadas con el concursado los cesionarios o adjudicatarios de créditos pertenecientes a cualquiera de las personas especialmente relacionadas con el concursado (véanse los arts. 282 y 283) siempre que la adquisición se hubiere producido dentro de los dos años anteriores a la declaración de concurso (art. 284).

Venta o cesión posterior al concurso (art. 352.1). No tendrán derecho de adhesión a la propuesta de convenio las personas especialmente relacionadas con el concursado que hubiesen adquirido un crédito ordinario o privilegiado por actos entre vivos después de la declaración de concurso.

139. Giro de facturas rectificativas

Finalidad. Pretende que los acreedores del concursado puedan recuperar las cantidades devengadas en virtud del IVA en las facturas giradas con anterioridad al concurso e impagadas por causa de la declaración de éste. El art. 80.3 de la Ley 37/1992, del IVA, les permite girar facturas rectificativas de la base imponible, en el plazo de 1 mes desde el siguiente a la publicación de la declaración de concurso en el BOE, con el fin de que sea la Hacienda Pública la que pase a asumir el riesgo del impago en lo que a esa cuota del IVA se refiere, siendo acreedora por ese importe. Como consecuencia de la emisión de las facturas rectificativas el acreedor emisor de las mismas pasará a ostentar un menor crédito frente al deudor y la Agencia Tributaria un mayor crédito. La emisión de las facturas rectificativas deberá ser comunicada por el acreedor a la Agencia Tributaria y a la AC.

Liquidaciones de la AEAT. Respecto del conflicto que pueda surgir en relación con las liquidaciones provisionales del IVA practicadas por la AEAT a la concursada como consecuencia de haber sido giradas facturas rectificativas por acreedores que no han cobrado sus facturas, se ha señalado que tales liquidaciones del IVA no vulneran la jurisdicción del juez del concurso, pues compete a la AEAT modificar la base imponible y la cuota tributaria del IVA cuando los acreedores emiten las facturas rectificativas del IVA repercutido a la entidad concursada; no se trata ni de una compensación de créditos ni de la declaración de una prioridad de los créditos a favor de la Administración, sino del estricto reconocimiento de su potestad para la determinación de las cuotas tributarias; en este sentido, ha señalado el TS que «la operación constituye una actualización de la liquidación de la cuota tributaria, prevista expresamente en la Ley y motivada por un hecho posterior a la declaración de concurso que afecta directamente a la determinación de la base imponible de un determinado período, y por ende al cálculo de dicha cuota»; aunque, naturalmente su ulterior calificación como crédito concursal o como crédito contra la masa ya no le competerá a la AEAT, sino al AC. Queda abierta la cuestión sobre si la competencia para conocer de los recursos contra las liquidaciones tributarias efectuadas por la AEAT le corresponde al juez del concurso o la jurisdicción contencioso-administrativa.

CLASIFICACIÓN DE LOS CRÉDITOS DE LA MASA PASIVA

140. Principio de igualdad y clasificación

Principio de igualdad de los acreedores. El principio de la *par conditio creditorum* hace necesaria la clasificación de los créditos que integran la masa pasiva en tres categorías (art. 269.1) privilegiados, ordinarios y subordinados, que no podrán ser alteradas por el convenio (art. 318.1.2.º).

(1) **Créditos ordinarios.** Categoría residual; comprende los que no tengan la consideración de créditos privilegiados o subordinados (art. 269.3).

(2) **Créditos privilegiados.** Son los que otorgan a su titular algún privilegio;

   (i) **de carácter especial**, si afectan a determinados bienes o derechos de la masa activa, de forma que puedan dar lugar a su ejecución separada; o bien,

   (ii) **de carácter general**, si afectan a la totalidad de esa masa, sin que se admita ningún privilegio o preferencia que no esté reconocido en la Ley (art. 269.2).

   Privilegios no reconocidos en el Texto Refundido. La prohibición del art. 269.2 lleva a rechazar un privilegio en el ámbito concursal cuando el mismo no es expresamente recogido por aquella Ley, como sucede con **(i)** la afección real que a favor de las comunidades de propietarios de edificios establece el art. 9.1.e de la Ley 49/1960, de **propiedad horizontal**; **(ii)** la simple práctica de la **anotación de un embargo** en el RP no conlleva privilegio alguno al acreedor.

(3) **Créditos subordinados.** Son vistos con disfavor; por ello se les priva del derecho de adhesión para la aprobación de un convenio y sólo les reconoce derecho a cobrar después de los ordinarios.

Créditos con naturaleza varia. Un mismo crédito puede tener una doble o, incluso, triple naturaleza; una hasta una cuantía y otra distinta a partir de ella.

141. Créditos con privilegio especial

Régimen jurídico. Son aquellos en los que un bien o un derecho afecto al crédito va a ser destinado, ante todo, a su pago, con preferencia incluso respecto de los acreedores contra la masa, cuyo derecho de predetracción cede ante el acreedor con privilegio especial.

(1) **Ejecución separada**. Llevan aparejada la posibilidad de una ejecución separada, al margen del procedimiento concursal, sobre el bien o derecho afecto (excepto los créditos refaccionarios); no obstante, se establece una **limitación temporal** para instarla cuando se trata de **bienes necesarios** para el desarrollo de la actividad empresarial o profesional del concursado, hasta **(i)** que se apruebe un convenio cuyo contenido no afecte al ejercicio de este derecho o **(ii)** transcurra un año desde la declaración de concurso sin que se hubiera producido la apertura de la liquidación; esta limitación temporal, sin embargo, no es aplicable a las garantías constituidas sobre buques y aeronaves. Incluso se prevé la **suspensión de las actuaciones ejecutivas**, con la sola excepción de que se incorpore al procedimiento testimonio de la resolución del juez del concurso que declare que los bienes o derechos objeto de la ejecución no son necesarios para la continuidad de la actividad empresarial o profesional del deudor.

La AC puede **pagar** estos créditos durante la tramitación del concurso, a diferencia de lo que sucede con los demás acreedores integrados en la masa pasiva.

(2) **No vinculación al convenio**. Si no se promueve la ejecución separada del crédito durante la fase común del concurso, el acreedor privilegiado no queda sujeto al convenio, salvo que haya ejercido su derecho de adhesión, sometiéndose de este modo de forma voluntaria. Tras la reforma operada por el RD-L 11/2014, que introdujo en la legislación concursal una clasificación cuatripartita de los créditos privilegiados, recogida hoy en el art. 287, que distingue entre (i) los acreedores laborales, (ii) públicos, (iii) financieros y (iv) el resto de acreedores, con la finalidad de que, por el juego de unas mayorías especialmente reforzadas, los créditos privilegiados de determinada clase puedan verse ***«arrastrados»*** a la vinculación de un convenio.

(3) **Libertad para el ejercicio de acciones**. La aprobación del convenio o el transcurso de 1 año desde la declaración del concurso produce el alzamiento de las medidas que afectan a los créditos con privilegio especial; desde ese momento el acreedor podrá libremente ejercitar las acciones, bien mediante la ejecución de las garantías o bien mediante el correspondiente procedimiento declarativo que lleve a la ejecución general.

(4) **Liquidación**. El acreedor tiene derecho al cobro sobre el objeto de la afección, antes que los titulares de un privilegio general, sin que se pueda destinar el bien afecto ni siquiera al pago de los créditos contra la masa, pues el art. 244 dispone que el pago de *éstos* se hará con cargo a los bienes y derechos no afectos al pago de créditos con privilegio especial.

(5) **Limitación por el valor de la garantía**. **Sólo alcanzará a la parte del crédito que no exceda del valor de la respectiva** garantía (art. 272), para lo cual se ha de partir de la determinación del valor razonable de los bienes y derechos sobre los que se ha constituido la garantía (art. 273 con carácter general y art. 274 para el concreto caso de la valoración de viviendas terminadas). Una vez fijado el **valor razonable del bien o derecho**, para calcular el límite del privilegio especial, el art. 275 impone la realización de **dos deducciones**; (i) equivalente al 10 % del valor razonable del bien o derecho sobre el que se constituye la garantía; y (ii) el importe de los créditos pendientes que gocen de garantía preferente sobre el mismo bien o sobre el mismo derecho. El art. 275 no se trata de una norma aplicable en la liquidación. Entonces será de aplicación el art. 430.3 y el precepto omite cualquier referencia al valor de la garantía, pues se refiere a la «deuda originaria», tal y como señala la STS 2019:1222.

Créditos con privilegio especial fuera del Texto Refundido.

- (i) **Créditos con privilegios sobre las aeronaves**: (1) La hipoteca. (2) Los impuestos del Estado por la última anualidad y la parte vencida de la corriente. (3) Los salarios de la tripulación por el último mes. (4) Los créditos de las aseguradoras por las dos últimas anualidades. (5) Las indemnizaciones establecidas por la Ley de Navegación Aérea por reparación de daños causados a personas o cosas. (6) Los gastos de auxilio o salvamento de la aeronave, accidentada o en peligro. Los titulares de estos créditos pueden hacer efectivo el derecho de separación, mediante el ejercicio de la acción de realización forzosa, sobre el buque o la aeronave, por el cauce establecido en los arts. 861 LEC y ss. Estas acciones de ejecución serán conocidas por el juez del concurso, que goza de jurisdicción exclusiva y excluyente.
- (ii) **Créditos con privilegios sobre los buques**: (1) La hipoteca naval. (2) Los impuestos a favor del Estado, provincias o municipios, devengados por el buque en su último viaje o durante el año inmediatamente anterior. (3) Los derechos de pilotaje, tonelaje y otros de puertos, y los sueldos debidos al capitán y tripulación, devengados durante el último viaje del buque. (4) Las primas de los seguros de la nave de los dos últimos años. (5) El reembolso de los efectos del cargamento vendido por el capitán para reparar el buque y la indemnización debida a los cargadores por el valor de los géneros embarcados que no se hayan entregado a los consignatarios, o por averías sufridas por responsabilidad del buque, siempre que hayan sido aprobadas por el juez. (6) Bajo determinadas circunstancias, en cuyo examen en detalle no entraremos, las sumas tomadas a préstamo a la gruesa, los créditos refaccionarios (todos referidos al último viaje) y los créditos litigiosos que antes de la inscripción hipotecaria hubiesen sido anotados preventivamente en el Registro.

Créditos con privilegio especial en el Texto Refundido (art. 270):

(1°) Hipoteca y prenda sin desplazamiento. Los créditos garantizados con hipoteca legal o voluntaria, inmobiliaria o mobiliaria, o con prenda sin desplazamiento, sobre los bienes o derechos hipotecados o pignorados.

Hipotecas inmobiliarias. Es necesaria su inscripción en el RP (art. 271.1). Se exceptúan de la exigencia de inscripción las **hipotecas legales tácitas** (*cfr.* art. 194 LH y art. 78 LGT). Un supuesto especial lo constituyen las obligaciones derivadas de los **planeamientos de ordenación urbanística**, en las que se otorga una preferencia de cobro sobre el bien afectado por encima de cualquier otro derecho inscrito con anterioridad por lo que cabe hablar de la existencia de un supuesto asimilado a una hipoteca legal tácita a los efectos del art. 270.1.°, cuya constancia en el RP, aunque no a través de la inscripción como tal hipoteca, otorga el derecho a exigir que se convierta de forma expresa con tal carácter (*cfr.* art. 158. LH y STS 2014:3169).

Devengo de intereses; la garantía hipotecaria cubre los intereses remuneratorios y los moratorios, dentro del límite previsto en el art. 114 LH, pero con un distinto régimen jurídico para unos y otros en el ámbito concursal; (i) los remuneratorios, lo serán tanto los devengados antes de la declaración del concurso, como los generados con posterioridad, en aplicación del art. 152.2; pero (ii) los moratorios, tan solo serán los anteriores a la declaración de concurso (STS 2019:1222).

Hipoteca mobiliaria y **prenda sin desplazamiento** (art. 3 LHMyPSD). Se constituirán en escritura pública que debe ser inscrita en el Registro.

La garantía ha de gravar bienes del patrimonio del concursado. En caso de **(i) hipoteca constituida sobre bienes de un tercero** el crédito garantizado (contra el concursado) no gozará de privilegio especial y, de igual modo, cuando el concursado sea tan solo un **(ii) hipotecante no deudor**, al no existir deuda del concursado, tampoco podrá hablarse de crédito singularmente privilegiado (STS 2022:969) y, en consecuencia, en el concurso del hipotecante no deudor el crédito garantizado con la hipoteca ni siquiera debe aparecer en la lista de acreedores, porque, propiamente, no es acreedor del hipotecante; frente al hipotecante no deudor, el acreedor hipotecario no ostenta ningún crédito.

Hipoteca de máximo. El caso más frecuente es el de la **hipoteca en garantía de cuenta corriente de crédito** (art. 153 LH); para poder invocar la garantía real hipotecaria es necesario que se determine y concrete el crédito garantizado, que surge novado una vez que el mismo es incluido en la cuenta corriente especial afectada a la garantía hipotecaria; el crédito asegurado con la hipoteca no lo constituyen las distintas operaciones concertadas *extra* hipotecariamente, sino el saldo definitivo resultante de la ejecución de aquellos contratos; de ahí la necesidad de que se efectúe un cargo o anotación en la cuenta corriente afecta a la hipoteca de forma que la carga hipotecaria se constituye para la garantía del saldo que arroje esa cuenta corriente y no las referidas operaciones *extra* hipotecarias. Procederá la calificación como créditos singularmente privilegiados sólo de aquellos créditos que, en el momento ser dictado el auto de declaración de concurso de acreedores, figuren ya anotados o asentados por el banco en la cuenta corriente especial afecta a la garantía hipotecaria.

(2.º) Los créditos garantizados con anticresis, sobre los frutos del inmueble gravado. Por la anticresis el acreedor adquiere el derecho de percibir los frutos de un inmueble de su deudor, con obligación de aplicarlos al pago de los intereses, si se debieren, y después al del capital de su crédito (art. 1881 CC). El Código civil no recoge requisitos especiales en cuanto a su forma, por lo que regirán las reglas generales de los arts. 1278 y 1280 CC.

(3.º) Los créditos refaccionarios, sobre los bienes refaccionados, incluidos los de los trabajadores, sobre los objetos elaborados mientras sean propiedad o estén en posesión del concursado.

- (i) **En el caso de los muebles,** el privilegio cesa cuando el bien entra en posesión de un tercero, por el juego del art. 464 CC.
- (ii) **Respecto de los inmuebles**, para que sea oponible frente a terceros y por lo tanto gozar de la clasificación con privilegio especial, salvo cuando se trate de créditos refaccionarios de los trabajadores, es necesaria la anotación preventiva del crédito en el RP a favor del acreedor refaccionario (art. 42.8 y 59 LH y 155 a 160 RH), que únicamente puede ser solicitada mientras duren las obras que sean objeto de refacción, y que tiene efectos análogos a los de la hipoteca (art. 59 LH), previéndose la posibilidad de su conversión en hipoteca si transcurridos los 60 días de caducidad de la anotación preventiva no se hubiera aun pagado por completo el crédito (*cfr.* arts. 94 y 95 LH). *Cfr.* STS:2014:1764. Para que exista un crédito refaccionario privilegiado es necesario que los bienes sean propiedad o estén en posesión del concursado.

Naturaleza especial. No otorga un derecho de ejecución especial y separada, salvo que se obtenga su anotación preventiva, en cuyo caso se equipara a la hipoteca.

(4.º) Leasing y compraventa con precio aplazado. Los créditos por contratos de **(i)** ***leasing*** o arrendamiento financiero y **(ii) compraventa de muebles o inmuebles con precio aplazado garantizado con (a) pacto de reserva de dominio o (b) con prohibición de disponer o (c) con condición resolutoria**.

No obstante, se ha señalado que el privilegio sólo tiene sentido en los casos en que se haya transmitido la titularidad del bien al concursado, pues en caso de reserva de dominio o en el caso del arrendamiento financiero el acreedor continúa siendo propietario del bien, y en consecuencia podrá ejercer su derecho de separación, de ahí que no se comprenda el reconocimiento de un privilegio especial sobre un bien que es de su propiedad. Por ello, precisamente, para que se reconozca el privilegio es necesario que los bienes gravados se encuentren aun en el patrimonio del concursado, formando parte de la masa pasiva, por lo que no cabrá reconocer privilegio alguno en los casos en que tales bienes hayan sido transmitidos a terceros.

Por otra parte, el privilegio alcanza única y exclusivamente a las cuotas de arrendamiento financiero o a los plazos del pago del precio en la compraventa, pero no a otros créditos nacidos del mismo contrato, como pudieran ser las cláusulas penales, indemnizaciones o intereses de demora.

La exigencia del art. 271.1, relativa a su constitución con los requisitos y formalidades previstos en la ley para su oponibilidad a terceros, implica la necesidad de la inscripción en el RP o, en su caso, en el RBM (*cfr.* art. 16 y DA 1.ª LVPBM); sin embargo, la STS:2011:5837, en lo que se refiere al *leasing* mobiliario, contempla la inscripción como una mera posibilidad no revestida del carácter de esencialidad, por lo que el crédito será privilegiado aunque no esté inscrito; señala que el arrendador financiero está facultado para reclamar el cumplimiento de las obligaciones derivadas del contrato mediante el ejercicio, entre otras, de la acción ejecutiva sobre el patrimonio del deudor (siempre que su título conste en alguno de los documentos del art. 517.2 LEC); y, por otra parte, se le permite también al arrendador financiero, en caso de incumplimiento contractual, la recuperación del bien, con tal de que conste en documento del tipo dicho o inscrito en el RVPBM.

En cualquier caso, la opción del arrendador por reclamar el abono de las rentas vencidas y por vencer en lugar de la resolución del vínculo con la consiguiente recuperación del bien, no constituye impedimento para la calificación del crédito como privilegiado.

Alcance cuantitativo del privilegio. Da cobertura al importe total de la cuota, incluyendo por lo tanto el propio coste y los intereses ordinarios; no obstante, se distingue respecto de las cantidades fijadas contractualmente para el caso de resolución, pues si sustituyen a la indemnización de los daños y perjuicios derivados del incumplimiento, este crédito será indemnizatorio y por lo tanto ordinario (no privilegiado); mientras que, si tiene una naturaleza sancionadora, será subordinado.

Renting o **arrendamiento empresarial.** Los tribunales vienen a equipararlo al simple arrendamiento y no al *leasing* o arrendamiento financiero, por lo que no se le reconoce privilegio alguno.

Permuta de suelo por obra futura. Aunque no es propiamente una compraventa con precio aplazado, la STS 2015:561 le considera aplicable el precepto, y en consecuencia califica el crédito como privilegiado, en el que se garantizaba la entrega de las viviendas mediante condición resolutoria inscrita en el RP, sin que altere esa conclusión el hecho de que la entrega de las futuras viviendas estuviese también garantizada mediante aval.

(5.º) Créditos con garantía de valores anotados en cuenta. Los créditos con garantía de valores representados mediante anotaciones en cuenta, sobre los valores gravados. El supuesto típico de garantía en estos casos será la prenda.

Requisito común a los cinco primeros supuestos (art. 271.1). Deberán tener constituida la respectiva garantía antes de la declaración de concurso con los requisitos y formalidades establecidos por la legislación específica para que sea oponible a terceros, salvo que se trate de los créditos con hipoteca legal tácita o de los créditos refaccionarios de los trabajadores.

(6.º) Prenda. Los créditos garantizados con prenda constituida en documento público, sobre los bienes o derechos pignorados que estén en posesión del acreedor o de un tercero. Si se tratare de prenda de créditos de la masa activa, será suficiente con que la constitución de la garantía conste en documento con fecha fehaciente anterior a la declaración de concurso.

Requisitos. Será necesario que el bien pignorado esté en poder del acreedor pignoraticio o de un tercero, siempre que la garantía haya sido constituida en documento público, sin necesidad de publicidad registral alguna. Sin embargo, respecto de los créditos garantizados con prenda de créditos, para que gocen del carácter de privilegiados, bastará que consten en documento con fecha fehaciente, sin que sea necesario que se trate de documento público. En la prenda de créditos se venía sosteniendo que el desplazamiento posesorio era sustituido por la notificación al deudor cedido. Sin embargo, se ha consolidado una línea jurisprudencial en la que se afirma que, a efectos de su oponibilidad a terceros y en especial a los acreedores del pignorante, no es necesario que la prenda conste en documento público ni que se notifique al deudor; la notificación de la cesión al deudor cedido no es requisito constitutivo de la garantía, pero ello no significa que tal notificación carezca de efectos, pues su falta hace eficaz el pago efectuado por el deudor cedido al cedente, haciendo con ello desaparecer el crédito que éste ostentaba frente a aquél y, con él, la afección que sobre el mismo pesaba, pues ya no existirá el crédito sobre el que hacer efectivo el privilegio. La legislación concursal ha venido a seguir esta doctrina, si bien debemos subrayar que es aconsejable instrumentar la prenda en documento público, para soslayar las dificultades de la prueba de la fecha del contrato ante terceros, así como la notificación al deudor del crédito pignorado, para que éste únicamente se libere pagando al acreedor titular de la prenda.

Prenda sobre créditos futuros (art. 271.3). Será necesario que, antes de la declaración de concurso, concurran dos requisitos: (1.º) Que los créditos futuros hubieran nacido de contratos perfeccionados o de relaciones jurídicas constituidas antes de esa declaración. (2.º) Que la prenda estuviera constituida en documento público o, en el caso de prenda sin desplazamiento, se hubiera inscrito en el registro público correspondiente. Dice la TS:2017:845 que el crédito garantizado con prenda de créditos futuros no existentes aun en el momento de declararse el concurso, pero que se derivaban de contratos concertados o de relaciones jurídicas ya existentes antes de la declaración del concurso, han de considerarse resistentes a éste y otorga a tales créditos la calificación de créditos con privilegio especial, aunque el crédito pignorado haya nacido tras la declaración del concurso; y, por el contrario, no puede aceptarse que son resistentes al concurso las prendas sobre créditos que deriven de contratos o relaciones jurídicas cuyos caracteres definitorios estén recogidos en la escritura de constitución de la prenda pero que se encuentren pendientes de concertar o que no hayan nacido aun cuando se declaró el concurso.

Créditos futuros derivados de la resolución de contratos de concesión de obras o de contratos de concesión de servicios públicos (art. 271.4). Además de lo exigido en el apartado anterior, será necesario que, antes de la declaración de concurso, la pignoración se hubiera constituido en garantía de créditos que guarden relación con la concesión o el contrato y hubiera sido autorizada por el órgano de contratación con arreglo a la normativa sobre contratos del sector público; esa previa autorización por el órgano de contratación debía publicarse en el BOE o en los diarios oficiales autonómicos o provinciales. No era necesaria, así pues, a los efectos del art. 271.4 ni la notificación al deudor del crédito pignorado ni la inscripción de la pignoración en el RBM (salvo en el caso de la prenda sin desplazamiento de la posesión), aunque tales circunstancias, naturalmente, coadyuvaban a la necesaria identificación de los créditos pignorados (TS:2017:845).

Pignoración de saldos futuros en cuenta bancaria ya existente (STS 2017:545).

La de derechos futuros de devolución del IVA (STS 2017:845); sólo pueden considerarse derivados de una relación jurídica preexistente a la declaración de concurso en los casos en que el hecho imponible del impuesto respecto del cual se haya acordado la devolución de ingresos se ha producido antes de la declaración de concurso; con independencia de la fecha de la resolución que estima la impugnación del acto administrativo que denegó la procedencia de la devolución del IVA (STS 2017:2370).

(7.º) Bonos garantizados. Los créditos a favor de los tenedores de bonos garantizados, respecto de los préstamos y créditos, y otros activos que los garanticen, integrados en el conjunto de cobertura, conforme al RD-L 24/2021, de 2 de noviembre, hasta donde alcance su valor.

142. Créditos con privilegio general

Régimen jurídico. (1) Durante la fase común del concurso no gozan de privilegio alguno, no pudiendo ser objeto de pago. (2) En caso de convenio, no están sujetos al mismo, salvo que el acreedor privilegiado se haya adherido o manifieste su voluntad de adherirse al convenio. (3) En caso de liquidación, ostentan un derecho preferente de cobro; sin perjuicio de los derechos de los acreedores con privilegio especial respecto de los bienes y derechos a que ese privilegio se refiere, sus créditos serán abonados con preferencia, por el orden que establece la Ley, una vez deducidos los créditos contra la masa.

Son créditos con privilegio general (art. 280) [y su pago se efectuará por este orden y, en su caso, a prorrata dentro de cada número (art. 432.1)]:

(1.º) Por relaciones laborales (art. 280.1.º), los créditos anteriores a la declaración de concurso (los salariales devengados con posterioridad a la declaración del concurso tendrán la consideración de créditos contra la masa):

(i) **Por salarios** que no tengan la consideración de créditos contra la masa [*cfr.* art. 242.1.2.º] *ni reconocido privilegio especial, en la cuantía que resulte de multiplicar el triple del* SMI por el número de días de salario pendientes de pago. **Pagas extraordinarias**. Se devengan día a día y no en el momento en que procede su abono. **SMI.** A los efectos de cuantificar esos límites ha de ser incluida la parte proporcional de las pagas extraordinarias (TS:2021:2708).

(ii) **Por indemnizaciones derivadas de la extinción de los contratos**, en la cuantía correspondiente al mínimo legal calculada sobre una base que no supere el triple del SMI.

(iii) **Por los capitales coste de Seguridad Social** de los que sea legalmente responsable el concursado, y los recargos sobre las prestaciones por incumplimiento de las obligaciones en materia de salud laboral devengadas con anterioridad a la declaración de concurso.

(2.º) **Las cantidades por retenciones tributarias y de seguridad social**, debidas por el concursado en cumplimiento de una obligación legal. Con independencia del momento de conclusión del plazo para su ingreso en el Tesoro público, constituyen créditos concursales, aun cuando el plazo para ese ingreso tenga lugar con posterioridad al mismo. El momento del nacimiento del crédito a favor de la Agencia Tributaria por retenciones por el IRPF es el del abono de las rentas o salarios (STS 2009:5679), lo que determinará que el crédito tenga carácter concursal si ese pago se ha producido con anterioridad a la declaración de concurso, aunque el plazo establecido por las normas tributarias para la liquidación o el ingreso en el Tesoro Público hubiese concluido con posterioridad a la fecha del auto que declara el concurso. Está superada la configuración de las retenciones por IRPF como depósito a favor de la Hacienda Pública sujeta al derecho de separación *ex iure domini* por su carácter fungible, que produce la confusión con el patrimonio del retenedor *(conmixtio numorum)*.

(3.º) **Los créditos de personas naturales devengados durante los 6 meses anteriores** a la declaración del concurso en los siguientes casos:

(i) **Derivados del trabajo personal no dependiente**; parece referirse a los créditos de los trabajadores autónomos y de los profesionales liberales; el adjetivo «*personal*» lleva a excluir los servicios prestados por sociedades profesionales, que, además son excluidos por la referencia inicial del precepto a las «personas naturales. *Cfr.* art. 1 Ley 20/2007 sobre el concepto legal de trabajador autónomo.

(ii) **Los que correspondan al propio autor por la cesión de los derechos de explotación de la obra objeto de propiedad intelectual**.
La calificación se limita a los créditos de las personas físicas, y no de las jurídicas. Por otra parte, el límite temporal de 6 meses es aplicable a los dos supuestos, correspondiendo la carga de la prueba de dicho marco temporal a quien reclama el privilegio, sin que, a tal efecto, sea bastante la fecha de las facturas emitidas, que demuestran la cuantía de los servicios prestados, pero no el momento en que los mismos fueron efectivamente dispensados al deudor.

(4.º) **Los créditos tributarios, de la Seguridad Social y demás de derecho público** que no tengan privilegio especial ni el privilegio general.
El privilegio general **sólo alcanzará al 50 % del importe** de los créditos, deducidos de la base para el cálculo del porcentaje los créditos con privilegio especial, los créditos con privilegio general conforme al número 2.º de este mismo artículo y los créditos subordinados.
Los tribunales siguieron diferentes criterios interpretativos a la hora de aplicar el art. 280.4.º en lo que se refiere al cálculo del límite del 50 % para la fijación del privilegio. Finalmente, la STS:2009:47 se decantó por el llamado criterio de la paridad, estableciendo que el correcto sentido de la interpretación impone excluir de la suma total del crédito concursal los importes que gozan de privilegio especial y los calificados como subordinados, porque los mismos ya están clasificados con una u otra condición, y, por consiguiente, quedan fuera de la categoría genérica de los no clasificados, atribuyendo al privilegio general al 50 % del crédito concursal resultante.

Los créditos por el IVA por hechos imponibles anteriores a la declaración de concurso han de ser calificados como créditos concursales, aun cuando hayan sido liquidados con posterioridad a la declaración de concurso, y no como créditos contra la masa, pues el nacimiento del crédito tributario por el impuesto tiene lugar con la realización del hecho imponible que coincide con el momento del devengo (STS 2009:5385).

Expediente de derivación de responsabilidad de naturaleza tributaria. Ha señalado la STS 2020:4069 que aunque una jurisprudencia antigua del TC y de la Sala de lo contencioso-administrativo del TS consideró que el procedimiento de derivación de responsabilidad tributaria se asemejaba a un procedimiento sancionador, tales pronunciamientos lo fueron a los únicos efectos de dotar al expediente de las garantías necesarias y para descartar que se tratara de una responsabilidad objetiva; pero sin que ello implicara que pudiera identificarse la responsabilidad solidaria por derivación de la responsabilidad tributaria con una multa o sanción; la derivación de responsabilidad tributaria tiene una función meramente garantizadora de la recaudación, por lo que el sujeto responsable no sustituye al sujeto pasivo principal, sino que se sitúa junto a él como garante del crédito adeudado. En consecuencia, al no considerarse la derivación de responsabilidad tributaria como una sanción, no cabe que se subordinen todos los créditos resultantes, sino que conservarán la misma clasificación que correspondería a los créditos de los que provenga la derivación.

Concepto de «créditos de Derecho público». Hay que acudir al art. 5 LGP que establece que lo son los de contenido económico cuya titularidad corresponda a la Administración general del Estado y sus organismos autónomos y que deriven del ejercicio de potestades administrativas (*cfr.* STS 2013:3877).

(5.º) Los créditos:

(i) **Por responsabilidad civil extracontractual** por daños causados antes de la declaración de concurso distintos de aquellos a que se refiere el número 1.º ***del apartado 1 del artículo 242*** (que configura como créditos contra la masa los extracontractuales por muerte y por daños personales anteriores a la declaración del concurso de acreedores).

(ii) **Las liquidaciones vinculadas a delito contra la Hacienda Pública y contra la TGSS cualquiera que sea la fecha de la resolución judicial que los declare**. La redacción de este supuesto fue retocada por la reforma de 2022; ahora se refiere de forma genérica a las «liquidaciones vinculadas» al delito, cuando antes lo restringía a la responsabilidad civil derivada del delito; la actual redacción es más amplia que la anterior. En los casos de delito fiscal la naturaleza jurídica de la cuota tributaria era discutida; la jurisprudencia había optado por considerar que el procedimiento penal atribuye a la Hacienda pública de un único y nuevo título para hacer efectiva la deuda tributaria eludida, de ahí que se califique de obligación *ex delictu* y no de obligación *ex lege* tributaria (STS 2004:5200, de la Sala 2.ª) y, por lo tanto, era calificado como crédito con privilegio general en la totalidad de su importe, a lo que parece coadyuvar la nueva redacción dada a la norma con la reforma de 2022.

Aseguramiento. Si los daños estuvieran asegurados, el crédito del asegurador por subrogación, regreso o reembolso tendrá la consideración de crédito concursal ordinario, sin que, por lo tanto, pueda la aseguradora aprovecharse de la naturaleza privilegiada de los créditos.

(6.º) El 50% del importe de los créditos derivados de la financiación interina o de la nueva financiación concedidos en el marco de un plan de reestructuración homologado cuando los créditos afectados por ese plan representen al menos el 51 % del pasivo total. En el caso de que la financiación hubiera sido concedida o comprometida por personas especialmente relacionadas con el deudor, será necesario que los créditos afectados por el plan representen más del 60 % del pasivo total, con deducción de los créditos de aquellas personas para calcular esa mayoría.

Con la finalidad de incentivar la financiación de las empresas en crisis, la Ley 38/2011 introdujo en la LC dos importantes mecanismos, hoy mantenidos en el TRLC: (i) la irrescindibilidad de las operaciones que reúnan determinados requisitos y (ii) el llamado **privilegio del dinero nuevo** *(fresh money)* que supone considerar el 50 % de los mismos como créditos contra la masa, clasificando el otro 50 % como créditos con privilegio especial. La actual redacción de este número 6.º es debida a la Ley 16/2022, que la adaptó a la nueva regulación dada a las negociaciones preconcursales. Así, para el concepto de «financiación interina» y de «nueva financiación» hay que estar a lo dispuesto en los arts. 665 y 666.

(7.º) Los créditos de que fuera titular el acreedor a instancia del cual se hubiere declarado el concurso, excluidos los que tuvieren el carácter de subordinados, hasta el 50 % de su importe. Aunque únicamente excluye del cómputo los subordinados, parece lógico que también se excluyan los créditos con privilegio especial, hasta el alcance de la garantía, y con privilegio general conforme a los restantes números del art. 280; esto es, el cálculo del 50 % se hará sobre los créditos que merecen la consideración de ordinarios (STS 2015:5444).

El privilegio sólo puede ser reconocido al primer solicitante. En el supuesto de concurrencia de varios acreedores que, conjuntamente y de forma concertada, son los primeros solicitantes del concurso, la STS 2015:5444 considera como criterio objetivo y justo el denominado «criterio de distribución interna proporcional».

143. Créditos ordinarios

Categoría residual. Comprende todos los créditos que, formando parte de la masa pasiva, no tengan la consideración de créditos privilegiados o subordinados (art. 269.3).

144. Créditos subordinados

Régimen jurídico. (1) Carecen de derecho de voto o adhesión para la aprobación del convenio, pese a que, de ser aprobado, les vinculará plenamente. (2) En caso de liquidación sólo tienen derecho a cobrar después de los acreedores ordinarios. (3) Cuando el acreedor subordinado sea una persona especialmente relacionada con el deudor, perderá las garantías constituidas a su favor.

Enumeración (art. 281.1):

(1.º) Por comunicación extemporánea (salvo que se trate de créditos de reconocimiento forzoso) **o por resolución judicial.** En relación a la comunicación de créditos se distinguen tres posibilidades distintas; (i) los acreedores que comuniquen sus créditos dentro del plazo del art.

28.1.4.º serán calificados según proceda; (ii) si la comunicación se efectúa de forma tardía, tras finalizar el plazo indicado pero antes de que se elabore la lista de créditos, procederá su inclusión en ésta, pero como subordinado, así como cuando resulte el reconocimiento de decisión judicial al resolver sobre la impugnación de la lista; y, (iii) si el crédito no es comunicado, ni siquiera tardíamente, a los efectos del concurso debe entenderse como no concurrente.

(2.º) Por pacto contractual. Entre ellos, los préstamos participativos del RD-L 7/1996.

(3.º) Por recargos e intereses, salvo los correspondientes a créditos con garantía real hasta donde alcance la respectiva garantía.

- (i) **Recargos**. Acoge los tributarios y de la Seguridad Social por las declaraciones o pagos extemporáneos o resultado de la vía de apremio.
- (ii) **Intereses**. Se ha de entender limitada a los devengados por créditos concursales antes del concurso, pues después de su declaración no se devengan, salvo en los asegurados con garantías reales, hasta donde alcance esa garantía, y en los créditos laborales, y se sujetarán en caso de liquidación a las reglas de pago del art. 435. Su carácter subordinado procede incluso cuando se trate de intereses capitalizados en una cuenta de crédito.

(4.º) Por sanciones. Discutido es el supuesto de las costas del procedimiento administrativo de apremio, pues se derivan de los gastos generados con ocasión de su tramitación siendo su finalidad resarcir a la Administración de tales gastos. Al no distinguir el precepto, debemos entender incluidos no sólo las multas y sanciones de naturaleza pública, sino también las de naturaleza privada derivadas de cláusulas contractuales, aunque la cuestión no está exenta de polémica; en este segundo caso, será preciso realizar una labor interpretativa, pues dependerá de si tienen una naturaleza sancionadora o punitiva, propiamente dicha, en cuyo caso serán créditos subordinados, o si se han de considerar créditos indemnizatorios de origen contractual y, en consecuencia, créditos ordinarios; en todo caso, debemos recordar que todo aquello que exceda de la indemnización de daños realmente causados tendrá la consideración de penalidad.

(5.º) Créditos titulados por persona especialmente relacionada. *Cfr.* infra sobre su delimitación.

Por **excepción** no serán objeto de subordinación en los siguientes casos: (1.º) Los créditos por alimentos nacidos y vencidos antes de la declaración de concurso, que tendrán la consideración de crédito ordinario. (2.º) Los créditos por salarios y demás laborales que tengan la condición de crédito privilegiado general. (3.º) Los créditos a que se refieren los números 1.º y 4.º de artículo 283 cuando los titulares respectivos reúnan las condiciones de participación en el capital que allí se indican, salvo que procedan de préstamos o de actos con análoga finalidad.

(6.º) Por rescisión concursal concurriendo mala fe. La mala fe está compuesta por dos elementos; (i) el subjetivo no requiere la intención de dañar, sino la conciencia de que se afecta negativamente a los demás acreedores; y (ii) el elemento objetivo, valorativo de la conducta del acreedor, consistente en que ésta sea merecedora de la repulsa ética en el tráfico jurídico (STS 2012:8314).

(7.º) Por obstaculización reiterada del cumplimiento de contratos sinalagmáticos, cuando el juez lo constate, previo informe de la AC.

145. Personas especialmente relacionadas con el concursado

Supuestos de subordinación automática. Para determinar quiénes son «personas especialmente relacionadas» con el concursado, se distingue entre (i) el concurso de una persona natural y (ii) el de una persona jurídica; atendiendo al tiempo en que se contrae el crédito, no al tiempo en que se declara el concurso. Se establecen unos supuestos de subordinación automática que actuarán independientemente de cuál haya sido la conducta de los titulares («*especialmente relacionados*») de esos créditos.

Atención a criterios objetivos. Se atiende exclusivamente a criterios objetivos; se pretende evitar el realizar indagaciones tendentes a valorar la causa por la que se ha contraído el crédito cuestionado, reduciendo así litigiosidad en el seno del concurso. A cambio, se estimula la «ingeniería inversa» en situaciones de posible insolvencia futura, para evitar la subordinación de los créditos en el caso de que llegue a ser declarado el concurso (ej., préstamos efectuados por persona vinculada a un tercero para que, a su vez, lo preste al futuro concursado).

Interpretación. Los supuestos no son susceptibles de ser objeto de una interpretación extensiva o analógica a otros casos no contemplados expresamente, por la restricción de derechos que conlleva la calificación de una persona como especialmente relacionada con el concursado (STS 2021:2499). No obstante, las causas del art. 282, relativas a las personas físicas, se aplicarán también en los supuestos de **concurso de herencia**.

Concursado persona natural (art. 282). Se consideran personas especialmente relacionadas:

- **(1.º) Pareja.** El cónyuge del concursado o quien lo hubiera sido dentro de los dos años anteriores a la declaración de concurso, su pareja de hecho inscrita o las personas que convivan con análoga relación de afectividad o hubieran convivido habitualmente con él dentro de los dos años anteriores a la declaración de concurso.
- **(2.º) Consanguíneos**. Los ascendientes, descendientes y hermanos del concursado o de las personas a que se refiere el número anterior.
  En estos dos primeros supuestos, quedan fuera de la subordinación los créditos por alimentos debidos por el deudor concursado (*cfr.* arts. 123, 124 y 242.1.3.º). No los créditos por pensiones compensatorias fijadas en procedimientos matrimoniales.
- **(3.º) Cónyuges de los consanguíneos** (ascendientes, descendientes y hermanos del concursado).
- **(4.º) Personas jurídicas:**
  - (i) **controladas** por el concursado o por las personas mencionadas en los números anteriores, así como sus administradores de derecho o de hecho. Se presume el control en las situaciones previstas en el art. 42.1 CCo.
  - (ii) **del mismo grupo de empresas**.
  - (iii) de las que las personas de los números anteriores sean **administradoras** de derecho o de hecho.

Concursado persona jurídica (art. 283) se consideran personas especialmente relacionadas:

(1.º) Los socios que conforme a la ley sean personal e ilimitadamente responsables de las deudas sociales y los que, **en el momento del nacimiento del derecho de crédito, sean titulares, directa o indirectamente, de, al menos, un 5 % del capital social (si la concursada tiene valores en el mercado secundario oficial) o un 10 % (si no los tiene).** Cuando los socios sean personas naturales, se considerarán también las personas que lo sean con los socios conforme al artículo anterior.

De aplicación al acreedor que era socio al constituirse el crédito, aunque hubiese dejado de serlo a la fecha de declaración del concurso. Sobre fenómenos de infra capitalización de la sociedad cuando los socios tratan de soslayarla por la vía de la financiación y no del aumento del capital social, *cfr.* STS 2013:4178.

Derecho de separación (*cfr.* arts. 346 y ss). ¿Procede calificar el crédito del socio separado como ordinario o como subordinado cuando su participación en el capital supere los límites porcentuales recogidos del art. 283.1.º? ¿o incluso como un crédito de liquidación (parcial) anticipada de la sociedad y, por lo tanto, postergado frente a todos los restantes acreedores por ser un crédito extraconcursal, por ese carácter liquidatorio? Tres STS (2021:3, 2021:259 y 2021:380) sostienen: (i) Para la extinción del vínculo entre el socio y la sociedad es preciso que se haya liquidado la relación societaria y ello únicamente tiene lugar cuando se paga al socio el valor de su participación; mientras no se llega a momento, el socio lo sigue siendo y mantiene la titularidad de los derechos y obligaciones inherentes a tal condición; la condición de socio no se pierde cuando se notifica a la sociedad el ejercicio del derecho de separación. (ii) Al nacer el crédito (cuando la sociedad recibe la comunicación de separación) es posible que el socio acreedor sea persona especialmente relacionada con la sociedad deudora; su situación no es equiparable a la del socio en trámite de liquidación; si la comunicación del derecho de separación fue anterior a la declaración de concurso, el crédito del socio separado es concursal. (iii) Por todo lo anterior, será posible la calificación como subordinado del crédito del socio que ejercitó el derecho de separación por cuanto su crédito de reembolso, en cuanto supone recuperación de la inversión efectuada por el socio, tiene una naturaleza análoga a un negocio de financiación de la sociedad. (iv) En ningún caso cabe la calificación del crédito del socio que ejercita el derecho de separación como extraconcursal.

(2.º) Los administradores, de derecho o de hecho, los liquidadores y los directores generales de la concursada con poderes generales, así como quienes lo hubieren sido dentro de los 2 años anteriores al concurso.

Configuración objetiva de sencilla comprobación, con independencia de que el acreedor se hubiese aprovechado o no de esa condición para generar sus créditos o hubiese actuado en perjuicio de la deudora o de los demás acreedores (STS 2011:6633).

Excepción (art. 283.2). Para el fomento de operaciones de aumento de capital social por compensación de los créditos. No tendrán la consideración de personas especialmente relacionadas con el concursado los acreedores que hayan capitalizado directa o indirectamente todo o parte de sus créditos en cumplimiento de (i) un acuerdo de refinanciación adoptado de conformidad con lo dispuesto en esta ley, (ii) de un acuerdo extrajudicial de pagos o (iii) de un convenio concursal, a los efectos de la calificación de los créditos que ostenten contra el concursado como consecuencia de la refinanciación otorgada en virtud de dicho acuerdo o convenio y aunque hubieran asumido cargos en la administración del deudor por razón de la capitalización. Tampoco tendrán la consideración de administradores de hecho los acreedores que hayan suscrito un acuerdo de refinanciación, convenio concursal o acuerdo extrajudicial de pagos por las obligaciones que asuma el deudor en relación con el plan de viabilidad salvo que se probase la existencia de alguna circunstancia que pudiera justificar esta condición. Tras la reforma operada por la Ley 16/2022, las referencias que el precepto contiene a los «acuerdos de refinanciación» y a los «acuerdos extrajudiciales de pago», deben entenderse realizadas a los «planes de reestructuración», en los términos del Libro II.

Supuesto debatido: cuando la condición de acreedor no la ostenta el administrador o liquidador de la concursada, sino una sociedad controlada por éste. Al no existir una previsión legal al respecto, únicamente podrán ser subordinados estos créditos acudiendo al mecanismo del levantamiento del velo en supuestos de uso fraudulento de la personalidad jurídica.

(3.°) Las sociedades del grupo de la sociedad concursada.

(4.°) Los socios comunes dentro del grupo. Los socios comunes de la sociedad declarada en concurso y de otra sociedad del mismo grupo, **siempre que, en el momento de nacimiento del derecho de crédito, sean titulares en esa otra sociedad, directa o indirectamente, de, al menos, un 5 % del capital social (si tuviera valores admitidos a negociación en el mercado secundario oficial) o un 10 % (si no los tuviera**); para la delimitación del concepto de grupo habrá que estar a lo dispuesto en el art. 42 CCo (*cfr.* DA primera TRLC). Eran controvertidos los supuestos en los que el control sobre la concursada y la acreedora era efectuado no por una sociedad sino por una persona física o por una persona jurídica que no es una sociedad mercantil; con la promulgación de la Ley 16/2022 se dio nueva redacción a la DA primera, estableciendo que a los efectos del TRLC se entenderá por grupo de sociedades el definido en el artículo 42.1 del Código de Comercio, aunque el control sobre las sociedades directa o indirectamente dependientes lo ostente una persona natural o una persona jurídica que no sea sociedad mercantil.

Supuestos comunes al concurso de una persona natural (y de una herencia) y al concurso de una persona jurídica (art. 284). Salvo prueba en contrario, se presumen personas especialmente relacionadas con el concursado **los cesionarios o adjudicatarios de créditos pertenecientes a cualquiera de las personas mencionadas en los dos artículos anteriores, siempre que la adquisición se hubiere producido dentro de los dos años anteriores a la declaración de concurso**. Trata de evitar que la subordinación se eluda por medio de la transmisión del crédito por parte de personas especialmente vinculadas a favor de quienes no lo son. No se entiende bien en qué ha de consistir la prueba en contrario que admite el precepto; no puede exigirse la acreditación de la no existencia de un ánimo fraudulento, por cuanto es un hecho negativo de imposible prueba; quizás sea más lógico entender que consistirá en la acreditación de que la transacción ha tenido lugar en condiciones normales de mercado en virtud de la existencia de una relación subyacente real entre el cedente y el cesionario.

Extinción de las garantías (art. 302.1). Si el titular de un crédito clasificado como subordinado no impugnare en tiempo y forma esta clasificación, el juez del concurso, vencido el plazo de impugnación, dictará auto declarando extinguidas las garantías de cualquier clase constituidas sobre bienes y derechos de la masa activa a favor de los créditos, ordenando la restitución posesoria y la cancelación de los asientos en los registros, con la excepción de los créditos salariales con privilegio especial del art. 280.1 cuando el concursado sea persona natural (*cfr.* STS 2013:3115).

Razón de ser de la cancelación de las garantías. Es hacer efectiva la subordinación en el concurso, al privar al acreedor concursal persona especialmente relacionada con el deudor concursado de cualquier garantía que le permitiera cobrar en el concurso con alguna preferencia. Pero, ello no incluye a otras garantías que hubiera recabado el acreedor, cuya realización no afecte negativamente al concurso, como pueden ser las garantías reales y personales constituidas por terceros a favor del acreedor subordinado (STS 2021:2128).

LA FASE DE CONVENIO

146. El convenio

El convenio como objetivo del concurso. Es el instrumento más adecuado para dar salida a la situación de insolvencia; la solución preferible, frente a la excepcional de la liquidación.

Naturaleza jurídica. Es un negocio jurídico celebrado entre el deudor y sus acreedores en virtud del cual se fija un compromiso para el pago de los créditos en determinadas condiciones que provocan su novación. Es un negocio jurídico *sui generis*, de estructura plurilateral, de efectos normalmente obligacionales, sustantivamente similar a los acuerdos por los que se rige la actividad asociativa, pero de una naturaleza mixta como consecuencia de su componente procesal (STS 2011:7175); su principal efecto es producir la novación de los créditos afectados (art. 398).

Apertura de la fase de convenio. Se hace coincidir con el final de la fase común (art. 296 bis). Dentro de los 15 días siguientes a la presentación del informe de la AC, el LAJ dictará decreto poniendo fin a la fase común del concurso, con simultánea apertura de la fase de liquidación si todavía no estuviere abierto; la apertura de la fase de liquidación no procederá si se hubiera presentado propuesta de convenio, esté o no admitida a trámite. Su sola presentación, da lugar a la apertura de la fase de convenio dentro de los quince días siguientes a la formulación del informe.

Sólo hay dos excepciones: (i) que el deudor hubiese solicitado la liquidación, con independencia de que los acreedores hayan o no presentado propuesta de convenio; y, (ii) que se haya presentado alguna propuesta de convenio, bien por el deudor o bien por los acreedores.

Régimen de intervención o de suspensión. Durante la fase de convenio el concursado continúa sujeto al mismo régimen de intervención o de suspensión que hubiese acordado el juez. El deudor conservará la facultad de poner fin en cualquier momento a la fase de convenio, pues el art. 346 le atribuye la facultad de dejar sin efecto las propuestas de convenio presentadas, incluida la suya, en cualquier momento, con la sola presentación de la solicitud de liquidación.

Incompatibilidad entre la fase de convenio y la de liquidación (art. 315.2).,

147. Requisitos formales de la propuesta

(1) Autoría (art. 315). Están legitimados para presentarla (i) el deudor y (ii) los acreedores cuyos créditos superen 1/5 parte de la masa pasiva; pueden realizarse, por lo tanto, más de una propuesta, en cuyo caso el acreedor podrá adherirse a una sola, a varias o a todas las presentadas expresando en esos casos el orden de la adhesión; de no indicarlo se considerará que opta por el orden legal de verificación de propuestas. La legitimación de los acreedores para presentar propuestas de convenio desaparece cuando el concursado solicite la liquidación.

(2) Forma escrita (art. 316.1). En documento público o privado.

(3) Con firma legitimada de sus proponentes. Estará firmada por (i) el deudor o por (ii) los acreedores proponentes, o por (iii) sus representantes con poder suficiente, con firmas legitimadas (art. 316.3). Si la propuesta contuviera compromisos a cargo de acreedores o de terceros para (i) realizar pagos, (ii) prestar garantías o financiación o (iii) asumir cualquier otra obligación, deberá ir firmada, además, por los compromitentes o sus representantes con poder suficiente, debiendo entenderse que tales firmas deberán también estar legitimadas.

La legitimación del concursado y de los acreedores para la presentación de propuestas no son excluyentes; nada impide que sean tramitadas simultáneamente dos o más propuestas, estableciendo el art. 379.1 el orden legal que se ha de seguir para la verificación de las propuestas (primero la presentada por el concursado y, si no resulta aceptada, a continuación por los acreedores, por el orden que resulte de la cuantía mayor o menor de los créditos de los proponentes).

Se entiende, respecto de los acreedores, que a los privados del derecho de voto no se les reconoce legitimación para efectuar una propuesta de convenio.

(4) Justificación de la representación (art. 316.3). Exige que esté legitimada (sic) «la justificación de su carácter representativo». No se trata de una legitimación, sino de una diligencia notarial en la que se testimonia el correspondiente poder y su suficiencia, con manifestación del representante acerca de su no revocación y, por lo tanto, su vigencia.

(5) Presentada en plazo.

- **(i) Propuesta presentada por el concursado** (art. 337). Podrá hacerlo junto con la solicitud de declaración de concurso o en cualquier momento posterior siempre que no hayan transcurrido 15 días desde la presentación del informe de la AC.
- **(ii) Propuesta presentada por los acreedores** (art. 338.1). Desde la declaración de concurso hasta que finalice el plazo establecido en el artículo anterior.

(6) Aceptación previa de la propuesta por el concursado (art. 359). Toda propuesta de convenio de los acreedores deberá contar con el consentimiento del deudor, dentro del plazo para las adhesiones. La aceptación no supone revocación de la que el concursado hubiera presentado. Es un requisito esencial, pues sin ella el convenio no podrá ser aprobado por el juez.

148. Contenido necesario de la propuesta

Control del contenido. Tanto si es presentada por el deudor como por los acreedores.

Contenido necesario del convenio (art. 317.1). Ha de contener una quita (*convenio remisorio*) o una espera (*convenio dilatorio*, que no puede superar los 10 años) o ambas (*convenio mixto*, bien de forma acumulativa o alternativa). No podrá ser aprobada la propuesta que carezca de ese contenido mínimo.

La quita. Supone, no una condonación de parte de la deuda, sino un pacto de no pedir de duración indefinida que, si se cumple el convenio, producirá efectos definitivos; pero si se incumple, el acreedor readquirirá el derecho a la totalidad del crédito, que le será abonado tras la liquidación, si así lo permite el volumen de la masa activa. No son infrecuentes los convenios remisorios de quita escalonada, en los que se establecen distintos tramos, según la cuantía, con un porcentaje de quita distinto, normalmente creciente; por atribuir estos convenios un trato singular, para su aprobación se requiere la adhesión, además de la mayoría correspondiente, la del pasivo afectado por ese trato singular.

La espera. Es un pacto de no pedir durante un término; plantea un problema en el supuesto que un crédito afectado por ella tenga un vencimiento posterior al fijado para la espera; si el convenio nada aclara, debe entenderse que el acreedor habrá de esperar al vencimiento propio del crédito.

Identidad de trato. Rige dentro de cada clase, respecto de los ordinarios y de los subordinados; sólo será posible romper esa igualdad respecto de los créditos privilegiados que voten a favor o se adhieran al convenio. Pero es posible la fijación de quitas o esperas distintas entre los créditos ordinarios si bien, dado que ello supondrá un trato singular requerirá, además de la aprobación por el porcentaje que proceda, el voto favorable, en la misma proporción, del pasivo no afectado por ese trato singular (art. 378.1). Más difícil será la solución que se haya de dar a aquellos supuestos en los que unos acreedores obtengan una quita y otros una espera, pues en este caso será difícil determinar quiénes, entre ambos, son de peor condición.

Es necesario que el convenio no altere la regla legal de que las quitas y esperas para los acreedores subordinados sean las mismas que las que correspondan a los acreedores ordinarios que no gocen de trato singular, pues aquéllos no tienen que soportar un trato más perjudicial que los ordinarios, debiendo ser iguales sus quitas y esperas (STS 2021:2124), más allá, naturalmente, del cómputo de los plazos anuales como plazos trimestrales respecto de los créditos subordinados.

Límite de la espera (10 años) y quita ilimitada. La espera está sujeta a un límite (art. 317.1), no podrá ser superior a 10 años, pero para la quita no establece límite alguno. Sin embargo, el legislador fomenta las propuestas de quitas y/o esperas bajas, con una reducción de las mayorías necesarias para la aprobación del convenio (*cfr.* art. 376 y STS 2021:1210).

149. Prohibiciones de contenido

Limitaciones. La libertad de contenido del convenio no es absoluta; existen unas prohibiciones (art. 318 TRLC), que habrán de ser objeto de interpretación restrictiva. Son las siguientes:

(1) **El sometimiento de la eficacia del convenio a cualquier clase de condición**, ya sea suspensiva o resolutoria, expresa o tácita; se tendrá por no presentada, sin que se admita a trámite (art. 319.1).

Excepción: los concursos conexos (art. 319.2). La propuesta que presente uno de los concursados podrá condicionarse a que en otro u otros adquiera eficacia un convenio con un contenido determinado, pudiendo ser tal condicionamiento unilateral o recíproco. Se pretender dar solución a los problemas que surgen en los concursos de sociedades integradas en un mismo grupo empresarial y que necesitan dar una salida articulada a las sociedades que lo integran.

No se permite tal posibilidad en los casos de propuestas de convenios presentadas por los acreedores.

Condiciones de cumplimiento. Lo que la norma prohíbe es que se condicione la eficacia del convenio, esto es, que el nacimiento de sus efectos (condición suspensiva) o su resolución o cancelación (condición resolutoria) dependa de un suceso futuro o incierto o de un suceso pasado que los interesados ignoren; pero no prohíbe las llamadas «condiciones de cumplimiento», esto es, la fijación de hechos futuros e inciertos que de acaecer sean determinantes del incumplimiento del convenio (STS 2022:1388).

(2) **La alteración de cuantía de créditos o su clasificación y los convenios liquidatorios** (art. 318.1).

(i) **Supuestos de liquidación global del patrimonio del deudor**. La finalidad del convenio es la continuación de la actividad profesional o empresarial, por lo que la fase de convenio es incompatible con la de liquidación. Lo que se prohíben son las cesiones globales de bienes y derechos, así como la liquidación global, pero no las cesiones de bienes y derechos concretos ni su venta. No resultará fácil en ocasiones distinguir los supuestos de convenios liquidatorios encubiertos; como criterio general, si la venta de activos permite la continuación de la actividad no estamos en presencia de un convenio liquidatorio, a no ser que la venta afectara a una importante mayoría de los activos de forma que se convierta la continuación de la actividad en algo meramente testimonial. Se admite en el art. 329 la inclusión en la propuesta de convenio alternativo, como una de las alternativas, la posibilidad de la cesión a los acreedores de bienes o derechos de la masa activa en pago de deudas, siempre que no se trate de bienes o derechos necesarios para la continuación de la actividad profesional o empresarial del concursado. Se establece, por otra parte, la necesidad de que la propuesta determine el valor razonable de los bienes o derechos objeto de cesión, que deberá ser igual o inferior al importe de los créditos que se extinguen, pues, de ser superior, la diferencia deberá ser integrada por el cesionario en la masa activa del concurso.

(ii) **Modificación de la cuantía o clasificación de los créditos** en privilegiados, ordinarios y subordinados. Esta prohibición se refiere al traslado de créditos de una a otra clase, así como a la creación de nuevas clases distintas a las previstas en la Ley.

(3) **Prohibiciones especiales respecto de determinados créditos** (art. 318):

(i) **Respecto de los créditos públicos y los laborales,** la propuesta de convenio no podrá suponer (1) el cambio de ley aplicable; (2) el cambio de deudor, sin perjuicio de que un tercero asuma sin liberación de ese deudor la obligación de pago; (3) la modificación o extinción de las garantías que tuvieren; o (4) la conversión de los créditos en acciones o participaciones sociales, en créditos o préstamos participativos o en cualquier otro crédito de características o de rango distintos de aquellos que tuviere el crédito originario.

(ii) **Respecto de los créditos correspondientes a los porcentajes de cuotas de la Seguridad Social** a abonar por el empresario por contingencias comunes y por contingencias profesionales y respecto de los créditos correspondientes a los porcentajes de la cuota del trabajador que se refieran a contingencias comunes o accidentes de trabajo y enfermedad profesional, dice el precepto que la propuesta de convenio no podrá suponer quita ni espera respecto de ellos.

150. Contenido facultativo de la propuesta

Autonomía de la voluntad. La libertad de pacto en la elaboración del convenio concursal es muy amplia. Es recogido en el art. 317.2 en el que, tras reflejar el contenido necesario de quita, espera o de quita y espera, señala que la propuesta de convenio podrá contener, para todos o algunos acreedores o para determinadas clases de acreedores, con excepción de los acreedores públicos, cuantas proposiciones adicionales considere convenientes el proponente sin más limitaciones que las establecidas por la Ley.

Posibles contenidos adicionales.

(1) **Convenio con modificación estructural** (art. 317 bis). En la propuesta de convenio podrá incluirse la fusión, escisión o escisión global de activo o pasivo de la concursada. En ese caso la propuesta deberá ser firmada, además, por los respectivos representantes, con poder suficiente, de la entidad o entidades que sean parte en cualquiera de esas modificaciones estructurales. Para la ejecución de esas operaciones societarias habrá que estar a lo dispuesto en la legislación especial de modificaciones estructurales. El único límite lo establece el precepto cuando dice que en ningún caso la sociedad absorbente, la nueva sociedad, las sociedades beneficiarias de la escisión o la sociedad cesionaria pueden llegar a tener un patrimonio neto negativo como consecuencia de la modificación estructural.

(2) **Propuestas con limitación de facultades del deudor** (art. 321.1). Podrá contener medidas prohibitivas o limitativas del ejercicio por el deudor de las facultades de administración y de disposición, durante el período de cumplimiento del convenio, sobre bienes y derechos de la masa activa. La aprobación del convenio supone, en principio, el alzamiento de todas las limitaciones y prohibiciones que regían en el concurso y restringían las facultades del deudor. Es aquí donde entra en juego el interés de estas propuestas, cuya vigencia será temporal, limitándose al concreto período de cumplimiento del convenio, pero cuya infracción constituirá incumplimiento del convenio, que podrá ser solicitada del juez por cualquier acreedor, con las consecuencias que de ello se derivan.

Inscripción (art. 321.2). Las medidas prohibitivas o limitativas serán inscribibles en los registros públicos correspondientes y, en particular, en los que figuren inscritos los bienes o derechos afectados por ellas. Será posible el ejercicio de las acciones de ineficacia de los actos o negocios dispositivos llevados a cabo por el concursado con infracción de las medidas prohibitivas o limitativas acordadas en el convenio, cuya inscripción en los registros públicos impedirán la protección de los terceros adquirentes.

(3) **Propuestas con atribución de funciones a la AC durante el período de cumplimiento del convenio** (art. 322). Es un mecanismo para el seguimiento y control de la evolución del cumplimiento del convenio. Se podrá atribuir a cualquier miembro de la AC o al auxiliar delegado, con el previo consentimiento del interesado o interesados, el ejercicio de funciones determinadas durante el período de cumplimiento del convenio, fijando la remuneración que se considere oportuna. Nada impide que las mismas sean llevadas a cabo por terceras personas ajenas al órgano concursal. Tampoco existe inconveniente en que el convenio prevea la constitución de una comisión de acreedores para el seguimiento y supervisión de su cumplimiento; naturalmente, en tal caso, el convenio deberá regular la composición de la misma y sus funciones.

(4) **Previsiones para la realización de bienes o derechos afectos a créditos con privilegio general** (art. 323). La propuesta de convenio podrá contener

previsiones para la enajenación de bienes o derechos afectos a créditos con privilegio especial, que deberán atenerse a los modos de realización y reglas establecidos al efecto en esta Ley. El acreedor privilegiado sujeto al convenio deberá recibir el importe que resulte de la realización del bien o derecho en cantidad que no exceda de la deuda originaria en los términos que resulten de las previsiones del convenio. Si hubiera remanente, corresponderá a la masa activa. Si con dicha realización no se consiguiese la completa satisfacción del crédito en los términos que resulten de las previsiones del convenio, el resto será tratado con la clasificación que le corresponda.

(5) **Intereses**. La declaración del concurso paraliza su devengo, salvo en los créditos con garantía real y en los salariales. El art. 320 prevé que cuando la propuesta de convenio no contenga quita, podrá pactarse en ella el cobro, total o parcial, de los intereses cuyo devengo hubiese quedado suspendido por efecto de la declaración de concurso, calculados al tipo legal o, si fuera menor, al convencional.

(6) **Cláusulas relativas a los efectos de la falta de comunicación de domicilio para el pago**. Es muy frecuente en la práctica concursal su inclusión en los convenios, llegando a constituir casi una cláusula de estilo. Una expresa previsión de la carga que se impone a los acreedores de comunicar al deudor un domicilio bancario para la realización en el mismo de los pagos previstos en el propio convenio, de forma que también se prevé que no tendrá la consideración de incumplimiento del convenio la falta de pago debida a la no realización por el acreedor de esa previa comunicación del domicilio para el pago. Más dudoso serán aquellos casos en los que se prevé en el convenio, tras el transcurso de un plazo más o menos amplio desde su aprobación, la equiparación de la no comunicación del domicilio para el pago a una renuncia tácita al crédito. Se ha dicho que tal previsión, que no afecta propiamente al contenido del convenio concursal, sino a la forma en que ha de realizarse el pago, no incumple los límites de contenido de la propuesta de convenio que recoge el art. 318 ni norma alguna de naturaleza imperativa de la Ley, que permita tenerla por no puesta o, incluso, que permita al juez su rechazo de oficio al amparo del art. 342.1 en el control que al mismo corresponde realizar en el momento de la admisión a trámite de la propuesta de convenio, razones éstas por las que deben ser consideradas válidas y eficaces tales cláusulas (STS 2016:1622).

(7) **Propuesta con asunción de la continuidad de la actividad** (art. 324). La propuesta podrá consistir en la adquisición por una persona, determinada en la propia propuesta, bien del conjunto de bienes y derechos de la masa activa afectos a la actividad profesional o empresarial del concursado, bien de determinadas unidades productivas, con asunción por el adquirente del compromiso de continuidad de esa actividad durante el tiempo mínimo que se establezca en la propuesta, y de la obligación de pago, total o parcial, de todos o de algunos de los créditos concursales. En cualquier caso, la transmisión de la unidad o de las unidades productivas al adquirente determinado en la propuesta de convenio estará sometida a las reglas especiales establecidas en esta Ley para esta clase de transmisiones.

«Convenio con asunción por tercero». Se consagra que, en supuestos de imposibilidad por el concursado de proseguir su actividad económica con sus propios medios, se pueda permitir la enajenación en globo o por unidades productivas de su patrimonio empresarial o profesional al objeto de que la actividad pueda ser continuada por el tercero.

El convenio será válido siempre que el adquirente asuma el cumplimiento de dos requisitos:

(i) La continuidad de la misma actividad empresarial o profesional de las unidades productivas a las que afecte; no cabe que el asuntor planee iniciar *ex novo* otra actividad, pues con ello se estaría traspasando la frontera entre el convenio de asunción de deuda y la liquidación global o parcial de la empresa; debe tratarse de la misma actividad, aunque naturalmente podrá introducir todas aquellas modificaciones que estime necesarias o convenientes.

(ii) Se exige el pago, total o parcial, de los créditos de los acreedores (asunción de deuda), pues se produce una transmisión no sólo del activo sino también del pasivo (en todo o en parte). No se entra en su regulación detallada, lo que ha producido no pocos problemas interpretativos.

Modalidades. Lo dispuesto en la Ley nos lleva a distinguir dos, según se trate de (i) convenios totalmente de asunción o (ii) convenios mixtos, en los que la asunción se limita a sólo determinadas y concretas unidades productivas, en los que el asuntor continúa con la actividad sólo en parte de la actividad empresarial o profesional, pues también lo hace el propio deudor con las unidades que conserve bajo su propiedad. Podrá contenerse tanto en una propuesta de convenio realizada por el deudor como en una propuesta de convenio efectuada por acreedores, si bien en este caso, por contener actos dispositivos sobre bienes del concursado, se entendía ya antes de la reforma de 2022 que era necesario el consentimiento de éste, pues no cabrán los convenios expromisorios, esto es, aquellos en los que sin el consentimiento del deudor se dispone de bienes que integran su patrimonio; tras la Ley 16/2022, al exigirse en todo caso que las propuestas de convenio formuladas por los acreedores han de contar con la aprobación del deudor, tal aprobación genérica dará ya suficiente cobertura a los actos dispositivos allí previstos sobre el patrimonio del concursado.

La figura del asuntor. Lo puede ser cualquier persona, física o jurídica; incluso una sociedad creada «ad hoc», siendo posible que sean varios los que, conjuntamente, asuman la obligación de continuación o de pago. En el caso de actividades de naturaleza profesional habrá de reunir el asuntor los requisitos de titulación que permitan el ejercicio de la actividad profesional de que se trate. Nada impide que el asuntor sea uno de los acreedores, sin que quepa entender que se produzca una cesión de bienes en pago o para pago de deudas, si bien será necesario estar al caso concreto en orden a determinar si la cesión a esos acreedores puede suponer o no un trato singular a los efectos de determinar la necesidad o no de obtener el voto favorable del pasivo no afectado por el trato singular.

El objeto. La enajenación podrá ser total o parcial, pudiendo afectar, como ya señalamos, a determinados conjuntos de bienes o derechos, si bien, en todo caso habrán de constituir una unidad productiva. Y será necesario que los bienes de que se trate estén afectos a la actividad empresarial o profesional del concursado, aunque tal afección no tiene que ser actual, pues puede tratarse de unidades ya inactivas en el momento en que tiene lugar. El Texto Refundido únicamente exige que el asuntor haga suyas dos obligaciones, según ya vimos: (i) continuar con la actividad y (ii) asumir todo o parte del pasivo. No será infrecuente que se produzca el pago de una contraprestación dineraria al margen de la asunción de deudas. Se suscita la cuestión relativa a si la transmisión de las unidades conlleva la cesión de los créditos de que fuera titular el concursado, debiendo prevalecer la respuesta negativa, a salvo de que se efectúe una expresa cesión de tales créditos a favor del asuntor.

Requisito de forma: la firma por el asuntor. Desde un punto de vista formal, la asunción (total o parcial) de deuda conlleva la necesidad de que el asuntor firme la propuesta de convenio (art. 316.2), pues al hacer suya la posición jurídica del concursado (*cfr.* art. 1203.2.° CC); se producirá un cambio de deudor, con la consiguiente novación subjetiva, que producirá la extinción de la relación jurídica anterior, sin que para ello sea necesario el consentimiento individualizado de los acreedores (*cfr.* art. 1205 CC), que aquí es suplido por la aprobación del convenio.

Naturaleza jurídica. Resulta debatida la cuestión referida a la naturaleza liberatoria o cumulativa de la responsabilidad por parte del concursado, lo que es especialmente importante en los supuestos en que se produzca una ulterior insolvencia por parte del asuntor, inclinándose la doctrina más autorizada por el efecto no liberatorio, si bien dependerá de los términos en que se redacte la propuesta del convenio. La cuestión tiene su importancia a los efectos, también, de fijar el momento en que se entenderá cumplido el convenio, pues según cuál sea el criterio que se siga habrá que esperar o no a que se produzca el pago de las deudas por parte del asuntor.

Subrogación. La principal problemática práctica que se presenta debe ser puesta en relación con la inexistencia de una explícita previsión normativa que permita al juez del concurso acordar que el asuntor no se subrogue en los salarios e indemnizaciones de los trabajadores pendientes de pago anteriores a la enajenación, más allá de lo que establece el art. 221.

(8) **La propuesta de convenio con contenidos alternativos** (art. 325). La propuesta de convenio podrá contener cualesquiera otras alternativas para todos o algunos créditos o clases de créditos, sin más limitaciones que las establecidas por la Ley, que en ningún caso afectarán a los acreedores públicos. Es clásica la propuesta en los convenios concursales de distintas alternativas para todos los acreedores o para los diferentes tramos de quita y espera, de manera que a mayor quita se produzca una menor espera y viceversa, correspondiendo la elección al acreedor, si bien se deberá prever en la propuesta de convenio qué régimen se aplicará en defecto de elección por aquél.

Facultad de elección y plazo para su ejercicio (art. 326). Es necesario que se les conceda a los acreedores un concreto plazo para la elección, así como la alternativa aplicable en caso de falta de ejercicio. El plazo no podrá ser superior a 1 mes a contar desde la firmeza de la resolución judicial que aprueba el convenio.

Acreedores destinatarios. Se permite que las distintas alternativas estén destinadas a «todos los acreedores», o a los de una o varias clases. Ninguna norma impone el triunfo, para todos, de la propuesta alternativa que sea aceptada por la mayoría del colectivo; una vez aprobado el convenio con propuestas alternativas, cada acreedor puede elegir cualquiera de ellas, de modo que la misma, aunque no resulte querida por todos los demás, sea la que regule en lo sucesivo la relación obligacional que le une con el deudor (TS:2011:7175). La inclusión de propuestas alternativas en el convenio no supone que se esté privilegiando a unos acreedores sobre otros, y por lo tanto no procederá su sometimiento a la exigencia de doble mayoría que se impone en tales casos.

Elección y adhesión. Es necesario distinguir entre la adhesión a una propuesta de convenio por un acreedor y la simple facultad de elección por el mismo entre diferentes alternativas recogidas en el convenio; la sola realización de esta elección no tiene que conllevar necesariamente una adhesión a la propuesta de convenio, con los consiguientes efectos inherentes a toda adhesión (TS:2021:3233).

Modalidades legales. Se recogen en la Ley cuatro modalidades.

- **(i)** **Propuesta de conversión de créditos** (art. 327). Se podrá incluir como una de las alternativas la conversión de los créditos en (1) acciones, participaciones o cuotas o en obligaciones convertibles de la propia sociedad concursada o de otra sociedad (2) o la conversión de los créditos en créditos participativos por período no superior a 10 años, en créditos subordinados, en créditos con intereses capitalizables o (3) en cualquier otro instrumento financiero con características, rango o vencimiento distintos de aquellos que tuvieran los créditos originarios. Un supuesto de especial interés es el que permite conservar y mantener la naturaleza de los créditos o, alternativamente, la conversión de los créditos concursales en créditos participativos (STS 2016:1213).

(ii) **Conversión de créditos en capital social**. La transformación de la deuda en capital social exigirá el consentimiento expreso del titular del crédito y, naturalmente, que se adopte por la sociedad el necesario acuerdo de aumento del capital social, con observancia de la normativa societaria que sea de aplicación. No obstante, el art. 328.1 dispone que la conversión de créditos en acciones o participaciones sociales, con o sin prima, podrá realizarse, aunque los créditos a compensar no sean líquidos, no estén vencidos o no sean exigibles. Se viene a excepcionar el régimen general que se establece en el 301.1 TRLSC, al tiempo que no será necesaria la mayoría reforzada establecida por la Ley [*cfr.* arts. 198 y 201.1 TRLSC] o por los estatutos sociales.

En cualquier caso, la conversión de los créditos en capital ha de formar parte de una propuesta alternativa (*cfr.* la ubicación sistemática del art. 328), no pudiendo ser el único contenido de la propuesta de convenio, pues nadie puede ser obligado a obtener el cobro de los créditos resultantes tras aplicar la quita y/o espera que contenga el convenio en cosas o bienes distintos al dinero.

(iii) **Cesión de bienes o derechos en pago** (art. 329.1). Se podrá incluir como una alternativa la cesión en pago de bienes o derechos de la masa activa a los acreedores, con el límite de que los bienes o derechos de la masa activa objeto de cesión en pago no podrán ser los necesarios para la continuación de la actividad profesional o empresarial del concursado.

Estamos en presencia de un supuesto de «cesión en pago», con eficacia «*pro soluto*», y no de «cesión para pago» (del art. 1175 CC) con una simple eficacia «*pro solvendo*». Por ello, establece el art. 329.3 que en la propuesta deberá determinarse cuál es el valor razonable de los bienes o derechos objeto de cesión, de tal forma que ese valor deberá ser igual o inferior al importe de los créditos que se extinguen, puesto que, si fuere superior, la diferencia se deberá integrar por el cesionario o cesionarios en la masa activa.

En ningún caso se impondrá la cesión en pago a los acreedores públicos.

(iv) **Cesión de acciones de reintegración** (art. 330). En la propuesta de convenio de contenido alternativo se podrá incluir como una de esas alternativas la cesión a uno o a varios acreedores o clases de acreedores de las acciones de reintegración de la masa activa.

151. Plan de pagos y plan de viabilidad

El plan de pagos (art. 331.1). Las propuestas de convenio deberán presentarse acompañadas de un plan de pagos que determinará los recursos previstos para su cumplimiento, incluidos, en su caso, los procedentes de la enajenación de determinados bienes o derechos de la masa activa, lo que obligará a identificar esos bienes y derechos y detallar las cantidades que previsiblemente se puedan obtener de esa enajenación, o identifica.

El TS ha subrayado su importancia, señalando que es un documento especial cuya finalidad es que la AC pueda evaluar el contenido de la propuesta de convenio en todos aquellos casos en que se pueda contar con los recursos que genere la actividad económica que en el futuro desarrolle el concursado; al tiempo, sirve de información a los acreedores, para que puedan valorar las expectativas de cumplimiento del convenio; es un documento que proyecta, de forma estimativa, los recursos necesarios para la continuación de la actividad económica del deudor, los medios de los que parte, así como aquellos otros necesarios para complementarlos, con el fin de obtener unos resultados que permita, según los flujos de caja, cumplir con los plazos estipulados en el convenio (STS 2020:4462).

El plan de viabilidad (art. 332.1). Será necesario, además, un plan de viabilidad del cumplimiento del convenio, cuando para el cumplimiento del convenio se prevea contar con los recursos que genere la continuación, total o parcial, del ejercicio de la actividad profesional o empresarial.

Contenido. Debe detallar (i) los recursos necesarios para el cumplimiento del convenio, (ii) los medios y condiciones para obtenerlos, realizando una previsión de ingresos y señalando en qué proporción se destinarán éstos al cumplimiento del convenio. Si la propuesta de convenio prevé (iii) compromisos a cargo de terceros, el plan deberá especificar su contenido, identidad del compromitente y momento en que se efectuará.

Su relevancia. Resulta de la información que provee a los acreedores para la decisión del sentido de su voto; pero no forma parte de la propuesta de convenio y, por ello, no es susceptible de ser impugnado por razones que sólo se refieran al propio plan; tanto el plan de pagos como el plan de viabilidad son documentos que deben acompañar a la propuesta de convenio, pero su insuficiencia, por no estar debidamente detallados, no constituye una infracción de la normativa reguladora del contenido del convenio.

Créditos de financiación del plan de viabilidad (art. 332.2). Los créditos comprometidos por acreedores o terceros que se concedan al concursado para financiar la continuidad de la actividad se satisfarán en los términos fijados en el propio convenio. Comprende los previstos en la propia propuesta de convenio que terceros se han comprometido a conceder en ella o que el concursado obtenga durante el cumplimiento del convenio para financiar el plan de viabilidad, aunque el concedente del crédito no se hubiera comprometido a ello firmando la propuesta de convenio.

La importancia del plan de viabilidad y del plan de pagos. Son elementos esenciales para el buen fin del convenio; si contuviera inexactitudes graves será motivo suficiente para la calificación del concurso como culpable en aplicación de lo dispuesto en el art. 443.4.°. Ambos planes deberán ser evaluados por la AC en los términos que exponemos en su sede.

TRAMITACIÓN DE LA FASE DE CONVENIO

152. Introducción

La fase de convenio. Al igual que la de liquidación constituye el objeto de tramitación de la Sección 5.ª. Procede salvo que el concursado hubiese solicitado la liquidación o no se presente en plazo ninguna propuesta de convenio; su finalidad es el sometimiento a los acreedores de aquellas propuestas de convenio que lleguen a ser formuladas, siendo objeto de aprobación judicial la que obtenga el respaldo de aquéllos en los términos establecidos en la Ley.

Incompatibilidad entre la fase de convenio y la de liquidación.

Régimen general. Durante su tramitación seguirán siendo aplicables las normas establecidas sobre efectos de la declaración del concurso para la fase común. Continúan los efectos respecto de las facultades de administración y disposición del deudor, respecto de las acciones individuales, respecto de los créditos, así como sobre los contratos.

153. Apertura de la fase de convenio

Final de la fase común. El inicio de la fase de convenio se hace coincidir con el final de la fase común (art. 296 bis). En los 15 días siguientes al informe de la AC, el LAJ dictará decreto poniendo fin a la fase común del concurso, con simultánea apertura de la fase de liquidación si todavía no estuviere abierta; no procederá si se hubiera presentado propuesta de convenio, esté o no admitida a trámite.

Resolución. Compete al LAJ y reviste forma de decreto, procediéndose, en esa misma resolución, a la apertura de la fase de convenio, con sólo dos excepciones: (i) si el deudor solicitó la liquidación, con independencia de que los acreedores hayan o no presentado propuesta de convenio; y, (ii) si se presenta alguna propuesta de convenio, bien por el deudor o bien por los acreedores, que ha de contar con la necesaria aceptación del concursado.

154. Presentación de propuesta de convenio

Tiempo para su presentación (art. 337). **(i)** El concursado podrá presentar propuesta de convenio, acompañada o no de las adhesiones que considere conveniente, junto con la solicitud de declaración de concurso o en cualquier momento posterior siempre que no hayan transcurrido 15 días a contar desde la presentación del informe de la AC. **(ii)** Para los acreedores (art. 338.1) el plazo se inicia la declaración de concurso.

Plazo preclusivo. Una vez cumplido, no cabe admitir propuesta alguna ni modificación de las ya presentadas, pues cualquier modificación supone una propuesta distinta a la inicialmente realizada. Y, por otra parte, la no presentación de propuesta alguna de convenio da lugar (art. 296 bis) a la apertura de la fase de liquidación, perdiéndose irremediablemente la posibilidad de la presentación de una propuesta de convenio.

Legitimación para la presentación de propuestas de convenio:

(1) **El concursado** (art. 337), siempre que no hubiera solicitado la liquidación de la masa activa (art. 315.2). Podrá formularla sin necesidad de acompañar adhesiones de acreedores.

(2) **El acreedor o los acreedores personados cuyos créditos, individual o conjuntamente, superen 1/5 parte del total pasivo** (art. 338). Se restringe la posibilidad de formular propuesta sólo a los acreedores que sean parte en el procedimiento concursal; y, la exigencia de 1/5 del total del pasivo concursal se ha de comprobar tomando como referencia la lista provisional de acreedores de la AC, si ya fue presentado; naturalmente, la cuantificación podrá ser alterada a resultas de las sentencias que se dicten resolviendo los incidentes de impugnación. Será posible que, cuando se formule, aun no haya sido emitido el informe por el AC, por lo que, en ese momento, la comprobación de la legitimación de los acreedores sólo podrá realizarse a la luz de la información facilitada por el concursado con la solicitud de declaración de concurso o, en caso de concurso necesario, al atender al requerimiento que se le ha de realizar.

Naturaleza de los acreedores proponentes. Podrán presentarla no sólo los acreedores ordinarios, sino también los acreedores privilegiados; no podrán hacerlo ni los acreedores subordinados ni los titulares de créditos contingentes, pues ambas categorías están privadas del derecho de adhesión a las propuestas. Cuando los acreedores proponentes son al mismo tiempo titulares de créditos privilegiados y de créditos ordinarios deberá entenderse que lo hacen por sólo por estos últimos, de la misma manera que su voto se presume emitido con relación a los ordinarios y sólo afectará a los privilegiados si así se hubiese manifestado expresamente (cfr. art. 356), sin que esté obligado el acreedor a incluir como proponente todos sus créditos.

Adhesiones. Los acreedores no proponentes podrán adherirse libremente a la propuesta de convenio que estimen más adecuada, sin que la adhesión efectuada a una concreta propuesta les impida poder hacerlo, además a cualesquiera otra, sin limitación alguna, siendo conveniente que, si así lo hacen, aclaren el orden de sus preferencias, pues en otro caso se entenderá que optan por el orden legal de verificación de las propuestas (art. 351 TRLC).

Efectos de la no presentación de propuestas de convenio (art. 340). Dentro de los 3 días siguientes al de la finalización del plazo para la presentación sin que se hubiera presentado propuesta de convenio, el juez, de oficio, acordará mediante auto la apertura de la fase de liquidación. Para que proceda la apertura de la fase de convenio basta con la presentación de una o varias propuestas, sin necesidad de que hayan sido admitidas a trámite. Si, con posterioridad, ya en la fase de convenio, no resultase admitida la totalidad de las presentadas, procederá la conclusión de la fase de convenio y la consiguiente apertura de la fase de liquidación.

155. Tramitación de la propuesta de convenio

Traslado a las partes (art. 341). Con la presentación de cada propuesta de convenio que se efectúe el LAJ dará traslado de la propuesta a las partes personadas en el procedimiento. El traslado permitirá a éstas efectuar, si así les conviniere, alegaciones sobre la admisión a trámite de la propuesta efectuada, en orden al cumplimiento de los requisitos de tiempo, forma y contenido.

Admisión a trámite. Conlleva un primer control sobre la legalidad de la propuesta por medio de auto dictado dentro de los 3 días siguientes a la propuesta (art. 343.2) si cumplieran las condiciones de tiempo, forma y contenido.

Si el concursado hubiera solicitado la liquidación, no procederá la admisión a trámite de la propuesta o propuestas presentadas, por cuanto el art. 315.2 establece una expresa prohibición (cfr. art. 342.3).

Control de legalidad. Lo lleva a cabo el juez, comprobando (i) los plazos que fijan el art. 337 y el art. 338, (ii) la legitimación de quienes las efectúan, (iii) si se cumplen los requisitos de forma del art. 316, realizando un somero examen de su contenido en los términos que fijan los arts. 317 al 330, (iv) constatando la aportación del preceptivo plan de pagos (art. 331) y, cuando proceda, del plan de viabilidad (art. 332) y, de ser el caso, (v) comprobando las adhesiones que la acompañen. En este momento no podrá el juez entrar a valorar cuestiones relativas a su viabilidad (se relega a un momento posterior si llega a ser formulada una oposición a la aprobación del convenio). En caso de propuesta efectuada por los acreedores, la admisión a trámite sólo podrá ser acordada, en ese momento (los 3 días siguientes a la presentación de la propuesta que recoge el art. 343.2), en el que el juez ha de tomar su decisión, a la luz del informe provisional emitido por la AC ara constatar que los acreedores proponentes superan el *quantum* de 1/5 parte del total pasivo resultante de esa lista.

Prohibición de modificación o de revocación (art. 346). La admisión a trámite marca el momento en que surge o nace la prohibición de modificar o revocar la propuesta de convenio, si bien el concursado podrá dejarla sin efecto en cualquier momento mediante la solicitud de la liquidación.

Propuesta defectuosa (art. 344). De apreciar algún defecto, el juez, dentro del mismo plazo establecido para la admisión dispondrá que se notifique al concursado y, en su caso, a los acreedores para que dentro de los 3 días siguientes puedan subsanarlo. No cabrá la subsanación cuando el convenio propuesto incide en alguna prohibición de contenido que sea insubsanable, pues ello exigiría presentar una propuesta distinta a la inicialmente formulada; será posible la subsanación de defectos que no hagan necesaria la presentación de una propuesta distinta o que afecte a elementos meramente accesorios.

Recursos (art. 345). Contra el pronunciamiento sobre la admisión a trámite sólo podrá interponerse recurso de reposición. Contra el auto resolutorio no cabrá recurso alguno.

Evaluación por la AC (art. 347). La resolución que admita a trámite la propuesta de convenio acordará dar traslado a la AC para que, en el plazo de 10 días, presente evaluación de la propuesta. Su objeto gira sobre el «control de seriedad», frente al «control de legalidad» que efectúa el juez.

Dice el art. 348 que la AC evaluará el contenido de la propuesta de convenio en relación con el plan de pagos y, en su caso, con el plan de viabilidad que la acompañe. Se recoge un contenido «necesario» al decir que la evaluación deberá contener necesariamente un juicio favorable, con o sin reservas, o desfavorable, acerca de la viabilidad del cumplimiento del convenio propuesto. Así pues, podrá resultar: (1) una valoración favorable a la propuesta de convenio, (2) desfavorable o (3) favorable con reservas si, en este último caso, entiende que concurren dudas razonables sobre el futuro cumplimiento del plan de pagos o del plan de viabilidad.

Cumple un importante papel. (i) Facilita una mejor información de los acreedores en la toma de la decisión de apoyar o no la propuesta de convenio que a ellos se someta y, (ii) sirve de fundamento a una eventual impugnación del convenio, ya aprobado, que ulteriormente pueda realizar algún acreedor; así, puede servir de fundamento al impugnante, sin necesidad de basarse en otras pruebas, para acreditar la inviabilidad del convenio; y, de otra forma, si tal evaluación fuese favorable al convenio, el impugnante deberá, necesariamente, acreditar con otros medios de prueba el error en que incurre la AC y acreditar la inviabilidad objetiva del convenio.

Comunicación de la evaluación a los acreedores (art. 349). La AC comunicará de forma telemática la evaluación a los acreedores de cuya dirección electrónica tenga conocimiento. Se distingue según (1) la evaluación sea realizada antes de la presentación del informe de la AC, en cuyo caso se unirá a éste (cfr. art. 293.3), y (2) la realizada con posterioridad a ese momento, supuesto en el que se pondrá de manifiesto en la oficina judicial, con puesta a disposición de las partes, sin necesidad de dar traslado a los personados en el procedimiento.

156. Aceptación de la propuesta de convenio por los acreedores

Único mecanismo actual de aceptación (art. 351.1). Mediante la adhesión a la misma dentro de los plazos y con los efectos establecidos en esta Ley.

Posibilidad de múltiples adhesiones (art. 351.2). En caso de existir más de una propuesta de convenio el acreedor podrá adherirse a una sola, a varias o a todas las presentadas expresando el orden en el que debe computarse la adhesión. De no indicar el orden se considerará que opta por el orden legal de verificación de las propuestas (cfr. art. 379).

Posibilidad de oposición (art. 351.3). Los acreedores podrán oponerse a cualquier propuesta de convenio dentro de los plazos y con los efectos establecidos en esta Ley.

Privación del derecho de adhesión. El art. 352.1 recoge los dos supuestos:

(1) los titulares de créditos subordinados;

(2) las personas especialmente relacionadas con el concursado que hubiesen adquirido su crédito ordinario o privilegiado por actos entre vivos después de la declaración de concurso.

No conllevan una inhabilitación para su ejercicio en virtud de otros créditos que pueda titular ese mismo acreedor y que no se vean afectados por la prohibición (art. 352.2).

Régimen especial de créditos sindicados (art. 353). Se entenderá que los titulares de esos créditos se adhieren a la propuesta de convenio cuando la suma de las adhesiones represente, al menos, el 75 % de los créditos sindicados, salvo que en el régimen o el pacto de sindicación se hubiera establecido una mayoría inferior.

157. Adhesión de los acreedores a la propuesta de convenio

Mecanismo único para la aceptación. Es la expresión de forma escrita y fehaciente de su conformidad con una concreta propuesta de convenio.

Contenido mínimo (art. 354.1). Expresará el importe del crédito o de los créditos de que fuera titular con los que se adhiere, así como su clase. Habrán de coincidir con la recogida por la AC en su lista de acreedores. Si la adhesión tuviere lugar antes de la presentación de lista de acreedores, el importe y la clase deberán ser los que se hubieran comunicado a la AC.

Pura y simple (art. 354.2). Sin introducir modificación ni condicionamiento alguno. En otro caso, se tendrá al acreedor por no adherido. Relacionado con la exigencia de la determinación de la clase del crédito, contiene una norma interpretativa de la voluntad del acreedor adherente el art. 356, haciéndolo con la introducción de una presunción; en el caso de que un acreedor sea simultáneamente titular de créditos privilegiados y ordinarios, la adhesión se presumirá realizada exclusivamente respecto de los ordinarios, y sólo afectará a los créditos privilegiados si así se hubiere manifestado expresamente en el acto de adhesión.

Requisitos formales de la adhesión (art. 355). La adhesión o la oposición a la propuesta de convenio habrá de efectuarse por escrito con firma ológrafa o electrónica basada en un certificado cualificado que se entregará o remitirá a la AC con acreditación de la identidad del firmante y, en su caso, de las facultades representativas que tuviere.

Adhesión de acreedores de Derecho público (art. 357). Se realizará conforme a las normas legales y reglamentarias especiales que resulten aplicables (cfr. la LGP y art. 24 de la LGSS y al art. 164.4 de la LGT).

Distinción entre elección y adhesión. Es necesario distinguir entre la adhesión y la simple facultad de elección por el acreedor entre diferentes alternativas recogidas en el convenio, ya que la sola realización de esta elección no tiene que conllevar necesariamente una adhesión a la propuesta de convenio, con los consiguientes efectos (STS 2021:3233).

Plazo para efectuar las adhesiones o las oposiciones (art. 358). Durante los 2 meses siguientes a contar desde la fecha de la admisión a trámite de cada una de ellas. **Excepciones**:

- **(1) Prorroga legal**. Si el término final venciera después del plazo legal para la presentación de la lista provisional de acreedores por la AC, el plazo para la adhesión o la oposición se prorrogará automáticamente hasta los 15 días siguientes a la fecha de presentación de la lista provisional.
- **(2) Reducción voluntaria del plazo por el concursado**. Si las adhesiones presentadas fueran suficientes para considerar aceptada la propuesta de convenio presentada por el concursado, podrá éste dar por finalizado en cualquier momento el período de adhesiones mediante simple comunicación al juzgado, aunque no hubiera finalizado el plazo de adhesión de otra u otras que hubieran presentado los acreedores. Es una consecuencia del orden legal de verificación de las propuestas que contiene el art. 379.
- **(3) Prórroga del plazo por causa justificada y acreditada**. Siempre que exista causa justificada y conste suficientemente acreditada, el juez del concurso podrá conceder, a instancias del deudor, una prórroga del plazo para recoger adhesiones a la propuesta de convenio, que, en ningún caso, podrá exceder del plazo de 2 meses a contar desde la finalización del plazo de adhesiones previsto. **Requisitos:** (i) Es necesaria su solicitud, rige el principio de rogación. (ii) La legitimación activa para la solicitud

sólo corresponde al concursado. (iii) En la solicitud habrá de dar el deudor explicación de las causas o razones que justifican la concesión de la prórroga, siendo necesario que acompañe con ese escrito la prueba que la acredite o, mediante otrosí proponga la práctica de cualquier otra que la pueda acreditar. También es conveniente que el concursado especifique en la extensión de la prórroga que se interesa. (iv) Más dudoso es el ámbito objetivo de la prórroga, pues el precepto dice que lo será «el plazo» para recoger adhesiones «a la propuesta de convenio». ¿A qué propuesta se refiere? Las posibles respuestas son variadas; el uso del singular por el legislador y el hecho de que la legitimación activa sólo se atribuya al concursado, puede inducirnos a pensar que la prórroga sólo afectará al plazo de adhesiones a la propuesta del concursado; pero, por otra parte, es lo cierto que, desde la reforma de 2022, todas las propuestas presentadas han de contar con el consentimiento del deudor; por otra parte, de admitirse que la propuesta objeto de prórroga en su plazo pueda ser la formulada por los acreedores, no vemos razones que impidan que la prórroga aproveche a todas las propuestas admitidas a trámite, salvo en el supuesto en que las causas «justificadas» y «acreditadas» para su concesión sólo afecten a una de ellas. (v) Finalmente, el plazo de la prórroga tendrá la duración que fije el juez en su resolución, estableciendo el precepto una duración máxima de dos meses.

Revocación de las adhesiones (art. 360.1). Las adhesiones anteriores a la presentación de la lista provisional de acreedores por la AC podrán revocarse dentro de los 15 días siguientes a la fecha de la presentación de esa lista si el importe o la clase del crédito o créditos expresado en la adhesión no coincidiera con los que figuren en esa lista.

Irrevocabilidad tras la aprobación del convenio (art. 360.3). Una vez aprobado el convenio, aunque la sentencia que recaiga en el incidente de impugnación modifique el importe o la clase del crédito, la adhesión efectuada en tiempo y forma no podrá ser revocada.

Requisitos formales de la revocación (art. 360.2). Los mismos que para la adhesión.

Aceptación por el concursado (art. 359.1). El concursado podrá aceptar la propuesta o propuestas de convenio presentada por los acreedores dentro del plazo para las adhesiones. La aceptación no supone revocación de la que el concursado hubiera presentado.

Requisitos formales. Los mismos que para las adhesiones (art. 355).

Consecuencias de la falta de aceptación (art. 355). El convenio al que la propuesta o propuestas de los acreedores se refieran no podrá ser aprobado por el juez.

Cómputo de las adhesiones (art. 361). Al siguiente día hábil al del vencimiento del plazo de revocación, la AC presentará al juzgado escrito haciendo constar el resultado de las adhesiones, acompañado de (i) una relación de los créditos ordinarios o privilegiados adheridos, con expresión del importe total que representen, y de (ii) una relación de los que se hubieran opuesto, con expresión del importe total que represente, (iii) acompañadas de copia de los escritos de adhesión y de oposición.

Información al concursado y a los acreedores (art. 361.2). El escrito en el que conste el resultado y las dos relaciones adjuntas se remitirán por el AC al concursado y a los acreedores de cuya dirección electrónica tenga conocimiento. Estos documentos y las copias de los escritos de adhesión y de oposición quedarán de manifiesto en la oficina judicial donde podrá ser examinados por quienes estén personados en el procedimiento.

Acreedores sin derecho de adhesión. No todos los acreedores ostentarán derecho de adhesión a las propuestas de convenio que se formulen. Así lo recoge el art. 352 al decir que (i) los titulares de créditos subordinados no tendrán derecho de adhesión a la propuesta de convenio, así como tampoco (ii) las personas especialmente relacionadas con el concursado que hubiesen adquirido un crédito ordinario o privilegiados por actos entre vivos después de la declaración de concurso. No obstante, los acreedores a que se refiere el apartado anterior podrán adherirse a la propuesta de convenio por los demás créditos de que fueran titulares. La norma es incompleta porque tampoco ostentan derecho de voto (iii) los titulares de créditos contingentes (los litigiosos y los sujetos a condición suspensiva, cfr. arts. 261 y 262) en tanto dure el litigio o no se cumpla la condición a que están sometidos.

Acreedores privilegiados (art. 397.1). Quedarán vinculados al convenio aprobado por el juez si hubieren sido autores de la propuesta o si se hubieran adherido a ella, salvo que hubieran revocado la adhesión, así como si se adhieren en forma al convenio ya aceptado por los acreedores o aprobado por el juez antes de la declaración judicial de su cumplimiento.

158. Mayorías necesarias para la aprobación del convenio

Clasificación (art. 376):

(1) **Supuestos de mayoría relativa: más pasivo adherido que pasivo opuesto**. **(i) Convenios sin quita y con una espera máxima de 3 años**; **(ii) convenios sin espera y con quita inferior al 20 %**. No cabe su aplicación a los convenios mixtos que contengan, a la vez, quita y espera.

(2) **Supuestos de mayoría (casi) absoluta: adhesión del 50 % del pasivo ordinario**. **(i) Quitas iguales o inferiores al 50 % del crédito**; y, **(ii) esperas no superiores a 5 años**.

(3) **Supuestos de mayoría reforzada: adhesión del 65 % del pasivo ordinario**. Cuando la propuesta de convenio o alguna de las alternativas que contenga tuviera cualquier otro contenido. Supuestos: **(i) convenios con espera superior a 5 años**, con un límite máximo de 10 años que, en ningún caso, podrá ser superado; **(ii) convenios con quita superior al 50 %**; no se establece límite alguno cuantitativo para las quitas.

Regla para el cómputo de las mayorías (art. 377). Se considerará pasivo ordinario la suma de los créditos ordinarios y de aquellos créditos privilegiados, especiales o generales, de los acreedores firmantes de la propuesta o que se hubieran adherido a ella.

(4) **Vinculación de acreedores privilegiados** (art. 397). Los acreedores privilegiados quedarán vinculados al convenio aprobado por el juez si hubieren sido autores de la propuesta o si se hubieran adherido a ella, salvo que hubieran revocado la adhesión, así como si se adhieren en forma al convenio ya aceptado por los acreedores o aprobado por el juez antes de la declaración judicial de su cumplimiento.

Arrastre de los acreedores privilegiados. Quedarán también vinculados al convenio cuando, dentro de la misma clase a la que pertenezcan, se hubieran obtenido las siguientes mayorías:

(1.º) **El 60 % del importe de los créditos privilegiados de la misma de la clase**, cuando el convenio consista en **(i)** el pago íntegro de los créditos en plazo no superior a 3 años o en el pago inmediato de los créditos vencidos con quita inferior al 20 %; **(ii)** o cuando contenga quitas iguales o inferiores a la mitad del importe del crédito; **(iii)** esperas, ya sean de principal, de intereses o de cualquier otra cantidad adeudada, con un plazo no superior a 5 años; **(iv)** o, en el caso de acreedores distintos de los públicos o los laborales, la conversión de los créditos en créditos participativos durante el mismo plazo.

(2.º) **El 75 % del importe de los créditos privilegiados de la misma clase**, en los convenios que tuvieran otro contenido.

Reglas para el cómputo. (i) En el caso de acreedores con privilegio especial, el cómputo de las mayorías se hará en función de la proporción de las garantías aceptantes sobre el valor total de las garantías otorgadas dentro de cada clase. **(ii) En el caso de los acreedores con privilegio general**, el cómputo se realizará en función del pasivo aceptante sobre el total del pasivo que se beneficie de privilegio general dentro de cada clase.

(5) **Supuestos de doble mayoría, por trato singular** (art. 378.1) Para que se considere aceptada una propuesta de convenio que atribuya un trato singular a ciertos créditos o a grupos de créditos determinados por sus características será preciso, además de la obtención de la mayoría que corresponda, la adhesión o el voto favorable, en la misma proporción, del pasivo no afectado por el trato singular.

Norma interpretativa. A estos efectos, no se considerará que existe un trato singular cuando la propuesta de convenio mantenga a favor de los acreedores privilegiados que se adhieran a la propuesta las ventajas propias del privilegio de que gocen, siempre que esos acreedores queden sujetos a quita, espera o a ambas en la misma medida que los ordinarios. Tampoco existe privilegio, y por lo tanto no procederá su sometimiento a la doble mayoría, cuando la propuesta de convenio prevé soluciones alternativas abiertas a todos los acreedores o a los de una determinada clase, al amparo del art. 325 (cfr. STS 2017:903).

Firma de los compromitentes (art. 316.2). Cuando la propuesta contuviera compromisos a cargo de acreedores o de terceros para realizar pagos, prestar garantías o financiación o asumir cualquier otra obligación, deberá ir firmada, además, por los compromitentes o sus representantes, incluso aunque la propuesta tuviera contenido alternativo o atribuya trato singular a los acreedores que acepten esas nuevas obligaciones.

Necesidad de la aceptación por el concursado (art. 359). Es necesaria aceptación por el concursado, dentro del plazo para las adhesiones, de las propuestas de convenio presentadas por los acreedores; no conllevará la revocación de la propuesta que hubiera presentado el concursado.

159. Aprobación judicial

Su necesidad (art. 381) Si la propuesta de convenio hubiera obtenido la aceptación de los acreedores, el LAJ, someterá el convenio aceptado a la aprobación del juez.

Oposición a la aprobación. Es preciso que, previamente, transcurra el plazo que la Ley concede a los acreedores para formular oposición a la aprobación del convenio; y, en su caso, que se ventilen todas las oposiciones que se hayan interpuesto, mediante la tramitación del consiguiente procedimiento, y sin perjuicio de la posibilidad que asiste al juez del concurso de denegar de oficio su aprobación en determinados supuestos (vide infra).

Facultades judiciales (art. 388). El juez no puede modificar el contenido del convenio sometido a su aprobación, aunque sí podrá subsanar errores materiales o de cálculo. Y, cuando fuera necesario, podrá fijar la correcta interpretación de las cláusulas del convenio.

Publicidad (art. 390). La sentencia por la que se apruebe el convenio tendrá igual publicidad que la del auto de declaración de concurso.

160. Oposición a la aprobación del convenio

Legitimación activa (art. 382):

(1) Los acreedores no adheridos. No concurre esa legitimación cuando no cabe la adhesión por disposición legal.

(2) La AC. Es irrelevante que la mayoría de los acreedores hubieran prestado su consentimiento a la propuesta y el resto se hubieran abstenido; la ley no condiciona esta legitimación al interés de los acreedores que no hubieran ejercitado su derecho a adherirse o a oponerse a la propuesta.

Supresión de la referencia al concursado. Con la reforma de la Ley 16/2022 se suprimió la legitimación activa para la oposición a la aprobación judicial que antes se reconocía. Porque es preciso el consentimiento del concursado a las propuestas de convenio que presenten los acreedores para su aprobación por el juez (cfr. art. 359). Además, se le continúa reconociendo al concursado la posibilidad de solicitar en ese momento la apertura de la liquidación, como única vía para impedir que no resulte vinculante un convenio que no fue por él propuesto, pero al que si le prestó su conformidad.

La legitimación pasiva. No es establecida claramente por la Ley, por lo que habrá que estar a cada caso y a cada supuesto concreto. Lo que no parece tener mucho sentido es la necesidad de demandar a todos los acreedores sometidos al convenio.

Plazo de la oposición a la aprobación judicial del convenio (art. 385). 10 días, contados desde el siguiente a la fecha de proclamación del resultado por el LAJ. Es mayoritaria la postura de configurarlo como un plazo procesal de caducidad (STS 2012:2875), cuyo cómputo no se verá interrumpido ni siquiera en caso de ser recurrida en reposición o revisión la resolución del LAJ que proclama el resultado, pues esos recursos no tienen efectos suspensivos.

Causas de oposición. Constituyen número tasado (art. 383.1). Sólo:

(1.º) Infracción de las normas sobre el contenido del convenio. Aunque guarda silencio la Ley, se han de incluir también las de infracción de los requisitos formales del convenio, salvo aquellos que tengan cabida en el siguiente número que examinaremos. Más dudosa es la cuestión relativa a las infracciones cometidas en la elaboración del plan de pagos o en el plan de viabilidad; STS 2015:1290 lo que se somete a votación es la propuesta de convenio, razón por la que sólo el convenio puede ser impugnado, pues no figura en art. 383 referencia alguna ni al plan de pagos ni al plan de viabilidad.

(2.º) Infracción de las normas sobre la forma y el contenido de las adhesiones cuando hubieran sido decisivas para la aceptación de una propuesta de convenio.

(3.º) La adhesión a la propuesta por quienes no fueren titulares legítimos de los créditos, o en la obtención de las adhesiones **mediante maniobras que afecten a la paridad de trato** entre los acreedores ordinarios, cuando esas adhesiones hubieran sido decisivas para la aceptación de una propuesta de convenio. Son supuestos muy amplios. No cabrá, sin embargo, por esta vía pretender en este momento accionar contra créditos que no fueron objeto oportunamente de impugnación, utilizando fraudulentamente la vía del art. 383, no sólo por caducidad de la acción, sino también por preclusión (cfr. arts. 136 y 400 LEC, STS 2012:3462).

(4.º) **Error en la proclamación del resultado** de las adhesiones.

(5.º) **La falta de aceptación de esa propuesta por el deudor**. La aceptación tardía, a modo de ulterior ratificación, no constituye motivo de oposición, pues el art. 383.5.º sólo recoge como motivo la falta o ausencia de aceptación.

(6.º) **En caso de que quien formule oposición podría obtener en la liquidación de la masa activa una cuota de satisfacción en cualquiera de los créditos de que fuera titular superior a la que obtendría con el cumplimiento del convenio**. Se comparará el valor de lo que habría de obtener conforme al convenio con el valor de lo que pueda razonablemente presumirse que recibiría en caso de que la liquidación se realizase dentro de los dos años a partir de la fecha en que finalice el plazo para oponerse a la aprobación judicial del convenio. Motivo de oposición absolutamente novedoso, introducido por la Ley 16/2022 con una fuerte carga subjetiva («lo que pueda razonablemente presumirse que recibiría»).

(7º.) **Inviabilidad objetiva de su cumplimiento** (art. 384). (i) los acreedores legitimados para formular oposición a la aprobación judicial del convenio que, individualmente o agrupados, sean titulares, al menos, del 5 % de los créditos ordinarios y (ii) la AC podrán oponerse, además, a la aprobación judicial del convenio cuando el cumplimiento de éste sea objetivamente inviable. «*Objetivamente inviable*» es de imposible cumplimiento; hace referencia a un aspecto más económico que jurídico, suponiendo la exigencia de su carácter «objetivo» con independencia de quien sea el deudor y sus circunstancias. Se trata de situaciones cercanas a la imposibilidad fáctica de cumplir y no sólo una mera dificultad, que requerirán de una valoración rigurosa de la situación y una constatación muy fundada, no una mera impresión o sospecha; la aplicación de este supuesto deberá ser excepcional y de interpretación restrictiva; exige que se acredite por el actor una imposibilidad absoluta. Habrá que atender de modo principal a tres documentos: (i) el plan de pagos, (ii) el plan de viabilidad y (iii) la valoración realizada por el AC; no deja de ser paradójico, pues ninguno de ellos forma parte del convenio aprobado.

Tramitación (art. 386). Se ventilará por los cauces del incidente concursal.

Medidas cautelares (art. 387). El juez, al admitir a trámite la oposición y emplazar a las demás partes para que contesten, podrá tomar las medidas cautelares procedan para evitar que la demora derivada de la tramitación de la oposición impida, por sí sola, el cumplimiento futuro del convenio aceptado, en caso de desestimarse la oposición. Podrá acordar que se inicie el cumplimiento del convenio aceptado, bajo las condiciones provisionales que determine (**«eficacia parcial del convenio acordada provisionalmente»**); no finalizarán en tal caso los efectos de la declaración del concurso ni cesarán en el cargo los administradores concursales (cfr. arts. 394 y 395). La discrecionalidad del juez es máxima, en cuanto a su adopción (que incluso puede serlo de oficio), su contenido y duración. Si la sentencia estimatoria es apelada, parece que la regla general debe ser el cese de tales medidas, aunque nada impedirá su mantenimiento cuando las circunstancias así lo aconsejen.

Contenido de la sentencia. Ha de limitarse a aprobar o rechazar el convenio; el juez no podrá modificar el contenido del convenio, aunque sí podrá subsanar errores materiales o de cálculo. Cuando fuera necesario, el juez podrá fijar la correcta interpretación de las cláusulas del convenio (art. 388). El papel que le corresponde al juez en la aprobación no es el de creador de la regla negocial, sino el de controlador de su legalidad; y, por ello, puede aprobar el convenio o rechazarlo, pero no modificarlo (TS:2011:7175).

Efectos de la sentencia (art. 391). La sentencia que estime la oposición declarará rechazado el convenio. Conllevará la apertura de la liquidación concursal, salvo en el supuesto que, habiendo otras propuestas de convenio con adhesiones suficientes, proceda realizar su computación (cfr. art. 379) y efectuar una nueva proclamación del resultado por el LAJ, con sometimiento de ese otro convenio, también aceptado, a la aprobación del juez (cfr. art. 381).

Recurso de apelación (art. 391). Contra la estimación de la oposición, que rechace el convenio, pero parece evidente que también cabe la apelación contra la sentencia desestimatoria de la oposición, en aplicación del régimen general del art. 547.

161. Denegación de oficio de la aprobación del convenio

Rechazo de oficio del convenio aceptado (art. 392). El juez rechazará de oficio el convenio si aprecia la existencia de motivo de oposición, aunque ésta no hubiera sido presentada o lo hubiera sido por motivo distinto.

Causas o motivos. Con la nueva redacción dada al precepto, entendemos que también en el supuesto de imposibilidad objetiva de cumplimiento del convenio cabrá la actuación de oficio.

La posibilidad de la denegación de oficio es aplicable a todo convenio aceptado por los acreedores. Los diferentes controles de legalidad no impedirán su apreciación en este momento, pues en otro caso este último control de oficio quedaría prácticamente vacío de contenido y se convertiría en un mero trámite (TS:2013:849).

Forma de la resolución. Entendemos que será un auto.

Efectos. Suprimió la reforma de 2022 la posible subsanación del defecto apreciado. Nos lleva a entender que sólo será posible el rechazo del convenio aceptado, sin posibilidad de apertura de posibles subsanaciones de los defectos apreciados, aun cuando fuesen factibles.

Se dictará auto acordando de oficio la apertura de la fase de liquidación (cfr. art. 409.1).

162. Sentencia de aprobación del convenio

Sentencia. En los supuestos en que no se haya formulado oposición al convenio o hubiesen sido desestimadas las interpuestas, y si no procediese el rechazo de oficio, el juez dictará sentencia aprobando el convenio (cfr. art. 389) sin que pueda modificarlo más que para subsanar errores materiales o de cálculo (cfr. art. 267.2 LOPJ y art. 388), dándole la misma publicidad que la prevista para el auto de declaración de concurso (art. 390).

Recurso de apelación. Cabe recurso de apelación cuya interposición, si lo estima motivadamente el juez, podrá dar lugar a la suspensión parcial del cumplimiento del convenio. Esta decisión de suspensión puede ser revisada por la AP a solicitud de parte.

La legitimación activa para la interposición de la apelación corresponde a los acreedores que hubiesen hecho constar expresamente su oposición a la aprobación del convenio; es de interés el caso del acreedor que, pese a no haber formalizado esa oposición, alega en su recurso la concurrencia de defectos legales en el contenido del convenio.

EFECTOS Y CUMPLIMIENTO DE CONVENIO

163. Inicio de los efectos del convenio

Adquisición de eficacia (art. 393). Existe y comienza a producir sus efectos desde la fecha de la sentencia que lo apruebe, sin necesidad de tener que esperar a que esa resolución sea firme; no obstante, el juez, por razón del contenido del convenio, podrá acordar, de oficio o a instancia de parte, retrasar esa eficacia, de forma total o parcial, a la fecha en que la sentencia de aprobación alcance firmeza.

Medidas cautelares. Cuando se formaliza una oposición a la aprobación del convenio, el juez, al admitir a trámite la demanda y emplazar a la parte demandada, puede acordar medidas cautelares con el fin de evitar que la demora en su tramitación impida, por sí sola, el cumplimiento futuro del convenio aceptado, en caso de ser desestimada la oposición (art. 387).

Concurso yacente. La aprobación del convenio no conlleva la conclusión del procedimiento concursal; continuará hasta que tenga lugar la declaración de cumplimiento del convenio o, en su caso, por incumplimiento de éste, la reapertura para proceder a la liquidación.

164. Efectos sobre el deudor

Cese de los efectos del concurso (art. 394.1). Desde la eficacia del convenio cesarán todos los efectos de la declaración del concurso, que quedarán sustituidos por los que, en su caso, se establezcan en el propio convenio; se exceptúan los deberes de colaboración e información que subsistirán hasta la conclusión del procedimiento, materializado éste último en el deber de información semestral (art. 400).

Libre administración y libre disposición. Salvo que en el convenio se haya establecido algún régimen específico, en cuyo caso habrá que estar al contenido de aquél, el deudor recupera la libre administración y disposición de su patrimonio.

Cese de la jurisdicción del juez del concurso. A partir de este momento las acciones deberán ser conocidas por el juez ordinario a quien corresponda según las normas competenciales ordinarias (ATS TS:2012:460A). No afectará a los incidentes concursales que se encuentren en tramitación en el momento de ser dictada la sentencia de aprobación del convenio, pues la *perpetuatio iurisdictionis* hará que continúe la competencia del juez del concurso sobre los mismos.

Ámbito societario. Tras la declaración de concurso, cesa el deber legal de los administradores de instar la disolución, que se acordará finalmente, como un efecto legal de la apertura de la fase de liquidación, cuando se opte por esta solución concursal (STS 2013:5186); tras la aprobación de un convenio concursal, durante la fase de cumplimiento del mismo, no podrá surgir la obligación de disolución por causa de desequilibrio patrimonial sobrevenido pues lo impide la propia normativa societaria, que establece el concurso de acreedores como un límite al deber de los administradores de promover la disolución, bajo la lógica de que la situación de concurso de la compañía se rige por una normativa propia, que expresamente prevé la disolución de la compañía, como consecuencia necesaria a la apertura de la fase de liquidación, y que, en caso de aprobación de convenio, impone al deudor el deber de instar la liquidación cuando, durante la vigencia del convenio, conozca la imposibilidad de cumplir los pagos comprometidos y las obligaciones contraídas con posterioridad a su aprobación (art. 407.1). No cabrá, en consecuencia, exigir la responsabilidad solidaria de las deudas de la sociedad a los administradores, ex art. 367 TRLSC, por un supuesto incumplimiento de un inexistente deber de disolver la sociedad durante la fase de convenio.

Ámbito tributario. El RD-L 1/2015 introdujo la DA 43.ª en la Ley 35/2006 del IRPF la exención de las rentas obtenidas por los deudores que se pongan de manifiesto como consecuencia de quitas y daciones en pago de deudas establecidas en un convenio aprobado judicialmente conforme al procedimiento fijado en la legislación concursal.

Reforma de 2022. Regula el efecto del convenio aprobado en la persona del concursado cuando éste es una sociedad de capital y en aquél se prevé (i) un aumento de capital social para la conversión de créditos o (ii) operaciones estructurales de fusión, escisión o cesión global de activo y pasivo en ejecución del convenio.

(1) **Aumento de capital social para la conversión de créditos en capital** (art. 399 bis). Si el convenio en que se hubiera previsto la conversión de créditos concursales en acciones o participaciones de la sociedad deudora fuere aprobado por el juez, los administradores de la sociedad estarán facultados para aumentar el capital social en la medida necesaria para la conversión de los créditos, sin necesidad de acuerdo de la junta general de socios. En la suscripción de las nuevas acciones o en la asunción de las nuevas participaciones los socios no tendrán derecho de preferencia. Norma absolutamente excepcional y revolucionaria que rompe con la regla general del art. 285.1.
Aunque los estatutos sociales contengan cláusulas limitativas de la libre transmisibilidad de las acciones y participaciones, las nuevas que se emitan en ejecución del convenio serán libremente transmisibles por actos inter vivos hasta que transcurran 10 años a contar desde la inscripción del aumento del capital en el RM.

(2) **Operaciones societarias estructurales en ejecución del convenio** (art. 399 ter). En el caso de que el convenio previera la fusión, la escisión o la cesión global de activo y pasivo, los acreedores concursales no tendrán derecho de oposición. La inscripción de la fusión, de la escisión total o la cesión global del activo y pasivo que produzca la extinción de la sociedad declarada en concurso, será causa de conclusión del concurso de acreedores.

165. Efectos sobre los garantes personales y los deudores solidarios

Efectos del convenio. La situación de los acreedores del concursado que gozan de una garantía personal prestada por tercero o que son titulares de créditos con deudores solidarios, independientemente de la calificación de su crédito, dependerá de la actitud que esos acreedores hayan adoptado a la hora de adherirse o no al convenio y del contenido de los pactos contractuales que les vinculan (TS:2021:3768).

Posibilidades:

(1) Supuestos en los que el acreedor no se vinculó con el convenio (art. 399.1). El convenio no producirá efectos respecto de los derechos de los acreedores frente a los obligados solidarios con el concursado ni frente a los fiadores o avalistas, salvo que esos acreedores hubiesen sido autores de la propuesta, se hubieran adherido a ella (salvo que hubieran revocado la adhesión), o hubieran votado a favor de la misma. Los obligados solidarios, los fiadores y los avalistas no podrán invocar la aprobación del convenio ni su contenido en perjuicio de aquéllos. Señala STS 2021:3529 que la ratio de la norma es garantizar al acreedor que no vota a favor de la propuesta de convenio que su aprobación no afectará a los derechos que tuviera frente a terceros; y aunque la norma haga únicamente referencia expresa a las garantías personales (fiadores o avalistas), tiene sentido que corran la misma suerte las garantías reales prestadas por terceros (ej., hipoteca otorgada por hipotecante no deudor). Carece de justificación que el acreedor se vea arrastrado, frente a esos terceros, por el contenido de un convenio que él no votó.

(2) Supuestos en los que el acreedor sí se vinculó con el convenio (art. 399.2). La responsabilidad de los obligados solidarios, fiadores o avalistas del concursado frente a los acreedores que hubiesen sido autores de la propuesta, se hubieran adherido a ella (salvo que hubieran revocado la adhesión) o hubieran votado a favor se regirá por los pactos que sobre el particular hubieran establecido y, en su defecto, por las normas legales aplicables a la obligación que hubieren contraído. Esto conlleva que todo acreedor deba analizar si los fiadores o avalistas o los restantes deudores solidarios en la obligación son solventes. Sí queda afectado por el contenido del convenio el derecho de repetición que el fiador solidario, que pagó, tiene frente al deudor principal, sometido al proceso concursal y al convenio en él acordado. No ofrece duda que podrá repetir, pero en las mismas condiciones del crédito del acreedor principal, y de esta manera queda sometido al convenio. Este régimen encuentra su justificación en la circunstancia de que asumió voluntariamente la fianza con la condición de solidaria, siendo la quita y espera una concreción del riesgo que aceptó, con respecto a la insolvencia del deudor principal.

166. Efectos sobre los acreedores

(1) Acreedores ordinarios y subordinados.
Carácter obligatorio del convenio (art. 396.1). Aunque no se hubieran adherido a la propuesta de convenio o aunque, por cualquier causa, no hubiesen sido reconocidos; STS 2016:4292, al extender a los créditos anteriores al concurso y no reconocidos el contenido del convenio, lo que pretende es impedir que estos créditos puedan llegar a ser, en caso de aprobarse y cumplirse un

convenio, de mejor condición que los acreedores concursales reconocidos; los créditos no reconocidos no pueden ser reclamados durante la fase de cumplimiento del convenio, y tras la misma su importe se verá afectado por las quitas acordadas, en caso de llegar a ser reconocida su existencia, vigencia y exigibilidad.

Acreedores subordinados (art. 396.2). Quedarán afectados por las mismas quitas y esperas establecidas para los ordinarios, pero cada uno de los plazos anuales establecidos para los créditos ordinarios se computarán como plazos trimestrales de espera desde el íntegro cumplimiento del convenio respecto de los primeros sin que la totalidad de la espera desde el comienzo del cumplimiento del convenio pueda ser superior a 10 años para todos los acreedores. Tiene una naturaleza imperativa (STS 2013:849). Quedan a salvo los efectos que pueda producir el ejercicio de la facultad de elección por los acreedores subordinados, lo que supone una referencia a la posibilidad de aceptar propuestas alternativas.

Eficacia novatoria (art. 398). Triple efecto novatorio: (i) de extinción por la quita; (ii) de aplazamiento por la espera; y, (iii) de novación modificativa en cuanto al resto del contenido del convenio. Estos efectos novatorios desaparecerán en caso de incumplimiento del convenio declarado por sentencia firme.

Ejecuciones. Ningún acreedor afectado por el convenio podrá iniciar o continuar ejecuciones contra el deudor por deudas anteriores a la declaración del concurso. Las iniciadas antes del auto de declaración del concurso, suspendidas en su tramitación por causa del concurso, definitivamente serán archivadas y el deudor podrá solicitar la cancelación de los correspondientes embargos, correspondiendo así acordarlo al juez que los hubiera ordenado.

Compensación de créditos. Los acreedores podrán oponer la compensación de los créditos que titulan, afectados por el convenio, una vez se produzca su vencimiento, siendo entonces ya exigibles conforme a lo previsto en el propio convenio, pues una vez aprobado éste, no es de aplicación la prohibición de la compensación contenida en el art. 153.2 (STS 2016:1621).

(2) Acreedores privilegiados (art. 397.1). Quedarán vinculados al convenio aprobado por el juez si hubieren sido autores de la propuesta o si se hubieran adherido a ella (salvo que hubieran revocado la adhesión), así como si se adhieren en forma al convenio ya aceptado por los acreedores o aprobado por el juez antes de la declaración judicial de su cumplimiento. Por ello, resulta inevitable que tras la aprobación del convenio se inicien conversaciones entre el deudor y los acreedores privilegiados con el fin de alcanzar un acuerdo extraprocesal para el pago de sus créditos de una forma ordenada.

Arrastre (art. 397.2). Los acreedores privilegiados quedarán también vinculados al convenio cuando, dentro de la misma clase a la que pertenezcan, se hubieran visto arrastrados por mayorías reforzadas (remisión).

Subclasificación. Recordemos la subclasificación que el art. 287 efectúa dentro de los créditos con privilegio general y con privilegio especial y que la AC habrá de recoger en su lista de acreedores, dentro de cada una de las cuales habrán de concurrir las mayorías reforzadas, distinguiendo: (1.º) Los créditos de derecho público. (2.º) Los créditos laborales. (3.º) Los créditos financieros. (4.º) Los restantes créditos. Por la existencia de cuatro clases distintas de acreedores privilegiados, y el cómputo distinto que procede hacer según sea el privilegio general o especial, puede suceder que en alguna ocasión llegue a ser necesario realizar hasta ocho cómputos distintos para determinar la vinculación o no de los acreedores privilegiados al convenio.

(3) Acreedores contra la masa. El convenio no les afecta, más que en el sentido positivo de poder iniciar a partir de su aprobación la ejecución separada de los créditos no satisfechos. Por tal motivo será necesario que se entablen conversaciones entre el concursado y los titulares de esos créditos con el fin de alcanzar un acuerdo extraprocesal para el pago de los mismos.

167. Efectos sobre la administración concursal

Cese y rendición de cuentas (art. 395). Tiene lugar desde la eficacia del convenio, si bien se le impone la obligación de rendir cuentas de su actuación ante el juez del concurso, dentro del plazo que éste señale. **Excepciones.** La AC conservará plena legitimación para continuar los incidentes en curso, así como para actuar en la Sección 6.ª (calificación), con facultades para solicitar la ejecución provisional o definitiva de las sentencias que se dicten en esos incidentes y de la sentencia de calificación.

Funciones durante el cumplimiento del convenio (art. 322). Se recoge la posibilidad de que en el convenio se establezca la atribución a cualquier miembro de la AC o al auxiliar delegado, con su previo consentimiento, el ejercicio de funciones determinadas durante el período de cumplimiento del convenio, fijando la remuneración que se considere oportuna.

168. Cumplimiento e incumplimiento del convenio

Informe semestral (art. 400). Con esa periodicidad, contada desde la fecha eficacia total o parcial de la sentencia aprobatoria del convenio, el concursado informará al juez del concurso acerca de su cumplimiento. Es una manifestación del deber de colaboración. Toda la información que se reciba en el juzgado deberá quedar a disposición de los acreedores.

Supuestos:

(1) **Incumplimiento del convenio** (art. 407). Durante la vigencia del convenio, el concursado deberá pedir la liquidación desde que conozca la imposibilidad de cumplir los pagos comprometidos en éste y las obligaciones contraídas con posterioridad a la aprobación de aquél. El juez, dentro de los 10 *días siguientes a la solicitud, dictará auto abriendo la fase de liquidación* (art. 406).

Legitimación de los acreedores (art. 402.1). Cualquier acreedor que estime incumplido el convenio en lo que le afecte podrá solicitar del juez la declaración de incumplimiento. **No cabe la declaración de incumplimiento de oficio.**

No exige un determinado grado de gravedad en el incumplimiento. Bastará con el impago de un crédito; el incumplimiento deba persistir al tiempo de ejercitarse la demanda, porque si lo que se produjo fue un mero retraso, pero finalmente se cumplió (antes de ser interpuesta la demanda), el actor carecerá de legitimación para pedir la resolución (STS 2014:3742).

Objeto de incumplimiento. Lo incumplido debe ser el convenio, sin que pueda ser fundamento de la acción un eventual incumplimiento del plan de viabilidad que, en su caso, acompañe al convenio (STS 2015:1295). Constituye incumplimiento del convenio la infracción de las medidas prohibitivas o limitativas del ejercicio por el deudor de las facultades de administración y de disposición sobre bienes y derechos de la masa activa durante el período de cumplimiento del convenio, cuya declaración podrá ser solicitada del juez por cualquier acreedor (art. 402.2).

Caducidad de la acción (art. 403.1). La acción para solicitar la declaración de incumplimiento del convenio caducará a los 2 meses contados desde la última publicación del auto de cumplimiento.

Cauce procesal (art. 403.2)**.** Incidente concursal; frente a la sentencia cabe recurso de apelación (art. 403.4).

Satisfacción extraprocesal. El concursado puede cumplir tardíamente; procede el archivo por satisfacción extraprocesal.

Efectos de la declaración de incumplimiento del convenio (art. 404.1). Desde que alcance firmeza, las quitas, las esperas y cualesquiera otras modificaciones de los créditos quedarán sin efectos. Según el art. 403.3 son tres los efectos: (i) la resolución del convenio, (ii) la desaparición de los efectos sobre los créditos y (iii) la apertura de la fase de liquidación de la masa activa. No obstante, la sentencia sólo producirá estos efectos desde su firmeza, por lo que, de ser recurrida, no cabe la apertura de la liquidación en tanto sea firme.

Principio de conservación de la eficacia de los actos (art. 405)**.** Los actos realizados en ejecución del convenio aprobado producirán plenos efectos; no obstante, desde que alcance firmeza la declaración de incumplimiento (i) serán anulables los actos realizados durante la fase de cumplimiento del convenio que supongan contravención del propio convenio o alteración de la igualdad de trato de los acreedores que se encuentren en igualdad de circunstancias, y (ii) serán rescindibles los actos perjudiciales para la masa activa realizados por el deudor durante esa fase si se acreditara la concurrencia de fraude. Tres únicas **excepciones**: (1) fraude, que exige la concurrencia de un elemento subjetivo de «*scientia fraudis*» por parte del concursado o tercero autor del acto controvertido; (2) contravención del convenio; (3) alteración del principio de igualdad entre los acreedores. No será posible el ejercicio por la AC de la acción rescisoria concursal respecto de actos perjudiciales para la masa ejecutados por el concursado en tiempo posterior a la eficacia del convenio pues la acción rescisoria concursal sólo cabe frente a actos ejecutados con anterioridad a la declaración del concurso de acreedores (TS:2017:1051).

Reanudación de la ejecución separada (art. 404.2). Desde que alcance firmeza la declaración de incumplimiento, los acreedores con privilegio especial a los que se hubiera extendido la eficacia del convenio o se hubieran adherido a él una vez aprobado podrán iniciar o reanudar la ejecución separada de la garantía con independencia de la apertura de la fase de liquidación. En este caso, el acreedor ejecutante hará suyo el importe resultante de la ejecución en cantidad que no exceda de la deuda originaria. El resto, si lo hubiere, corresponderá a la masa activa del concurso.

Concurso culpable (art. 443.6.º). Cuando la apertura de la liquidación haya sido acordada de oficio por incumplimiento culpable del convenio, el concurso se califica como culpable.

(2) **Supuesto de cumplimiento parcial del convenio**. Por definición, estaremos ante un caso de incumplimiento del convenio y, por lo tanto, será de aplicación el régimen expuesto. Sin embargo, debemos subrayar la importante especialidad, contemplada en el art. 405. Con el fin de guardar una estricta observancia de la igualdad de trato de los acreedores, dispone el art 439.2 que quienes hubieran recibido pagos parciales cuya presunción de legitimidad no resultara desvirtuada por sentencia firme de revocación, los retendrán en su poder, pero no podrán cobrar lo que les faltara percibir hasta que el resto de los acreedores de su misma clasificación hubiera recibido pagos en un porcentaje equivalente.

(3) **Supuesto de cumplimiento del convenio** (art. 401). Se ha de pronunciar el auto de declaración de cumplimiento que provoca la finalización del concurso. El concursado, una vez que estime íntegramente cumplido el convenio, presentará al juez del concurso el informe correspondiente con la justificación adecuada y solicitará la declaración judicial de cumplimiento. El LAJ acordará poner de manifiesto en la oficina judicial el informe y la solicitud. Una vez transcurridos 15 días desde la puesta de manifiesto, el juez, si estimare cumplido el convenio, lo declarará mediante auto, al que dará la misma publicidad que la de su aprobación.

Legitimación. El único legitimado para instar la declaración de cumplimiento del convenio es el propio concursado, debiendo acompañar con su escrito, además del preceptivo informe por él elaborado, todos los documentos que acrediten el íntegro cumplimiento del convenio.

Recurso. Aunque nada dice al respecto la Ley, se debe entender que frente a ese auto cabe la interposición de recurso de reposición, en aplicación de las normas generales (*cfr.* art. 546).

Cumplimiento anticipado. Nada impide el cumplimiento anticipado del convenio por el acreedor; si al acreedor se le ofrece un pago anticipado e íntegro de su crédito y no lo acepta, podrá el deudor acudir al expediente judicial de consignación voluntaria para obtener su liberación (*cfr.* art. 1180 CC).

Conclusión del concurso (art. 465.4.° y art. 467). Procederá cuando, dictado auto de cumplimiento del convenio, transcurra el plazo de caducidad de las acciones de declaración de incumplimiento o, en su caso, sean rechazadas por resolución judicial firme las que se hubieren ejercitado (art. 465.4.°), procediendo que se dicte auto de conclusión del procedimiento (art. 467).

Contra esa resolución no cabe recurso alguno; contra el que deniegue la conclusión podrá interponerse recurso de apelación (art. 481.1) y contra la sentencia que resuelva la oposición a la conclusión del concurso cabrán los recursos previstos en esta Ley para las sentencias dictadas en incidentes concursales (art. 481.2).

Notificación y publicación (art. 482). La resolución que acuerde la conclusión del procedimiento se notificará a las mismas personas a las que se hubiera notificado el auto de declaración de concurso, publicándose en el RPC y, por medio de edicto, en el BOE.

Posibles vías de conclusión del concurso. Dos son las vías por las que se puede llegar a la conclusión del concurso: **(i) Por la solicitud de cumplimiento del convenio realizada por el deudor**, que exige la firmeza del auto que declara el cumplimiento del convenio y el transcurso de dos meses desde su publicación sin que se hubiesen ejercitado acciones de incumplimiento, tras lo cual se dictará el auto de conclusión del concurso. **(ii) Por el rechazo, mediante sentencia firme, de las acciones de incumplimiento ejercitadas por los acreedores**, a través del correspondiente procedimiento, tras cuya firmeza será dictado el auto de conclusión del concurso.

169. La modificación del convenio: el reconvenio

La tradicional inmodificabilidad del convenio. Desde la promulgación de la LC de 2003 se mantuvo el criterio de no ser posible la introducción de cambios en el convenio una vez que el mismo es aprobado; esa posibilidad sólo fue reconocida con carácter extraordinario durante la crisis sanitaria del COVID-19 (*cfr.* art. 3 de la Ley 3/2020, en norma que estuvo vigente hasta el 31-diciembre-2021). Este criterio, sin embargo, fue modificado con la reforma operada por la Ley 16/2022, que introdujo el art. 401 bis, bajo la rúbrica «de la modificación del convenio» y que es también conocido como el «reconvenio», con la finalidad de proteger la viabilidad de la empresa.

Requisitos para poder modificar el convenio (art. 401 bis):

(1) **Vigencia superior a 2 años del convenio a modificar**. Sólo se podrá presentar una propuesta de modificación una vez transcurridos 2 años de su vigencia, tomando por tal la fecha de su eficacia y siempre que no haya sido ya tramitada otra modificación anterior.

(2) **Solicitud por el concursado con presentación de una propuesta**. Rige el principio de rogación. No se establece límite al contenido de la propuesta, si bien en el art. 401 bis.3 se imponen dos límites subjetivos: en ningún caso, la modificación afectará (i) a los créditos devengados o contraídos durante el periodo de cumplimiento del convenio originario ni (ii) a los acreedores privilegiados a los que se hubiera extendido la eficacia del convenio o se hubieran adherido a él una vez aprobado, a menos que se adhieran expresamente a la propuesta de modificación.

(3) **Documentos a acompañar con la propuesta**. (i) Una relación de los créditos concursales satisfechos, (ii) de los que estuvieran pendientes de pago y (iii) de aquellos que, devengados o habiendo sido contraídos durante el periodo de cumplimiento del convenio, no hubieran sido satisfechos, junto con (iv) un inventario de sus bienes y derechos, (v) un plan de viabilidad y (vi) un plan de pagos.

(4) **Existencia de un riesgo no culpable de incumplimiento del convenio**. Es preciso que se encuentre en riesgo de incumplimiento por causa que no le sea imputable a título de dolo, culpa o negligencia y siempre que se justifique debidamente que la modificación resulta imprescindible para asegurar la viabilidad de la empresa.

Tramitación del «reconvenio» (art. 401 bis.2). La propuesta de modificación se tramitará conforme a las previsiones para la aprobación de una propuesta de convenio si bien el cómputo de las mayorías necesarias para su aprobación se establecerá atendiendo a los importes de los créditos que quedan pendientes de pago conforme a lo que resulte del convenio que se propone modificar. Aunque se guarda silencio, será ineludible la reposición en su cargo del AC, pues será necesaria la evaluación de la propuesta por el mismo (*cfr.* arts. 347 a 349). Se produce un blindaje del deudor (art. 401 bis.4) pues mientras se encuentre en tramitación una propuesta de modificación de convenio no se admitirá a trámite solicitud de incumplimiento de convenio.

LA FASE DE LIQUIDACIÓN

170. Apertura

Objeto. Una vez frustrada la posibilidad del convenio, procede la realización del patrimonio del deudor, de todos sus bienes y derechos, para el posterior pago a los acreedores con el remanente obtenido. Todas esas operaciones serán llevadas a cabo por la AC bajo el control y vigilancia del juez. Se pretende que tenga una duración breve, fijando un máximo de 1 año, de forma que en caso de incumplimiento de ese plazo la AC puede ser separada con pérdida del derecho a la retribución; para mantener un estricto control sobre las operaciones de liquidación, el AC habrá de rendir información trimestral sobre su marcha.

Apertura de la fase de liquidación. Puede tener lugar a solicitud (i) del deudor, (ii) el AC e, incluso, (iii) de oficio, en los términos que seguidamente pasamos a exponer.

Publicidad (art. 410). A la resolución judicial que declare la apertura de la fase de liquidación, se dará la misma publicidad que a la del auto de declaración de concurso.

171. Apertura a instancia del deudor

Posibilidades del deudor. El deudor tiene absoluta libertad para conducir el concurso (i) hacia la fase de convenio o (ii) hacia la de liquidación, pudiendo pedir ésta en cualquier tiempo; no obstante, es preciso distinguir los casos en que (i) se le faculta para pedir la liquidación de aquellos otros en los que (ii) el concursado está obligado a ello.

(i) Petición facultativa (art. 406). El deudor podrá pedir la liquidación en cualquier momento y el juez, dentro de los 10 días siguientes a la solicitud, dictará auto abriendo la fase de liquidación. Sólo tiene un límite: no podrá el deudor solicitar la liquidación si ha presentado una propuesta de convenio, a no ser que, previamente, la retire. Si quienes han presentado la propuesta de convenio son los acreedores, nada impide que el deudor pueda solicitar la liquidación; incluso podrá hacerlo después de que se haya aceptado un convenio propuesto por los acreedores, desde el siguiente a la fecha en que el LAJ haya verificado que las adhesiones alcanzan la mayoría necesaria para la aceptación del convenio. Será posible, también, la solicitud de la liquidación en el mismo escrito de solicitud de declaración de concurso voluntario; es, incluso, recomendable hacerlo cuando la solicitante lo sea una sociedad en liquidación, por haber sido adoptada su disolución en acuerdo de la junta general de socios. En cualquier caso, la solicitud de liquidación sólo será revocable antes de ser abierta la liquidación.

(ii) **Petición obligatoria** (art. 407). Durante la vigencia del convenio, el concursado deberá pedir la liquidación desde que conozca la imposibilidad de cumplir los pagos comprometidos en éste y las obligaciones contraídas con posterioridad a la aprobación de aquél. De no solicitar la liquidación el deudor, se faculta a los acreedores, no para pedir la liquidación, sino para solicitar del juez la declaración de incumplimiento del convenio (art. 402.1), de la que se derivará, una vez sea firme la resolución judicial que así lo declare, la apertura de oficio de la liquidación (art. 409.1.5.º). La obligación, para el concursado, surge antes de que se produzca el incumplimiento del convenio, pues bastará con que aquél tenga conocimiento de la imposibilidad de cumplir para que surja el deber de solicitar la apertura de la liquidación.

Efectos. El TRLC no especifica cuáles son los efectos propios de la apertura de la fase de liquidación en este supuesto, a diferencia de lo que sucede en caso de declaración de incumplimiento del convenio. La identidad de razón entre ambos supuestos permitirá la aplicación de los arts. 402 y ss a este caso, de forma que la apertura de la fase de liquidación a instancia del deudor conllevará la resolución del convenio (art. 404) y la desaparición de los efectos novatorios que el convenio produjo sobre los créditos.

Créditos posteriores a la aprobación del convenio. Su calificación nunca fue pacífica. Finalmente, el debate quedó zanjado con la reforma de la Ley 16/2022 al introducir el art. 414 bis, conforme al cual tendrán la consideración de créditos concursales. Iguales reglas serán de aplicación en los casos de apertura de oficio de la declaración por nulidad del convenio aprobado.

Revocabilidad. La solicitud de liquidación por el deudor es revocable, siempre que se haga antes de que se proceda a la apertura de la fase de liquidación, en aplicación del principio *favor convenii.*

172. Apertura a instancia de la administración concursal

Cese de la actividad (art. 408). El AC sólo puede solicitar la liquidación del concursado en caso de cese total o parcial de la actividad profesional o empresarial. De la solicitud se dará traslado al concursado por plazo de 3 días. El juez resolverá mediante auto dentro de los 5 días siguientes.

Finalidad. Se trata de establecer un mecanismo en los supuestos de cese de la actividad que impida el incremento del deterioro de los eventuales activos del concursado, en beneficio de los acreedores. Fuera de ese supuesto el AC carecerá de legitimación para solicitar la liquidación.

173. Apertura de oficio de la liquidación

Casos tasados (art. 409.1). Procederá de oficio en los siguientes casos:

(1.º) No haberse presentado dentro de plazo legal ninguna propuesta de convenio o no haber sido admitidas a trámite las que hubieren sido presentadas.

(2.º) No haberse aceptado por los acreedores ninguna propuesta de convenio.

(3.º) Haberse rechazado por resolución judicial firme el convenio aceptado por los acreedores.

(4.º) Haberse declarado por resolución judicial firme la nulidad del convenio aprobado por el juez. Nada dice sobre las causas de la nulidad del convenio; hay que estar a la teoría general del negocio jurídico y, en consecuencia, atender a (i) la falta de algún requisito o elemento esencial (*cfr.* art. 1261 CC), bien sea la falta absoluta de consentimiento, la falta de objeto o la ilicitud o ausencia de causa, a (ii) la inobservancia de forma *ad solemnitatem* o atender a (iii) la violación de una prohibición legal o contravención de una norma imperativa (cfr. art. 6.3 CC).

(5.º) Haberse declarado por resolución judicial firme el incumplimiento del convenio.

Forma de la resolución (art. 409.2)**.** En los casos 1.º y 2.º, la apertura de la fase de liquidación se acordará por el juez sin más trámites, en el momento en que proceda, mediante auto que se notificará al concursado, a la AC y a todas las partes personadas en el procedimiento. En cualquiera de los demás casos, la apertura de la fase de liquidación se acordará en la propia resolución judicial que la motive y se hará efectiva una vez ésta adquiera firmeza, siendo esa resolución judicial la sentencia que resuelve la oposición a la aprobación judicial del convenio o la sentencia que declara nulo el convenio o la sentencia de declaración de incumplimiento dictada a instancia de cualquier acreedor afectado, o bien el auto a solicitud del concursado. Así pues, la apertura de la fase de liquidación tendrá lugar en unos casos mediante auto y en otros mediante sentencia.

Recursos (art. 409.3)**.** Contra el auto o la sentencia de apertura de la fase de liquidación el concursado podrá interponer recurso de apelación.

174. Efectos de la apertura

Con carácter general (art. 411). Durante la fase de liquidación seguirán aplicándose las normas contenidas en el título III del Libro I [arts. 105 a 191, reguladores de los efectos de la declaración del concurso] en cuanto no se opongan a las específicas del capítulo [II del título VIII (arts. 411 a 414 bis)]. Esto permite que, abierta la fase de liquidación, pueda aun el AC ejercitar las acciones de reintegración de la masa (*cfr.* STS 2017:1051), pero no el ejercicio de la acción rescisoria concursal contra actos del concursado realizados en fase de cumplimiento del convenio, por no tratarse de actos anteriores a la declaración del concurso.

El auto de apertura de la fase de liquidación (o, en los casos en que sea procedente, la sentencia que acuerde esa apertura) debe declarar los efectos que se causan sobre el deudor y sobre los acreedores. Respecto de aquél, el art. 412 ordena la reposición de la AC y, si no fuere posible, nombrará otra nueva.

Efectos sobre el concursado persona natural (art. 413.1):

(1.º) La suspensión del ejercicio de las facultades de administración y de disposición sobre los bienes y derechos que integran la masa activa.

(2.º) La extinción del derecho a alimentos con cargo a la masa activa, salvo cuando fuere imprescindible para atender las necesidades mínimas del concursado, su cónyuge o pareja de hecho inscrita, descendientes bajo su potestad y ascendientes a su cargo.

(3.º) El derecho a solicitar la exoneración del pasivo insatisfecho, si concurren los presupuestos y requisitos establecidos en esta Ley.

Efectos sobre el concursado persona jurídica (art. 413.3). La resolución judicial que abra la fase de liquidación contendrá la declaración de disolución [*cfr.* art. 361.2] si esa persona jurídica no estuviese disuelta y el cese de los administradores o liquidadores, que serán sustituidos a todos los efectos por la AC, sin perjuicio de continuar aquellos en representación de la concursada en el procedimiento concursal y en los incidentes en los que sea parte. La AC pasará a ejercer de liquidador de la sociedad.

Respecto de los acreedores (art. 414) La apertura de la liquidación producirá:

(1) El vencimiento anticipado de los créditos concursales aplazados. Con el correspondiente descuento al tipo del interés legal del dinero (*cfr.* art. 434), pues es un pago anticipado. Se trata de un vencimiento que opera por imperativo legal, de forma automática y con independencia de la naturaleza y origen de los créditos. No obstante, es dudoso que tal vencimiento se haya de producir necesariamente respecto de los créditos con garantía real que los califica con privilegio especial, pues la propia Ley contempla esa posibilidad al admitir entre los medios de pago de estos créditos en la fase de liquidación la venta del bien hipotecado con la subsistencia del gravamen y la subrogación del adquirente en la obligación del deudor, lo que presupone que las cuotas del préstamo hipotecario no están vencidas. La satisfacción de los acreedores únicamente podrá realizarse por medio de la liquidación.

(2) La conversión en dinero de aquellos que consistan en otras prestaciones. Se produce una novación objetiva de los créditos, transformándose en dinerarias las obligaciones de contenido distinto, sean (i) de hacer, (ii) de no hacer o (iii) de dar cosa distinta a dinero.

Créditos contra la masa. Aunque los mismos deben ser abonados a su vencimiento, una vez que se abre la liquidación se levanta la prohibición que impide el ejercicio de acciones para exigir su cumplimiento, de la que únicamente se exceptuaban determinados créditos laborales.

Créditos contraídos durante el cumplimiento del convenio (art. 414 bis). Cuando la liquidación tiene su origen en el incumplimiento del convenio o en su declaración de nulidad, los créditos contraídos por el deudor durante el periodo de cumplimiento del convenio tendrán la consideración de créditos concursales; esto es, no se consideran créditos contra la masa.

175. Las operaciones de liquidación

AC y control judicial. Las operaciones de liquidación implican la realización de actos y negocios jurídicos tendentes a la conversión en metálico de la masa activa del concurso, bajo un estricto control judicial, con la finalidad de poder efectuar el ulterior pago de los créditos siguiendo el orden marcado en la Ley. La materia fue objeto de una profunda reforma por la Ley 16/2022, que suprimió el «plan de liquidación» y se ajustará (i) a las «reglas especiales» que fije el juez, previa audiencia o informe de la AC, estableciéndose (ii) unas reglas generales supletorias.

Principios básicos de la liquidación.

(1) **Actuación reglada en las operaciones de liquidación** (art. 421). La AC habrá de atenerse a unas concretas reglas, constituidas por las «reglas especiales» de liquidación establecidas por el juez y, de forma subsidiaria, el régimen legal de reglas supletorias, bajo el principio de actuación en interés y beneficio del concurso.

(2) **Prohibición expresa de adquisición por la AC de los activos de la masa** (art. 208). No podrán adquirir por sí o por persona interpuesta, ni aun en subasta, los bienes y derechos que integren la masa activa del concurso; se ha abogado por la aplicación analógica de esta prohibición a los auxiliares delegados.
Graves sanciones. Los que infringieren la prohibición quedarán inhabilitados para el ejercicio del cargo, procediendo el juez de inmediato a un nuevo nombramiento, y reintegrarán a la masa, sin contraprestación alguna, el bien o derecho que hubieran adquirido. Si el AC fuera acreedor concursal, perderá, además, el crédito de que fuera titular.

(3) **Deber de reportar por medio de informes trimestrales de liquidación** (art. 424). Cada 3 meses, a contar de la apertura de la fase de liquidación, la AC presentará al juez un informe sobre el estado de las operaciones. Se acompañará una relación de los créditos contra la masa, en la que se detallarán y cuantificarán los devengados y pendientes de pago, con indicación de sus respectivos vencimientos, así como, debe entenderse, los créditos contra la masa que sean pagados, única forma en que los acreedores que se consideren perjudicados podrán ejercitar las acciones que crean pertinentes.
Puesta de manifiesto. El informe trimestral quedará de manifiesto en la oficina judicial y será remitido por la AC de forma telemática a los acreedores de cuya dirección electrónica tenga constancia.
Sanción. Podrá determinar la separación de la AC y la exigencia de la responsabilidad si ese incumplimiento hubiera causado daño a los acreedores.
Informe especial al año. El informe trimestral que se presente transcurrido un año desde la apertura de la fase de liquidación de la masa activa, deberá contener como anejo un plan detallado, meramente informativo, del modo y tiempo de liquidación de aquellos bienes y derechos de la masa activa que todavía no hubieran sido realizados por la AC. De forma tal que, en los siguientes informes trimestrales, detallará los actos realizados para el cumplimiento de ese plan o las razones que hubieran impedido ese cumplimiento. El «plan detallado» no es un «plan de liquidación» porque tiene una función meramente informativa y porque su función es, simplemente, clarificar y, de esta forma, facilitar el control sobre la actuación del AC.

(4) **Informe final de liquidación** (art. 468.1) Dentro del mes siguiente a la conclusión de la liquidación, la AC presentará al juez del concurso el informe final de liquidación, solicitando la conclusión del procedimiento. Si estuviera en tramitación la Sección 6.ª, el informe final se presentará en el mes siguiente a la notificación de la sentencia de calificación.

(5) **Publicidad de los bienes y derechos objeto de liquidación** (art. 415 bis). En el caso de concursado persona jurídica, la AC, una vez establecida las reglas especiales de liquidación o acordado que la liquidación se realice mediante las reglas legales supletorias, deberá remitir, para su publicación en el portal de liquidaciones concursales del RPC, la información que resulte necesaria para facilitar la enajenación de la masa activa en los términos que reglamentariamente se determinen.

(6) **Obligación de finalizar la liquidación en el plazo máximo de un año**, con un grave régimen disciplinario para el caso de incumplimiento (art. 427). Transcurrido un año desde la firmeza de la resolución de apertura de la fase de liquidación sin que hubiera finalizado, cualquier interesado podrá solicitar al juez del concurso la separación de la AC y el nombramiento de otra nueva. El juez, previa audiencia de la AC, acordará la separación si no existiere causa que justifique la dilación y procederá al nombramiento de quien haya de sustituirla. La resolución ha de ser objeto de la necesaria publicitación en el RPC. El art. 428 completa el régimen sancionador con la pérdida del derecho a la retribución devengada, debiendo reintegrar a la masa activa las cantidades que en ese concepto hubieran percibido desde la apertura de la fase de liquidación.

176. Las reglas especiales de liquidación

Reglas especiales de liquidación. El juez tiene la posibilidad de acordar las «reglas especiales» de liquidación, que vincularán al AC en el desarrollo de sus funciones. Se logra una importante flexibilidad al permitir que cada caso se adapte a las peculiaridades. Sólo en su ausencia o en lo que no hubiere previsto se aplicarán las «reglas supletorias» (art. 421).

El régimen jurídico aplicable.

(1) **Son elaboradas por el juez del concurso previa audiencia del AC** (art. 415.1). El informe del AC se emite en el plazo máximo de 10 días naturales. No es necesaria la audiencia previa ni del concursado ni de los acreedores personados.

(2) **Resolución en que se dictarán las reglas especiales de liquidación** (art. 415.1) Se adoptarán al acordar la apertura de la liquidación de la masa activa o en resolución posterior del juez.

(3) **Contenido de las reglas especiales de liquidación**. La Ley no fija, en aras de la flexibilidad, un concreto contenido tipo o estándar de las reglas especiales, limitándose a decir el art. 415.1 que serán las que el juez «considere oportunas». No será de extrañar que se recojan un contenido similar al recogido en relación con la regla del conjunto (art. 422), la regla de la subasta (art. 423) o las reglas sobre adjudicación de bienes hipotecados o pignorados (del art. 423 bis). No resulta fácil crear cánones apriorísticos acerca del contenido de las «reglas especiales».

(4) **Límites a la libertad del juez para fijar las reglas especiales** (art. 415.2). El juez no podrá (i) exigir la previa autorización judicial para la realización de los bienes y derechos, (ii) ni establecer reglas cuya aplicación suponga dilatar la liquidación durante un período superior al año.

(5) **Mutabilidad de las reglas especiales** (art. 415.1). El juez, de oficio o a solicitud de la AC podrá modificar las que hubiera establecido. En cualquier momento.

(6) **Posibles recursos contra la resolución que fija, modifica o deja sin efecto las reglas especiales** (art. 415.3). (i) contra el pronunciamiento de la resolución judicial de apertura de la fase de liquidación de la masa activa relativa al establecimiento de reglas especiales de liquidación o (ii) contra la resolución judicial posterior que la establezca, (iii) así como contra la resolución judicial que las modifique o (iv) deje sin efecto, los interesados sólo podrán interponer recurso de reposición. Por «interesados» hay que entender (i) el AC, (ii) el concursado y (iii) los acreedores, tanto concursales como contra la masa, pues ambas categorías tienen interés legítimo en el proceso de liquidación como medio para obtener el pago de sus créditos; no es difícil, sin embargo, imaginar otros supuestos de legitimación, como, p.ej., fiadores o avalistas de créditos contra el concursado.

(7) **Cese del efecto de las reglas especiales a petición de la mayoría del pasivo** (art. 415.4). Las reglas especiales de liquidación quedarán sin efecto si lo solicitaren acreedores cuyos créditos representen (i) más del 50 % del pasivo ordinario o (ii) más del 50 % del total del pasivo. Su efecto no será otro que la aplicación de las reglas generales supletorias, por aplicación del art. 421.

(8) **Publicidad de las reglas especiales de liquidación**. Se realizará a través del RPC (art. 415.5); cuando se presente a inscripción en los registros de bienes cualquier título relativo a un acto de enajenación de bienes y derechos de la masa activa realizado por la AC durante la fase de liquidación, el registrador comprobará en el RPC si el juez ha fijado o no reglas especiales de liquidación, y no podrá exigir a la AC que acredite la existencia de tales reglas.

177. Régimen legal supletorio de liquidación

Regla general (art. 421). De no haber establecido el juez reglas especiales de liquidación, el AC realizará los bienes y derechos de la masa del modo más conveniente para el interés del concurso, sin más limitaciones que las establecidas en los artículos siguientes y en los arts. 204 al 225.

Regla del conjunto (art. 422). El conjunto de los establecimientos, explotaciones y cualesquiera otras unidades productivas de la masa activa se enajenará como un todo, salvo que el juez, al establecer las reglas especiales de liquidación, hubiera autorizado la enajenación individualizada. No obstante, cuando el AC estime conveniente para el interés del concurso, podrá solicitar del juez la autorización para la enajenación individualizada de los establecimientos, explotaciones y cualesquiera otras unidades productivas o de algunas de ellas, o de los elementos de que se compongan. Se deja la iniciativa al AC, pero es necesario, en todo caso, obtener la autorización del juez. Se parte de la prioridad de la enajenación alzada o en globo de las unidades productivas y sólo en el caso de que el AC considere, de forma argumentada, que el interés del concurso hace más conveniente la enajenación de los bienes y derechos que las integran de forma individualizada, así se hará. Contra el auto que acuerde la enajenación individualizada no cabrá recurso alguno.

Regla de la subasta electrónica (art. 423). La realización de cualquier bien o derecho o conjunto de bienes o derechos que, según el último inventario presentado por la AC tuviera un valor superior al 5 % del valor total de lo inventariado, se realizará mediante subasta electrónica, salvo que el juez, en las reglas especiales de liquidación, hubiera decidido otra cosa. Es novedoso que se permita la utilización para la subasta de una plataforma distinta a la del BOE.

Regla de adjudicación de bienes hipotecados o pignorados (art. 423 bis). Contempla el supuesto de la falta de postores. Si en la subasta no hubiera ningún postor, el beneficiario de la garantía tendrá derecho a adjudicarse el bien o el derecho en los términos y dentro de los plazos establecidos por la LEC. En el caso de que no ejercitase ese derecho, se distingue entre dos posibilidades: (i) si el valor de los bienes subastados, según el inventario de la masa activa, fuera inferior a la deuda garantizada, el juez, oídos el AC y el titular del derecho real de garantía, los adjudicará a éste por ese valor, o a la persona natural o jurídica que el interesado hubiera señalado; (ii) si el valor del bien o del derecho fuera superior, ordenará la celebración de nueva subasta sin postura mínima. ¿Qué sucederá si esta segunda subasta sin postura mínima queda, a su vez, desierta? Parece que la solución lógica sería acudir, entonces, al primer criterio, esto es, la adjudicación al acreedor o persona por él designada; el problema radica en que al ser el valor del bien superior al de la deuda surge el problema del «enriquecimiento» que supondría para el acreedor hipoteca o pignoraticio si no se aporta a la masa el exceso del valor del bien respecto del de la deuda garantizada.

Reglas especiales. Sobre realización de bienes o derechos afectos a privilegio especial (arts. 209 al 214) y sobre la enajenación de unidades productivas o del conjunto de la empresa (arts. 215 al 224), nos remitimos a la exposición que de su régimen jurídico hicimos en su sede.

Cancelación de cargas (art. 225). En el decreto del LAJ por el que se apruebe el remate o en el auto del juez por el que autorice la transmisión de los bienes o derechos ya sea de forma separada, por lotes o formando parte de una empresa o unidad productiva, se acordará la cancelación de todas las cargas anteriores al concurso constituidas a favor de créditos concursales. Los gastos de la cancelación serán a cargo del adquirente. Por excepción, no procederá acordar la cancelación de cargas cuando la transmisión de bienes o derechos afectos a la satisfacción de créditos con privilegio especial se hubiera realizado con subsistencia del gravamen.

178. Publicidad, información y duración de la liquidación

Duración máxima. No debe superar un año desde la firmeza de la resolución por la que se acuerda la apertura de la fase de liquidación.

Especial régimen de publicidad (art. 415 bis). En el caso de concursado persona jurídica, la AC, una vez establecidas las reglas especiales de liquidación o acordado que la liquidación se realice mediante las reglas legales supletorias, deberá remitir, para su publicación en el portal de liquidaciones concursales del RPC, cuanta información resulte necesaria para facilitar la enajenación de la masa activa en los términos que reglamentariamente se determinen.

Informes trimestrales. Se establece un periódico sistema de información a cargo de la AC (art. 424). Remisión a lo expuesto supra, en su sede.

Consignación preventiva (art. 425). El juez, de oficio o a instancia de parte, podrá ordenar la consignación en la cuenta del juzgado de hasta un 15 % de lo que se obtenga en cada una de las enajenaciones de los bienes y derechos que integran la masa activa o de los pagos en efectivo que se realicen con cargo a la misma. Las cantidades consignadas únicamente se utilizarán para hacer frente al pago de aquellos créditos concursales que resulten de los pronunciamientos judiciales estimatorios de los recursos de apelación interpuestos o que pudieran interponerse frente a sentencias de impugnación de la lista de acreedores o actos de liquidación. El momento en que se producirá su liberación (art. 426) será cuando los recursos de apelación hayan sido resueltos o cuando el plazo para su interposición haya expirado. La parte del remanente consignado que haya quedado libre tras la resolución o expiración del plazo de interposición de los recursos, será entregada a la AC para que ésta la asigne de acuerdo con el orden de prelación legalmente establecido en esta Ley.

Régimen sancionador por prolongación indebida (art. 427.1). Transcurrido un año sin que hubiera finalizado la liquidación, cualquier interesado podrá solicitar al juez del concurso la separación de la AC y el nombramiento de otra nueva. No juega de una manera automática tal separación; deberá ser oído el órgano concursal con el fin de que pueda efectuar las alegaciones y manifestaciones tuviere por conveniente para justificar el retraso padecido. El juez, previa audiencia de la AC, acordará la separación si no existiere causa que justifique la dilación y procederá al nombramiento de quien haya de sustituirla. Respecto del régimen de publicidad que se dará al auto por el que se acuerde la separación de la AC por prolongación indebida de la liquidación, se insertará en el RPC.

Las consecuencias de la separación se extienden a la pérdida del derecho a la retribución al señalar el art. 428 que el AC separado por prolongación indebida de la liquidación perderá el derecho a percibir las retribuciones devengadas, debiendo reintegrar a la masa activa las cantidades que en ese concepto hubieran percibido desde la apertura de la fase de liquidación.

179. Pago a los acreedores

Una vez efectuada la realización de los bienes y derechos, se procederá al reparto de los activos líquidos entre los acreedores, en el orden que establece el TRLC, complementado en este extremo por la LHN y la LNA para los privilegios especiales sobre buques y aeronaves, respectivamente.

180. Pago de los créditos contra la masa

Prededucibilidad (art. 429). Antes de proceder al pago de los créditos concursales, la AC deducirá de la masa activa los bienes y derechos necesarios para satisfacer los créditos contra la masa. Con una importante excepción (art. 244), pues el pago de créditos contra la masa se hará con cargo a los bienes y derechos no afectos al pago de créditos con privilegio especial, pues lo obtenido de la enajenación de esos concretos activos se destinará en primer lugar al pago de los créditos garantizados con esos concretos bienes y derechos.

Momento en que se ha de efectuar el pago (art. 245). Se establece una regla general y una excepción. La **excepción** se recoge en el apartado primero cuando establece que los créditos por salarios que tengan la consideración de créditos contra la masa se pagarán de forma inmediata. Y la **regla general** en el apartado segundo al decir que los restantes créditos contra la masa, cualquiera que sea su naturaleza y el estado del concurso, se pagarán a sus respectivos vencimientos, es decir, como si no hubiera concurso, si bien se prevé la posibilidad de que la AC pueda alterar esta regla general bajo dos premisas y una prohibición: (i) que lo considere conveniente para el interés del concurso y (ii) que se presuma que la masa activa será suficiente para el pago de todos los créditos contra la masa, pues de no ser así se impone un estricto orden de pago de los créditos contra la masa; y, una prohibición, consistente en que la postergación del pago de los créditos contra la masa no podrá afectar a los créditos por alimentos, a los créditos laborales, a los créditos tributarios ni a los de la seguridad social (art. 245.3).

Ejecuciones (art. 248). Las ejecuciones judiciales o administrativas para hacer efectivos créditos contra la masa sólo podrán iniciarse a partir de la fecha de eficacia del convenio. El único escenario en que podría admitirse una ejecución de créditos contra la masa es el que se abre con la aprobación del convenio, en el que se levantan los efectos de la declaración de concurso; así como el impago de los créditos concursales provocaría la rescisión del convenio y la apertura de la liquidación, el impago de los créditos contra la masa daría lugar a su reclamación de pago y, si fuera necesario, la preceptiva ejecución. No obstante, una vez abierta la fase de liquidación no tiene sentido iniciar una ejecución separada contra la masa, pues conllevaría una contradicción del carácter universal que supone la liquidación concursal, cuyas únicas excepciones lógicas vienen determinadas por las ejecuciones de garantías reales (siempre que se hubiesen iniciado antes de la apertura de la fase de liquidación); por ello, los titulares de créditos contra la masa lo que deberán hacer es instar su pago dentro de la liquidación, sin necesidad de instar otra ejecución, dentro de la ejecución universal, ni de acudir al apremio, en su caso administrativo, cuando se trata de créditos de Derecho público.

Especialidades en los concursos de clubes deportivos (art. 582). En los concursos de entidades deportivas que participen en competiciones oficiales, se aplicarán las especialidades que para el concurso de acreedores prevea la legislación estatal del deporte y sus normas de desarrollo. La declaración judicial de concurso de una entidad deportiva no interrumpirá la continuación de la actividad que viniera ejerciendo ni impedirá la aplicación de la normativa reguladora de la participación de esa entidad en la competición.

181. Pago de los créditos con privilegio especial

Derechos del acreedor. Las reglas especiales de liquidación establecidas por el juez pueden fijar normas para la realización de los bienes que garantizan el cumplimiento de los créditos con privilegio especial, pero en ningún caso podrán suprimir o alterar los derechos del acreedor reconocidos en el art. 429, que examinamos bajo el epígrafe anterior, y en el 430 TRLC, al que ahora nos referiremos (TS:2016:1628).

Regla general (art. 430.1). El pago de los créditos con privilegio especial se hará con cargo a los bienes y derechos afectos, ya sean objeto de ejecución separada o colectiva.

Excepción. También cabe su pago en forma voluntaria con carácter previo, en tanto se encuentren paralizadas las ejecuciones de garantías reales y el ejercicio de acciones de recuperación asimiladas o subsista la suspensión de las ejecuciones iniciadas antes de la declaración de concurso, pues la AC podrá comunicar a los titulares de estos créditos con privilegio especial que opta por atender su pago con cargo a la masa y sin realización de los bienes y derechos afectos. Comunicada esta opción, la AC habrá de satisfacer de inmediato la totalidad de los plazos de amortización e intereses vencidos y asumirá la obligación de atender los sucesivos como créditos contra la masa y en cuantía que no exceda del valor de la garantía conforme figura en la lista de acreedores. En caso de incumplimiento, se realizarán los bienes y derechos afectos para satisfacer los créditos con privilegio especia. No obstante, se ha señalado al respecto que la facultad de rescate no resulta procedente una vez producida la apertura de la fase de liquidación, pues entonces deberá acudirse a la enajenación del bien afecto, ya de forma individual ya de forma colectiva.

Modo de realización. Procede recordar que, en la mencionada sede del título IV, se recogen las especialidades de la enajenación de bienes o derechos afectos a privilegio especial (arts. 209 al 214), bastando ahora con señalar que se reflejan en aquella regulación junto a un modo ordinario de realización por medio de subasta judicial o extrajudicial, la posibilidad de acudir, siempre bajo la necesaria autorización judicial, a la realización directa de los bienes o derechos afectos (art. 210), a la dación en pago o para pago (art. 211), a la enajenación con subsistencia del gravamen (art. 212) e, incluso, la enajenación de los bienes o derechos gravados incluidos en establecimientos o unidades productivas que se realicen de forma unitaria o en conjunto (art. 214). Todas estas modalidades de enajenación de los bienes y derechos afectos podrán ser llevadas a cabo en cualquier momento, incluso antes de la fase de liquidación.

Destino o aplicación de lo percibido en las enajenaciones (art. 430.3, *cfr.* art. 213). El importe obtenido por la realización de los bienes o derechos afectos se destinará al pago del acreedor privilegiado en cantidad que no exceda de la deuda originaria. El resto, si lo hubiere, corresponderá a la masa activa. Si no se consiguiese la completa satisfacción del crédito, la parte no satisfecha será tratada en el concurso con la clasificación que le corresponda.

Valor de la garantía. Hay que recordar que la implantación en la legislación concursal de un sistema de limitación del privilegio únicamente al supuesto en que tenga cobertura suficiente el valor de la garantía puesto en relación el valor del bien o derecho sobre el que está constituida, sólo tiene operatividad en materia de ejercicio de los derechos de voto y adhesión que se le reconocen, en el ámbito del concurso, a los acreedores con privilegio especial. En este sentido, STS 2019:1222 señala que la limitación del privilegio especial al valor de la garantía opera esencialmente con el convenio, pero no en la liquidación, en la que hay que estar al contenido de la norma especial del art. 430.3, en la que se refleja claramente lo que tiene derecho a percibir el acreedor privilegiado, con absoluta independencia del valor de la garantía, pues se refiere a la «deuda originaria».

Afección a varios créditos: principio de prioridad temporal (art. 431). Si un mismo bien o derecho se encontrase afecto a más de un crédito con privilegio especial, los pagos se realizarán conforme a la prioridad temporal que para cada crédito resulte del cumplimiento de los requisitos y formalidades previstos en su legislación específica para su oponibilidad a terceros. La prioridad para el pago de los créditos con hipoteca legal tácita será la que resulte de la regulación de ésta.

En el caso de ejecución de hipoteca, existiendo otras créditos posteriores también con privilegio especial, tuvo ocasión de pronunciarse el TS de forma favorable sobre el carácter preferente del crédito de los acreedores hipotecarios posteriores sobre el remanente resultante de la ejecución de la hipoteca anterior constituida sobre la misma finca; señaló STS 2020:1606 que así como en el ámbito extraconcursal el remanente del precio del remate del bien ejecutado por la primera hipoteca se depositará a disposición de los titulares de los derechos posteriores inscritos o anotados sobre el mismo bien hipotecado por su orden y que se purgan o desaparecen como consecuencia de la ejecución de la hipoteca anterior (*cfr.* arts. 672 y 692.1 LEC), esa misma preferencia regirá en el ámbito concursal, sin que pueda entenderse que la purga de las hipotecas posteriores produzca la pérdida de los privilegios de los ulteriores créditos garantizados con el mismo bien, pues tras la purga el privilegio se proyectará, ya no sobre el inmueble, pero sí sobre el remanente que resulte de la ejecución de la primera hipoteca, a modo de subrogación real, debiendo rechazarse la aplicación del remanente a la masa activa, si no su previa aplicación a los créditos privilegiados posteriores al que fue objeto de ejecución.

De resultar remanente. Si no existen otros créditos privilegiados sobre el mismo bien, se restituirá a la masa para ser destinado al pago de los restantes créditos por el orden establecido en la Ley, es decir, primeramente, los créditos contra la masa (pues su prededucibilidad no afecta a los créditos con privilegio especial, *cfr.* art. 244) y, a continuación, los restantes créditos integrados en la masa pasiva, comenzando por los créditos con privilegio general.

El importe de los créditos privilegiados será el reconocido a la fecha del auto de declaración de concurso, si bien se verá incrementado con los intereses que desde entonces se devenguen, pese a tratarse de un crédito integrado en la masa pasiva, debiendo ser aplicado el tipo de interés ordinario y no el de demora, ambos generalmente pactados por las partes, pues la mora exige siempre la concurrencia de un elemento culpabilístico que en caso de concurso de acreedores no concurre, pues el deudor no podrá efectuar el pago aunque quisiera hacerlo.

Para el caso de insuficiencia. Si lo obtenido de la realización de los bienes y derechos afectos al pago de los créditos con privilegio especial no alcanzase para el completo abono de éstos, el resto será pagado, no en concurrencia con los créditos con privilegio general, sino en concurrencia con los créditos ordinarios. Así resulta del art. 433.2 cuando dispone que los créditos ordinarios serán satisfechos a prorrata, conjuntamente con la parte de los créditos con privilegio especial en que no hubieran sido satisfechos con cargo a los bienes y derechos afectos, salvo que tuvieran la consideración de subordinados.

182. Pago de los créditos con privilegio general

Régimen. No gozan sus titulares de un derecho de ejecución separada; por ello tampoco la Ley autoriza a efectuar su pago durante la fase común del concurso. Sin embargo, al igual que los créditos con privilegio especial, no se verán vinculados por el convenio.

Pago (art. 432.1). Una vez deducidos de la masa activa los bienes y derechos necesarios para satisfacer los créditos contra la masa y con cargo a los bienes no afectos a privilegio especial o al remanente que de ellos quedase una vez pagados, se atenderá al pago de aquellos que gozan de privilegio general, por el orden establecido en esta Ley y, en su caso, a prorrata dentro de cada número.

Son, así pues, los primeros créditos concursales en ser satisfechos, pues los créditos contra la masa no tienen ese carácter y los créditos con privilegio especial ostentan en realidad un derecho a la ejecución separada.

Por otra parte, el juez podrá autorizar el pago de estos créditos sin esperar a la conclusión de las impugnaciones promovidas adoptando las medidas cautelares que considere oportunas en cada caso para asegurar su efectividad y la de los créditos contra la masa de previsible generación.

183. Pago de los créditos ordinarios

Pago de los créditos ordinarios. No gozan de privilegio alguno. Por ello, el art. 433.1 dispone que su pago se efectuará una vez satisfechos los créditos contra la masa y los privilegiados.

Regla de la prorrata (art. 433.2). Los créditos ordinarios serán satisfechos a prorrata, conjuntamente con la parte de los créditos con privilegio especial en que no hubieran sido satisfechos con cargo a los bienes y derechos afectos, salvo que tuvieran la consideración de subordinados. Destacamos: (i) La no distinción de clases o categorías entre los créditos ordinarios a los efectos de su pago; es la sublimación del principio de igualdad. (ii) Si lo obtenido de la realización de los bienes y derechos afectos al pago de los créditos con privilegio especial no alcanzase para el completo abono de éstos, el resto del crédito subsistente será pagado no en concurrencia con los créditos con privilegio general sino en concurrencia con los créditos ordinarios. (iii) Se excepcionan aquellos supuestos en que el crédito con privilegio especial mereciese la calificación, en la parte que no alcanzase para su completo pago, de subordinado, pues en tal caso, ese defecto será abonado en concurrencia con los demás créditos subordinados.

Forma del pago (art. 433.3). La AC atenderá al pago de estos créditos en función de la liquidez de la masa activa y podrá disponer de entregas de cuotas cuyo importe no sea inferior al 5 % del nominal de cada crédito.

Pago con antelación (art. 434). En casos excepcionales, el juez, a solicitud de la AC, podrá motivadamente autorizar la realización de pagos de créditos ordinarios con antelación cuando estime suficientemente cubierto el pago de los créditos contra la masa y de los créditos privilegiados. El juez podrá también autorizar el pago de los créditos ordinarios antes de que concluyan las impugnaciones promovidas, adoptando en cada caso las medidas cautelares que considere oportunas para asegurar su efectividad y la de los créditos contra la masa de previsible generación.

184. Pago de los créditos subordinados

Pago (art. 435). No se realizará hasta que hayan quedado íntegramente satisfechos los créditos ordinarios. Su pago se realizará por el orden establecido en esta Ley y, en su caso, a prorrata dentro de cada número. Son los últimos créditos en ser satisfechos.

Pactos de subordinación relativa. La Ley 16/2022 introdujo en el art. 435 la posible existencia de pactos de subordinación relativa entre determinados acreedores y lo hace para ordenar su reconocimiento en el concurso y su ejecutabilidad dentro del mismo, de forma que la AC haya de realizar los pagos conforme a los previsto en esos pactos, siempre que se cumplan dos exigencias: (i) que no se cause perjuicio a tercero y (ii) que forme parte del pacto del deudor.

185. Reglas generales sobre el pago de los créditos

Reglas generales. Son aplicables a todos los créditos con independencia de su calificación.

Descuento por pago anticipado de créditos (art. 436). La declaración de concurso no produce, por si sola, la pérdida del beneficio del plazo por el concursado, que sólo tiene lugar con la apertura de la liquidación. Por ello, si el pago de un crédito se realizare antes del vencimiento, se hará con el descuento correspondiente, calculado al tipo de interés legal.

Consignación judicial de cantidades percibidas (art. 425). El juez, de oficio o a instancia de parte, podrá ordenar la consignación en la cuenta del juzgado de hasta un 15 % de lo que se obtenga en cada una de las enajenaciones de los bienes y derechos que integran la masa activa o de los pagos en efectivo que se realicen con cargo a la misma. Esas cantidades consignadas se utilizarán para hacer frente al pago de aquellos créditos concursales que resulten de los pronunciamientos judiciales estimatorios de los recursos de apelación interpuestos o que pudieran interponerse frente a sentencias de impugnación de la lista de acreedores o actos de liquidación.

Liberación de estas cantidades (art. 426). Las cantidades consignadas se liberarán cuando los recursos de apelación hayan sido resueltos o cuando el plazo para su interposición haya expirado. La parte del remanente consignados que haya quedado libre tras la resolución o expiración del plazo de interposición de los recursos, será entregada a la AC para que ésta la asigne de acuerdo con el orden de prelación legalmente establecido en esta ley, teniendo en cuenta la parte de créditos que ya hubiere sido satisfecha.

Supuestos de fianzas, avales y deudores solidarios (art. 437). El acreedor que, antes de la declaración de concurso, hubiera cobrado parte del crédito de un deudor solidario, de un fiador o de un avalista del deudor tendrá derecho a obtener en el concurso del deudor los pagos correspondientes a aquéllos hasta que, sumados a los que perciba por su crédito, cubran el importe total de éste.

Concursos de deudores solidarios (art. 438). En el caso del crédito reconocido en dos o más concursos de deudores solidarios, la suma de lo percibido en todos los concursos no podrá exceder del importe del crédito. A tal efecto se establece un mecanismo de control; la AC podrá retener el pago hasta que el acreedor presente certificación acreditativa de lo percibido en los concursos de los demás deudores solidarios. Una vez efectuado el pago, lo pondrá en conocimiento de las administraciones concursales de los demás concursos. No cabe, en consecuencia, la paralización de la fase de liquidación, sino que, simplemente, se establece una regla de simultaneidad de las liquidaciones. Con relación al derecho de repetición que corresponde al deudor solidario concursado que haya pagado al acreedor, si el pago es parcial, no podrá obtener el pago en los concursos de los codeudores mientras el acreedor no haya sido íntegramente satisfecho. Ello supone una alteración del régimen general del pago de las obligaciones solidarias, en el sentido de que el deudor concursado que ha pagado una parte de la deuda superior a la que le corresponde no podrá repetir el exceso de lo abonado por él en tanto no haya sido íntegramente satisfecho el acreedor.

Liquidación posterior a cumplimiento parcial de convenio (art. 439). Se presumirán legítimos los pagos realizados en él, salvo que se probara la existencia de fraude, contravención al convenio o alteración de la igualdad de trato a los acreedores. Por otra parte, quienes hubieran recibido pagos parciales cuya presunción de legitimidad no resultara desvirtuada por sentencia firme, los retendrán en su poder, pero no podrán cobrar lo que les faltara percibir hasta que el resto de los acreedores de su misma clasificación hubiera recibido pagos en un porcentaje equivalente.

Pago de intereses (art. 440). Si resultara remanente después del pago de la totalidad de los créditos concursales, procederá el pago, total o parcial, de los intereses cuyo devengo hubiese quedado suspendido por efecto de la declaración de concurso, calculados al tipo convencional y, si no existiera, al tipo legal.

Informe final de liquidación (art. 468.3). El AC expondrá si el deudor tiene la propiedad de bienes o derechos legalmente inembargables y si en la masa activa existen bienes o derechos desprovistos de valor de mercado o cuyo coste de realización sea manifiestamente desproporcionado respecto de su previsible valor venal, así como si existen bienes o derechos pignorados o hipotecados.

CALIFICACIÓN DEL CONCURSO

186. La sección 6.ª

La calificación del concurso. Tiene por finalidad el análisis de las causas de la insolvencia, para determinar si el deudor o terceras personas han sido culpables en su generación o agravamiento, con las consecuencias económicas que de ello se puedan derivar. En esa calificación sólo serán posibles dos resultados: el concurso se calificará (i) como fortuito o (ii) como culpable.

Efecto limitado (art. 462). La calificación que se efectúe tendrá un efecto limitado pues no vinculará (i) a los jueces de lo penal que conozcan de actuaciones de las personas afectadas por la calificación o declaradas cómplices que pudieran ser constitutivas de delito, (ii) ni a los órganos de la jurisdicción contencioso-administrativa que conozcan de actuaciones sobre responsabilidad en el ámbito administrativo de terceras personas relacionadas con el concursado. Tiene un carácter estrictamente civil y compatible con acciones penales; por ello, el delito de insolvencia punible y todos los demás relacionados con él podrán ser perseguidos sin necesidad de esperar a la conclusión del procedimiento concursal.

187. Supuestos de apertura

(1) **La llamada cláusula general del art. 442**; exige la concurrencia de dolo o culpa grave del concursado y la existencia de una relación de causalidad entre ese elemento subjetivo y la generación o agravación de la insolvencia.

(2) **Los supuestos en los que la Ley presume**, con admisión de prueba en contrario, la existencia de dolo o culpa grave, pero requieren, además, la acreditación de la relación de causalidad; no obstante, como veremos, es debatido el alcance que tendrán esas presunciones *iuris tantum*.

(3) **Las conductas a las que la Ley une**, de forma necesaria, la calificación del concurso como culpable, sin que sea posible la prueba en contrario.

188. Requisitos del concurso culpable

Elementos. La calificación del concurso como culpable a través de la cláusula general del art. 442 es la opción más compleja.

Elementos. Exige la concurrencia y prueba de:

(1) **Una acción u omisión culpable**, por concurrencia de **dolo o culpa grave** (i) del deudor o (ii) de sus representantes legales o, de ser una persona jurídica, (iii) de sus administradores o liquidadores (de hecho o de derecho), (iv) de sus directores generales o (v) de cualquiera que hubiese tenido esta condición en los dos años anteriores al auto de declaración del concurso. La reforma de la Ley 38/2011 introdujo, respecto de las personas jurídicas, una referencia al apoderado general (hoy sustituida por la del director general), debido a la estrecha vinculación que la jurisprudencia ha constatado que suele darse entre aquella figura y la del administrador de hecho, con la intención de facilitar la prueba de su responsabilidad.

(2) **La producción de un resultado lesivo** consistente en la generación o agravación de la insolvencia.

(3) **Un nexo de causalidad** que vincule los dos elementos anteriores.

Concurso fortuito: categoría residual. Comprende todos aquellos supuestos que no merezcan la calificación de culpable. Serán calificados como fortuitos, además de los casos en que la insolvencia o la agravación de ésta no sea imputable al deudor, aquellos otros en que haya sido provocada por una negligencia leve o concurriendo una culpa sin cualificación.

Dolo y culpa grave. El **dolo** supone el propósito intencionado de eludir el cumplimiento de las obligaciones, equiparable a la mala fe, siendo posible el dolo negativo o por omisión; y la **culpa grave** debe ser vinculada a la omisión de las obligaciones o cautelas más obvias, o indispensables, de forma que se identifica con una grosera falta de diligencia, si bien para la fijación del estándar al que habrá que atender es necesario distinguir entre un concursado no comerciante (propio de un buen padre de familia) y un empresario, profesional o comerciante (de un ordenado empresario y representante leal).

Sistematización de supuestos. El tipo más frecuente se da en los casos de deterioro patrimonial de la sociedad deudora de forma que la no adopción por los administradores de las medidas correctoras previstas en la legislación de sociedades de capital, en orden al aumento o reducción del capital social o, en su caso, la disolución y liquidación, termina provocando la insolvencia de la sociedad o un agravamiento de ese estado. Son múltiples los supuestos en los que el proceder del administrador social puede generar o agravar el estado de insolvencia. No obstante, en ningún caso debe servir este marco normativo para erigir al juez del concurso en órgano fiscalizador del acierto o desacierto alcanzado en la toma de las decisiones empresariales, pues el riesgo económico es inherente a la actividad comercial, industrial o profesional.

Prueba. El dolo o la culpa grave han de ser acreditados por quien lo alegue, así como también el nexo causal entre la actuación u omisión de que se trate y el resultado consistente en la generación o agravación del estado insolvencia, salvo en aquellos supuestos en los que se introduce una presunción de culpabilidad o del nexo causal, de forma que en esos casos, será necesario que el deudor pruebe que no ha podido cumplir con los deberes legales por razones que no le son imputables o la falta de causalidad respecto la insolvencia o su agravación.

189. Presunciones iuris tantum de culpa

Alcance de la presunción (art. 444). Establece una serie de presunciones **«iuris tantum»** de la concurrencia de dolo o culpa grave respecto de cuyo alcance existen diferentes posiciones. (i) Cubren sólo el elemento subjetivo, esto es, la concurrencia de dolo o culpa grave, pero no los demás requisitos necesarios por lo que se exigiría acreditar la existencia de relación de causalidad entre las omisiones contempladas en la ley y la generación o agravación de la insolvencia. (ii) Cubren todos los elementos cuya concurrencia es necesaria, pero permite a la persona afectada la prueba de que las omisiones que recoge la norma no han afectado a la generación o agravación de la insolvencia. STS 2015:2451 ha declarado que se establecen unas presunciones «iuris tantum» que se extiende tanto al dolo o culpa grave como a su incidencia causal en la agravación de la insolvencia. (iii) Parte de que el precepto cubre todos los elementos necesarios para la declaración de culpabilidad, pero admite la posibilidad de la prueba de la inexistencia de dolo o culpa grave. Fue zanjada la polémica jurisprudencial a raíz de una serie de resoluciones del Alto Tribunal que incidieron en que la cobertura de la presunción no afecta sólo al elemento subjetivo sino también al nexo de causalidad (STS 2016:1781).

Supuestos (art. 444). El concurso se presume culpable, salvo prueba en contrario, cuando el deudor o, en su caso, sus representantes legales, administradores o liquidadores incurren en:

(1.º) Incumplimiento del deber de solicitud del concurso. En el plazo de 2 meses a partir de la fecha en que el deudor conoce o debe conocer su situación de insolvencia (*cfr.* art. 5.1), a no ser que se hubiese efectuado la comunicación al juzgado del inicio de negociaciones preconcursales, en cuyo caso el plazo se prorroga por 3 meses desde la comunicación para poder desarrollar esas conversaciones y otro más para presentar la solicitud. Refleja, señaló STS 2017:4267, una consecuencia lógica del principio «*id quod plerumque accidit*» («lo que normalmente sucede»), pues el retraso por el deudor en solicitar la declaración de concurso provoca de ordinario una agravación del estado de insolvencia, por lo que la carga de la prueba de que tal agravación no ha tenido lugar recaerá sobre la persona afectada por la calificación.

(2.º) Incumplimiento del deber de colaboración con el juez y la AC. Se recogen dos supuestos concretos: (i) No facilitar información, generalmente en forma de entrega de documentos, a la AC, que sea necesaria o conveniente para la tramitación del concurso; (ii) no asistir a la junta de acreedores (obedece a un error del legislador, pues este supuesto debió ser suprimido por la reforma operada por la Ley 16/2022, que dejó sin efecto la regulación de la junta de acreedores). Sobre la incidencia de estas conductas en el estado de insolvencia del deudor, dado su carácter posterior a la declaración del concurso, sólo cabrá que lo hagan en su agravación, pero no en la causación o generación de la insolvencia.

(3.º) Incumplimiento de obligaciones contables. Si, en alguno de los 3 últimos ejercicios anteriores a la declaración de concurso, el deudor obligado legalmente a la llevanza de contabilidad (i) no hubiera formulado las cuentas anuales, (ii) no las hubiera sometido a auditoría, debiendo hacerlo, o, una vez aprobadas, (iii) no las hubiera depositado en el RM o en el registro correspondiente. Bastará con que cualquiera de estas circunstancias se dé en uno de los tres ejercicios económicos anteriores a la declaración del concurso.

190. Conductas tipificadas de culpabilidad

Conductas típicas o tipificadas (art. 443). Recoge unos casos de culpabilidad que no admiten prueba en contrario, por cuanto «en todo caso» se calificará el concurso como culpable «cuando concurra cualquiera de esos supuestos». Más que como presunciones legales, son conductas típicas o tipificadas que determinan una calificación del concurso como culpable y que se añaden a la cláusula abierta o general del art. 442. La expresión «en todo caso» evidencia que la ejecución de las conductas típicas que allí se recogen es determinante, por sí sola, para la calificación del concurso como culpable, esto es, aunque las mismas no hayan generado o agravado el estado de insolvencia del concursado (STS 2011:6838).

(1.º) **Alzamiento de bienes o impedimento de embargo**. Cuando el deudor se hubiera alzado con la totalidad o parte de sus bienes en perjuicio de sus acreedores o hubiera realizado cualquier acto que retrase, dificulte o impida la eficacia de un embargo en cualquier clase de ejecución iniciada o de previsible iniciación.

(i) **Alzamiento de bienes**. Su concepto no ha de ser entendido en el sentido jurídico-penal del término, por lo que no necesita la concurrencia de los requisitos exigidos para que se dé ese tipo criminal. Se trata de casos en los que el deudor procede a la ocultación o desaparición fraudulenta de sus bienes, sin dar cumplida explicación de los mismos, para evitar que sus acreedores puedan cobrar los créditos que titulan. En todo caso requiere el precepto que el alzamiento se efectúe «en perjuicio de sus acreedores», por lo que si el acto fraudulento se realizó en un momento anterior en el tiempo sin que queden acreedores del concursado que lo fueran en ese momento, no se podrá decir que ha perjudicado a quienes adquirieron la condición de acreedor con posterioridad a su realización, y no cabrá, por lo tanto, la calificación del concurso como culpable.

(ii) **El retraso, dificultad o impedimento de un embargo.** Tiene lugar, p.ej., cuando el deudor no facilite en una ejecución la relación de bienes o derechos susceptibles de ser embargados que le sea practicada en la forma prevenida en el art. 589 LEC, en cuyo caso surgirá la duda sobre la aplicación de la presunción de culpabilidad si al deudor ya le fue impuesta la multa coercitiva prevista en la norma procesal («non bis in idem»).

(2.º) **Enajenación fraudulenta de bienes o derechos.** Cuando durante los 2 años anteriores a la fecha de la declaración de concurso hubieran salido fraudulentamente del patrimonio del deudor bienes o derechos. **Requisitos** que han de concurrir:

(i) **De naturaleza objetiva**, consistente en la salida del patrimonio del deudor de un bien o derecho, comprensivo de enajenaciones en un sentido amplio; se incluyen los actos de gravamen y los de renuncia.

(ii) **De naturaleza temporal**, exige que la operación haya tenido lugar dentro de los 2 años anteriores a la fecha del auto que declaró el concurso; bien entendido que cuando no concurra este requisito no impide que se pueda fundamentar la calificación culpable en la causa general del art. 442, siempre que se cumplan sus requisitos propios: que esa enajenación hubiera agravado de forma significativa la insolvencia y que se hubiera realizado con dolo o culpa grave (STS 2020:2178).

(iii) «**Fraudulentamente**», que no supone que el deudor haya tenido el propósito o la intención de dañar a los acreedores («*animus nocendi*»), sino que bastará con que sea consciente, tenga conocimiento («*scientia fraudis*»), de que con el acto que realiza no le quedarán bienes suficientes para satisfacer los créditos que pesan sobre él (STS 2014:1228), sin que sea necesaria una clandestinidad del acto (STS 2014:1228); no toda operación que llegue a ser objeto de rescisión concursal será merecedora de ser incardinada en este supuesto, pues el precepto exige un *plus* de intención fraudulenta que no es necesario para el triunfo de la acción rescisoria, por tal motivo, la estimación de una demanda rescisoria sin declaración de concurrencia de mala fe excluye el carácter fraudulento a efectos de la calificación del concurso, pues no puede considerarse en dos resoluciones recaídas en secciones diferentes que en un mismo negocio jurídico no haya mala fe en su celebración y al mismo tiempo sea fraudulento (STS 2016:1781).

(3.º) Simulación de situación patrimonial ficticia. Cuando antes de la fecha de declaración del concurso el deudor hubiese realizado cualquier acto jurídico dirigido a simular una situación patrimonial ficticia. **Requisitos** (STS 2012:9182):

- **(i)** La ejecución de actos dirigidos a crear la apariencia de una situación patrimonial ficticia.
- **(ii)** Que tales actos tengan carácter «jurídico»; será insuficiente la creación de una apariencia de situación patrimonial por simples «vías de hecho».
- **(iii)** Que la ejecución de los comportamientos haya tenido lugar antes de la fecha del auto de declaración del concurso.
- **(iv)** La actuación debe ser idónea para que la situación ficticia que se pretende crear sea erróneamente tenida por verdadera por los acreedores.
- **(v)** La situación fingida ha de tener cierta relevancia y ser apta para distorsionar el comportamiento de los acreedores.

(4.º) Inexactitud grave o documentación falsa. Cuando el deudor hubiera cometido inexactitud grave en cualquiera de los documentos acompañados a la solicitud de declaración de concurso o presentados durante la tramitación del procedimiento, o hubiera acompañado o presentado documentos falsos.

Es muy difícil que hayan generado o agravado la situación de insolvencia, pero ello resulta irrelevante a la luz de la STS 2011:6838 que subraya que las conductas previstas en el art. 443 conllevan la culpabilidad del concurso, aunque no hayan generado o agravado el estado de insolvencia del concursado.

Supuestos contemplados en el precepto: la inexactitud grave en la documentación aportada y la presentación de documentos falsos. Aquélla supone la falta de adecuación del contenido del documento, siendo éste verdadero y válido, a la realidad, de una forma grave, en el sentido de referirse a una información relevante para el concurso, pudiendo estar contenida o bien en los documentos que acompañan a la solicitud de declaración del mismo o bien en los presentados durante su tramitación; la inexactitud sobre el inventario de bienes y derechos sólo podrá ser calificada como grave cuando tergiverse de manera importante o sustancial la imagen del activo del deudor o cuando las diferencias entre las valoraciones del activo sean realmente extraordinarias; o, cuando se trate de omisiones en la lista de acreedores, éstas han de ser de importancia. No es exigible la valoración de la conducta a los efectos de apreciar la concurrencia de culpa grave o dolo, pues la previsión legal que hace el precepto lleva a establecer que, en tales supuestos, sin más, son merecedores de reproche (STS 2016:4727). La falta de aportación de algunos documentos que debieron adjuntarse con la solicitud de concurso no integra la causa de culpabilidad que ahora analizamos, pues tal omisión no constituye una inexactitud grave en los documentos aportados con la solicitud (STS 2016:4727).

(5.º) Irregularidades contables. Cuando el deudor legalmente obligado a la llevanza de contabilidad hubiera incumplido sustancialmente esta obligación, llevara doble contabilidad o hubiera cometido en la que llevara irregularidad relevante para la comprensión de su situación patrimonial o financiera.

Supuestos. El precepto comprende tres, en los que los dos primeros (inexistencia de contabilidad y doble contabilidad) son lo suficientemente claros como para no plantear serias dudas al analizar su concurrencia. La no llevanza de libros societarios que no tengan carácter contable (como el libro de socios y el de actas) o que no sean esenciales u obligatorios (lo son el libro de Inventarios y Cuentas anuales y el libro Diario) no conllevará la concurrencia de esta causa de culpabilidad. Los tribunales suelen equiparar al incumplimiento sustancial de llevanza de contabilidad la falta de legalización de los libros contables o su legalización tardía. El supuesto de doble contabilidad, supone la llevanza de libros paralelos con distinto contenido, recogiéndose en los libros no oficiales la contabilidad real, con la intención de ocultar ciertos datos a terceros.

El supuesto de «irregularidad relevante». La distinción entre el «error» y la «irregularidad» no debe basarse en la existencia o no de intencionalidad, dado que la realización del tipo descrito en el precepto no exige que el sujeto agente tenga consciencia del alcance y significación jurídica de su acción u omisión, ni que el resultado de su comportamiento sea querido por él; lo que no significa que las consecuencias de la calificación deban ser ajenas al reproche que merecen las actuaciones culposas (TS:2012:525). El calificativo «relevante» subraya que no basta la concurrencia de cualquier infracción, sino que ésta ha de ser de la suficiente entidad como para incidir en la comprensión de su real situación patrimonial o financiera o porque la desvirtúe, de forma que cualquier operador económico no pueda hacerse una idea correcta sobre su verdadera situación (TS:2012:525); para la calificación de la relevancia será especialmente importante ponderar los importes a los que afecte. En no pocas ocasiones esas irregularidades buscarán enmascarar la concurrencia de la causa de disolución prevista en las sociedades de capital para los supuestos de reducción de los fondos propios por debajo de la mitad del capital social; pero el posible contenido de las irregularidades es amplísimo.

No exige que el autor de la misma tenga consciencia del alcance y significación jurídica de su acción u omisión, ni siquiera que el resultado del comportamiento sea querido por él, por lo que jugará la presunción con independencia de que estemos ante un error culposo o ante una irregularidad dolosa y con independencia de los efectos que tales circunstancias hayan podido tener en la generación o agravamiento de la insolvencia del deudor. Tampoco cabrá la alegación del desconocimiento de las obligaciones legales en la materia o, en fin, el haber sido encomendadas las mismas a personal contratado o a terceros profesionales. En aquellos casos en los que las cuentas sociales están sujetas a auditoría será especialmente ilustrativo el contenido del informe del auditor al respecto, para determinar la concurrencia o no del supuesto de hecho *(«irregularidad relevante»)* a los efectos de esta presunción legal, aunque no será determinante; en este sentido, TS:2012:525 ha llegado a considerar irrelevantes, entre otras, circunstancias como la omisión de mención alguna en el informe de los auditores de cuentas, el contenido del informe de la AC o el comportamiento «poco beligerante» de los acreedores durante el concurso.

(6.º) Apertura de liquidación de oficio por incumplimiento de convenio. Cuando la apertura de la liquidación haya sido acordada de oficio por incumplimiento del convenio debido a causa imputable al concursado.

Los efectos que producirá la sentencia que declare el incumplimiento serán la ineficacia del convenio y la desaparición de los efectos novatorios sobre los créditos concursales, procediéndose a la apertura de la fase de liquidación del concurso. No obstante, la sentencia sólo producirá estos efectos desde su firmeza, por lo que de ser recurrida no cabe la apertura de la liquidación en tanto se tramite la apelación y se dicte la consiguiente sentencia por el tribunal *ad quem*.

Para que, además, sea causa de la calificación del concurso como culpable será necesaria la concurrencia de dos circunstancias; (i) que la apertura de la liquidación haya sido acordada de oficio por el juzgado, por lo que se ha de entender que no procederá en caso de que haya mediado petición del propio concursado; y, (ii) que el incumplimiento del convenio haya sido debido a causa imputable al deudor.

191. Incumplimiento culpable del convenio

Evolución legislativa. La Ley 16/2022 introdujo en el Texto Refundido el art. 445 bis, regulador de las especialidades de las causas de la calificación del concurso como culpable cuando tiene su origen en el incumplimiento del convenio, haciéndolo bajo tres idénticos supuestos a los del régimen general, pues aquel precepto distingue (i) una cláusula general, (ii) unas presunciones *«iuris tantum»* de culpa y (iii) unas conductas tipificadas de culpabilidad.

(i) **Cláusula general** (art. 445 bis.1). El incumplimiento del convenio se calificará como culpable cuando hubiera mediado dolo o culpa grave (i) del deudor o, si los hubiere, (ii) de sus representantes legales y, en caso de persona jurídica, (iii) de sus administradores o liquidadores, de derecho o de hecho, (iv) de sus directores generales y (v) de quienes, dentro del período de cumplimiento del convenio, hubieren reunido cualquiera de esas condiciones. Los elementos subjetivos y objetivos de la norma coinciden con los recogidos en el art. 442, valiendo lo que allí dijimos para este supuesto. Naturalmente, cambia la referencia temporal, necesariamente referida ahora al período de cumplimiento del convenio.

(ii) **Presunciones «iuris tantum» de culpa** (art. 445 bis.3). El incumplimiento del convenio se presume culpable, salvo prueba en contrario, cuando el deudor o, en su caso, sus representantes legales, administradores o liquidadores:

(1.º) **Si durante el cumplimiento del convenio el deudor no hubiera reclamado el cumplimiento de las obligaciones exigibles**. Se refiere a las que ostente frente a terceros; por omisión (por no ejercitar las correspondientes acciones judiciales), no se incrementa el activo del concursado, produciendo, como consecuencia, el incumplimiento del convenio o, al menos, coadyuvando a ese incumplimiento.

(2.º) Si el deudor hubiera incumplido el deber de solicitar la liquidación de la masa activa. Para la comunicación de la imposibilidad de cumplimiento del convenio no se fija un plazo máximo. Por esa razón es siempre recomendable que el deudor solicite la liquidación desde el momento en que conozca o sepa que no podrá cumplir el convenio.

(3.º) Si el obligado legalmente a la llevanza de contabilidad, no hubiera formalizado en tiempo y forma las cuentas anuales en alguno de los tres últimos ejercicios anteriores a aquel en que hubiera incumplido el convenio; no hubiera sometido esas cuentas a auditoría, debiendo hacerlo, o, una vez aprobadas, no las hubiera depositado en el RM o en el registro correspondiente. Se trata de un supuesto idéntico al contemplado en el art. 444.3.º, **con el necesario cambio** del elemento temporal, donde la referencia a los tres últimos ejercicios anteriores a la declaración de concurso se convierte en los tres últimos ejercicios anteriores al incumplimiento del convenio.

(iii) Conductas tipificadas de culpabilidad (art. 445 bis.2). En todo caso, el incumplimiento se calificará como culpable en los siguientes supuestos:

(1.º) Si durante el período de cumplimiento del convenio hubieran salido fraudulentamente del patrimonio del deudor bienes o derechos. El deudor concursado no obtiene una contraprestación económica equivalente al valor real o razonable del bien o derecho que es enajenado; se está produciendo una despatrimonialización que puede ser el origen o causa del incumplimiento del convenio.

(2.º) Si el deudor hubiera realizado cualquier acto jurídico dirigido a simular una situación patrimonial ficticia. Es necesaria la existencia de (i) un «acto», lo que exige la concurrencia de un elemento volitivo del deudor y (ii) un elemento intencional («dirigido»), pues aquel acto debe tener la finalidad de crear una apariencia de situación patrimonial (del deudor, se entiende) no coincidente con la real; no siendo exigible que, además, concurra una intención de causar un daño patrimonial.

A los dos supuestos contemplados son de aplicación las consideraciones que realizamos anteriormente respecto de la naturaleza de las conductas tipificadas del art. 443.

192. Cómplices del concurso culpable

Cómplices. Concepto (art. 445). Las consecuencias de la calificación del concurso como culpable alcanzarán no sólo al deudor; también a sus cómplices. Lo son las personas que, con dolo o culpa grave, hubieran cooperado (i) con el deudor o, si los tuviere, (ii) con sus representantes legales y, en caso de persona jurídica, (iii) con sus administradores o liquidadores, tanto de derecho como de hecho, o (iv) con sus directores generales, a la realización de cualquier acto que haya fundado la calificación del concurso como culpable.

Complicidad. STS 2021:3309. El cómplice es un tercero, en tanto que cooperador en una conducta ajena del deudor o de quienes actúan por él, que determina la calificación culpable del concurso; por ello, la persona que de alguna manera interviene en la realización de esa conducta no puede ser declarada al mismo tiempo persona afectada por la calificación, que equivale a autor responsable, y cómplice, que equivale a cooperador.

El concepto de complicidad en el ámbito concursal no puede ser equiparado al de la complicidad penal, pues es claramente más amplio aquél que éste, en cuanto que las conductas que no responden al concepto penal estricto que encierran comportamientos propios del encubrimiento no repugnan al concepto de la complicidad concursal, que se funda en la idea de cooperación, de cualquier clase que sea, incluso por el mero ocultamiento. Es necesaria la descripción de las concretas conductas constitutivas de la complicidad, que, como veremos a continuación, han de estar directamente relacionadas con la conducta que ha motivado la calificación del concurso como culpable (STS 2016:89).

Requisitos de la complicidad. Son los siguientes (TS:2021:3309):

(1) Que exista una cooperación, respecto a algún acto *«que haya fundado la calificación del concurso como culpable»*, es decir, es necesaria una conexión con tal hecho.

(2) Que concurra dolo o culpa grave en el cómplice; se exige que concurra un *«consilium fraudis»* o ánimo de defraudar o, cuando menos, un *«conscius fraudis»* o connivencia con el concursado en la concreta conducta que ha merecido la calificación culpable por parte del deudor.

(3) Una relación de causalidad entre la actuación del cómplice y la generación o agravación de la situación de insolvencia del deudor.

(4) Que la cooperación tenga lugar con el deudor o sus representantes legales y, si se trata de una persona jurídica, con sus administradores, liquidadores o sus directores generales; esa cooperación no tiene que ser necesariamente anterior a la declaración del concurso, pues el art. 445 no establece requisito alguno en tal sentido y porque la declaración de complicidad al ir conectada al acto que sirve de fundamento a la declaración del concurso como culpable, hace que éste pueda ser, según los casos tipificados en la Ley, anterior o posterior al concurso (STS 2016:89).

Casuismo. Los supuestos de complicidad pueden ser muy variados, existiendo un amplio casuismo, si bien los más relevantes y frecuentes tienen que ver con actos fraudulentos y simulados del concursado, con los que generalmente se buscará o bien la simulación de un crédito concursal o bien sustraer de la masa activa determinados bienes del patrimonio del deudor sin contraprestación o con una contraprestación inferior a la procedente.

Prueba. Es necesaria la acreditación de la concurrencia de los requisitos mencionados para que se declare la complicidad, sin que se pueda basar en la simple existencia de una especial vinculación con el concursado; así, la mera pertenencia al mismo grupo empresarial no tiene que suponer la complicidad de las demás sociedades, ni la condición de socio único de la concursada supondrá indefectiblemente que aquél sea declarado cómplice pues es a los administradores a quienes compete la representación y gestión social, así como quienes responden por el incumplimiento de tales funciones, por lo que no cabe achacar el incumplimiento de los cometidos por el administrador al socio, aunque éste sea único, sin que quepa declarar sin más aditamentos su complicidad por la circunstancia de no haber promovido la remoción de aquél ante el incumplimiento de sus funciones típicas.

Efectos de la complicidad (art. 455.2.3.° a 5.°). Pérdida de cualquier derecho que el declarado cómplice tuviera como acreedor en el concurso, la condena a devolver los bienes o derechos que hubiera obtenido y a indemnizar los daños y perjuicios causados. Pero no se incluye la cobertura del déficit concursal, pues esa responsabilidad únicamente está prevista para determinadas personas afectadas por la declaración de culpabilidad del concurso, pero no para los cómplices (STS 2021:3309).

La eventual condena a indemnizar los daños y perjuicios causados habrá de serlo como consecuencia de su participación en esas conductas que determinaron la calificación del concurso como culpable; debe ser consecuencia de los concretos daños y perjuicios causados por la conducta en cuya realización los cómplices han participado, y en atención a dicha participación; no es admisible acordar una condena «en globo» que no discrimine entre las causas de calificación del concurso como culpable en las que hayan participado los cómplices y aquellas en las que no hayan participado y que no tenga en cuenta la importancia de su participación en tales conductas (STS 2021:3309).

193. Régimen general de tramitación de la calificación

Pluralidad de regímenes. Se distingue entre **(i)** un régimen general (arts. 446 al 451 bis), que expondremos en este epígrafe, **(ii)** un régimen especial en caso de incumplimiento del convenio (arts. 452 al 454), y **(iii)** dos disposiciones especiales aplicables en los supuestos de intervención administrativa (arts. 463 y 464).

Régimen general. Se inicia con la formación de la **Sección 6.ª** que, en caso de concursos acumulados se sustanciará de forma separada, abriéndose una en cada uno de ellos. Conforme al art. 446.1, en el mismo auto por el que se ponga fin a la fase común, el juez ordenará la formación de la Sección 6.ª. En la redacción originaria del TRLC lo difería, alternativamente, (i) a la aprobación del convenio o (ii) a la aprobación del plan de liquidación o, en su defecto, (iii) al acuerdo de ordenar la liquidación conforme a las reglas legales supletorias.

Esta pronta apertura de la sección provoca una importante aceleración en el inicio del trámite de la calificación concursal, que tiene ahora lugar en un momento procesal muy anterior, en el que aún no se conoce el contenido del convenio ni, por supuesto, si será o no aprobado y, en consecuencia, es muy posible que se desconozca si se llegará o no a abrir la fase de liquidación. Ese adelanto es factible gracias a que la Sección 6.ª es, tras la reforma de 2022, posible en cualquier concurso, con independencia del contenido del convenio y de si se apertura o no la fase de liquidación.

Contenido de la Sección 6.ª (art. 446.2). Se encabezará con copia auténtica (i) del auto por el que se haya procedido a su formación y se incorporarán a ella copia auténtica (ii) de la solicitud de declaración de concurso, (iii) de la documentación aportada por el deudor, (iv) del auto de declaración de concurso y (v) del informe de la AC con los documentos anejos. Pero no significa que sea necesaria la aportación física de toda esa documental, pues bastará con realizar la oportuna remisión.

Partes procesales. Antes de la reforma de 2022 en todo caso era parte el MF, siendo de especial importancia en orden al impulso de la Sección 6.ª, pues, junto al fiscal sólo tenía tan relevante papel la AC. Se admitía la posibilidad de que cualquier acreedor o persona con interés legítimo pudiese personarse y ser parte en la sección, pudiendo alegar cuanto considerase relevante y coadyuvar con los únicos legitimados, pues sólo la AC y el MF podían sostener la calificación del concurso como culpable. No obstante, no podían sostener una calificación con independencia de la formulada por la AC y/o el MF; éstos eran los únicos que estaban legitimados para formular una pretensión formal y concreta de calificación del concurso.

Reforma de la Ley 16/2022. Este escenario fue profundamente modificado en 2022, pues, manteniendo el papel jugado por la AC, se suprimió toda intervención del MF en la sección de calificación y, a la vez, se atribuyó un papel mucho más relevante a los acreedores. El papel desempeñado ahora por el MF es residual y lo recoge el art. 450 bis, conforme al cual, en el caso de que en cualquiera de los informes de calificación se pusiera de manifiesto la posible existencia de un hecho constitutivo de delito no perseguible únicamente a instancia de persona agraviada, el juez, en la misma resolución por la que acuerde el emplazamiento de las personas que pudieran quedar afectadas por la calificación o declaradas cómplices, lo pondrá en conocimiento del MF por si hubiere lugar al ejercicio de la acción penal.

Informe de calificación de la AC (art. 448). La tramitación de la calificación comienza con la emisión del informe de calificación por el AC que, según la jurisprudencia, cumple la función propia de una demanda en el incidente de calificación (*cfr.* art. 448.2).

(1) Plazo de presentación. Dentro de los 15 días siguientes al de presentación del inventario y de la lista de acreedores provisionales, la AC presentará un informe razonado y documentado sobre los hechos relevantes para la calificación del concurso, con propuesta de resolución. En la fecha de «presentación» del inventario y de la lista de acreedores provisionales comenzará a contar, automáticamente el plazo, sin necesidad de que se dicte resolución alguna, ni por el juez ni por el LAJ, requiriéndole o emplazándole para la presentación del informe de calificación.

(2) Contenido del informe. Se exige que el mismo sea razonado y documentado sobre los hechos relevantes para la calificación del concurso, con propuesta de resolución. El informe tendrá la estructura propia de una demanda si el AC solicitara la calificación del concurso como culpable. Será conveniente (necesario en caso de que se solicite esta calificación), que el escrito contenga (i) una exposición de los hechos, (ii) de los fundamentos de derecho en que se apoye y (iii) una petición o súplica, que podrá ser de calificación del concurso como culpable o como fortuito, esto es, no culpable. Si la AC propusiera la calificación del concurso como culpable, el informe expresará (i) la identidad de las personas a las que deba afectar la calificación y (ii) la de las que hayan de ser consideradas cómplices, (iii) justificando la causa, (iv) así como la determinación de los daños y perjuicios que, en su caso, se hayan causado por las personas anteriores y (v) las demás pretensiones que se consideren procedentes conforme a lo previsto por la Ley.

El contenido mínimo del informe, que recuerda mucho al de una demanda, pero que no tiene que revestir la forma de ésta, por lo que no será necesaria la firma de letrado —caso de no ostentar el AC esa condición—, será el siguiente: (1) Una descripción de los hechos relevantes para la calificación del concurso; en caso de proponer la calificación del concurso como culpable, se expresará la identidad de las personas a las que afectará esa calificación y la de los cómplices; en apoyo de ese relato fáctico, se aportarán los documentos que le sirvan de fundamento y acreditación, si bien no será necesario su acompañamiento si los mismos ya obran en las restantes secciones del concurso, bastando en este caso con hacer la oportuna remisión, por evidentes razones de economía procesal; en caso de ser interpuesto recurso de apelación, procederá que la audiencia provincial reclame las restantes actuaciones del concurso en que obran tales documentos, para cumplir la función de valoración probatoria en la segunda instancia. (2) Los razonamientos que sirvan de sustentación a la calificación que en el informe se propone; de forma que en caso de ser efectuada aquélla como culpable, se justificará la causa de la misma. (3) La identidad de las personas a las que deba afectar la calificación y de quienes hayan de ser considerados cómplices, justificando la causa. (4) Las pretensiones que se consideren procedentes, con una concreta propuesta de resolución, que en caso de instar la calificación del concurso como culpable habrá de determinar los daños y perjuicios que se hayan causado por los culpables y sus cómplices.

Tanto el *petitum* como la *causa petendi*, conformada por los hechos y las razones jurídicas que justifican la concurrencia de la causa de calificación culpable y el resto de los pronunciamientos consiguientes, deben quedar claros en el informe, pues con arreglo a ello se emplaza al concursado y a las personas respecto de las que se pide sean declaradas afectadas por la calificación o cómplices, para que puedan comparecer y oponerse (STS 2016:1327).

Proposición de prueba. Aunque el art. 448 nada dice respecto de si el informe de calificación de contener o no la proposición de prueba de que pretenda valerse el AC, la respuesta, necesariamente, ha de ser afirmativa, pues el art. 450.4 contempla el escenario en el que la prueba propuesta en los informes emitidos en los que se hubiera solicitado la calificación del concurso como culpable (...) fuese únicamente documental.

(3) Documentos que lo acompañarán. El art. 448.1 exige del informe que sea *documentado*, es decir, que aporte los documentos en que se basa el relato de hechos que contiene. Además, señala que si los acreedores o los que sin serlo se hayan personado en el concurso hubieran formulado alegaciones para la calificación del concurso como culpable, esas alegaciones se unirán como anejo al informe de calificación, es decir, se acompañarán copias de esos documentos. Se refiere el precepto a las alegaciones sobre la calificación del concurso, previstas en el art. 447, y que serán remitidas a la AC en apoyo de la pretensión de la calificación del concurso como culpable.

No es preciso que el informe incorpore los documentos ya obrantes en autos, bastando con que en él se haga la oportuna remisión, por evidentes razones de economía procesal.

Si bien le incumbe la prueba a la AC, rige el principio de facilidad probatoria, por lo que, si se trata de enjuiciar y valor la llevanza de la contabilidad por el concursado o la realización de operaciones de transmisión de sus activos, es evidente que quienes están en mejor disposición de aportar elementos probatorios serán la propia concursada y sus administradores (STS 2017:3752).

(4) **Remisión de copia del informe a quienes formularon alegaciones** (art. 448.4). El mismo día de la presentación, el AC remitirá el informe a la dirección de correo electrónico de quienes hubieran formulado alegaciones sobre la calificación del concurso. Con ella el legislador pretende garantizar el conocimiento (i) del contenido del informe de calificación por los interesados en que ésta sea culpable y (ii) de la fecha de esa remisión, pues marcará, como luego veremos, el inicio del cómputo del plazo para que los acreedores, a su vez, presenten en el juzgado su propio informe razonado y documentado (*cfr.* art. 449 TRLC).

(5) **Posibilidad de presentar ampliación del informe por nueva noticia de hechos relevantes** (art. 448.5) Si después de la presentación del informe de calificación, la AC tuviera conocimiento de algún hecho relevante para la calificación, podrá presentar una ampliación de su informe. La norma no fija el plazo.

(6) **Efecto de la calificación culpable contenida en el informe de la AC**. Permitirá que cualquier acreedor o persona con interés legítimo pueda personarse en la Sección 6.ª para defender esa calificación (art. 450 ter). No obstante, les permitirá jugar en la sección un rol parcial, *«secundum quid»*, pues no podrán sostener una calificación con independencia de la formulada por la AC; claramente el precepto dice que podrá personarse para defender «esa calificación»; ni siquiera podrán defender en la sección la calificación culpable sostenida por otros acreedores legitimados, y sólo en el caso de que éste haya instado una calificación del concurso como culpable; por ello, y por ostentar la condición de parte, tendrán acceso a estrados, podrán intervenir en la vista, proponer la práctica de pruebas e, incluso, gozarán de la posibilidad de interponer recursos e instar la ejecución, pero siempre dentro de la delimitación del objeto del procedimiento realizada por la AC; por ello, ni los acreedores ni los demás interesados, no podrán plantear, separadamente del órgano concursal, sus propias pretensiones, que ni siquiera podrán ser abordadas por el juez.

Supresión del dictamen del MF. La reforma de la Ley 16/2022 suprimió la emisión por el MF de su dictamen.

Informe de calificación de los acreedores (art. 449). **L**a Ley 16/2022 introdujo la legitimación activa de determinados acreedores para la calificación, mediante la emisión de un informe de calificación. Dentro de los 10 días siguientes al de la emisión del informe de calificación del AC, los acreedores que hubieran formulado alegaciones para la calificación del concurso como culpable podrán presentar también un informe razonado y documentado sobre los hechos relevantes para la calificación del concurso como culpable, con propuesta de resolución del concurso como culpable, siempre que representen, al menos, el 5 % del pasivo o sean titulares de créditos por importe superior a un millón de euros según la lista provisional presentada por la AC. Distinguimos:

(1) **Acreedores legitimados**. Sólo aquellos que, previamente, «hubieran formulado alegaciones para la calificación del concurso como culpable». Es una referencia a lo dispuesto en el art. 447 conforme al cual, durante el plazo para la comunicación de créditos, cualquier acreedor o cualquier personado en el concurso podrá remitir por correo electrónico a la AC cuanto considere relevante para fundar la calificación del concurso como culpable, acompañando, en su caso, los documentos que considere oportunos.

Procede una interpretación amplia del concepto, dada la referencia que el art. 447 hace a «cualquier acreedor». Si bien el precepto permite efectuar alegaciones tanto a los acreedores como a «cualquier personado en el concurso», sin embargo, el art. 449 sólo concede legitimación para formular informe de calificación a los «acreedores» y no a esos otros «personados» que no ostenten la condición de acreedor. Por todo ello, están legitimados para la emisión del informe de culpabilidad no sólo los acreedores concursales, también los acreedores contra la masa. No obstante, la cuestión está lejos de ser clara.

Los acreedores han de representar una de dos condiciones de forma alternativa: **(i)** representar, al menos, **el 5 % del pasivo** (de la masa pasiva, si limitamos la legitimación a los acreedores concursales, o del total pasivo, si entendemos que también están legitimados los acreedores contra la masa) o, alternativamente, **(ii) titular créditos por importe superior a un millón de euros** según la lista provisional presentada por la AC, cualquiera que sea el porcentaje que ese importe represente.

(2) Plazo para la emisión del informe. Es de 10 días hábiles, por tratarse de un plazo procesal. El *dies a quo* para su cómputo, por el afán del legislador de acelerar la tramitación del procedimiento, no lo marca una resolución del juzgado sino un acto del AC: la remisión por éste de su informe de calificación a los acreedores legitimados, prevista en el art. 448.4. La fijación de esa fecha, sin tomar como referencia una resolución procesal, buscando un juego automático de plazos sin intervención del juzgado, traerá graves problemas en los supuestos en los que la AC, por cualquier causa, haya dejado de presentar su informe de calificación o lo presente de forma extemporánea.

(3) Contenido del informe de calificación. Será muy similar al emitido por la AC, valiendo todo lo que sobre aquél dijimos en páginas anteriores, pues, al igual que en él, se exige que se trate de un «informe razonado y documentado», por lo que, sin ser una demanda (es un informe), adoptará su forma, debiendo contener una propuesta de resolución del concurso que, en el caso de los acreedores, necesariamente ha de ser de culpabilidad y, además, como ya dijimos, contendrá la proposición de la prueba a practicar en la celebración de la vista. No se contiene la facultad de presentar una ampliación del informe con base en la nueva noticia de hechos relevantes para la calificación. En el caso de los acreedores, con su informe precluirá de forma definitiva el trámite.

La Ley denomina «informe» a los escritos en los que la AC y los acreedores legitimados, si consideran que el concurso es culpable, concretan sus respectivas pretensiones acerca de los contenidos necesarios y contingentes de la sentencia de calificación, a los que luego nos referiremos. Pero esos escritos cumplen, en realidad y pese a su denominación, idéntico papel al de una demanda en cualquier procedimiento y si el legislador no los denomina así es porque cabe la posibilidad de que la AC (no los acreedores), sostenga que el concurso es fortuito y, por consiguiente, no formule a través de su «informe» pretensión alguna; por todo ello, es imprescindible que en esos escritos consten los hechos relevantes para la adecuada calificación y éstos resulten expresivos de la correspondiente causa de culpabilidad.

Principios de justicia rogada y congruencia. La sentencia que se dictesólo puede resolver en función de las pretensiones que oportunamente ejerciten las partes, sin que quepa la apreciación de oficio por el juzgador, aunque esta afirmación, como luego veremos, deberá ser matizada en algunos extremos; y, por ello, con el fin de posibilitar el derecho de defensa de las personas que pudieran ser afectadas por la calificación o ser declaradas cómplices, es necesario entender que con el «*informe*» y el «*dictamen*» precluye para la AC y para los acreedores, respectivamente, la posibilidad procesal de formular pretensiones de declaración y condena; los hechos y causas invocadas por los instantes de la calificación no podrán ya ser variadas, así como tampoco el contenido de su pretensión, pues de otro modo se provocaría indefensión ya que el deudor y las demás personas afectadas por la calificación precisan conocer desde el principio los motivos y las razones por las que se pretende la culpabilidad así como el alcance de su responsabilidad.

Tramitación de la sección de calificación. El art. 450.1 sólo contempla el escenario en el que alguno de los informes emitidos se hubiera solicitado la calificación del concurso como culpable, resultando congruente con lo establecido en el art. 450.6, conforme al cual si el informe de la AC solicitara la calificación del concurso como fortuito y los acreedores legitimados no hubieran presentado informe de calificación, el juez, sin más trámites, ordenará, mediante un auto, el archivo de las actuaciones; contra el auto que ordene el archivo de las actuaciones no cabrá recurso alguno.

Si, por el contrario, el AC o cualquier acreedor legitimado propone la calificación del concurso como culpable (art. 450.1) el juez, dentro de los 5 días siguientes a aquel en que hubiera transcurrido el plazo a que se refiere el artículo anterior [10 días desde la remisión del informe de calificación por el AC a los acreedores legitimados], ordenará, mediante providencia, (i) que se dé audiencia al concursado por plazo de 10 días y, en la misma resolución, (ii) ordenará emplazar a todas las demás personas que, según resulte de lo actuado, pudieran ser afectadas por la calificación del concurso o declaradas cómplices, a fin de que, en plazo de 5 días, comparezcan en la sección si no lo hubieran hecho con anterioridad. No hace más que permitir el derecho de defensa en el seno de la Sección 6.ª a todos aquellos que pudieran resultar afectados por la sentencia. Por otra parte, en ningún caso existirá entre el deudor y los demás afectados y cómplices una situación de litisconsorcio pasivo necesario, pues la calificación del concurso como culpable conllevará la responsabilidad por los daños y perjuicios causados y tal responsabilidad, al tener una naturaleza eminentemente extracontractual y derivada del art. 1902 CC, por basarse en el principio «alterum non laedere», es de carácter solidario entre ellos.

Continúa señalando el art. 450.2 que, el mismo día de la providencia, el LAJ señalará fecha y hora para la celebración de la vista, que deberá tener lugar dentro de los 2 meses siguientes a la fecha de esa resolución. La fijación de la fecha de la vista tiene lugar antes de que se conozca alegación alguna en contra de los informes, ni del concursado ni de los demás emplazados, ni la proposición de prueba que éstos efectuarán. Es más, como luego veremos, hasta es posible que el devenir de las alegaciones haga innecesaria la celebración de la vista ya señalada, supuesto en el que corresponderá al juez dejar sin efecto ese señalamiento (*cfr.* art. 450.4).

Emplazamiento y alegaciones. Por otra parte, si bien al concursado se le da traslado de los informes de la AC y de los acreedores legitimados y se le emplaza por providencia por 10 días para que formule sus alegaciones, a las demás personas que puedan resultar afectadas por la calificación o declaradas cómplices, se les emplaza, por 5 días, sólo para que comparezcan en la sección, no para que formulen sus alegaciones. Ese siguiente paso se contempla en el art. 450.3 cuando dice que, a las personas que comparezcan en plazo, el LAJ les dará vista del contenido de la sección para que, dentro de los 10 días siguientes, aleguen cuanto convenga a su derecho. Si comparecieren con posterioridad al vencimiento del plazo, se les tendrá por parte sin retroceder el curso de las actuaciones. Si no comparecieren, el LAJ los declarará en rebeldía y seguirán su curso las actuaciones sin volver a citarlos. Respecto del contenido de esas alegaciones, dispone el art. 450.5 que, salvo en caso de allanamiento, las alegaciones del deudor, de las demás personas afectadas por la calificación y de los cómplices deberán tener la estructura propia de una contestación a la demanda.

Como ya dijimos anteriormente, los informes de la AC y de los acreedores legitimados han de contener la proposición de prueba a practicar en el acto de la vista. Así lo harán también los escritos de alegaciones del deudor, demás personas afectadas y de los cómplices. Establece el art. 450.4 que si la prueba propuesta, tanto en los informes como en las alegaciones, fuese únicamente documental, el juez podrá [facultativamente] dejar sin efecto el señalamiento para la celebración de la vista.

Las alegaciones del deudor y de los comparecientes versarán, alternativamente, sobre (i) su conformidad (con el consiguiente allanamiento) u (ii) oposición a la calificación propuesta y tendrán, en este segundo caso, la consideración de una contestación a la demanda, siendo posible el planteamiento en los mismos de cuantas excepciones procesales y de fondo estimen convenientes. Así lo exige, desde un punto de vista formal, el art. 451.1 cuando en su inciso inicial indica que si el concursado o alguno de los comparecidos formulase oposición deberá hacerlo en la forma prevista para un escrito de contestación a la demanda, tal y como viene exigiendo la jurisprudencia (TS:2017:3796).

En su inciso final, el art. 451.1 añade que para los trámites posteriores el procedimiento se sustanciará según lo previsto para el incidente concursal. De ser varias las oposiciones, se sustanciarán juntas en el mismo incidente. Y, en su apartado segundo, concluye señalando que, si no se hubiere formulado oposición, el juez dictará sentencia en el plazo de 5 *días.* La remisión a los trámites del incidente concursal ha de entenderse hecha a partir de la superación de su fase alegatoria, de modo que el informe de la AC y, en su caso, de los acreedores legitimados hacen las veces de demanda y el escrito o escritos de oposición hacen las veces de contestación a la demanda. A la luz del precepto, cabe distinguir dos posibilidades, según se formule o no oposición; en el primer caso se procederá a la celebración de la vista, si fuera procedente, y en el segundo, directamente, se procederá a dictar la correspondiente sentencia. Así como decíamos que el informe de la AC y de los acreedores legitimados cumplían el papel propio de una demanda, y como tal debían ser tomados, las alegaciones del deudor y de los demás comparecientes, también lo dijimos, vienen a configurarse como auténticos escritos de contestación a la demanda, de forma y manera que con todos ellos queden perfectamente delimitados los términos del debate. En cualquier caso, con el escrito de oposición se hará aportación de la documentación que se estime conveniente para el ejercicio del derecho de defensa y, ya lo dijimos también, contendrá la proposición de la prueba a practicar en el acto de la vista.

Al seguirse los trámites del incidente, sólo tendrá lugar la celebración de vista pública cuando se acuerde la necesaria declaración de pertinencia respecto de los medios de prueba propuestos. Si no fuese necesario practicar prueba en la vista, se dictará la sentencia sin más trámites. En caso de incomparecencia a la vista del AC y de los acreedores legitimados, se ha señalado que se debe tener a ambos por desistidos en sus pretensiones (*cfr.* art. 442.1 LEC), procediendo, en consecuencia, la calificación del concurso como fortuito.

Transacción en la Sección de calificación (art. 451 bis). Importante novedad, introducida por la Ley 16/2022, regula la transacción en la sección de calificación. La AC, los acreedores que hubieran presentado informe de calificación y las personas que, según cualquiera de esos informes, pudieran quedar afectadas por la calificación o ser declaradas cómplices podrán alcanzar un acuerdo transaccional sobre el contenido económico de la calificación. Contempla la posibilidad del acuerdo para las consecuencias económicas de la calificación, no para la calificación en sí, razón por la que surge ya la primera duda relativa a si es o no precisa el acuerdo del concursado, puesto que ni siquiera es mencionado en el precepto (sólo se refiere a los afectados por la calificación y a los cómplices). En principio, parece evidente la necesidad de la concurrencia del consentimiento de todos los que son parte en la sección, pero creemos muy llamativa la ausencia de mención del concursado en el precepto y, además, veremos a continuación como ese consentimiento unánime no será necesario, al menos en lo que al momento de la solicitud se refiere.

Se condiciona la eficacia de la transacción a su homologación judicial (con cierta deficiencia terminológica al hablar de «aprobación» y no de «homologación» judicial). Dice que la eficacia del acuerdo transaccional está condicionada a la aprobación por el juez del concurso. Presentada la solicitud de aprobación, el LAJ dará traslado de esa solicitud a los personados en la sección para que, en el plazo de 10 días, aleguen lo que a su derecho convenga. En primer lugar, no acabamos de comprender por qué se le da traslado a quien, pese a estar personado y ser parte en la sección, como son los acreedores no legitimados y los otros interesados, con el limitado alcance que antes expusimos tiene su papel en la sección, pues no puede sostener separadamente del AC una petición de declaración de culpabilidad en ella cuando éste ha alcanzado un acuerdo con las demás partes que sí pueden sostener peticiones autónomas; a no ser que, en realidad, y sin mencionarlo, el precepto se esté refiriendo a la posibilidad de que sólo el concursado pueda efectuar tales alegaciones, pues, como antes vimos, el apartado primero no se refiere a un acuerdo transaccional en el que el deudor sea parte. Y, en segundo lugar, llama la atención la necesidad de este traslado, pues impedirá la posibilidad de que el acuerdo transaccional pueda alcanzarse antes del inicio de la vista, como con frecuencia acontece en la práctica forense transaccional.

Concluye el art. 451 bis.3 diciendo que contra el auto por el que se apruebe la transacción los personados en la sección que hubieran alegado en contra de que la transacción fuera aprobada podrán interponer recurso de apelación. Contra el auto por el que se deniegue la aprobación no cabrá interponer recurso alguno. Nuevamente, el precepto sólo tiene pleno sentido pensando en la interposición de un recurso de apelación por el concursado que no forma parte del acuerdo transaccional económico.

194. El régimen especial en caso de incumplimiento del convenio

Régimen especial. Junto al régimen general de tramitación de la Sección de calificación, una regulación del régimen especial aplicable al caso de su apertura con ocasión del incumplimiento del convenio judicialmente aprobado en el concurso.

Distinción entre apertura y reapertura de la Sección (art. 452). La distinción tendrá especial importancia a la hora de delimitar cuál será el objeto de la calificación. En la misma resolución judicial que acuerde la apertura de la liquidación por razón del incumplimiento del convenio, el juez procederá del siguiente modo: (1.º) Si en la Sección 6.ª se hubiera dictado sentencia de calificación o auto de archivo de la sección, ordenará la reapertura de esa sección, con incorporación a ella de la propia resolución que ordene esa reapertura. (2.º) Si continuara en tramitación, ordenará la formación de una pieza separada dentro de la sección de calificación que se hallare abierta, para su tramitación de forma autónoma y conforme a las normas establecidas en este título que le sean de aplicación. En estos casos, como más adelante veremos, el objeto de la sección sexta se limitará a determinar las causas del incumplimiento del convenio y si procede, en atención a las mismas y por causa imputable al concursado, la calificación del concurso como culpable; no por otras causas distintas.

Partes procesales (art. 453). Al igual que en el régimen general, además de la AC y de los acreedores legitimados, la Ley abre la puerta a otras posibles partes procesales. En caso de incumplimiento del convenio, si el informe o informes de calificación solicitaran la calificación del concurso como culpable, cualquier acreedor o persona que acredite interés legítimo podrá personarse en la sección sexta o en la pieza separada, antes de la celebración de la vista, para defender esta calificación. Respecto de los acreedores y demás personas con interés legítimo vale lo expuesto en sede del régimen general, especialmente en orden al papel que, como simples coadyuvantes, les corresponde.

Contenido de los informes de calificación (art. 454). Se limitarán a determinar si ha concurrido dolo o culpa grave en el incumplimiento del convenio, con propuesta de resolución. Claramente, se restringe el ámbito objetivo de lo que ha de ser objeto de calificación. Aunque de la literalidad del precepto pudiera parecer que la limitación del enjuiciamiento que contiene el primero de los supuestos sólo se refiere a los casos de reapertura por incumplimiento del convenio hay que entender incluidos también los supuestos de reapertura por imposibilidad de cumplimiento, por la identidad de razón que hay entre ambos supuestos; de no hacerse así, se haría de peor condición al deudor que se adelanta a abrir la liquidación cuando él mismo advierte que no será posible el cumplimiento del convenio (STS 2016:1647).

195. Calificación en los casos de intervención administrativa

Entidades sujetas a intervención de la Administración (art. 463). Para los supuestos de entidades sujetas al control, supervisión y disciplina por la Administración, como (i) las entidades de crédito, (ii) las de servicios de inversión y (iii) las aseguradoras, en los casos de adopción de medidas administrativas que comporten la disolución y liquidación de una entidad y excluyan la posibilidad de declarar el concurso, la autoridad supervisora que las hubiera acordado comunicará inmediatamente la resolución al juez que fuera competente para la declaración de concurso de esa entidad. No se pretende más que lograr una coordinación entre el régimen especial de intervención administrativa a que se encuentran sometidas y el procedimiento concursal, para lo cual se impone a la autoridad administrativa supervisora la obligación de comunicar la resolución al juez competente para la declaración del concurso de la entidad. Esa autoridad supervisora no será otra que el (i) Banco de España, (ii) la Comisión Nacional del Mercado de Valores y (iii) la Dirección General de Seguros, en sus respectivos ámbitos de supervisión.

Sección autónoma de calificación. Una vez recibida la comunicación y, aunque la resolución administrativa no sea firme, el juez, de oficio o a solicitud de la autoridad administrativa, dictará auto acordando la formación de una sección autónoma de calificación, sin previa declaración de concurso. Se pretende que la no apertura del procedimiento concursal no suponga ventaja alguna al eventual responsable de la situación de insolvencia o de su agravamiento en orden a poder eludir las consecuencias que se puedan derivar de la tramitación de la consiguiente sección de calificación.

Publicidad. Se le dará al auto la para la resolución judicial de apertura de la liquidación.

Expediente administrativo. La resolución administrativa que acordó las medidas deberá ir acompañada del expediente administrativo en que la misma fue dictada, por lo que, de no ser recibida así en el juzgado, el juez habrá de recabar del correspondiente órgano administrativo que aporte copia testimoniada.

Especialidades (art. 464). Son las siguientes, cuya numeración coincide con apartados del precepto:

(1) La sección se encabezará con la resolución administrativa que hubiere acordado las medidas; esto es, el auto a que se refiere el art. 463.2 TRLC.

(2) Los interesados podrán personarse y ser parte en la sección en el plazo de quince días a contar desde la publicación prevista en el artículo anterior.

(3) El informe sobre la calificación será emitido por la autoridad supervisora que hubiere acordado la medida de intervención, salvo que en la legislación específica se designe persona distinta. Es, sin duda, la más importante especialidad; no obstante, el hecho de que el informe de la calificación sea emitido por la autoridad administrativa, no impide que, respecto del mismo, rija la regulación contenida en la legislación concursal.

196. Sentencia de calificación

Sentencia congruente (art. 455.1). La sentencia declarará el concurso como fortuito o como culpable. Si lo calificara como culpable, expresará la causa o causas en que se fundamente la calificación. Por aplicación del principio de congruencia, deberán haber sido invocadas por la AC y/o por los acreedores legitimados en sus respectivos informes y deberán ser expuestas con suficiente claridad en la sentencia, pues de cada una de esas causas se derivarán diferentes consecuencias que afectarán a distintas personas (STS 2020:2178, 2014:1368). En cuanto al restante contenido de ésta, nos remitimos al análisis que en detalle realizamos en el siguiente epígrafe al estudiar las consecuencias de la declaración del concurso como culpable (*cfr.* art. 455.2 y art. 456).

Publicidad (art. 457). La sentencia de calificación como culpable se inscribirá en el RPC.

Apelación (art. 460). Contra la sentencia cabe recurso de apelación, a interponer por quienes hubieran sido parte en la sección de calificación. No cabrá alegar en su tramitación cuestiones nuevas no invocadas en el informe de la AC o de los acreedores legitimados. Sólo podrá ser interpuesto por aquél al que le sea desfavorable la resolución dictada, no bastando, según los principios generales imperantes en el Derecho procesal civil, con tener la condición de parte; por ello, si bien la entidad concursada gozará de legitimación para apelar la resolución que declare culpable el concurso no estará legitimada para solicitar la revocación de la condena de su administrador o un tercero declarado responsable o cómplice, pues éstos tienen un interés propio, autónomo y diferente del de la entidad concursada (STS 2010:2284), pero sí tendrá interés en que no se declare culpable el concurso, lo que legitima al concursado para recurrir en apelación y en recurso extraordinario de casación, el pronunciamiento que califica el concurso como culpable (STS 2016:2638).

Ejecución de la sentencia (art. 461). La legitimación para solicitar la ejecución de la condena de la sentencia de calificación corresponderá a la AC. Pero se reconoce una habilitación subsidiaria a los acreedores que hayan instado por escrito de la AC la solicitud de la ejecución, al disponer que estarán legitimados para solicitarla si la AC no lo hiciere dentro del mes siguiente al requerimiento. La legitimación subsidiaria de los acreedores lo es a los únicos efectos de instar la ejecución de la condena ya impuesta, pues, como venimos diciendo, los únicos que pueden solicitar esa condena son la AC y los acreedores legitimados en los términos ya expuestos. Cualquier acreedor podrá instar de la AC la ejecución de la sentencia.

Todas las cantidades que se obtengan en ejecución de la sentencia de calificación se integrarán en la masa activa del concurso dándoles el destino previsto en la Ley Concursal para los bienes y derechos que integran esa masa.

Condena de inhabilitación (art. 458). Para el caso de que una misma persona fuera inhabilitada en dos o más concursos, el período de inhabilitación será la suma de cada uno de ellos. Y, por otra parte, en relación con sus efectos, la firmeza de la sentencia de calificación producirá el cese automático de los administradores y liquidadores de la persona jurídica concursada que hubieran sido inhabilitados (art. 459). Si el cese impidiese el funcionamiento del órgano de administración o liquidación, la AC, aunque hubiera sido cesada, convocará junta o asamblea de socios para el nombramiento de quienes hayan de cubrir las vacantes de los inhabilitados. Los gastos de la convocatoria serán a cargo de la sociedad.

197. Consecuencias del concurso culpable

Contenido de la sentencia. Procede distinguir **un contenido necesario** (art. 455.1, respecto de la expresión de la causa o causas en que se fundamente la calificación y art. 455.2, que utiliza el verbo «*contendrá*») y **un contenido facultativo o contingente** (art. 456.1, que utiliza la expresión «*podrá condenar*»). La exigencia de un contenido necesario supone configurar esos pronunciamientos como de orden público o de Derecho necesario y, por lo tanto, indisponibles por las partes, de modo que no cabrá una calificación del concurso como culpable sin la imposición de estas consecuencias (incluso en la hipótesis en que las mismas no hayan sido solicitadas por el AC ni por los acreedores legitimados), lo que en el caso de la inhabilitación supondrá una ruptura de los principios de rogación y congruencia, propios del proceso civil, a favor del principio de legalidad.

Contenido necesario (art. 455.2). La sentencia que califique el concurso como culpable contendrá los siguientes pronunciamientos:

(1.º) La determinación de las personas afectadas por la calificación, así como, en su caso, la de las declaradas cómplices.

(i) **«Cómplices»**, el art. 445 establece quiénes tendrán tal consideración.

(ii) «*Personas afectadas*», el 455.2.1.º delimita su círculo al señalar que, en caso de persona jurídica, podrán ser considerados personas afectadas por la calificación **(i) los administradores o liquidadores, de hecho o de derecho, (ii) los directores generales, y (iii) quienes, dentro de los dos años anteriores a la fecha de la declaración de concurso, hubieren tenido cualquiera de estas condiciones.**

La inclusión de los administradores y liquidadores de hecho exige que la sentencia motive la atribución de esa condición, a lo cual, generalmente, se llegará a través de pruebas indiciarias y presunciones. Se establece una norma carácter excluyente al señalar que no tendrán la consideración de administradores de hecho los acreedores que, en virtud de lo pactado en el convenio tuvieran derechos especiales de información, de autorización de determinadas operaciones del deudor o cualesquiera otras de vigilancia o control sobre el cumplimiento del plan de viabilidad, salvo que se acreditara la existencia de alguna circunstancia de distinta naturaleza que pudiera justificar la atribución de esa condición.

En los casos de pluralidad de administradores o liquidadores, todos ellos tendrán la consideración de «personas afectadas por la calificación», salvo que concurran circunstancias que justifiquen la exclusión o exención de responsabilidad por parte de alguno de ellos.
Los administradores que tengan la condición de persona jurídica, a ésta le podrá corresponder la condición de «persona afectada por la calificación», pero no a la persona física que hubiese designada como representante, sin perjuicio, como es lógico, de las responsabilidades en que ésta hubiera podido incurrir frente a su representada, en el marco de la relación representativa, o frente a la concursada o un tercero, en un marco puramente extracontractual.

(2.º) La inhabilitación de las personas naturales afectadas por la calificación (i) para administrar los bienes ajenos durante un período de 2 a 15 *años, (ii) así como para representar a cualquier persona durante el mismo período.*

Publicidad de la inhabilitación. Se notificará (i) al RP y (ii) al RM para su constancia en la hoja de la concursada y (iii) en las demás del registro en que aparezca la persona inhabilitada, (iv) así como en el Índice único informatizado del artículo 242 bis de la Ley hipotecaria.

Duración del período de inhabilitación. Se fijará por el juez atendiendo a (i) la gravedad de los hechos y (ii) a la entidad del perjuicio causado a la masa activa (iii) así como a la existencia de otras sentencias de calificación del concurso como culpable en los que la misma persona ya hubiera sido inhabilitada. Los tribunales gozan de un amplio margen de discrecionalidad para la fijación de la duración de esa inhabilitación, no siendo susceptible de revisión en el recurso de casación, salvo casos de evidente y notorio error de hecho o cuando el tribunal de instancia resuelva el tema de que se trata de forma caprichosa, desorbitada o injusta (STS 2021:3519).

Carácter necesario de la inhabilitación. Procede su imposición aun cuando no hubiese sido solicitada ni en el informe del AC ni en los de los acreedores legitimados, si bien, en tal caso, procederá en el mínimo legal de dos años (STS 2015:1407). En los demás, la sanción se impondrá en función de la gravedad de las circunstancias, especialmente a la luz de la conducta de las personas afectadas, el déficit patrimonial y el efecto sobre los acreedores, sin que sea posible imponer una inhabilitación superior a la solicitada por el AC y por los acreedores legitimados, aun cuando el tribunal la considere desproporcionadamente leve (STS 2016:4727). Procederá aquel mínimo legal cuando no se acredite la concurrencia de circunstancias agravantes que justifiquen su elevación, que deberán ser expuestas y motivadas en la sentencia.

Excepción en interés del concurso. Debe ser objeto de una interpretación restrictiva; la recoge el último párrafo del art. 455.2.2.º al señalar que, excepcionalmente, en caso de convenio, si así lo hubiera solicitado la AC en el informe de calificación, la sentencia podrá autorizar al inhabilitado a continuar al frente de la empresa o como administrador de la sociedad concursada durante el tiempo de cumplimiento del convenio o por período inferior. Se trata de anteponer los intereses de la entidad concursada pues podría ir en contra de la viabilidad del convenio.

Concurrencia de inhabilitaciones (art. 458). Nada impide que una misma persona sea inhabilitada en dos o más concursos, en cuyo caso el período de inhabilitación será la suma de cada uno de ellos, por lo que no cabrá un «cumplimiento simultáneo» de esas inhabilitaciones.

Inicio de la inhabilitación. Comenzará a computarse en el momento en el que se haga efectiva la condena, de modo que los actos de representación y administración de bienes ajenos efectuados hasta ese momento serán válidos, afectando únicamente a la eficacia de los que tengan lugar con posterioridad.

Eficacia de la inhabilitación (art. 459). La firmeza de la sentencia de calificación producirá el cese automático de los administradores y liquidadores de la persona jurídica concursada que hubieran sido inhabilitados. No obstante, si el cese impidiese el funcionamiento del órgano de administración o liquidación, la AC, aunque hubiera sido cesada, convocará junta o asamblea de socios para el nombramiento de quienes hayan de cubrir las vacantes de los inhabilitados. Los gastos de la convocatoria serán a cargo de la sociedad.

(3.º) La pérdida de cualquier derecho que las personas afectadas por la calificación o declaradas cómplices tuvieran como acreedores concursales o de la masa. De aplicación tanto a los «afectados por la calificación» como a los «cómplices».

La pérdida de los derechos de acreedores, tanto los concursales como contra la masa, no será objeto de modulación o graduación en función de las circunstancias concurrentes, pues el tenor literal del precepto no da pie a ello, procediendo la misma aún en el supuesto en que no se produzca una petición concreta en este sentido ni por la AC ni por los acreedores legitimados, pues estamos en presencia de una de las consecuencias necesarias de la declaración del concurso como culpable.

(4.º) La condena a las personas afectadas por la calificación o declaradas cómplices a devolver los bienes o derechos que indebidamente hubieran obtenido del patrimonio del deudor o recibido de la masa activa. Se requiere que esa forma indebida haya motivado la declaración de culpabilidad del concurso o bien que, al menos, justifique una conducta dolosa o con culpa grave que haya contribuido a generar o agravar el estado de insolvencia.

(5.º) La condena de las personas afectadas por la calificación o declaradas cómplices a indemnizar los daños y perjuicios causados.

Una exégesis amplia comprende todos los daños y perjuicios que los responsables hayan podido causar con su proceder, tanto a terceros acreedores como, en caso de tratarse de administradores sociales, a la sociedad concursada por ellos administrada.

En un sentido más estricto se limita tan solo a los que haya podido sufrir la masa activa, no los que eventualmente se hayan podido causar a uno o varios acreedores, y tan solo como consecuencia de los actos de disposición patrimonial previos al concurso, es decir, los mismos que pueden ser objeto de las acciones de reintegración, en cuanto no alcancen las obligaciones de restitución que el mismo precepto impone; conforme a este criterio más estricto, los afectados por la calificación y sus cómplices deberán indemnizar los daños y perjuicios que, específicamente, se deriven de la privación temporal de un bien que indebidamente salió del patrimonio del deudor —por ejemplo, los intereses de la suma entregada hasta la fecha de su devolución— o los deterioros que el bien detraído o recibido haya podido experimentar o, incluso, la ganancia dejada de percibir como consecuencia de la privación temporal del bien. Esta interpretación restrictiva se apoya en el contexto en que se encuadra la expresión del precepto que menciona la indemnización de los daños y perjuicios pocas líneas después de referirse a la condena a la devolución de los bienes y derechos indebidamente percibidos. Se entiende que una interpretación más amplia conllevaría, indefectiblemente, una invasión del ámbito de la responsabilidad concursal que regula el art. 456, al que luego nos referiremos, o, incluso, de la acción social de responsabilidad que para las sociedades anónima y limitada se regula en el art. 238, cuyo ejercicio es posible por parte de la AC sin necesidad de previo acuerdo de la junta general y sin necesidad de atender a la formación de la sección de calificación.

En cualquier caso, la imposición de esta indemnización, de naturaleza resarcitoria, pese al lugar en el que sistemáticamente está ubicada, no se derivará de forma automática de la declaración de culpabilidad del concurso, sino que exigirá la acreditación de la concurrencia de los tres elementos clásicos de la responsabilidad por daños y perjuicios, esto es, (i) la acción u omisión culpable, (ii) los daños con su cuantificación y (iii) el nexo de causalidad.

Contenido contingente: condena a la cobertura del déficit.

Calificación formada o reabierta por apertura de la liquidación (art. 456.1). Cuando la sección de calificación hubiera sido formada o reabierta como consecuencia de la apertura de la fase de liquidación, el juez, en la sentencia de calificación, podrá condenar, con o sin solidaridad, a la cobertura, total o parcial, del déficit a todos o a algunos (i) de los administradores, liquidadores, de derecho o de hecho, o (ii) directores generales de la persona jurídica concursada que hubieran sido declarados personas afectadas por la calificación en la medida que la conducta de estas personas que haya determinado la calificación del concurso como culpable hubiera generado o agravado la insolvencia.

Requisitos. Como ha señalado STS 2020:2178, la condena a la cobertura del déficit pretende resarcir los perjuicios indirectos derivados de la causación o agravación de la insolvencia, y tiene sus propios requisitos. (a) **Objetivos**: (i) que se haya abierto la liquidación, (ii) que la concursada sea una persona jurídica y (iii) que la conducta que haya merecido la calificación culpable del concurso haya generado o agravado la insolvencia, pues en la medida de esta contribución se determina el alcance de la condena a la cobertura del déficit. (b) **Subjetivos**: responden las personas declaradas afectadas por la calificación culpable de concurso respecto de la conducta que, habiendo merecido la calificación culpable, se aprecia que generó o agravó la insolvencia. De todo ello, debemos subrayar que la posibilidad de condena por esta vía únicamente se abre en los supuestos en los que el concurso de acreedores se haya conducido a la vía de la liquidación del deudor, siendo ésta la causa de la apertura de la sección de calificación; en consecuencia, no tendrá lugar la condena a que se refiere el precepto en todos aquellos supuestos en los que la sección se hubiese abierto por causa o razón distinta.

Facultad discrecional del juez. Gozará de amplia libertad para determinar su alcance subjetivo (quién es condenado) y objetivo (a cuánto es condenado). En sentido contrario, se ha señalado que la expresión «podrá» que contiene el precepto no se refiere tanto a una facultad del juez cuanto a una potencialidad del contenido de la sentencia, esto es, a la circunstancia de que no necesariamente a todo el que haya sido administrador o liquidador de la sociedad en los dos años anteriores le será exigible tal responsabilidad, sino tan sólo a aquellos que hayan sido considerados por su participación en la conducta determinante de la calificación de culpabilidad del concurso como personas afectadas por tal calificación.

Cuantificación de la responsabilidad. Se refiere directamente a la *medida* en que lo actuado por el sujeto responsable hubiese generado o agravado la insolvencia de la entidad concursada. No establece una sanción, sino un régimen agravado de responsabilidad civil, cuya función no es penalizar al administrador o liquidador, sino proteger los intereses de los acreedores sociales. «En la medida que la conducta de estas personas que haya determinado la calificación del concurso como culpable hubiera generado o agravado la insolvencia» (STS 2015:256). Se ha buscado, no obstante, atenuar el rigor que supone la aplicación literal del precepto en aquellos supuestos en los que no sea materialmente posible identificar qué concreta contribución ha podido tener la conducta ilícita de los administradores en la generación o agravación de la insolvencia, requiriéndose, al menos, que los actores realicen un «esfuerzo argumentativo» y que expliquen «aunque sea de forma estimativa» cuál es la incidencia de esos comportamientos inadecuados en la crisis empresarial; algo que, a su vez, permitirá desplazar la carga de la prueba sobre las personas afectadas por la calificación (STS 2019:1633).

Déficit (art. 456.2). Se considera que existe cuando el valor de los bienes y derechos de la masa activa según el inventario de la AC sea inferior a la suma de los importes de los créditos reconocidos en la lista de acreedores. A la elaboración del informe de la AC.

Individualización de la condena (art. 456.3). En el caso de pluralidad de condenados a la cobertura del déficit, la sentencia deberá individualizar la cantidad a satisfacer por cada uno de ellos, de acuerdo con la participación en los hechos que hubieran determinado la calificación del concurso.

Incumplimiento de convenio (art. 456.4). En caso de reapertura de la sección por incumplimiento del convenio, si el concurso hubiera sido ya calificado como culpable, el juez para fijar la condena a la cobertura, total o parcial, del déficit, atenderá tanto a los hechos declarados probados en la sentencia de calificación como a los determinantes de la reapertura. La posibilidad de la condena, pese al tenor literal del precepto, no resulta tanto del incumplimiento del convenio cuando de la consecuencia que de ello se deriva en orden a la apertura de la consiguiente fase de liquidación.

Crítica. La inseguridad jurídica que provocará al ser la decisión facultativa del juez, enteramente discrecional y no sujeta a regla alguna, tanto a la hora de decidir (i) si procede el pago (ii) como a la hora de cuantificarlo, razones por las que ha recibido numerosas críticas. En cualquier caso, el art. 456 no abre la puerta a resoluciones arbitrarias, pues siempre habrán de ser debidamente razonadas. Por otra parte, con tal amplitud en la discreción judicial se evita que el por el juego de un rígido automatismo se puedan alcanzar resultados no deseados en consideración a las circunstancias concurrentes en cada caso concreto, no siendo, en fin, algo extraño a nuestro ordenamiento la remisión legislativa a la discreción judicial.

Naturaleza jurídica de la responsabilidad. Existen dos posturas doctrinales y jurisprudenciales con debates intensos hasta que, finalmente, tuvo ocasión de pronunciarse al respecto el TS. (i) De una parte, quienes entendían que se trata de un **supuesto de responsabilidad de naturaleza resarcitoria o indemnizatoria** en el que la condena lo será por el importe, total o parcial, de los créditos no cubiertos por la liquidación de la masa activa, de forma que la cuantía vendrá dada por la medida en que la conducta dolosa o negligente del administrador, liquidador o director general haya contribuido a la generación o agravación de la insolvencia. (ii) De otra, quienes consideraban que se trata de una **norma sancionadora**, de forma que, siendo necesaria la concurrencia de una declaración de concurso culpable, no es precisa la acreditación de un nexo de causalidad entre la conducta del administrador y el déficit patrimonial. Finalmente, la STS 2011:1068, en doctrina ratificada en posteriores resoluciones, se inclinó por la primera de las dos opciones, negándole una naturaleza sancionadora, y subrayando que tiene **una función reguladora de la responsabilidad por daño** derivado del importe de los créditos que no obtengan su cobro en la liquidación de la masa activa.

No todas las conductas que pueden merecer la calificación culpable del concurso serán causa suficiente para generar o agravar la insolvencia; acontecerá cuando estemos ante supuestos del art. 442, pero no necesariamente en los casos tipificados y de presunción de culpabilidad de los arts. 443 y 444, en los que es posible que la conducta tipificada no haya incidido, ni por su propia naturaleza pueda incidir, en la generación o agravación de la insolvencia; en este sentido, y lo decimos a simple título de ejemplo, se ha señalado que la inexactitud grave en la lista de acreedores aportada con la solicitud de concurso no es susceptible de generar o agravar la insolvencia y sí lo es, en cambio, el retraso en la solicitud de concurso voluntario, en el que la agravación de la insolvencia vendrá determinada por los créditos nacidos con posterioridad a dicho incumplimiento; y, por otra parte, el incumplimiento del deber de colaboración que se impone al concursado, nunca podrá ser causa de generación o agravación de la insolvencia, por ser posterior a la solicitud y declaración del concurso.

Fundamentación y principio rogatorio. El establecimiento de la responsabilidad patrimonial debe ser especialmente justificada y fundamentada, siguiendo criterios legales y atendiendo a las circunstancias objetivas y subjetivas concurrentes en el supuesto de que se trate, entre los que deben ser valoradas la gravedad objetiva de la conducta y el grado de participación del condenado en los hechos que determinan la calificación del concurso como culpable. La atribución al precepto de una naturaleza resarcitoria supone, por otra parte, la plena vigencia del principio rogatorio y, en consecuencia, la imposibilidad de que se dicte de oficio un fallo condenatorio, sin sujeción a rogación, bien por el AC o bien por los acreedores legitimados, sin perjuicio de la amplia discrecionalidad de que gozará el juez del concurso tanto para el pronunciamiento de la condena como para la fijación del alcance cuantitativo de la misma, lo que no empaña la naturaleza resarcitoria de la misma.

CONCLUSIÓN Y REAPERTURA DEL CONCURSO

198. Conclusión del concurso

Causas de conclusión (art. 465) La conclusión del concurso procederá en los siguientes casos:

(1) **Revocación del auto de concurso.** Cuando alcance firmeza el auto de la AP que, estimando la apelación, revoque el auto de declaración de concurso (art. 465.1.°). No se recoge en el precepto el supuesto de firmeza del auto del juzgado competente por el que se rechaza la solicitud de declaración de concurso (voluntario o necesario) porque, en ese caso, el concurso de acreedores ni siquiera se habrá iniciado.

Resolución (art. 466). La conclusión del concurso se acordará mediante diligencia por el LAJ, una vez conste en el juzgado la firmeza del auto de la AP que revoque el auto de concurso.

(2) **Inexistencia de pluralidad de acreedores.** Cuando de la lista definitiva de acreedores resulte la existencia de único acreedor (art. 465.2.°). Decae el presupuesto objetivo y, en consecuencia, procederá la conclusión del concurso.

Resolución. Nada hay que tramitar en tal supuesto; a la vista del contenido del informe emitido por la AC se dictará la consiguiente resolución de finalización; aunque nada dice la Ley al respecto, se trata de un auto.

(3) **Desistimiento o renuncia de los acreedores.** Cuando, terminada la fase común del concurso, alcance firmeza la resolución que acepte el desistimiento o la renuncia de los acreedores reconocidos (art. 465.3.°). Sólo cabe el desistimiento por el solicitante del concurso antes de que haya sido dictado el auto por el que éste es declarado. Tras ese auto, con carácter general, tanto para el concurso voluntario como para el necesario, se pierde la capacidad de disposición sobre el procedimiento concursal; una vez finalizada la fase común, se debe entender que si, tras el traslado que se efectúe a los demás acreedores, no se manifiesta ninguna oposición procederá la admisión del desistimiento y, en consecuencia, el archivo de las actuaciones.

Tramitación. La analizaremos de forma conjunta, al tratar de la conclusión del concurso por el pago o consignación u otra forma de satisfacción de todos los créditos reconocidos, por ser objeto de regulación en el mismo precepto de la Ley Concursal.

(4) **Cumplimiento del convenio.** Cuando, dictado auto de cumplimiento del convenio, transcurra el plazo de caducidad de las acciones de declaración de incumplimiento o, en su caso, rechazadas por resolución judicial firme las que se hubieren ejercitado (art. 465.4.°). No podrá concluirse el concurso en tanto se encuentre en tramitación la sección de calificación. La sentencia en que se acuerde la aprobación del convenio no produce la finalización del procedimiento, si bien dará lugar a importantes consecuencias. Esa finalización sólo tiene lugar con la firmeza del auto que declare el cumplimiento del convenio

o la finalización de la fase de liquidación. En el caso de cumplimiento del convenio será necesario el pronunciamiento de dos resoluciones: (i) el auto que declare el cumplimiento del convenio; y, una vez firme esta resolución y caducadas las eventuales acciones de incumplimiento (en el término de dos meses desde la publicación del auto de cumplimiento) o rechazadas las que se hubiesen planteado, (ii) se dictará auto de finalización del concurso.
Resolución (art. 467). Una vez transcurrido el plazo de caducidad de las acciones de declaración de incumplimiento o, en su caso, rechazadas por resolución judicial firme las que se hubieran ejercitado, el juez dictará auto de conclusión del procedimiento.

(5) **Íntegra satisfacción de todos los créditos reconocidos**. Cuando, en cualquier estado del procedimiento, se compruebe el pago o la consignación de la totalidad de los créditos reconocidos o la íntegra satisfacción de los acreedores por cualquier otro medio (art. 465.5.º). Impedirá que se acuerde la conclusión del concurso en tanto subsista un solo crédito, tanto de los concursales como los devengados contra la masa, sin que siquiera quepa hacer excepción con los créditos contingentes, respecto de los cuales será necesario esperar a la desaparición de la contingencia para poder efectuar su pago.
Tramitación. Se regula conjuntamente la conclusión del concurso por satisfacción de los acreedores (art. 465.5.º) y por desistimiento o por renuncia (465.3.º), siendo los tres motivos de finalización del concurso objeto de regulación conjunta en el art. 477.
 (i) **Legitimación para su solicitud**: el concursado, la AC o cualquiera de los acreedores podrá alegar como causa de conclusión del concurso el pago o la consignación de la totalidad de los créditos reconocidos o la íntegra satisfacción de los acreedores por cualquier otro medio, así como, una vez terminada la fase común del concurso, la firmeza de la resolución que acepte el desistimiento o la renuncia de la totalidad de los acreedores reconocidos. La solicitud de conclusión del concurso de acreedores podrá presentarse, aunque se encuentre en tramitación la sección sexta.
 (ii) **Informe de la AC**. Cuando la solicitud de conclusión no la formule la AC, se le dará traslado para que emita informe en el plazo de 15 *días, en el cual podrá oponerse a la conclusión de concurso.* Será de aplicación a ese informe la regulación contenida en el art. 468.6.
 (iii) **Traslado a los demás personados** (art. 477.3). El LAJ dará traslado a las demás partes personadas para que en el plazo de 15 *días puedan formular oposición a la solicitud.*
 A partir de ahí, dos son las posibilidades:
 (a) **si no se formula oposición**, el juez resolverá sobre la conclusión del concurso en la misma resolución que decida sobre la rendición de cuentas;
 (b) **de formularse oposición** a la conclusión de concurso, se le dará la tramitación del incidente concursal. En cualquier caso, la conclusión del concurso no impedirá la continuación de la tramitación de la Sección 6.ª ni la ejecución por la AC de la sentencia de calificación.

(6) **Liquidación de la masa activa**. Cuando se hayan liquidado los bienes y derechos de la masa activa y aplicado lo obtenido en la liquidación a la satisfacción de los créditos (art. 465.6.º). Se consideró también aplicable el supuesto en un caso en el que, propiamente, no se había concluido la liquidación, pues existía un ingreso periódico en la masa de muy escasa cuantía mensual que resultaba irrelevante y que no justificaba el mantenimiento del concurso abierto (STS 2021:2124).
Contenido del informe final de liquidación (art. 468.2). El AC expondrá las operaciones de liquidación que hubiera realizado y las cantidades obtenidas

en cada una de esas operaciones, así como los pagos realizados y, en su caso, las consignaciones efectuadas para la satisfacción de los créditos contra la masa y de los créditos concursales.

Supuestos de conclusión del concurso pese a existir aun bienes o derechos no realizados (art. 468.3). (i) Si el deudor tiene la propiedad de bienes o derechos legalmente inembargables, *y* (ii) si en la masa activa existen bienes o derechos desprovistos de valor de mercado o (iii) cuyo coste de realización sea manifiestamente desproporcionado respecto del previsible valor venal, (iv) así como si existen bienes o derechos pignorados o hipotecados.

Régimen de publicitación (art. 468.4). Se pondrá de manifiesto en la oficina judicial a todas las partes personadas por el plazo de 15 días y la AC remitirá el informe final mediante comunicación telemática a los acreedores de cuya dirección electrónica tenga conocimiento.

Aplicación a otros supuestos (art. 468). Lo establecido en el art. 468 será de aplicación al informe justificativo de la procedencia de la conclusión del concurso por cualquier otra causa de conclusión del concurso y al escrito en el que el AC informe favorablemente la solicitud de conclusión deducida por otros legitimados, por lo que ésta siempre tendrá ocasión de pronunciarse acerca de la concurrencia o no de la causa o motivo de finalización.

Tramitación: oposición (art. 469): **(1)** Si en el plazo de audiencia concedido a las partes, computado desde la puesta de manifiesto del informe final en la oficina judicial, se formulase oposición a la conclusión del concurso, se dará a esta la tramitación del incidente concursal; así pues, la oposición habrá de ser formulada mediante una demanda incidental. **(2)** Si no se formulase oposición en el plazo indicado, el juez resolverá sobre la conclusión del procedimiento en la misma resolución que decida sobre la rendición de cuentas.

(7) Insuficiencia de la masa activa (art. 465.7.º*)*. Cuando, en cualquier estado del procedimiento, se compruebe la insuficiencia de la masa activa para satisfacer los créditos contra la masa, y concurran las demás condiciones establecidas en esta Ley. *S*ólo puede declararse concluso el concurso cuando la insuficiencia de bienes no cubre los créditos contra la masa (STS 2014:4833), habiendo añadido la reforma de 2022 el inciso final del precepto que exige la concurrencia de las demás condiciones establecidas en el TRLC.

Supuestos. Distingue la Ley (i) la insuficiencia de la masa activa concurra ya en el momento de ser declarado el concurso (arts. 37 bis al 37 quinquis) o (ii) sea posterior al auto en que fue declarado (arts. 473 al 476).

Muerte del concursado (art. 571). Entre las causas de conclusión del concurso no figura la muerte o declaración de fallecimiento del concursado pues no será causa de conclusión del concurso; continuará tramitándose como concurso de la herencia, correspondiendo a la AC el ejercicio de las facultades patrimoniales de administración y disposición del caudal relicto. La norma es concorde con el art. 567 que permite la declaración de concurso de la herencia siempre que la misma no haya sido aceptada pura y simplemente, pues en ese caso, de existir insolvencia, lo será del heredero y no de la herencia.

Régimen común de recursos (art. 481). En todos estos supuestos, el régimen de recursos es común. Contra el auto que acuerde la conclusión del concurso no cabrá recurso alguno y contra el que la deniegue podrá interponerse recurso de apelación. Contra la sentencia que resuelva la oposición a la conclusión del concurso, cabrán los recursos previstos para las sentencias dictadas en incidentes concursales.

Régimen común de publicidad (art. 482). Común es también el régimen de publicidad. La resolución que acuerde la conclusión del procedimiento se notificará a las mismas personas a las que se hubiera notificado el auto de declaración de concurso, publicándose en el RPC y en el BOE.

Rendición de cuentas (art. 478). En todos los supuestos de conclusión del concurso, se le impone a la AC el deber de efectuar una rendición de cuentas. Con el informe final de liquidación, con el informe justificativo de la procedencia de la conclusión del concurso por cualquier otra causa de conclusión del concurso o con el escrito en el que informe favorablemente la solicitud de conclusión deducida por otros legitimados, el AC presentará escrito de rendición de cuentas.

Su finalidad. Esclarecer el destino de los fondos que ha gestionado, constituyendo una manifestación de la exigencia que el ordenamiento jurídico impone a cualquier persona que gestiona intereses ajenos (STS 2015:3438).

Su contenido (art. 478.2). En el escrito de rendición de cuentas, el AC (i) justificará cumplidamente la utilización que haya hecho de las facultades conferidas; (ii) señalará las acciones de reintegración de la masa activa y las acciones de responsabilidad que hubiera ejercitado, con expresión de los respectivos resultados; (iv) expondrá las operaciones de liquidación de la masa activa que hubiera realizado y la fecha y el modo en que hubieran sido hechas; (v) enumerará los pagos y, en su caso, las consignaciones realizadas de los créditos contra la masa y de los créditos concursales; (vi) expresará los pagos de cualesquiera expertos, tasadores y entidades especializadas que hubiera contratado, con cargo a la retribución del propio AC; (vii) detallará la retribución que le hubiera sido fijada por el juez, especificando las cantidades y las fechas en que hubieran sido percibidas, con expresión de los pagos del auxiliar o auxiliares delegados, si hubieran sido nombrados. Asimismo, (viii) precisará el número de trabajadores o personal contratado a estos efectos que se hubieran asignado por la AC al concurso y el número total de horas dedicadas por el conjunto de estos trabajadores al concurso.

Régimen de publicidad (art. 478.3). El LAJ remitirá el escrito de rendición de cuentas por medios electrónicos al RPC.

Sometimiento a contradicción de la rendición de cuentas (art. 479). Dentro del plazo de audiencia para formular oposición a la conclusión del concurso, tanto el concursado como los acreedores podrán formular oposición razonada a la aprobación de las cuentas.

Posibilidades:

(1) **Si no se formulase oposición** a las cuentas ni a la conclusión del concurso, el juez mediante auto decidirá sobre la conclusión de concurso, y de acordarse esta, declarará aprobadas las cuentas.

(2) **(Si solo se formulase oposición a las cuentas**, esta se sustanciará por los trámites del incidente concursal y en la sentencia que ponga fin a este incidente se resolverá sobre esta y se decidirá sobre la conclusión del concurso.

(3) **Si la oposición solo afecta a la conclusión de concurso**, el juez aprobará las cuentas en la sentencia que decida sobre la conclusión, en el caso de que esta sea acordada.

(4) **Si se formulase oposición a la aprobación de las cuentas y también a la conclusión del concurso**, ambas se sustanciarán en el mismo incidente y se resolverán en la misma sentencia. A la sección segunda se unirá un testimonio de la resolución que decida sobre la rendición de cuentas.

Efectos. Si prospera la oposición a la rendición de cuentas es evidente que será necesaria una modificación de las mismas, al menos en los concretos aspectos en que fueron rechazadas, sin que ello implique el inicio de una posible cadena de trámites de oposición. Surgirá entonces la cuestión de si el rechazo de la rendición de cuentas puede implicar que se retrotraigan las actuaciones y pagos efectuados por el AC a los acreedores y las atenciones de los gastos del concurso, recomponiendo la masa activa para poder proceder a un nuevo reparto.

Irregularidad relevante. Por la importante consecuencia que se deriva de la no aprobación de la rendición de cuentas, en los términos que veremos, no bastará con cualquier irregularidad para justificar la denegación de la aprobación, procediendo sólo en aquellos casos en que por su entidad resulten relevantes (STS 2017:1387).

Inhabilitación del AC (art. 480.1). La desaprobación de las cuentas comportará la inhabilitación temporal del AC para ser nombrado en otros concursos durante un período que determinará el juez en la sentencia de desaprobación y que no podrá ser inferior a 6 meses ni superior a 2 años. Los tribunales han efectuado una interpretación correctora, exigiendo la necesaria proporcionalidad entre la conducta determinante de la no aprobación de cuentas y la sanción de la inhabilitación. Frente al criterio de que en todo caso será necesaria la petición de parte, en aplicación del principio de justicia rogada, STS 2015:3438 entiende que, por tratarse de una sanción legal derivada directamente de la desaprobación de las cuentas, procede su imposición aun cuando no hubiese sido solicitada, si bien reducida al mínimo legal de 6 meses. Concluye el art. 480.2 señalando que la aprobación o la desaprobación de las cuentas no prejuzga la procedencia o improcedencia de la acción de responsabilidad de los AC.

199. Conclusión del concurso por insuficiencia de la masa activa

Insuficiencia posterior al auto de concurso (art. 473.1). En caso de insuficiencia sobrevenida de la masa activa para satisfacer todos los créditos contra la masa, la AC, una vez pagados o consignado el importe de aquellos ya devengados conforme al orden establecido en esta ley, deberá solicitar del juez la conclusión del concurso de acreedores, con rendición de cuentas.

Informe del AC. Como quiera que la masa activa del concurso no sólo se compone de «lo que es», sino también de «lo que debe ser», pudiendo verse incrementada con (i) el ejercicio de acciones rescisorias, (ii) acciones de responsabilidad ejercitadas contra terceros, o (iii) por consecuencia de la calificación del concurso como culpable, es necesario que el AC justifique la improcedencia del ejercicio de aquellas acciones o, en su caso, que lo que eventualmente se pudiera obtener con ellas resultaría insuficiente para el pago de los créditos contra la masa aun no satisfechos. Por ello, a la solicitud de conclusión, acompañará un informe con el mismo contenido establecido para el informe final de liquidación, en el que, además, razonará inexcusablemente (art. 473.2):

(1.º) Que el deudor no ha realizado actos perjudiciales para la masa activa que sean rescindibles conforme a lo establecido en esta Ley.

(2.º) Que no existe fundamento para el ejercicio de la acción social de responsabilidad contra (i) los administradores o liquidadores, de derecho o de hecho de la persona jurídica concursada; (ii) o contra la persona natural designada por la persona jurídica administradora para el ejercicio permanente de las funciones propias del cargo de administrador persona jurídica y (iii) contra la persona, cualquiera que sea su denominación, que tenga atribuidas facultades de más alta dirección de la sociedad cuando no exista delegación permanente de facultades del consejo en uno o varios consejeros delegados.

(3.º) Que no existe fundamento para que el concurso pueda ser calificado de culpable.

(4.º) Que lo que se pudiera obtener del ejercicio de las correspondientes acciones no sería suficiente para el pago de los créditos contra la masa pendientes de pago.

Supuestos de inviabilidad (art. 474). No se podrá solicitar la conclusión del concurso por insuficiencia de la masa activa mientras esté en tramitación (i) incidente de rescisión de cualquier acto del deudor perjudicial para la masa activa o (ii) de exigencia de responsabilidad de terceros o (iii) se encuentre en tramitación la sección de calificación, salvo que las correspondientes acciones ya ejercitadas hubiesen sido objeto de cesión o fuese manifiesto que lo que se obtuviera de ellas no sería suficiente para la satisfacción de los créditos contra la masa.

Momento. La solicitud del AC podrá ser formulada en cualquier momento, incluso antes de la emisión del informe sobre el activo y pasivo del concursado, aunque lo natural será esperar al mismo pues entonces conocerá el órgano concursal, único legitimado para comunicar al juez la insuficiencia de la masa, la cuantía de los bienes y derechos integrantes de la masa activa. Esa comunicación podrá ser efectuada sin límite máximo en el tiempo, es decir, podrá realizarla el AC mientras se encuentre en tramitación el concurso, incluso aunque ya iniciado la fase de liquidación.

Publicitación del informe de la AC (art. 473.3). Ha de ser objeto de conocimiento por los acreedores y, en general, por los personados en el procedimiento, lo que se logrará mediante (i) su remisión por conducto electrónico (si su dirección electrónica es conocida) y (ii) su puesta de manifiesto por el LAJ en la oficina judicial por un plazo de 10 días; esa puesta de manifiesto cumplirá la importante función de fijar el término inicial para el cómputo del plazo para la oposición a la solicitud de conclusión del concurso.

Deber de la AC (art. 249). En cuanto conste que la masa activa es insuficiente o es previsible que lo sea para el pago de los créditos contra la masa, la AC lo comunicará al juez del concurso. El LAJ notificará por medios electrónicos esta comunicación a las partes personadas. Desde ese momento, sin necesidad de esperar a que se tome decisión alguna por el órgano judicial, estaremos en presencia de una modalidad especial de liquidación en la que el AC gozará de gran libertad.

Especialidades en el pago de los créditos contra la masa (art. 250.1). La principal especialidad de esta modalidad de liquidación radica en que el pago de los créditos contra la masa no se llevará a cabo conforme al criterio del vencimiento, que constituye la regla general, sino que, desde que la AC comunique al juez del concurso que la masa activa es insuficiente para el pago de los créditos contra la masa, tendrán preferencia de cobro los créditos vencidos o que venzan después de esa comunicación que sean imprescindibles para la liquidación de la masa activa. La aplicación de este régimen especial sólo se hace pender de la comunicación de insuficiencia de la masa que realice el propio AC, y de ningún otro trámite más (TS:2017:1387).

Ratio del precepto. STS 2020:2897 es que todos los créditos contra la masa pendientes de pago al tiempo de la comunicación de la insuficiencia de la masa activa se sujeten al orden de prelación de pagos que prescribe; la salvedad de los créditos imprescindibles para concluir la liquidación no forma parte del orden de prelación de créditos, no es una categoría en la que encajar créditos contra la masa anteriores; nos dice el Alto Tribunal que es una regla propia de la liquidación, que atiende a los gastos necesarios o imprescindibles para que se pueda verificar la realización del activo y el pago a los acreedores por el referido orden de prelación. En la medida en que son imprescindibles para que, a partir del momento en que opere ese orden de prelación (la comunicación de insuficiencia de la masa activa), se pueda cumplir con ese pago ordenado, en esa medida son gastos que deben ser inmediatamente atendidos y por ello son créditos prededucibles.

Créditos imprescindibles para la liquidación (art. 250.2). No nos detalla el legislador la totalidad de los créditos, limitándose a señalar aquellos que *«en todo caso»* tendrán esa consideración y que son: (i) los créditos por salarios de los trabajadores devengados después de la apertura de la fase de liquidación mientras continúen prestando sus servicios, (ii) la retribución de la AC durante la fase de liquidación, y (iii) las cantidades adeudadas a partir de la apertura de la fase de liquidación en concepto de rentas de los inmuebles arrendados para la conservación de bienes y derechos de la masa activa. Y, respecto de esos concretos supuestos, establece que, si la masa activa fuera insuficiente para atender estos créditos, el pago de los que hubieran vencido se realizará a prorrata.

Qué se ha de entender por créditos imprescindibles para la liquidación. Sólo comprende los que se devenguen en el tiempo en que se realicen estas actividades liquidatorias; siendo discutido si entre ellos tienen o no cabida los honorarios de la AC devengados durante la liquidación, que ahora el legislador, tras la reforma de 2022, expresamente los incluye en esa categoría; el precepto no da un tratamiento singular a todos los actos de AC, sino únicamente a aquellos que razonadamente tengan el carácter de imprescindibles, por lo que resulta exigible que sea la propia AC la que identifique con precisión qué actuaciones tienen ese carácter y cuál es su importe, para que el juez del concurso, con audiencia del resto de los acreedores contra la masa, pueda valorar la procedencia o no de su calificación como «imprescindibles» (STS 2017:1387).

Puede igualmente llegar a tener esa consideración el crédito que titula el letrado del concursado en aquellos supuestos en los que su actuación profesional permitió obtener unos ingresos del concursado con los que poder hacer frente a la liquidación (STS 2017:1387).

Orden (art. 250.3). El pago de los créditos contra la masa que no sean imprescindibles para la liquidación de la masa activa se satisfarán por el orden establecido en el artículo 242.1, sin perjuicio de lo establecido en el siguiente apartado, el art. 250.4, en el que atribuye prelación sobre los créditos del artículo 242.1.2.° los créditos por salarios e indemnizaciones por despido o extinción de los contratos de trabajo generados tras la declaración del concurso en cuantía que resulte de multiplicar el triple del SMI por el número de días de salario pendientes de pago. Respecto del concepto de «salario mínimo interprofesional», a los efectos de cuantificar ese límite, ha de ser incluida la parte proporcional de las pagas extraordinarias (STS 2021:2708).

Así pues, una vez comunicada por la AC la insuficiencia de la masa activa, el pago de los créditos debe ajustarse al orden señalado, con independencia de cuál sea el vencimiento de los créditos; es más, dentro de cada categoría del art. 242, tampoco se atiende al criterio del vencimiento. Y, por otra parte, este nuevo orden afectará a todos los créditos contra la masa pendientes de pago, con lo que se debe rechazar la interpretación de que sólo se aplica a los créditos contra la masa posteriores a la comunicación realizada por el AC; se aplica a los ya vencidos y a los que puedan vencer con posterioridad (STS 2015:2742).

Ésta es la solución que da el legislador a lo que no deja de ser un fracaso del sistema, en aquellos supuestos en los que el concurso genera más gastos prededucibles que el valor de la propia masa activa, dando lugar a un **«concurso del concurso»**, que impone la necesidad de concluirlo cuanto antes, razón por la que se aplica a todos los créditos pendientes de pago (TS:2015:2742).

Predetracción. La salvedad referida a los créditos imprescindibles supone una suerte de predetracción para su pago, con preferencia a todos los demás créditos contra la masa, respecto de los cuales el orden a seguir es el que expusimos. Por todo ello resulta un tanto problemático establecer el cauce procesal a través del cual la AC ha de someter al juez, con audiencia del resto de los acreedores, su criterio sobre la calificación de las actuaciones «imprescindibles»; al respecto, la utilización del cauce de la autorización judicial del art. 518 presenta el inconveniente de que frente a la resolución que dicte el juez sólo cabrá recurso de reposición (art. 518.4), razón por la que en algunos juzgados se ha preferido acudir a la vía del incidente concursal, considerando como parte actora a la AC (con su propuesta) y parte demandada al concursado y los acreedores personados, lo que permitirá, por la eventual interposición de un recurso de apelación, la revisión en segunda instancia de la sentencia que se dicte.

Posibles posturas frente al informe (art. 475). Las dos posturas que se podrán adoptar frente al informe de la AC sobre la insuficiencia sobrevenida:

(1) Formular oposición al informe. Dentro del plazo en que el informe estuviera de manifiesto en la oficina judicial [son 10 días, *cfr.* art. 473.4], cualquier persona que acredite interés legítimo podrá formular oposición a la conclusión del concurso, siempre que (i) justifique la existencia de indicios suficiente para considerar que pueden ejercitarse acciones de reintegración o de exigencia de responsabilidad o (ii) acrediten por escrito hechos relevantes que pudieran conducir a la calificación de concurso como culpable. Es decir, un incremento de la masa activa por el ejercicio judicial de acciones rescisorias o de responsabilidad frente a terceros o por la calificación de la sección sexta como culpable; pero no cabe oponerse al informe sosteniendo, en contra del criterio de la AC, la suficiencia de la masa activa para hacer frente a los créditos contra la masa.

Se establece una exigencia económica. introducida por la Ley 16/2022 que retraerá a muchos. Al escrito de oposición deberá acompañar documento acreditativo de (i) la constitución de depósito o (ii) la consignación en el juzgado de una cantidad suficiente para la satisfacción de los previsibles créditos contra la masa o (iii) aval solidario de duración indefinida, pagadero a primer requerimiento, emitido por entidad de crédito o sociedad de garantía recíproca o (iv) por cualquier otro medio que, a juicio del tribunal, garantice la inmediata disponibilidad de la cantidad.

Tramitación de la oposición (art. 475.3). Si el juez considera (i) suficiente los indicios y los hechos acreditados por quien hubiera formulado oposición y (ii) suficiente la garantía, la admitirá a trámite conforme a lo establecido para el incidente concursal. Si considerase (iii) insuficiente la garantía, concederá a quien hubiera formulado oposición el plazo de 5 días para que pueda mejorarla.

(2) Si nadie formula oposición (art. 475.4). El juez resolverá mediante auto sobre la conclusión solicitada.

Vía alternativa: solicitud de continuación del concurso (art. 476). Hasta la fecha en que se dicte el auto de conclusión del concurso, los acreedores y cualquier otro legitimado podrán solicitar la continuación del concurso siempre que justifiquen la existencia de indicios suficientes para considerar que pueden ejercitarse determinadas acciones de reintegración o aporten por escrito hechos relevantes que pudieran conducir a la calificación de concurso culpable y la constitución de depósito o la consignación en el juzgado de una cantidad suficiente para la satisfacción de los previsibles créditos contra la masa. El depósito o consignación podrá hacerse también mediante aval solidario de duración indefinida, pagadero a primer requerimiento, emitido por entidad de crédito o sociedad de garantía recíproca, o por cualquier otro medio que, a juicio del tribunal, garantice la inmediata disponibilidad de la cantidad.

Requisitos para la viabilidad de la reanudación del concurso. (1) Que se formule, antes de que se dicte el auto de conclusión del concurso, una solicitud por un acreedor o por cualquier otro legitimado. (2) Que se justifique la existencia de indicios suficientes para el ejercicio de acciones de reintegración o se aporten hechos relevantes para la calificación del concurso como culpable, y, añadimos nosotros, con la consiguiente responsabilidad patrimonial de tercero. (3) Que se preste garantía bastante para la satisfacción de los previsibles créditos contra la masa, bien mediante depósito o consignación judicial o mediante aval solidario bancario o de sociedad de garantía recíproca pagadero a primer requerimiento, o por cualquier otro medio que el juez estime suficiente. Con ello se tratan de evitar las peticiones que sólo busquen dilatar la conclusión del concurso, imponiendo iguales exigencias a las que rigen para formalizar la oposición al informe de la AC.

Admisión a trámite. El LAJ admitirá a trámite la solicitud si cumple las condiciones de tiempo y contenido establecidas en esta ley. Si entiende que no concurren las condiciones o que no se han subsanado, dará cuenta al juez para que dicte auto aceptando o denegando la solicitud.

Si continuase el concurso, se producirá una implícita ampliación de la legitimación del instante (...) para el ejercicio de las acciones de reintegración que hubiere identificado en la solicitud, estando en cuanto a las costas y gastos a lo establecido en esta ley para el ejercicio subsidiario de acciones por los acreedores.

200. Efectos de la conclusión del concurso

Efectos generales (art. 483). Cesarán las limitaciones sobre las facultades de administración y de disposición del concursado, salvo las que se contengan en la sentencia de calificación, y cesará la AC, ordenando el juez el archivo de las actuaciones.

Efectos específicos. Relativos a los que produce la conclusión del concurso por liquidación o insuficiencia de masa activa.

(1) **Respecto del deudor persona natural** (art. 484) El deudor persona natural quedará responsable del pago de los créditos insatisfechos, salvo que obtenga el beneficio de la exoneración del pasivo insatisfecho. Los acreedores podrán iniciar ejecuciones singulares, en tanto no se acuerde la reapertura del concurso o no se declare nuevo concurso. Para tales ejecuciones, la inclusión de su crédito en la lista definitiva de acreedores se equipara a una sentencia firme de condena.

(2) **Respecto del deudor persona jurídica** (art. 485) En la resolución que acuerde la conclusión del concurso por finalización de la liquidación o por insuficiencia de la masa activa del concursado persona jurídica, el juez ordenará el cierre provisional de la hoja abierta a esa persona jurídica en el registro público en el que figure inscrita. En cuanto esta resolución devenga firme, el LAJ expedirá mandamiento conteniendo testimonio de la resolución, con expresión de la firmeza, que remitirá por medios electrónicos al registro correspondiente. Transcurrido 1 año a contar desde que se hubiera ordenado por el juez el cierre de la hoja registral sin que se haya producido la reapertura del concurso, el registrador procederá a la cancelación de la inscripción de la persona jurídica, con cierre definitivo de la hoja.

Establece una cancelación escalonada de la hoja registral, de forma que puedan persistir algunas relaciones jurídicas todavía existentes cuya finalización no puede ser anticipada por el auto que declare la conclusión del concurso; la extinción formal de la sociedad se compatibilice con la subsistencia de relaciones jurídica, «como centro residual de imputación» en tanto las mismas no se agoten totalmente.

Otros efectos. Pérdida de la competencia por parte del juez del concurso (*cfr.* art. 52 y art. 86 ter LOPJ).

201. La exoneración del pasivo insatisfecho: presupuestos

La segunda oportunidad. Se le permite al deudor la exoneración de sus deudas, con la modulación del principio de responsabilidad patrimonial universal del art. 1911 CC.

Ámbito subjetivo de aplicación (art. 486) El deudor persona natural, sea o no empresario, podrá solicitar la exoneración del pasivo insatisfecho siempre que sea de buena fe. No cabe la exoneración del pasivo insatisfecho en el deudor persona moral o persona jurídica.

Modalidades de acceso (art. 486). **(1.º) Con sujeción a un plan de pagos sin previa liquidación** de la masa activa; o **(2.º) con liquidación de la masa activa**, si la causa de conclusión del concurso fuera la finalización de la fase de liquidación de la masa activa o la insuficiencia de esa masa para satisfacer los créditos contra la masa.

Cambio de modalidad (art. 500 bis). El deudor que hubiera solicitado y obtenido la exoneración provisional mediante un plan de pagos podrá dejarla sin efecto, solicitando la exoneración con liquidación de la masa activa. Si se hubiera revocado la exoneración provisional o no procediera la exoneración definitiva con un plan de pagos, el deudor podrá igualmente solicitar la exoneración del pasivo insatisfecho con liquidación de la masa activa.

Presupuestos. **(1) Deudor persona natural**, con independencia de que realice o no una actividad económica o profesional; se le reconoce también, así pues, al consumidor; **(2) Deudor de buena fe**; y **(3) Solicitud o petición de parte**, pues la exoneración nunca se concede de oficio.

Régimen general. Se establecen para el mismo dos presupuestos o requisitos:

(i) Presupuesto subjetivo: la buena fe del deudor. La delimitación del perfil necesario para cumplir ese requisito se efectúa, no por remisión a lo dispuesto en el art. 7.1 CC, sino mediante lo que se denomina un **«test de discharge»** al establecer el art. 487.1 (TS:2019:2253) que no podrá obtener la exoneración del pasivo insatisfecho el deudor que se encuentre en alguna de las circunstancias siguientes:

(1.º) Condena penal firme a pena privativa de libertad. Cuando, **en los 10 años anteriores** a la solicitud de la exoneración, hubiera sido **condenado en sentencia firme** a **penas privativas de libertad**, aun suspendidas o sustituidas, por **(i)** delitos contra el patrimonio y contra el orden socioeconómico, **(ii)** de falsedad documental, **(iii)** contra la Hacienda Pública y la Seguridad Social o **(iv)** contra los derechos de los trabajadores, todos ellos siempre que la **pena máxima señalada al delito sea igual o superior a 3 años**, salvo que en la fecha de presentación de la solicitud de exoneración se hubiera **extinguido la responsabilidad criminal y se hubiesen satisfecho** las responsabilidades pecuniarias derivadas del delito.

Ha señalado STS 2022:4482 que no cualquier condena por un delito tiene sentido que prive del derecho a la exoneración del pasivo insatisfecho (en un supuesto en el que la condena penal lo había sido por daños materiales ocasionados en la propiedad ajena como consecuencia de una riña entre vecinos); se exige que el delito contra el patrimonio ha de mantener alguna relación o vinculación con la insolvencia o el crédito en el mercado, que justifique la privación a su autor de la posibilidad de acceder a la exoneración del pasivo insatisfecho.

(2.º) **Sanción administrativa firme.** Cuando, en los **10 años anteriores a la solicitud** de la exoneración, hubiera sido sancionado por **resolución administrativa firme** por infracciones **(i)** tributarias muy graves, **(ii)** de seguridad social o del orden social, o, **(iii)** cuando en el mismo plazo se hubiera dictado acuerdo firme de derivación de responsabilidad, **salvo** que en la fecha de presentación de la solicitud de exoneración **hubiere satisfecho íntegramente su responsabilidad**. En caso de infracciones graves, no podrán obtener la exoneración aquellos deudores que hubiesen sido sancionados por un importe que exceda del 50 % de la cuantía susceptible de exoneración por la AEAT a la que se refiere el artículo 489.1.5.º, salvo que en la fecha de presentación de la solicitud de exoneración hubieran satisfecho íntegramente su responsabilidad.

(3.º) **Concurso culpable.** No obstante, si el concurso hubiera sido declarado culpable exclusivamente por haber **incumplido el deudor el deber de solicitar** oportunamente la declaración de concurso, el juez podrá [facultativamente] atender a las circunstancias en que se hubiera producido el retraso. En consecuencia, no podrá ser concedido el beneficio hasta que exista resolución judicial firme que ponga fin a la sección de calificación.

(4.º) **Declarado persona afectada en concurso de tercero.** Cuando **en los 10 años anteriores** a la solicitud de la exoneración, haya sido declarado persona afectada en la sentencia de calificación del concurso de un tercero calificado como culpable, salvo que en la fecha de presentación de la solicitud de exoneración hubiera satisfecho íntegramente su responsabilidad. Merece ser subrayada la omisión de toda referencia al cooperador; procede una interpretación no extensiva, restrictiva del precepto, dada su naturaleza.

(5.º) **Incumplimiento de los deberes de colaboración e información.** Cuando haya incumplido los deberes de colaboración y de información respecto del juez del concurso y de la AC. Es el incumplimiento de obligaciones del concursado que están tipificados como supuestos de presunción de culpabilidad del concurso (*cfr.* art. 444.2.º), con lo que, en cierto modo, se trata de un supuesto duplicado, en relación con el recogido en el número 3.º del art. 487 a no ser que se entienda que contempla supuestos cuya gravedad o entidad no alcanzarían el necesario para la calificación del concurso como culpable, pero sí para la denegación de la exoneración.

(6.º) **Información falsa o engañosa o asunción temeraria o negligente de deudas.** Cuando haya proporcionado información falsa o engañosa o se haya comportado de forma temeraria o negligente al tiempo de contraer endeudamiento o de evacuar sus obligaciones, incluso sin que ello haya merecido sentencia de calificación del concurso como culpable. Para determinar la concurrencia de esta circunstancia **el juez deber valorar**: **(a)** La información patrimonial suministrada por el deudor al acreedor antes de la concesión del préstamo a los efectos de la evaluación de la solvencia patrimonial. **(b)** El nivel social y profesional del deudor. **(c)** Las circunstancias personales del sobreendeudamiento. **(d)** En caso de empresarios, si el deudor utilizó herramientas de alerta temprana puestas a su disposición por las Administraciones públicas.

Al respecto, señala el inciso final del art. 487.2 que corresponderá al juez del concurso la apreciación de las circunstancias concurrentes respecto de la aplicación o no de la excepción, sin perjuicio de la prejudicialidad civil o penal.

Constituye uno de los supuestos que da lugar a la calificación del concurso como culpable, previsto en el art. 443.4.°, por lo que hemos de entender que contempla supuestos menos graves que los exigidos para una calificación del concurso como culpable.

En los casos a que se refieren los números 3.° y 4.°, si la calificación no fuera aún firme, el juez suspenderá la decisión sobre la exoneración del pasivo insatisfecho hasta la firmeza de la calificación.

(ii) Presupuesto objetivo. La reforma de 2022 estableció únicamente una **exigencia de orden temporal** si el concursado ya disfrutó en tiempo anterior de otra exoneración del pasivo insatisfecho. En el art. 488, se dice que para presentar una nueva solicitud de exoneración del pasivo insatisfecho: (i) tras una exoneración mediante plan de pagos será preciso que hayan transcurrido, al menos, dos años desde la exoneración definitiva; y (ii) tras una exoneración con liquidación de la masa activa será preciso que hayan transcurrido, al menos, 5 años desde la resolución que hubiera concedido la exoneración.

Es posible la «segunda oportunidad», e, incluso, una «tercera» y ulteriores oportunidades, siempre y cuando haya transcurrido un tiempo mínimo desde la exoneración anterior. Sólo existirá un límite, que recoge el art. 488.3, las nuevas solicitudes de exoneración del pasivo no alcanzarán en ningún caso al crédito público, siendo reiterada esta norma en el art. 489.3.

202. Extensión y efectos de la exoneración

Deudas no exonerables (art. 489.1). Alcanzará a la totalidad de las deudas, recogiendo a continuación, un grupo de excepciones que obedecen a estrictas razones de política legislativa:

(1.°) Las deudas por responsabilidad civil extracontractual, por muerte o daños personales, así como las indemnizaciones derivadas de **accidentes de trabajo y enfermedad profesional**, cualquiera que sea la fecha de la resolución que los declare.

(2.°) Las deudas por responsabilidad civil derivada de delito.

(3.°) Las deudas por alimentos.

(4.°) Las deudas por salarios correspondientes a los últimos sesenta días de trabajo efectivo realizado antes de la declaración de concurso en cuantía que no supere el triple del salario mínimo interprofesional, así como **los que se hubieran devengado durante el procedimiento**, siempre que su pago no hubiera sido asumido por el FOGASA. Este último inciso convierte una deuda no exonerable en sí exonerable en función de quien sea el titular del crédito, pues parece que si lo ostenta el FOGASA pasa a quedar incluida en la exoneración del pasivo insatisfecho.

(5.°) Las deudas por créditos de Derecho público. No obstante, las deudas para cuya gestión recaudatoria resulte competente la AEAT podrán exonerarse hasta el importe máximo de 10.000 euros por deudor; para los primeros 5.000 euros de deuda la exoneración será íntegra, y a partir de esa cifra la exoneración alcanzará el cincuenta por ciento de la deuda hasta el máximo indicado. Asimismo, las deudas por créditos en Seguridad Social podrán exonerarse por el mismo importe y en las mismas condiciones. El importe exonerado, hasta el citado límite, se aplicará en orden inverso al de prelación legalmente establecido en esta Ley y, dentro de cada clase en función de su antigüedad.

Régimen. (i) La regla general es la no exoneración de los créditos de titularidad pública; (ii) la excepción es su exonerabilidad, cuando se trate de créditos en los que la gestión de la recaudación corresponda a la AEAT; (iii) si la gestión recaudatoria no corresponde a la AEAT, esos créditos no serán exonerables, como así acontece, por ejemplo, cuando tal gestión corresponde a las entidades locales, siendo llevada a cabo directamente por los propios ayuntamientos o a través de los servicios de recaudación que les prestan las diputaciones provinciales; (iii) respecto de las Haciendas forales, en aplicación de la nueva DA 1.ª que la Ley 16/2022 introdujo en el Texto Refundido, la mención de la AEAT se ha de entender también referida a aquéllas, por lo que serán exonerables los créditos públicos cuya gestión de la recaudación corresponda a las Haciendas forales, en los mismos términos que para la AEAT; (iv) la exoneración de los créditos públicos gestionados por la AEAT tendrá un importe máximo de 10.000 euros por deudor; (v) para el cálculo de la deuda exonerable se establece una escala, de forma que los primeros 5.000 euros serán íntegramente exonerables y, a partir de esa cantidad, la exoneración sólo alcanzará el cincuenta por ciento del total de la deuda hasta llegar al límite máximo de 10.000 euros; (vi) los créditos de la TGSS serán también exonerables en los mismos términos que los de la AEAT, esto es, por un importe máximo de 10.000 euros por deudor y siendo de aplicación la misma escala que antes vimos; (vii) finalmente, en cuanto a la imputación del crédito público exonerado, se impone la aplicación del orden inverso al de la prelación que establece el Texto Refundido, es decir, en primer lugar se aplicará a los créditos públicos subordinados, seguidamente a los ordinarios y, finalmente, a los créditos públicos privilegiados, y, dentro de cada clase, se aplicará en función de su antigüedad.

(6.º) Las deudas por multas a que hubiera sido condenado el deudor en procesos penales y por sanciones administrativas muy graves.

(7.º) Las deudas por costas y gastos judiciales derivados de la tramitación de la solicitud de exoneración.

(8.º) Las deudas con garantía real, sean por principal, intereses o cualquier otro concepto debido, dentro del límite del privilegio especial, calculado conforme a lo establecido en esta Ley.

Posibilidad de la ponderación judicial (art. 489.2). Abre la puerta a la ponderación judicial al permitir la inclusión de otros créditos en este listado, al establecer que, excepcionalmente, el juez podrá declarar que no son total o parcialmente exonerables deudas no relacionadas en el apartado anterior cuando sea necesario para evitar la insolvencia del acreedor afectado por la extinción del derecho de crédito.

Crítica. A la luz del contenido del ámbito objetivo que la exoneración tenía, por una parte, en el Proyecto de Texto Refundido de la Ley Concursal en el que, acogiendo la línea jurisprudencial marcada por TS:2019:2253, se incluía de forma expresa la exoneración a los créditos de Derecho público. Tal apartado no llegó a ver la luz de la promulgación a raíz del Informe del CGPJ en el que se consideraba que su inclusión excedía del mandato contenido en la delegación legislativa.

Se abrió entonces un profundo debate, con pronunciamientos contradictorios de las audiencias provinciales, sobre si la no configuración del crédito público como exonerable por el Texto Refundido suponía que el Gobierno había incurrido en «ultra vires» en la redacción de la refundición del texto respecto del mandato de la delegación legislativa.

Una segunda oportunidad, para la inclusión del crédito público en el ámbito objetivo de la exoneración del pasivo insatisfecho, se abrió con la elaboración del proyecto de ley para la transposición a nuestro ordenamiento jurídico de la Directiva (UE) 2019/1023, de 20 de junio. Fue muy criticado que aquel proyecto excluyese, sin más, al crédito público de la posibilidad de ser exonerado y, si bien, la redacción final de la Ley 16/2022, que antes expusimos admite una exoneración parcial, por lo muy limitado de su alcance fue objeto de grave crítica, estando aún por ver si los criterios seguidos por el legislador al realizar la transposición de la directiva de la Unión Europea son o no razonables, cuestión sobre la que, sin duda, tarde o temprano, terminará por pronunciarse el Tribunal de la Unión Europea, pues no faltarán oportunidades para que por algún órgano jurisdiccional de nuestro país se le plantee, como cuestión prejudicial, si fue o no correcta la transposición de la directiva a nuestro ordenamiento, por cuanto no permite alcanzar una plenitud de la exoneración del crédito público en la primera vez que el deudor la solicite y, simplemente, en las ulteriores exoneraciones que pueda solicitar ese mismo deudor no será exonerable importe alguno del crédito público (*cfr.* art. 488.3 y art. 489.3), lo que resulta especialmente grave desde el punto y hora que la exposición de motivos de la Ley 16/2022 no dedica ni una sola línea a tratar de justificar el altísimo grado de inmunidad del crédito público a la exoneración del pasivo insatisfecho.

Tal y como acabamos de adelantar, el art. 489.3 dice que el crédito público será exonerable en la cuantía establecida en el párrafo segundo del apartado 1.5.º, pero únicamente en la primera exoneración del pasivo insatisfecho, no siendo exonerable importe alguno en las sucesivas exoneraciones que pudiera obtener el mismo deudor.

Efectos generales de la exoneración (art. 490). Los acreedores cuyos créditos se extingan por razones de la exoneración no podrán ejercer ningún tipo de acción [judicial] frente al deudor para su cobro, salvo la de solicitar la revocación de la exoneración, en los términos que recoge el art. 493. Esas acciones sí se podrán ejercitar por los acreedores por créditos no exonerables, dice el apartado segundo del art. 490 TRLC refiriéndose a los créditos enumerados en el art. 489.1 TRLC, quienes mantendrán sus acciones contra el deudor y podrán promover la ejecución judicial o extrajudicial de aquéllos.

Como consecuencia de ello, el art. 492 ter establece los mecanismos para el acceso de la exoneración a los sistemas de información crediticia. Se establece que la resolución judicial que apruebe la exoneración mediante liquidación de la masa activa o la exoneración definitiva en caso de plan de pagos incorporará mandamiento a los acreedores afectados para que comuniquen la exoneración a los sistemas de información crediticia a los que previamente hubieran informado del impago o mora de deuda exoneradas para la debida actualización de sus registros. Ante la eventualidad de que el acreedor afectado incumpliese el mandamiento que contenga la resolución judicial de exoneración, el deudor podrá recabar testimonio de la resolución para requerir directamente a los sistemas de información crediticia la actualización de sus registros para dejar constancia de la exoneración.

Efectos especiales de la exoneración:

(1) **Efectos respecto de los bienes conyugales comunes** (art. 491). Si el concursado tuviere un régimen económico matrimonial de gananciales u otro de comunidad y no se hubiere procedido a la liquidación de ese régimen, la exoneración del pasivo insatisfecho que afecte a deudas gananciales contraídas por el cónyuge del concursado o por ambos cónyuges no se extenderá a aquél, en tanto no haya obtenido él mismo el beneficio de la exoneración del pasivo insatisfecho. Es un error que se continúe hablando de «beneficio» de la exoneración, cuando tras la reforma de 2022 (*cfr.* el preámbulo de la Ley 16/2022), dejó de ser un simple «beneficio» para convertirse en un «derecho subjetivo». El precepto contempla el supuesto de hecho en el que, existiendo un régimen económico matrimonial de gananciales u otro análogo de comunidad, no haya sido aún liquidada la comunidad y, sin embargo, sólo uno de los cónyuges haya obtenido la resolución judicial de reconocimiento de la exoneración del pasivo insatisfecho.

(2) Efectos respecto de terceros obligados al pago de la deuda exonerada (art. 492). Los obligados solidariamente con el deudor y frente a sus fiadores, avalistas, aseguradores, hipotecante no deudor o quienes, por disposición legal o contractual, tengan obligación de satisfacer todo o parte de la deuda exonerada; se distinguen dos aspectos:

(i) La exoneración no produce efecto alguno frente a esos terceros que tengan obligación de satisfacer la deuda, sobre los que seguirá pesando esa obligación; en concreto, la exoneración no afectará a los derechos de los acreedores frente a todos ellos, sin que, por lo tanto, puedan invocar la exoneración del pasivo insatisfecho obtenido por el deudor.

(ii) Sin embargo, si afectará a los créditos por acciones de repetición o regreso que quedarán afectados por la exoneración con la liquidación de la masa activa o derivada del plan de pagos en las mismas condiciones que el crédito principal. Si el crédito de repetición o regreso gozare de garantía real será tratado como crédito garantizado, lo que conlleva una remisión a la regulación del art. 492 bis.

Nada se prevé respecto del tercer poseedor del bien hipotecado, pues en ese caso la hipoteca garantiza una deuda de tercero (el concursado) que al extinguirse dejará sin sentido a la garantía real que, por su naturaleza accesoria respecto del crédito con ella garantizado, habría de entenderse que también se extingue, pero los criterios seguidos por la jurisprudencia del Tribunal Supremo van, más bien, por realizar una equiparación del hipotecante no deudor con el avalista y el fiador a estos efectos.

(3) Efectos sobre las deudas con garantía real (art. 492 bis). Cuando se haya ejecutado la garantía real antes de la aprobación provisional del plan o antes de la exoneración en caso de liquidación, sólo se exonerará la deuda remanente, sin que, por lo tanto, la exoneración alcance a la parte de la deuda que haya sido cubierta con lo obtenido de la ejecución de la garantía real.

Si la deuda con garantía real cuya cuantía pendiente de pago cuando se presenta el plan exceda del valor de la garantía calculado conforme a lo previsto en el título V del Libro I se aplicarán las siguientes reglas:

(1.º) Se mantendrán las fechas de vencimiento pactadas, pero la cuantía de las cuotas del principal y, en su caso, intereses, se recalculará tomando para ello solo la parte de la deuda pendiente que no supere el valor de la garantía. Es decir, se procede a recalcular la tabla de amortización del crédito, manteniendo los plazos pactados, pero reduciendo el principal adeudado hasta alcanzar o igualar el valor de la garantía. En caso de intereses variable, se efectuará el cálculo tomando como tipo de interés de referencia el que fuera de aplicación conforme a lo pactado a la fecha de aprobación del plan, sin perjuicio de su revisión o actualización posterior prevista en el contrato.

(2.º) A la parte de la deuda que exceda del valor de la garantía se le aplicará lo dispuesto en el artículo 496 bis y recibirá en el plan de pagos el tratamiento que le corresponda según su clase. La parte no satisfecha quedará exonerada de conformidad con lo dispuesto en el artículo 500.

Supuesto de ejecución de la garantía real: cualquier exoneración declarada respecto de una deuda con garantía real quedará revocada por ministerio de la ley si, ejecutada la garantía, el producto de la ejecución fuese suficiente para la satisfacer, en todo o en parte, deuda provisional o definitivamente exonerada.

(4) **Efectos tributarios**. El RD-L 1/2015 introdujo la DA 43.ª en la Ley 35/2006 del IRPF la exención de las rentas obtenidas por los deudores que se pongan de manifiesto como consecuencia de quitas y daciones en pago de deudas establecidas como consecuencia de exoneraciones de pasivo insatisfecho a que se refiere el art. 178 bis LC, siempre que las deudas no deriven del ejercicio de actividades económicas.

(5) **Efectos del pago por tercero de la deuda no exonerable o no exonerada** (art. 494). Distingue en sus dos apartados, pero sometiéndolos al mismo régimen jurídico, los supuestos de (i) pago por tercero, por disposición legal o contractual, de la totalidad o parte de la deuda no exonerable o no exonerada y (ii) pago voluntario realizado por tercero de esa misma deuda. En ambos casos, como decimos, las consecuencias o efectos del pago serán iguales: quienes los hayan realizado adquirirán por el pago los derechos de repetición, regreso y subrogación frente al deudor y frente a los obligados solidariamente con el deudor, sus fiadores, avalistas, aseguradores y demás obligados por causa legal o contractual respecto de la deuda.

Revocación de la concesión de la exoneración. Supuestos de ineficacia sobrevenida de la exoneración, aplicables con independencia de la vía o cauce que se haya seguido para alcanzar la exoneración del pasivo insatisfecho.

Supuestos de revocación (art. 493.1). Recoge los supuestos en los que procederá la revocación de la concesión de la exoneración; cualquier acreedor afectado por la exoneración estará legitimado para solicitar del juez del concurso la revocación de la exoneración del pasivo insatisfecho en los siguientes casos [supuestos tasados, no susceptibles de ser ampliados]:

(1.º) Si se acreditara que el deudor ha ocultado la existencia de bienes, derechos o ingresos. Pone de manifiesto, por una parte, una mala fe del deudor incompatible con el goce por éste del derecho a la exoneración y, por otra, la existencia de unos bienes o derechos susceptibles de ser aplicados al pago de la deuda.

(2.º) Si, durante los 3 años siguientes a la exoneración con liquidación de la masa activa, o a la exoneración provisional, en caso de plan de pagos, mejorase sustancialmente la situación económica del deudor por causa de herencia, legado o donación, o por juego de suerte, envite o azar, de manera que pudiera pagar la totalidad o al menos una parte de los créditos exonerados. En caso de que la posibilidad de pago fuera parcial, la revocación de la exoneración solo afectará a esa parte. La mejora de fortuna por el deudor ha de ser (i) sustancial, (ii) ha de permitir el pago total o parcial de los créditos exonerados y (iii) ha de tener una causa gratuita (herencia, legado o donación) o aleatoria (juego de suerte, envite o azar), por lo que no será de aplicación a los rendimientos del trabajo.

(3.º) Si en el momento de la solicitud estuviera en tramitación un procedimiento penal o administrativo de los previstos en los ordinales 1.º y

2.° del apartado 1 del artículo 487, y dentro de los 3 años siguientes a la exoneración en caso de inexistencia o liquidación de la masa activa, o a la exoneración provisional en caso de plan de pagos, recayera sentencia condenatoria firme o resolución administrativa firme.

Caducidad de la revocación (art. 493.2). La revocación no podrá ser solicitada una vez transcurridos 3 años a contar desde la exoneración con liquidación de la masa activa, o desde la exoneración provisional en caso de plan de pagos.

Tramitación procesal de la revocación (art. 493 bis.1). Juicio verbal.

Legitimación activa (art. 493.1). Cualquier acreedor afectado por la exoneración estará legitimado para solicitar del juez del concurso la revocación de la exoneración del pasivo insatisfecho.

La norma se ve complementada por el art. 493 bis.2 cuando prevé un supuesto de intervención adhesiva (*cfr.* art. 13 LEC) al decir que, hasta la celebración de la vista, cualquier acreedor [obsérvese que el legislador no ha incluido el adjetivo «afectado»] podrá personarse para defender la solicitud de revocación de la exoneración. Cualquier acreedor afectado por la exoneración podrá solicitar averiguación de bienes a través de los medios electrónicos de los que disponga la Administración de Justicia. En cuanto a las titularidades de bienes inmuebles y derechos reales, podrá solicitarse a través de la página web de registradores, o en cualquier registro de la propiedad.

Efectos de la revocación de la concesión de la exoneración. A la luz del art. 493 ter, hemos de distinguir dos supuestos, en función de las causas de exoneración:

(1.°) Supuestos de ocultación de bienes, derechos o ingresos o de sentencia condenatoria o resolución administrativa. En los casos a que se refieren los ordinales 1.° y 3.° del apartado 1 del artículo 493, el juez, en la misma resolución en la que revoque la exoneración, acordará la reapertura del concurso de acreedores con simultánea reapertura de la sección de calificación. Si ya se hubiese dictado con anterioridad sentencia en la Sección sexta del concurso, calificando éste como fortuito, la reapertura de la sección de calificación habrá de limitarse, exclusivamente, a los concretos hechos de los que resulta la revocación de la exoneración del pasivo insatisfecho.

(2.°) Supuestos de mejora económica del deudor por causa gratuita o aleatoria. En el caso a que se refiere el ordinal 2.° del apartado 1 del artículo 493, el juez dictará auto revocando total o parcialmente la exoneración concedida.

Como una consecuencia de la revocación, se prevé que los acreedores recuperarán sus acciones frente al deudor para hacer efectivos los créditos no satisfechos a la conclusión del concurso. A fin de facilitar su ejercicio, dispone el art. 493 ter.3 que la resolución en la que se revoque total o parcialmente la exoneración se notificará a los acreedores personados en el concurso de acreedores del deudor a los que pudiera beneficiar.

203. Modalidades de exoneración del pasivo insatisfecho

Modalidades (art. 486). Son dos las **vías de acceso a la exoneración:**

(1.°) Con sujeción a un plan de pagos, sin previa liquidación de la masa activa, permitiendo al concursado la conservación de una parte de su patrimonio, dando lugar a una aprobación provisional de la exoneración que, tras el transcurso del plazo contemplado en el plan podrá dar lugar a la exoneración definitiva si no concurre causa para la revocación de la exoneración; y

(2.º) Con liquidación de la masa activa, siempre que la causa de conclusión del concurso fuera la finalización de la fase de liquidación de la masa activa o la insuficiencia de esa masa para satisfacer los créditos contra la masa, lo que impedirá que el deudor conserve una parte de su patrimonio.

Reversible (art. 500 bis). El deudor que hubiera solicitado y obtenido la exoneración provisional mediante un plan de pagos podrá dejarla sin efecto, solicitando la exoneración con liquidación de la masa activa. Si se hubiera revocado la exoneración provisional o no procediera la exoneración definitiva con un plan de pagos, el deudor podrá igualmente solicitar la exoneración del pasivo insatisfecho con liquidación de la masa activa.

De esta forma se obtiene una gran flexibilización del conjunto del sistema a la vez que se recoge la posibilidad que ya había sido reconocida por nuestros tribunales y que se entendía incluida en la regulación de la Ley Concursal al haber señalado TS:2019:2253 que la alternativa no ha de ser entendida en un sentido rígido que impida variar la opción que inicialmente haya tomado el deudor.

204. La exoneración del pasivo con plan de pagos

Características. (i) Permitirá la conservación por el deudor de una parte de su patrimonio personal; (ii) exige la elaboración de un plan de pagos por el deudor, de una duración de entre 3 y 5 años; (iii) el plan de pagos no requiere de su aprobación por los acreedores, si bien éstos podrá efectuar alegaciones al mismo para su consideración por el juez de cara a la aprobación judicial del plan o, incluso, para la introducción por éste de modificaciones en el plan; (iv) con la aprobación del plan, se producirá la aprobación provisional de la exoneración; (v) los acreedores disconformes con el plan podrán, no obstante, impugnar judicialmente el plan de pagos por una serie de causas o motivos tasados; (vi) el plan de pagos podrá ser, durante su vigencia, objeto de modificación judicial; (vii) la exoneración provisional es revocable en caso de incumplimiento del plan de pagos por el deudor; y, (viii) transcurrido el plazo de vigencia del plan sin haber sido revocado, se dictará auto de exoneración definitiva del pasivo insatisfecho.

Solicitud de la exoneración (art. 495). El deudor podrá solicitar la exoneración del pasivo con sujeción a un plan de pagos y sin liquidación de la masa activa; no puede ser reconocida de oficio.

Contenido. En la solicitud, el deudor deberá aceptar que la concesión de la exoneración se haga constar en el RPC durante el plazo de 5 años o el plazo inferior que se establezca en el plan.

Documentos que deberá acompañar a la solicitud. Incluye las declaraciones presentadas o que debieran presentarse del IRPF correspondientes a los 3 últimos ejercicios finalizados a la fecha de la solicitud, y las de las restantes personas de su unidad familiar. Olvida mencionar el art. 495 que también ha de acompañar el deudor la propuesta del plan de pagos, con el contenido que recoge el art. 496, así como también los documentos y certificados acreditativos de no estar incurso en causa que le impida obtener la exoneración del pasivo insatisfecho (*cfr.* art. 487).

Momento de presentación. La solicitud de exoneración podrá presentarse en cualquier momento antes de que el juez acuerde la liquidación de la masa activa; acordada ésta ya sólo será posible obtener la exoneración por la vía alternativa, con liquidación de la masa pasiva.

El plan de pagos. Es elaborado por el deudor. Es elaborado por el deudor, sin consulta o negociación alguna con sus acreedores (es un «plan de pagos», no un «convenio de pagos»).

No es más que una relación de los recursos que dispone el deudor, partiendo de su situación actual y contemplando las expectativas de obtener ganancias, de forma que en él ha de explicar con qué rendimientos podrá realizar los pagos, qué créditos deberán ser satisfechos y por qué orden, así como una propuesta de pagos fraccionados (*cfr.* STS 2022:1379).

Su contenido (art. 496):

(1) **Calendario de pagos**. En la propuesta de plan de pagos deberá incluir expresamente el deudor el calendario de pagos de los créditos exonerables que, según esa propuesta, vayan a ser satisfechos dentro del plazo que haya establecido el plan. Ese plazo será, con carácter general, de 3 años, excepto en dos concretos supuestos, que podrá llegar a 5 años. La previsión se ha de extender, únicamente, al pago de los créditos exonerables; el calendario no ha de incluir, por lo tanto, las previsiones de pago de las deudas no exonerables.

(2) **Los recursos económicos previstos**. La propuesta de plan de pagos deberá también relacionar en detalle los recursos previstos para (i) su cumplimiento, (ii) la satisfacción de las deudas no exonerables y (iii) de las nuevas obligaciones por alimentos, (iv) las derivadas de su subsistencia o (v) las que genere su actividad, con especial atención a la renta y recursos disponibles futuros del deudor y su previsible variación durante el plazo del plan y, en su caso, el plan de continuidad de actividad empresarial o profesional del deudor o de la nueva que pretenda emprender y los bienes y derechos de su patrimonio que considere necesarios para una u otra.

Recursos económicos facultativos. El plan de pagos podrá incluir cesiones en pago de bienes o derechos, haciéndolo de forma condicionada al cumplimiento de tres requisitos: (i) siempre que no resulten necesarios para la actividad empresarial o profesional del deudor durante el plazo del plan de pagos; (ii) que su valor razonable, calculado conforme a lo previsto en el art. 273, sea igual o inferior al crédito que se extingue o, en otro caso, el acreedor integrará la diferencia en el patrimonio del deudor; y (iii) que se cuente con el consentimiento o aceptación del acreedor.

Previsión de la cuantía de los pagos. Es sumamente flexible, pues el plan podrá establecer (i) pagos de cuantía determinada, (ii) pagos de cuantía determinable en función de la evolución de la renta y recursos disponibles del deudor o (iii) combinaciones de unos y otros.

Norma prohibitiva. El plan de pagos (i) no podrá consistir en la liquidación total del patrimonio del deudor, (ii) ni alterar el orden de pago de los créditos legalmente establecidos, salvo con el expreso consentimiento de los acreedores preteridos o postergados.

(3) **Duración prevista del plan de pagos** (art. 497). Será, con carácter general, de **3 años**. Con carácter excepcional, la duración del plan de pagos será de **5 años** en los siguientes casos: (1.º) Cuando no se realice la vivienda habitual del deudor y, cuando corresponda, de su familia. (2.º) Cuando el importe de los pagos dependa exclusiva o fundamentalmente de la evolución de la renta y recursos disponibles del deudor. El ***dies a quo*** para su cómputo será la fecha de la aprobación judicial; se refiere, naturalmente, a la aprobación provisional del art. 498.

Alegaciones de los acreedores (art. 498.1). El LAJ dará traslado de la propuesta de plan de pagos a los acreedores personados, a fin de que, dentro del plazo de 10 días, puedan alegar cuanto estimen oportuno en relación con (i) la concurrencia de los presupuestos y requisitos legales para la exoneración o con (ii) la propuesta de plan de pagos presentada. Los acreedores personados podrán (iii) proponer el establecimiento de medidas limitativas o prohibitivas de los derechos de disposición o administración del deudor, durante el plan de pagos.

Sólo se da audiencia a los acreedores personados y no se menciona a la AC, como sí acontecía antes de la reforma de 2022 (*cfr.* anterior redacción del art. 489.3). Además, la reforma duplicó el plazo que antes concedía para estas alegaciones, pasando de 5 a 10 días.

Si bien la propuesta del plan de pagos es redactada por el deudor, se somete a contradicción a través de la audiencia concedida a los acreedores personados quienes podrán limitarse a dar su conformidad u oponer (i) la falta de presupuestos y requisitos legales para la exoneración (*cfr.* art. 487), (ii) su disconformidad con la propuesta, (iii) solicitar la adopción de medidas que limiten o prohíban las facultades de administración o de disposición del deudor durante el período de vigencia del plan de pagos.

Decisión del juez: denegación o aprobación provisional (art. 498.2). Una vez presentadas las alegaciones de los acreedores, o transcurrido el plazo de 10 días concedidos para alegaciones, el juez, previa verificación (i) de la concurrencia de los presupuestos y requisitos establecidos, (ii) del contenido del plan de pagos y (iii) de las posibilidades objetivas de que pueda ser cumplido, denegará o concederá provisionalmente la exoneración del pasivo insatisfecho, con aprobación del plan de pagos en los términos de la propuesta o con las modificaciones que estime oportunas, consten o no en las alegaciones de los acreedores.

Se le reconoce al juez poder actuar de oficio, rompiendo con el principio de rogación que rige en materia concursal, para la comprobación de la concurrencia de los requisitos y presupuestos legales para la concesión de la exoneración del pasivo e, incluso, para la introducción en el plan propuesto de cuantas modificaciones considere oportunas, aunque no hayan sido incluidas en las alegaciones de los acreedores.

Aunque se trata de un supuesto no contemplado expresamente en el art. 500 bis, en caso de que algún acreedor se opusiese a la solicitud realizada por el deudor por considerar que no concurren los requisitos en ella exigidos, nada impide que ese momento el deudor cambie la vía elegida, por la alternativa de la exoneración con liquidación, siempre y cuando, naturalmente, se cumplan los requisitos propios de ésta (STS 2019:2253).

Efectos de la aprobación provisional (art. 496 bis):

(1) Los créditos afectados por la exoneración se entenderán vencidos con la resolución judicial que conceda la exoneración provisional, descontándose su valor al tipo de interés legal. Ese descuento se produce en el supuesto de que el crédito tuviese un vencimiento posterior a esa fecha; y, por otra parte, los créditos exonerables no devengarán intereses durante el plazo del plan de pagos. Por lo que se refiere a la extensión de la exoneración, no afectará ésta a la totalidad de los créditos exonerables, sino sólo, dice el art. 499.1, a la parte del pasivo exonerable que, conforme al plan, vaya a quedar insatisfecha.

(2) Los créditos no exonerables tampoco devengarán intereses, salvo que gocen de garantía real, hasta el valor de garantía, conforme a las reglas establecidas en este capítulo.

Con carácter general (art. 498 ter).

(1) Desde la eficacia de la exoneración provisional, cesarán los efectos de la

declaración de concurso, que quedarán sustituidos por los que, en su caso, se establezcan en el propio plan de pagos. El cese de los efectos da razón de ser a la posibilidad que se les reconoce a los acreedores, en sus alegaciones al plan de pagos, de proponer la introducción en el mismo de limitaciones o prohibiciones en las facultades de administración o disposición del deudor (*cfr.* art. 498.1).

(2) **Únicamente los deberes de colaboración e información subsistirán** hasta la exoneración definitiva. Estos deberes genéricos se materializan en una concreta obligación, pues con periodicidad semestral, el deudor informará al juez del concurso acerca del cumplimiento del plan de pagos, así como de cualquier alteración patrimonial significativa.
Se mantiene también la jurisdicción del juez, pues conforme al art. 499.2, las acciones declarativas y de ejecución de los acreedores de deuda no exonerable o de las nuevas obligaciones asumidas por el deudor durante el plazo del plan de pagos se ejercitarán ante el juez del concurso por los trámites del incidente concursal.

Momento a partir del cual se producen estos efectos. Firmeza de la resolución judicial de aprobación provisional de la exoneración (art. 498 ter.1). La resolución judicial que conceda la exoneración provisional producirá efectos desde el término del plazo para la impugnación, si no se hubiera deducido, o desde la fecha de la sentencia judicial que la rechace.

Modificabilidad del plan de pagos. Pese al breve plazo de duración prevista del plan de pagos, entre 3 y 5 años, como vimos, es posible que, durante su vigencia, tras la eficacia de la exoneración provisional, se produjera una alteración significativa de la situación económica del deudor; puede tratarse tanto de una mejora de sus condiciones económicas como un empeoramiento de las mismas. El legislador es sensible a esa posibilidad y prevé en el art. 499 bis que tanto el deudor como cualquiera de los acreedores afectados por la exoneración podrán solicitar del juez la modificación del plan de pagos aprobado. Naturalmente, ese juez es el juez del concurso.

Tramitación. De la solicitud se dará traslado al deudor y a los acreedores afectados. La tramitación, aprobación e impugnación de la modificación del plan de pagos se realizará en los plazos y en la forma prevista para el plan de pagos original, y producirá los mismos efectos.

Límite (art. 499 bis.4). No podrá aprobarse más de una modificación del plan de pagos conforme a lo previsto en este artículo.

Impugnación del plan de pagos (art. 498 bis). La unilateralidad de su elaboración por el deudor justifica el reconocimiento a los acreedores de legitimación para instar la impugnación.

(i) **Legitimación y plazo de impugnación**. Dentro de los 10 días siguientes, cualquier acreedor afectado por la exoneración podrá impugnarla.

(ii) **Causas de impugnación**:

(1.º) Cuando el plan de pagos no le garantizara al menos el pago de la parte de sus créditos que habría de satisfacerse en la liquidación concursal. Obligará a quien la arguya a presentar informe pericial acreditativo de su concurrencia, pues será necesario elaborar una hipótesis razonable de la liquidación concursal para conocer la satisfacción que con ella obtendría el acreedor impugnante.

(2.º) Cuando el plan de pagos no incluya la realización y aplicación al pago de la deuda exonerable, de la deuda no exonerable o de las nuevas obligaciones del deudor de la totalidad de los activos que no resulten necesarios para la actividad empresarial o profesional del deudor o de su vivienda habitual, siempre que los acreedores impugnantes representen al menos el 40 % del pasivo total de carácter exonerable.

(3.º) Cuando se constatara la oposición al plan de pagos por parte de acreedores que representen más del 80 % de la deuda exonerable afectada por el plan de pagos, salvo que el juez, atendiendo a las particulares circunstancias del caso, lo imponga.

(4.º) Cuando el plan no destinara a la satisfacción de la deuda exonerable la totalidad de las rentas y recursos previsibles del deudor que excedan del mínimo legalmente inembargable, de lo preciso para el cumplimiento de las nuevas obligaciones del deudor durante el plazo del plan de pagos, siempre que se entiendan razonables a la vista de las circunstancias, y de lo requerido para el cumplimiento de los vencimientos de la deuda no exonerable durante el plazo del plan de pagos.

(5.º) Cuando no concurran los presupuestos y requisitos legales para la exoneración.

(iii) **Tramitación** (art. 498 bis.2). Todas las impugnaciones se tramitarán conjuntamente por el cauce del incidente concursal. De las impugnaciones presentadas se dará traslado al deudor, y al resto de acreedores para que puedan formular oposición.

(iv) **Sentencia y recurso** (art. 498 bis.3). La sentencia que resuelva la impugnación deberá dictarse dentro de los treinta días siguientes a aquel en que hubiera finalizado la tramitación del incidente y será susceptible de recurso de apelación, sin efectos suspensivos.

Revocación de la exoneración provisional (art. 499 ter).

(i) **Causa o motivo único para la revocación**. Lo constituye el incumplimiento del plan de pagos por el deudor. No obstante, no bastará con sólo el incumplimiento en el caso de que los pagos previstos en el plan dependan exclusiva o fundamentalmente de la evolución de la renta y recursos disponibles del deudor, ya que, en ese supuesto, será necesario que, al término del plazo del plan de pagos, se evidenciase que el deudor no hubiera destinado a la satisfacción de la deuda exonerable la totalidad de las rentas y recursos efectivos del deudor que excedan (esto es, el sobrante) de la suma de las siguientes cantidades: (i) del mínimo legalmente inembargable, (ii) de lo preciso para el cumplimiento de las nuevas obligaciones del deudor durante el plazo del plan de pagos, siempre que se entiendan razonables a la vista de las circunstancias, y (iii) de lo requerido para el cumplimiento de los vencimientos de la deuda no exonerable durante el plazo del plan de pagos. No todo incumplimiento del plan de pagos conllevará, de forma necesaria, la revocación de la exoneración provisional, lo que no puede servir de apoyo para minusvalorar la importancia que el plan cumple en la obtención de esa exoneración (STS 2022:1379).

(ii) **Competencia**. La decisión de la revocación corresponde al juez del concurso.

(iii) **Legitimación activa para solicitar la revocación**. Corresponde a cualquier acreedor afectado por la exoneración. No están legitimados, en consecuencia, (i) ni los titulares de créditos no exonerables, (ii) ni los titulares de créditos nuevos nacidos durante el plazo del plan de pagos.

(iv) **Efectos de la revocación**. La revocación de la exoneración provisional supondrá (i) la resolución del plan de pagos y de sus efectos sobre los créditos, y (ii) la apertura de la liquidación de la masa activa. No obstante, los actos realizados en ejecución del plan de pagos producirán plenos efectos, salvo que se probare la existencia de (i) fraude, (ii) contravención del propio plan, o (iii) alteración de la igualdad de trato de los acreedores.

Exoneración definitiva del pasivo insatisfecho. Se produce de una forma automática, siempre que no haya tenido lugar la revocación de la exoneración por incumplimiento del plan de pagos, si bien precisa que se dicte la correspondiente resolución judicial, que podrá ser pronunciada de oficio por el juez del concurso sin necesidad de solicitud por parte del deudor. Así, dice el art. 500.1 que, transcurrido el plazo fijado para el cumplimiento del plan de pagos sin que se haya revocado la exoneración, el juez del concurso dictará auto concediendo la exoneración definitiva del pasivo insatisfecho.

Plan incumplido. Es requisito necesario para la exoneración definitiva el total cumplimiento del plan. No obstante, el legislador es sensible a la posible concurrencia de circunstancias extraordinarias. Así, aunque el deudor no hubiese cumplido en su integridad el plan de pagos, el juez, previa audiencia de los acreedores, atendiendo a las circunstancias del caso, podrá conceder la exoneración definitiva del pasivo insatisfecho cuando el incumplimiento del plan de pagos resultara de accidente o enfermedad, u otros acontecimientos graves e imprevisibles, que afecten al deudor o a quienes con él convivan, siempre que el deudor hubiera en todo caso cumplido las limitaciones o prohibiciones a las facultades de disposición o administración, así como las medidas de cesión en pago, que se establezcan en el plan de pagos. Así pues, el incumplimiento del plan de pagos no impedirá que se dicte auto de exoneración definitiva si concurren tres circunstancias: (i) una de naturaleza extraordinaria que justifique el incumplimiento del plan, (ii) el cumplimiento de las limitaciones o prohibiciones de administración o disposición que contiene el plan y (iii) el total cumplimiento de las cesiones de bienes o derechos en pago de las deudas en los términos previstos en el plan de pagos.

Régimen de publicidad del auto de exoneración definitiva (art. 500.3). Se publicará en el RPC.

Firmeza del auto. Será firme desde su fecha, pues contra esta resolución no cabrá recurso alguno.

205. La exoneración del pasivo con liquidación de la masa activa

Solicitud (art. 501.1). Es la segunda modalidad o vía de acceso a la exoneración del pasivo insatisfecho y, al igual que la primera, requiere de la solicitud en plazo formulada por el deudor ante el juez del concurso, en la que el concursado deberá manifestar que no está incurso en ninguna de las causas establecidas en esta ley que impiden obtener la exoneración, y acompañar las declaraciones del IRPF correspondientes a los 3 últimos años anteriores a la fecha de la solicitud que se hubieran presentado o debido presentarse (art. 501.3 TRLC). También se acompañará con la solicitud la justificación documental de no concurrir en el concursado cualquiera de las circunstancias recogidas en el art. 487.1 que impiden el acceso a la exoneración.

Supuestos y plazos (art. 501):

(1) En los casos de concurso sin masa en los que no se hubiera acordado la liquidación de la masa activa el concursado. En estos supuestos la solicitud se formulará dentro de los 10 días siguientes a contar (i) bien desde el vencimiento del plazo para que los acreedores legitimados puedan solicitar el nombramiento de AC sin que lo hubieran hecho, (ii) bien desde la emisión del informe por el AC nombrado si no apreciare indicios suficientes para la continuación del procedimiento (art. 501.1). Se trata de los cuatro supuestos de «concurso sin masa» contemplados en el art. 37 bis, en los que la declaración del concurso de acreedores presenta la especialidad que recoge el art. 37 ter.

(2) **En los casos de insuficiencia sobrevenida de la masa activa** para satisfacer todos los créditos contra la masa (art. 501.2). Se trata del supuesto contemplado en el art. 473, en el que, acompañado de un informe, el AC solicita del juez la conclusión del concurso de acreedores. El plazo para formular la solicitud de exoneración del pasivo insatisfecho será, en este supuesto, el mismo que se recoge para el siguiente, esto es, dentro del plazo de audiencia concedido a las partes para formular oposición a la solicitud de conclusión del concurso. Para conocer cuál es ese plazo, hay que estar a lo dispuesto en el art. 473.4, en el que se señala que el LAJ pondrá de manifiesto en la oficina judicial la solicitud de conclusión del concurso, por el plazo de 10 días, durante el cual, según el art. 475 cualquier persona con interés legítimo podrá formular oposición a la conclusión del concurso, y, al tiempo, el concursado podrá solicitar, en ese mismo plazo, la exoneración del pasivo insatisfecho.

(3) **En los casos que, liquidada la masa activa, el líquido obtenido fuera insuficiente para el pago de la totalidad de los créditos concursales reconocidos**. La solicitud de exoneración del pasivo insatisfecho se solicitará dentro del plazo de audiencia concedido a las partes para formular oposición a la solicitud de conclusión del concurso. En este caso, el AC habrá de emitir su informe final de liquidación (*cfr.* art. 468.2), que se pondrá de manifiesto por 15 días en la oficina judicial, plazo durante el cual podrá ser formulada oposición a la solicitud de conclusión y, por lo tanto, también podrá el concursado solicitar, en ese mismo plazo, la exoneración del pasivo insatisfecho.

Tramitación de la petición (art. 501.4). El LAJ dará traslado de la solicitud del deudor a la AC y a los acreedores personados para que dentro del plazo de 10 días aleguen cuanto estimen oportuno en relación a la concesión de la exoneración. Las posibilidades que se abren a partir de este punto se reducen a sólo dos:

(i) **En caso de conformidad o silencio** (art. 502.1). Si la AC y los acreedores personados mostraran conformidad a la solicitud del deudor o no se opusieran a ella dentro del plazo legal, el juez del concurso, previa verificación de la concurrencia de los presupuestos y requisitos establecidos en esta ley, concederá la exoneración del pasivo insatisfecho en la resolución en la que declare la conclusión del concurso. Merecen ser destacados dos aspectos; (i) la equiparación que se hace entre la conformidad y el silencio; y, (ii) que ni la conformidad ni el silencio garantizan la obtención de una resolución favorable.

(ii) **En caso de oposición** (art. 501.2). Solo podrá fundarse en la falta de alguno de los presupuestos y requisitos establecidos en esta ley por el trámite del incidente concursal.

Auto (art. 501.3). No podrá dictarse auto de conclusión del concurso hasta que gane firmeza el auto que recaiga concediendo o denegando la exoneración solicitada.

206. Reapertura del concurso

Supuestos (art. 503). En los casos en los que proceda, la reapertura del concurso será declarada por el mismo juzgado que hubiera conocido del procedimiento y se tramitará en los mismos autos. Dos supuestos distintos, según la naturaleza del deudor concursado:

(1) **Si el deudor es una persona natural** (art. 504). Salvo en los supuestos en que haya tenido lugar una remisión de las deudas insatisfechas, y aún en estos

casos, respecto de las deudas no exoneradas, hay obligación de atender las deudas con los nuevos recursos económicos que se generen, estableciéndose un límite temporal máximo para volver a abrir el mismo concurso y por ello (i) la reapertura del concurso del deudor persona natural solo podrá tener lugar dentro de los 5 *años siguientes a la conclusión por liquidación o insuficiencia de la masa activa;* (ii) una vez transcurrido ese plazo ya no se producirá la reapertura, sino la declaración de un nuevo concurso.

Exoneración del pasivo no pagado y reapertura de concurso. Para la reintegración de los bienes no habría problema alguno, pues a su liquidación habrán de concurrir los acreedores que sufrieron la exoneración, como si ésta no hubiese tenido lugar, ya que se trata de bienes que se deberían haber integrado en la masa activa antes de ser acordada la exoneración del pasivo impagado restante; en el bien sentido que, una vez efectuada la liquidación de esos nuevos bienes obtenidos por las acciones de reintegración, se hará aplicación nuevamente de la exoneración del menor pasivo que finalmente resulte insatisfecho. Y si de la reapertura del concurso resulta la obtención de una calificación del concurso como culpable, con base en hechos acaecidos con anterioridad pero que, por desconocidos, no fueron tenidos en cuenta a la conclusión de aquel concurso, traerá como consecuencia que nunca debió reconocerse el derecho del deudor a la exoneración, por lo que ésta se dejará sin efecto con la consiguiente rehabilitación de los créditos remitidos.

(2) Si el deudor es persona jurídica (art. 505). Una vez liquidado el patrimonio de la persona jurídica, con la consiguiente disolución y extinción de su personalidad, surjan bienes o derechos de contenido patrimonial cuya titularidad le correspondería a aquel ente disuelto y liquidado que habrán de ser destinados al pago de los acreedores que no fueron satisfechos. La reapertura del concurso del deudor persona jurídica concluido por liquidación o por insuficiencia de la masa activa solo podrá tener lugar cuando, después de la conclusión, aparezcan nuevos bienes.

Se establece también un plazo máximo para la reapertura; en el año siguiente a la fecha de la conclusión del concurso por liquidación o por insuficiencia de la masa activa, cualquiera de los acreedores insatisfechos podrá solicitar la reapertura del concurso. En la solicitud de reapertura deberán expresarse las concretas acciones de reintegración que deban ejercitarse o, en su caso, exponerse aquellos hechos relevantes que pudieran conducir a la calificación de concurso como culpable, salvo que, en el concurso concluido, ya se hubiera calificado el concurso como culpable. En la resolución judicial por la que se acuerde la reapertura del concurso, el juez ordenará la liquidación de los bienes y derechos aparecidos con posterioridad a la conclusión.

Especialidades de la reapertura del concurso.

(1) Publicidad (art. 506). A la reapertura del concurso se le dará la misma publicidad que la que se hubiera dado a la declaración de concurso. En caso de reapertura del concurso de persona jurídica, en el propio auto en que se acuerde la reapertura el juez ordenara la reapertura de la hoja registral de la concursada en la forma prevista en el RRM.

(2) Textos definitivos del inventario y de la lista de acreedores (art. 507). Se actualizarán por la AC en el plazo de 2 meses. La actualización se limitará, **(i) en cuanto al inventario**, a suprimir de la relación los bienes y derechos aquellos que hubiesen salido del patrimonio del deudor, a corregir la valoración de los subsistentes y a incorporar y valorar los que hubiesen aparecido con posterioridad; y, **(ii) en cuanto a la lista de acreedores**, a indicar la cuantía actual y demás modificaciones acaecidas respecto de los créditos subsistentes y a incorporar a la relación los créditos posteriores. En cuanto a la forma de llevarla a cabo y la necesaria aprobación, se remite a lo dispuesto en los títulos IV y V del Libro I para la determinación de la masa activa y pasiva.

Listado de créditos (art. 242.1.11.º). Tendrán la consideración de créditos contra la masa los generados por el ejercicio de la actividad profesional o empresarial del deudor tras la declaración del concurso hasta la aprobación judicial del convenio o, en otro caso, hasta la conclusión del concurso. Se ha producido un importante cambio con la reforma de 2022, pues antes de ella los créditos derivados de la actividad del deudor generados en fase de cumplimiento de convenio, en caso de una ulterior reapertura del concurso, tenían la consideración de créditos contra la masa (STS 2012:8306); ahora ya no es así, pues el art. 414 bis dice que los créditos contraídos por el deudor durante el periodo de cumplimiento del convenio tendrán la consideración de créditos concursales, siendo de aplicación ese mismo criterio a los casos de apertura de oficio de la declaración por nulidad del convenio aprobado.

Por otra parte, STS 2017:1051 ha señalado que la remisión que se hace al título de la Ley en que se regulan los efectos del concurso sobre los actos perjudiciales para la masa activa permite que, una vez abierta la fase de liquidación por incumplimiento del convenio, pueda el AC ejercitar las acciones de reintegración; pero la acción rescisoria concursal sólo cabe respecto de actos anteriores a la declaración del concurso, por lo que no podrán ser atacados por esta vía los actos realizados por el deudor en fase de cumplimiento del convenio, frente a los que únicamente cabrá el ejercicio de la acción rescisoria ordinaria (acción pauliana) o la acción de nulidad.

(3) **Publicidad e impugnación** (art. 507.4). La publicidad del informe de la AC y de los documentos actualizados y la impugnación de estos se regirán por lo dispuesto en los capítulos I y II del título VI del Libro I. El juez rechazará de oficio y sin ulterior recurso aquellas pretensiones que no se refieran estrictamente a las cuestiones objeto de actualización.

PROCEDIMIENTO CONCURSAL

207. Concepto

Concepto. Es un procedimiento judicial civil, cuyo conocimiento se atribuye a los juzgados de lo mercantil, de naturaleza no contenciosa (salvo de la que sí pueda existir en los incidentes concursales que puedan surgir durante su tramitación), que tiene por objeto alcanzar un acuerdo o convenio para el pago de los acreedores o, de no ser posible, la liquidación del patrimonio del deudor para alcanzar con ella la satisfacción de los acreedores, siendo de carácter universal (alcanza a todos los acreedores del deudor y a todo su patrimonio).

Regulación (art. 521). Se rige por la regulación contenida en el TRLC y, en lo no previsto será de aplicación lo dispuesto en LEC.

208. Estructura del procedimiento

Seis secciones. La tramitación del procedimiento concursal se divide en seis secciones, ordenándose las actuaciones de cada una de ellas en cuantas piezas separadas sean necesarias o convenientes (art. 508).

La sección 1.ª comprenderá lo relativo a la declaración de concurso, a las medidas cautelares, a la conclusión y, en su caso, a la reapertura del concurso. Se inicia con la solicitud de declaración del concurso.

La sección 2.ª comprenderá lo relativo a la AC y, en su caso, del auxiliar delegado. En ella se incluirá en pieza separada el informe de la AC con los documentos que se acompañen y, en su caso, la relación definitiva de acreedores. Se apertura tras dictarse el auto de declaración de concurso.

La sección 3.ª comprenderá lo relativo a la determinación de la masa activa. En ella se incluirá en pieza separada cada uno de los incidentes relativos a la reintegración y a la reducción de la masa activa. Se incluirán, igualmente en pieza separada; las ejecuciones que se inicien o se reanuden contra los bienes y derechos de la masa activa. Se abre con el auto de declaración de concurso.

La sección 4.ª comprenderá lo relativo a la determinación de la masa pasiva. En ella se incluirá en pieza separada cada uno de los incidentes relativos a la inclusión o exclusión de créditos concursales, así como a la cuantía o a la clasificación de los reconocidos. Y, en pieza separada, los juicios declarativos que se acumulen al concurso de acreedores. Se abre con el auto de declaración de concurso.

La sección 5.ª comprenderá en piezas separadas lo relativo al convenio y a la liquidación.

La sección 6.ª comprenderá lo relativo a la calificación del concurso.

209. Principio de libre acceso a las actuaciones

Antes de la reforma de 2022, regía el principio de libre acceso a las actuaciones, pues no se requería haber comparecido en forma en el mismo por medio de procurador para que los acreedores pudiesen solicitar del juzgado el examen de los documentos o informes que constasen en autos sobre sus respectivos créditos; sin embargo, con la reforma de la Ley 16/2022, se reconoce ahora de forma limitada ese principio, haciéndolo a través de la figura del AC, al establecer el art. 512.2 que los acreedores podrán solicitar de la AC en cualquier momento el examen de aquellos documentos o de aquellos informes que consten en autos sobre los créditos que hubieran comunicado. Si es posible la comunicación de créditos sin estar personado formalmente en el procedimiento ha de serlo también la obtención de información sobre su estado, pero, no directamente ante el juzgado, sino de forma indirecta, por medio de la AC.

210. Publicidad del concurso de acreedores

Mecanismos. El Título XIII del Libro I. Se dedica a la publicidad del concurso, con regulación en detalle de la publicidad telemática (art. 552), de los edictos (arts. 553 y 554), los mandamientos (arts. 555 al 559) y del RPC (arts. 560 al 566).

Regla general (art. 552). Consagra la preferencia de la utilización de medios telemáticos, pues la publicidad de la declaración de concurso, la de aquellas otras resoluciones exigida por esta Ley y las notificaciones y comunicaciones que procedan se realizará por medios electrónicos.

Los edictos. Son instrumentos escritos utilizados para dar pública noticia de algún hecho, circunstancia o resolución de relevancia con el fin de que sean de general conocimiento, mediante su fijación en lugares públicos o su publicitación en registros públicos, publicaciones u otros medios. El ejemplo más relevante es el edicto que publicita el auto de declaración de concurso mediante su inserción en el BOE y su inscripción en el RPC y demás registros públicos personales y reales.

Traslado de los oficios con los edictos. Se realizará preferentemente por vía telemática desde el juzgado. Si ello no fuera posible, los oficios con los edictos serán entregados al procurador del solicitante del concurso, quien deberá remitirlos de inmediato a los correspondientes medios de publicidad. No obstante, si el solicitante del concurso fuese una Administración pública que actuase representada y defendida por sus servicios jurídicos, el traslado de los oficios se realizará directamente por el LAJ a los medios de publicidad.

Medios de difusión de los edictos (art. 554). La publicidad exigida por la ley de los edictos se entenderá cumplida mediante la inserción en el tablón de anuncios del juzgado y en el RPC y, si así lo estableciera, en el BOE.

Los mandamientos (art. 555.1). Son actos de comunicación judicial, librados por el LAJ, mediante los que se ordena la práctica de cualquier actuación acordada en una resolución cuya ejecución corresponde a los notarios y los encargados de registros públicos. Se expresará el órgano judicial que hubiera dictado la resolución, la fecha y la naturaleza de la resolución, el número de autos y si la correspondiente resolución es o no firme.

Anotaciones preventivas (art. 555.2). Caducarán a los 4 años desde la fecha de la anotación misma y se cancelarán de oficio o a instancia de cualquier interesado. El LAJ, antes de que se produzca la caducidad, podrá decretar la prórroga de la anotación por 4 años más.

Traslado de los mandamientos (art. 556). Se realizará por medios electrónicos desde el juzgado a los registros. Excepcionalmente, si no fuera posible, los mandamientos serán entregados al procurador del solicitante del concurso, para su presentación inmediata en los registros correspondientes. El traslado o la entrega se realizarán el mismo día de la notificación a las partes de la resolución judicial; el procurador que reciba el mandamiento deberá presentarlo en el registro público correspondiente ese mismo día o el siguiente hábil.

Resoluciones que serán objeto de publicidad librando mandamientos. Se distingue:

(1) Registros de personas (art. 557). Serán objeto de anotación o de inscripción en el folio correspondiente al concursado las resoluciones relativas a la declaración y reapertura del concurso; las que se dicten en materia de intervención o suspensión de las facultades de administración y disposición del concursado sobre los bienes y derechos que integran la masa activa; las limitaciones que se establezcan en la sentencia de aprobación de convenio; la calificación del concurso como culpable; la conclusión del concurso, y cuantes resoluciones las modifiquen o dejen sin efecto. La práctica de una inscripción del contenido de una resolución ya anotada será gratuita.

(2) Registros de bienes (art. 558). Serán objeto de anotación o de inscripción en el folio correspondiente a cada uno de los bienes o derechos pertenecientes a la masa activa que figuren inscritos a nombre del concursado, las resoluciones relativas a la declaración y reapertura del concurso; las que se dicten en materia de intervención o suspensión de las facultades de administración y disposición del concursado sobre los bienes y derechos que integran la masa activa; las limitaciones que se establezcan en la sentencia de aprobación del convenio; la conclusión del concurso, y cuantas resoluciones las modifiquen o las dejen sin efecto. La práctica de una inscripción del contenido de una resolución ya anotada será gratuita.

Eficacia de los asientos (art. 558.3). La anotación o la inscripción en los registros de las medidas de apoyo al concursado por razón de su discapacidad establecidas en el convenio no impedirá el acceso a los registros públicos de los actos que las infrinjan, pero perjudicará a cualquier titular registral la acción de ineficacia o de reintegración de la masa que se ejercite.

Delegación reglamentaria (art. 559). Podrán establecerse mecanismos de coordinación entre los diversos registros públicos en los que hayan de anotarse e inscribirse la declaración de concurso y aquellas otras resoluciones a que se refieren los artículos anteriores.

211. El registro público concursal

Concepto (art. 560). Es un instrumento técnico de información gestionado por el Ministerio de Justicia, de acceso libre, gratuito y permanente, sobre las principales resoluciones que se dicten en los concursos de acreedores declarados en España o que hayan de producir efectos en España, sobre las comunicaciones de apertura de negociaciones, las homologaciones judiciales de los planes de reestructuración, así como de las personas naturales y jurídicas que puedan ser nombradas administradores concursales y de la información existente sobre liquidaciones y ventas de activos y unidades productivas.

Régimen transitorio. La DT única del TRLC contiene un especial régimen transitorio; los arts. 560 a 566 y 574.1 entrarán en vigor cuando se apruebe el reglamento a que se refiere la DT segunda de la Ley 17/2014, de 30 de septiembre. Entre tanto, permanecerá en vigor el art. 198 LC en la redacción anterior a la entrada en vigor de la Ley 17/2014.

Desarrollo reglamentario (art. 560.3) La estructura, el contenido y el sistema de publicidad a través de este registro y los procedimientos de inserción y acceso se desarrollará reglamentariamente. Se aprobó en el RD 892/2013, en norma que vino a regular en detalle la organización y llevanza del RPC, sobre la base de unificar en él toda la información pública de los concursos de acreedores en tramitación así como de los expedientes que se abriesen para alcanzar acuerdos extrajudiciales de pagos y hacer posible la coordinación del mismo con los demás registros públicos (especialmente el RM, el RC y los RP, tanto mobiliaria como inmobiliaria). Con el fin de facilitar la accesibilidad a la información se realiza a través de un portal en internet en www.publicidadconcursal.es, bajo la dependencia del Ministerio de Justicia y adscrito a la DGSJYFP, encomendándose la gestión material del servicio al Colegio de registradores de la propiedad, mercantiles y de bienes muebles de España.

Secciones del Registro (art. 561). Consta de cinco secciones denominadas, respectivamente, (1.ª) de edictos concursales, (2.ª) de publicidad registral, (3.ª) de exoneración del pasivo insatisfecho, (4.ª) de administradores concursales y auxiliares delegados y (5.ª) de planes de reestructuración.

(1.ª) En la sección primera, de edictos concursales, se insertarán ordenados alfabéticamente por concursado y fechas, la declaración de concurso y las demás resoluciones que deban publicarse en este Registro conforme a lo establecido en esta Ley; también se insertarán las resoluciones judiciales que, por decisión judicial, deban ser objeto de esa publicidad, así como la apertura de los procedimientos de insolvencia seguidos en otros Estados de la Unión Europea cuando así sea solicitado por el correspondiente síndico designado por el Tribunal competente o resulte acordado por el propio Tribunal.

Las resoluciones que deben publicarse en esta sección son remitidas desde los juzgados, bajo la dirección del LAJ, por conducto electrónico, regulándose reglamentariamente cuál habrá de ser su contenido; cuando no sea posible, se prevé su entrega al procurador del solicitante del concurso para su inmediata remisión al Registro, a no ser que se trate de una Administración pública, en cuyo caso la inserción de la resolución judicial se hará en virtud de mandamiento remitido directamente por el LAJ.

(2.ª) En la sección segunda, de publicidad registral, se insertarán las resoluciones judiciales en materia de limitación o de suspensión de las facultades de administración y de disposición sobre los bienes y derechos que integran la masa activa, las demás exigidas por esta Ley y la sentencia de calificación del concurso como culpable. Existirá una subsección, de personas afectadas por la calificación, en la que se insertarán, ordenadas alfabéticamente por afectado, las correspondientes resoluciones judiciales una vez sean firmes.

(3.ª) En la sección tercera, de exoneración del pasivo insatisfecho, se insertarán las resoluciones judiciales por las que se conceda, con carácter provisional o definitivo, la exoneración, con expresión de la revocación total o parcial de la exoneración concedida.

(4.ª) En la sección cuarta, de administradores concursales y auxiliares delegados, se inscribirán, ordenadas alfabéticamente, las personas naturales y jurídicas que, cumpliendo los requisitos para poder ser nombradas como AC y auxiliares delegados, hayan solicitado la inscripción en este Registro. Si el AC estuviera habilitado para actuar en concursos de media o gran complejidad se hará constar en la inscripción.

Se insertarán los nombramientos, los ceses, con expresión de la causa, y, en su caso, la inhabilitación de los AC y de los auxiliares delegados, así como los autos en los que se fije o modifique su remuneración.

El art. 563 (véase en detalle) recoge el contenido de las solicitudes de inscripción en esta sección distinguiendo dos supuestos: (i) en el caso de personas naturales y (ii) en el caso de las personas jurídicas.

(5.ª) En la sección quinta, de planes de reestructuración, se insertarán las comunicaciones de la apertura de las negociaciones con los acreedores, salvo que tuviera carácter reservado, así como la homologación judicial de los planes de reestructuración. Si se hubiese alcanzado un plan de reestructuración se indicará que el mismo se encuentra a disposición de los acreedores interesados en el RM o notaría correspondiente para la publicidad de su contenido; en caso de ser anulado el plan de reestructuración por sentencia, la misma habrá de ser remitida al Registro para su publicación. También se publicarán, por igual orden, el extracto de los decretos dictados por el LAJ por los que se admiten a trámite las solicitudes de homologación de los planes de reestructuración, de las resoluciones judiciales que los homologuen y de las sentencias que resuelvan las impugnaciones que, en su caso, se hubieran formulado frente a la homologación judicial.

Eficacia o alcance de la publicidad (art. 564). El contenido del registro será accesible por internet u otros medios equivalentes de consulta telemática, bajo los principios de publicidad, gratuidad y permanencia, sin necesidad de justificar o manifestar interés legítimo alguno. Con una importante excepción, pues únicamente tendrán acceso a la sección segunda y sección tercera, aquellas personas que justifiquen la existencia de interés legítimos en averiguar la situación del deudor. La apreciación de la existencia de interés legítimo se realizará por quien esté a cargo del RPC. Se presumirá interés legítimo en las autoridades y empleados públicos en el ejercicio de sus funciones públicas.

Garantía del control del acceso a la información (art. 566). El RPC deberá contar con mecanismos de trazabilidad que permitan conocer y acreditar fehacientemente a solicitud de cualquier interesado el inicio de la difusión pública de las resoluciones y de la información que se incluyan en el mismo.

Valor de la publicidad (art. 565). Tendrá un valor meramente informativo, salvo en aquellos casos en los que esta Ley le atribuya otros efectos.

Liquidación concursal. La DA 2.ª de la Ley 9/2015 anunció la creación en el RPC de un portal de acceso telemático en el que figurará una relación de las empresas en fase de liquidación concursal y cuanta información resulte necesaria para facilitar la enajenación del conjunto de los establecimientos y explotaciones o unidades productivas.

212. Partes procesales

Partes necesarias (art. 509). Son reconocidos como parte, sin necesidad de comparecencia en forma, el deudor que hubiera comparecido en el concurso de acreedores y la AC; ambas integran lo que se califica de partes necesarias; ello supone su intervención en todos los incidentes concursales, los hayan promovido o no y con independencia de la aplicación del régimen de intervención o del de suspensión, por lo que la no realización de alegaciones para oponerse o para allanarse, por la AC o por el deudor, supondrá su tramitación en rebeldía.

(i) **La AC**. Será oída siempre sin necesidad de comparecencia en forma, pero cuando intervenga en incidentes o recursos deberá hacerlo asistida de letrado. Cuando el AC o el auxiliar delegado tengan la condición de letrado, la dirección técnica de estos incidentes y recursos se entenderá incluida en sus funciones (art. 511). En los demás casos, aunque el precepto no lo recoja, la AC deberá estar asistida por letrado, cuya retribución correrá a cargo de ella.

(ii) **El deudor**, si es una persona jurídica actuará por medio de sus representantes orgánicos, incluso después de abierta la fase de liquidación, pues, aunque su apertura supone el cese de los administradores o liquidadores, que serán sustituidos a todos los efectos por la AC, sin perjuicio de continuar aquellos en representación de la concursada en el procedimiento concursal y en los incidentes en los que sea parte (art. 413.2). En lo que se refiere a su actuación procesal, el art. 510 dispone que el concursado actuará siempre representado por procurador y asistido de letrado.

Partes procesales contingentes. Distinguimos:

(1) **Los acreedores y los demás legitimados para solicitar la declaración de concurso** (art. 512.1). Actuarán representados por procurador y asistidos por letrado para solicitar esa declaración y para comparecer en el procedimiento, así como para presentar solicitudes o demandas, actuar en los incidentes que se incoen o interponer recursos, en exigencia que el art. 512.3 extiende a la comparecencia de **cualesquiera otras personas que tengan interés legítimo en el concurso**; la concurrencia del *«interés legítimo»*, que se alegará y acreditará en el escrito de personamiento, habrá de ser apreciada en cada supuesto concreto.
No obstante, el art. 512.2 permite a los acreedores solicitar de la AC en cualquier momento el examen de aquellos documentos o de aquellos informes que consten en autos sobre los créditos que hubieran comunicado. Naturalmente, la comunicación de los créditos a la AC no requiere del previo personamiento del acreedor en las actuaciones.

(2) **Las eventuales partes de índole laboral** (art. 513.2). Todo lo anterior se entenderá sin perjuicio de lo establecido para la representación y defensa de los **trabajadores** en la LJS, incluidas las facultades atribuidas a los graduados sociales y a los **sindicatos** para el ejercicio de cuantas acciones y recursos sean precisos en el proceso concursal para la efectividad de los créditos y derechos laborales. Y, por otra parte, el **FOGASA** será parte del procedimiento siempre que deba abonar salarios e indemnizaciones a los trabajadores, sea en concepto de créditos contra la masa o de créditos concursales (art. 514), caracterizándose por el hecho de que por los pagos que efectúe de obligaciones laborales queda subrogado en la posición de los trabajadores, con todos sus privilegios.

(3) **Representación y defensa de las Administraciones públicas** (art. 513.1). Hay que estar a lo dispuesto en su normativa procesal específica.

(4) **El Ministerio fiscal**, antes de la reforma de la Ley 16/2022, era parte (necesaria) únicamente en la sección 6.ª (calificación del concurso). Tras ella será parte tan sólo si se plantea una cuestión de competencia territorial por declinatoria y habrá de informar con carácter previo a la adopción de medidas restrictivas de los derechos fundamentales del deudor. Además, el art. 4 dispone que cuando en las actuaciones por delitos contra el patrimonio y contra el orden socioeconómico se pongan de manifiesto indicios de estado de insolvencia de algún presunto responsable penal, el MF instará del juez que conozca de la causa la comunicación de aquellos

hechos a los acreedores cuya identidad resulte de las actuaciones penales en curso, a fin de que, en su caso, puedan solicitar la declaración de concurso o ejercitar las acciones que les correspondan. De igual modo, el fiscal instará del juez que esté conociendo de la causa la comunicación de los hechos al juez competente para conocer del concurso del deudor por si respecto de éste se encontrase en tramitación un concurso de acreedores.

213. Impulso de oficio

El art. 515 recoge el principio de impulso procesal de oficio que rige en sede concursal, y cuya implementación corresponderá al LAJ. La Ley no regula ni la posibilidad de la suspensión del proceso por acuerdo de las partes ni la caducidad de la instancia, siendo muy dudosa la aplicabilidad subsidiaria de la LEC en estos extremos, por el interés general que subyace en la tramitación del procedimiento.

214. Días y horas hábiles

Las actuaciones deberán practicarse en días y horas hábiles.

Habilitación de días y horas (art. 517.1). El juez podrá habilitar los días y horas necesarios para la práctica de las diligencias que considere urgentes en beneficio del concurso. El LAJ podrá habilitar los días y horas necesarios para la práctica de aquellas actuaciones procesales por él ordenadas o de las que tuvieran como finalidad dar cumplimiento a las resoluciones dictadas por el juez. Para determinar qué se ha de entender por «diligencias urgentes», procede recordar el tenor del art. 131.2 LEC conforme al cual se considerarán urgentes las actuaciones del tribunal cuya demora pueda causar grave perjuicio a los interesados o a la buena administración de justicia, o provocar la ineficacia de una resolución judicial. Recordar que conforme al art. 131.3 LEC para las actuaciones urgentes a que se refiere el apartado anterior serán hábiles los días del mes de agosto, sin necesidad de expresa habilitación.

215. Autorizaciones judiciales

Procedimiento para su obtención (art. 518). La solicitud se formulará por escrito. Se dará traslado a todas las partes que deban ser oídas respecto de su objeto, concediéndoles para alegaciones plazo de igual duración no inferior a 3 días ni superior a 10, atendidas la complejidad e importancia de la cuestión. El juez resolverá sobre la solicitud mediante auto dentro de los 5 días siguientes al último vencimiento. Contra el auto que concede o deniegue la autorización solicitada no cabrá más recurso que el de reposición. Únicamente estarán legitimados para recurrir el auto que se dicte concediendo o denegando la autorización aquellos que, oportunamente, hubiesen efectuado alegaciones en sentido contrario al pronunciamiento.

Supuestos más frecuentes. El que, durante la fase común, se recaba para la enajenación de bienes o derechos de la masa activa (*cfr.* art. 205); otros supuestos son el nombramiento de auxiliares delegados (*cfr.* art. 75.1) y pago de créditos con privilegio general (*cfr.* art. 432.2) y, sobre todo, en fase de liquidación cuando así se haya previsto en las reglas especiales de liquidación que establezca el juez, en su caso.

216. Competencia objetiva

Naturaleza imperativa. Las reglas sobre la competencia tienen naturaleza imperativa, correspondiendo al juez el examen, de oficio, de su propia competencia objetiva, funcional y territorial, sin que quepa la sumisión expresa o la renuncia al fuero (art. 50 y ATS 2009:4432A).

Competencia objetiva. Tienen competencia objetiva para declarar y tramitar el concurso los jueces de lo mercantil (art. 44.1, *cfr.* art. 86 ter.1 LOPJ). La Ley 16/2022 suprimió la competencia objetiva de los jueces de primera instancia para declarar y tramitar el concurso de una persona natural que no sea empresario.

217. Competencia territorial e internacional

Naturaleza imperativa. Reiteramos lo dicho en el epígrafe anterior.

Regla general (art. 45). La competencia territorial para declarar y tramitar el concurso corresponde al juez en cuyo territorio tenga el deudor el centro de sus intereses principales. Por tal se entenderá el lugar donde el deudor ejerce de modo habitual y reconocible por terceros la administración de sus intereses. Esto es, el lugar donde el deudor administra sus bienes y desarrolla principalmente la gestión y el control del conjunto patrimonial, haciéndolo con la concurrencia de dos rasgos; (i) uno temporal, la habitualidad; y (ii) otro objetivo, la recognoscibilidad por parte de terceros. Aunque la norma parece que contempla sólo el supuesto de las personas jurídicas, idéntico criterio debe ser seguido respecto de los deudores personas físicas. Por lo que se refiere al momento en que ha de ser apreciado, es el de la presentación de la solicitud de declaración de concurso.

Personas jurídicas. El art. 45.2 presume (salvo prueba en contrario), que el centro de sus intereses principales se halla en el lugar del domicilio social, siendo ineficaz a estos efectos el cambio de domicilio inscrito en el RM dentro de los 6 meses anteriores a la solicitud del concurso, cualquiera que sea la fecha en que se hubiera acordado o decidido. El cómputo de ese plazo se efectuará desde la publicación del cambio de domicilio en el BORME (ATS 2009:3152A). La norma se establece para evitar el *«forum shopping»*; su consecuencia será desplazar hacia el deudor la carga de la prueba de que el centro de sus intereses principales se encuentra, realmente, en donde se ubica la nueva sede social.

Personas físicas. Ni siquiera por analogía, podría seguirse idéntico criterio con las personas naturales, en las que habrá que presumir que el centro de dirección coincide con el domicilio profesional o el lugar habitual de residencia.

Fuero electivo (art. 45.3). Si el domicilio del deudor y el centro de sus intereses principales radicara en territorio español, aunque en lugares diferentes, será también competente, a elección del acreedor solicitante, el juez en cuyo territorio radique el domicilio. Junto al fuero principal, se establece un fuero electivo, que está condicionado a que el deudor tenga su domicilio en España y que éste se ubique en un lugar distinto a aquel que es el centro de sus intereses principales (ATS 2012:500A), siendo aplicable sólo en los supuestos de concurso necesario (ATS 2010:7537A).

Establecimiento en territorio español (art. 49.1). Cuando el centro de los intereses principales y el domicilio del deudor no se hallaren en territorio español, pero tuviese en éste un establecimiento, será competente para declarar y tramitar el concurso el juez en cuyo territorio radique ese establecimiento y, de existir varios, donde se encuentre cualquiera de ellos, a elección del solicitante. Por establecimiento se entenderá todo lugar de operaciones en el que el deudor ejerza de forma no transitoria una actividad económica con medios humanos y materiales.

Concursos conexos (art. 46). Reglas especiales para la determinación de la competencia territorial en el caso de concursos conexos, distinguiendo:

(1) **Será juez competente para la declaración conjunta** de concurso el del lugar donde tenga el centro de sus intereses principales el deudor con mayor pasivo y, si se trata de un grupo de sociedades, el de la sociedad dominante o, en supuestos en que el concurso no se solicite respecto de ésta, el de la sociedad de mayor pasivo. Si ya hubiera sido declarado el concurso de la sociedad dominante, será juez competente para la declaración del concurso de cualquier de las sociedades del grupo aquel que esté conociendo del concurso de aquélla.

(2) **Será competente para decidir sobre la acumulación de los concursos** conexos, si éstos hubiesen sido declarados por diferentes juzgados, y para su posterior tramitación conjunta, el juez que estuviera conociendo del concurso del deudor con mayor pasivo en el momento de la presentación de la solicitud de concurso o, en su caso, del concurso de la sociedad dominante o cuando ésta no haya sido declarada en concurso, el que primero hubiera conocido del concurso de cualquiera de las sociedades del grupo.

Regulación de la preferencia (art. 48). En aquellos supuestos en que se hubieran presentado solicitudes de declaración del concurso ante dos o más juzgados competentes, será preferente aquel ante el que se hubiera presentado la primera solicitud, aunque esa solicitud o la documentación que la acompañe adolezcan de algún defecto procesal o material o aunque la documentación sea insuficiente.

Consecuencias en el ámbito internacional (art. 47). Los efectos del concurso declarado tendrán alcance universal. En el ámbito internacional, el concurso declarado tendrá la consideración de concurso principal. Por ello, la masa activa comprenderá todos los bienes y derechos del deudor, estén situados dentro o fuera del territorio español, con independencia de que se abra o no en el extranjero un concurso territorial. En el caso de que sobre los bienes o derechos situados en territorio extranjero se abra un procedimiento de insolvencia, se tendrán en cuenta las reglas previstas en el Libro IV. La Ley sigue para la insolvencia transfronteriza el criterio que distingue entre concursos principales y concursos secundarios. Aquéllos tienen un alcance universal y producen efectos extraterritoriales siendo el punto de conexión para atribuir la competencia internacional el lugar donde radiquen los intereses principales del deudor, pero permiten la declaración de concursos secundarios, de ámbito territorial, que en principio habrán de ser a los solos efectos de la liquidación, en los Estados donde el deudor tenga un establecimiento.

Supuesto del establecimiento ubicado en territorio español (art. 49.2). En el ámbito internacional se considerará concurso territorial, se limitarán a los bienes y derechos del deudor que estén situados en territorio español. En el caso de que sobre los bienes y derechos situados en el extranjero se abra un procedimiento de insolvencia, se tendrán en cuenta las reglas del Libro IV.

Diligencias probatorias fuera de su demarcación (art. 517.2). Permite al juez del concurso la extensión de su actuación más allá del ámbito territorial de su demarcación, sólo en diligencias probatorias, poniéndolo previamente en conocimiento del juez competente, cuando no se perjudique la competencia del juez correspondiente y venga justificado por economía procesal.

218. Declinatoria

Concepto. Es el instrumento procesal mediante el que se hará valer la falta de competencia (o de jurisdicción) del órgano judicial ante el que se ha formulado una solicitud de concurso, por corresponder su conocimiento a otro distinto. El art. 51 regula la declinatoria por falta de competencia territorial; para los supuestos de falta competencia objetiva o funcional o de falta de jurisdicción, en aplicación del art. 521, habrá que estar a los artículos 63 y ss de la LEC.

Formulación. El plazo para formular el incidente competencial, siempre ante el juzgado en el que se promueve el procedimiento, así como el *dies a quo* para su cómputo, varía en función de quien sea su promotor (art. 51.1): **(i) el deudor** podrá plantear cuestión de competencia internacional y territorial por declinatoria dentro de los 5 días siguientes a aquél en que fue emplazado. **(ii) Los demás legitimados para solicitar la declaración de concurso**, en el plazo de 10 días desde la publicación del edicto de la declaración del concurso en el BOE.

Contenido del escrito de interposición. Habrá de señalar cuál es el órgano competente para conocer del concurso (art. 51.2).

Efectos (art. 51.2). La interposición de declinatoria no suspenderá el procedimiento concursal, si bien de una forma limitada pues en ningún caso se pronunciará el juez sobre la oposición del deudor sin que, previa audiencia del MF, haya resuelto la cuestión de competencia planteada. En caso de que estime la cuestión de competencia, deberá inhibirse a favor del órgano al que corresponda, con emplazamiento de las partes y remisión de lo actuado.

Principio de conservación de las actuaciones practicadas (art. 51.3). Aunque se estime la declinatoria por falta de competencia territorial, será válido todo lo actuado en el concurso.

219. Competencia funcional

Los recursos frente a las resoluciones dictadas por el juez del concurso corresponden a la AP, salvo en las cuestiones laborales, de los que conocerán los TSJ de las comunidades autónomas.

220. Jurisdicción del juez del concurso

En todo caso, sea el deudor persona natural o persona jurídica (art. 52). La jurisdicción del juez del concurso será exclusiva y excluyente en las siguientes materias:

> **(1.ª) Las acciones civiles con transcendencia patrimonial contra el concursado**, con **excepción** de las que se ejerciten en los procesos civiles sobre (i) adopción de medidas judiciales de apoyo a personas con discapacidad, (ii) filiación, (iii) matrimonio y (iv) menores, aun cuando sí tengan trascendencia patrimonial, respecto de los cuales el juez ordinario conserva su jurisdicción, incluso en relación con las medidas cautelares (*cfr.* art. 54.1), si bien la competencia para ejecutar sus pronunciamientos corresponde al juez del concurso (art. 52.2.ª).
>
> **Litisconsorcio**. Carece de competencia respecto las acciones que se dirijan contra terceros codemandados con el concursado en virtud de un

vínculo de litisconsorcio voluntario, pues éstos no tienen por qué sufrir merma en su derecho al juez predeterminado por la ley, por lo que no cabrá la acumulación subjetiva de acciones. Sin embargo, sí será competente para conocer de las acciones dirigidas contra terceros codemandados con el deudor concursado por causa de la existencia de vínculos de litisconsorcio pasivo necesario, que hará que el juez del concurso conozca de esos litigios.

En el aspecto temporal. El art. 136.1.1.° impide a los jueces ordinarios conocer de las demandas formuladas ante los mismos tras la declaración de concurso, cuando de ellas deba conocer el juez del concurso; procederá prevenir a las partes que podrán usar de su derecho ante éste; y si por cualquier causa llegasen a ser admitidas a trámite por el juez ordinario, se ordenará el archivo de todo lo actuado y carecerán de validez las actuaciones practicadas. Por su parte, los juicios declarativos contra el concursado que se encontrasen ya en trámite a la declaración del concurso, continuarán tramitándose hasta la obtención de sentencia firme (art. 137).

Acciones ejercitadas por el concursado. La regla general es la competencia del juez ordinario, pues al no existir norma especial al respecto procede la aplicación de las reglas generales de la LEC, con la sola excepción de las acciones tendentes a exigir responsabilidad a los administradores, liquidadores o auditores del concursado por daños ocasionados a la persona jurídica concursada, antes o después de la declaración judicial de concurso, respecto de las que sí será competente el juez del concurso (art. 52.3.2.ª y 3.ª). En consecuencia, también compete el juez ordinario conocer de las medidas cautelares que se puedan interesar con carácter previo a la interposición de aquellas demandas.

Reconvención. Al competerle al juez ordinario el conocimiento de las demandas que el concursado formule contra terceros, éstos no podrán, en esos procedimientos, formular contra el actor concursado demandas reconvencionales, pues las mismas, como ya vimos, sólo pueden ser conocidas, de forma exclusiva y excluyente, por el juez del concurso; incluso se llegó a sostener lo dudoso que resultaba que el juez ordinario pudiese conocer de la excepción de compensación que el tercero demandado pretenda oponer frente a la demanda del concursado (*cfr.* arts. 408.1 y 438.2 LEC), hasta que, finalmente, el Tribunal Supremo se pronunció favorablemente a tal posibilidad, tal y como expusimos en su sede.

En las acciones de contenido patrimonial dirigidas contra el concursado se plantea la cuestión inversa, relativa a si éste puede, al contestar la demanda, formular reconvención contra el actor. Ante el silencio de la legislación concursal, progresivamente la jurisprudencia menor fue admitiendo la posibilidad de la reconvención formulada por el concursado; se dice que, sólo en aquellos supuestos en los que exista una conexión entre lo pretendido por el actor y lo interesado por el concursado en su reconvención, carecería de sentido que, como consecuencia de seguir un criterio restrictivo, se forzara a las partes a seguir dos procedimientos distintos, ante diferentes jueces; además de la razón de economía procesal expuesta, se señala también que, en las causas conexas, con el criterio restrictivo se estaría abriendo la puerta a la posibilidad de resoluciones contradictorias entre sí; y, por otra parte, no debemos olvidar que el segundo párrafo del art. 406.2 LEC admite expresamente la reconvención de la acción conexa que, por razón de la cuantía, hubiera de ventilarse en juicio verbal.

Cese de la competencia del juez del concurso. Cesará en el momento en que dicte la sentencia aprobando el convenio.

(2.ª) **Las ejecuciones relativas a créditos concursales o contra la masa** sobre los bienes y derechos del concursado integrados en la masa activa, cualquiera que sea el tribunal o la autoridad administrativa que las hubiera ordenado, sin más excepciones que las previstas en la legislación concursal.
Se consagra la vis atractiva del proceso concursal respecto de toda ejecución contra el concursado, (*cfr.* arts. 142 a 151). Pero se ha señalado que corresponde al juzgado de primera instancia la ejecución de la sentencia firme de desahucio dictada antes de la declaración de concurso y que declara la resolución del arrendamiento, al haberse extinguido en virtud de ella, y antes del concurso, el derecho del concursado.

(3.ª) **La determinación del carácter necesario de un bien o derecho** para la continuidad de la actividad profesional o empresarial del deudor (*cfr.* art. 206.2).

(4.ª) **La declaración de la existencia de sucesión de empresa a efectos laborales y de seguridad social** en los casos de transmisión de unidad o de unidades productivas y la determinación de los elementos que las integran.

(5.ª) **Las medidas cautelares que afecten o pudieran afectar a los bienes y derechos** del concursado integrados en la masa activa, cualquiera que sea el tribunal o la autoridad administrativa que las hubiere acordado, excepto las que se adopten en los procesos de adopción de medidas judiciales de apoyos a personas con discapacidad, filiación, matrimonio y menores, casos en los que prevalecerá la jurisdicción del juez ordinario sobre la del juez del concurso.

(6.ª) **Las demás materias establecidas en la legislación concursal.**

Cuando el deudor sea una persona natural (art. 52.2). La jurisdicción del juez del concurso será también exclusiva y excluyente en las siguientes materias:

(1.ª) **Las que en el procedimiento concursal debe adoptar en relación con la asistencia jurídica gratuita**. Se refiere a las acciones de impugnación de denegaciones de justicia gratuita conforme a la Ley 1/1996.

(2.ª) **La disolución y liquidación de la sociedad o comunidad conyugal del concursado.** (*cfr.* art. 125.1 y art. 1373 CC). Será necesario atenerse a las disposiciones contenidas en los arts. 193 y 194 TRLC.

Cuando el deudor sea una persona jurídica (art. 52.3). La jurisdicción del juez del concurso será también exclusiva y excluyente en las siguientes materias:

(1) **Las acciones de reclamación de deudas sociales que se ejerciten contra los socios** de la sociedad concursada que sean subsidiariamente responsables del pago de esas deudas, cualquiera que sea la fecha en que se hubieran contraído, **y las acciones para exigir a los socios de la sociedad concursada el desembolso de las aportaciones sociales diferidas o el cumplimiento de las prestaciones accesorias**. Conforme al art. 131, durante la tramitación del concurso de la sociedad corresponderá exclusivamente a la AC el ejercicio de tales acciones.

(2) **Las acciones de responsabilidad contra los administradores o liquidadores**, de derecho o de hecho; **contra la persona natural designada** para el ejercicio permanente de las funciones propias del

cargo de administrador persona jurídica y contra las personas, cualquiera que sea su denominación, que tengan atribuidas facultades de **más alta dirección de la sociedad** cuando no exista delegación permanente de facultades del consejo en uno o varios consejeros delegados o en una comisión ejecutiva, por los daños y perjuicios causados, antes o después de la declaración judicial de concurso, a la persona jurídica concursada. El art. 132 establece que una vez declarado el concurso corresponderá exclusivamente a la AC el ejercicio de tales acciones.

(3) **Las acciones contra los auditores** por los daños y perjuicios causados, antes o después de la declaración judicial de concurso, a la persona jurídica concursada.

Medidas cautelares (art. 54.1). La jurisdicción exclusiva y excluyente del juez del concurso se extiende a cualquier medida cautelar que afecte o pudiera afectar a los bienes y derechos del concursado integrados o que se integren en la masa activa, cualquiera que sea el tribunal o la autoridad administrativa que la hubiera acordado, excepto las que se adopten en los procesos civiles sobre capacidad, filiación, matrimonio y menores, así como de cualquiera de las adoptadas por los árbitros en el procedimiento arbitral.

Si la medida cautelar hubiese sido adoptada con anterioridad a ser declarado el concurso, se mantendrá inalterada. No obstante, dice el art. 54.2, si el juez del concurso considerase que las medidas adoptadas por otros tribunales o autoridades administrativas pueden suponer un perjuicio para la adecuada tramitación del concurso de acreedores, acordará la suspensión de las mismas, cualquiera que sea el órgano que las hubiera decretado, y podrá requerirle para que proceda al levantamiento de las medidas adoptadas. No puede el juez del concurso proceder por sí mismo a alzar la medida, ya que sólo puede ser adoptado por aquel órgano que la hubiese acordado, no estando facultado el juez del concurso para su cancelación (Sala de conflictos, ATS 2016:3670A). No obstante, si el requerido no atendiera de inmediato al requerimiento, el juez del concurso planteará conflicto de jurisdicción, conflicto de competencia o cuestión de competencia, según proceda. Éste procederá si el órgano requerido pertenece al orden jurisdiccional civil (*cfr.* arts. 42 a 50 LOPJ); de no ser así, lo pertinente será formular la consiguiente cuestión de competencias (arts. 51 y 52 LOPJ).

Cuestiones prejudiciales (art. 55). La jurisdicción del juez del concurso se extiende a todas las cuestiones prejudiciales civiles, con excepción de las excluidas en los artículos anteriores [las cuestiones prejudiciales referidas a las acciones sobre adopción de medidas de apoyo a personas con discapacidad, filiación, matrimonio y menores de edad], las administrativas y las sociales directamente relacionadas con el concurso o cuya resolución sea necesaria para la adecuada tramitación del procedimiento concursal. No obstante, la decisión sobre las cuestiones a las que se refiere el apartado anterior no surtirá efecto fuera del concurso de acreedores en que se produzca. Con todo ello no se hace más que trasponer al ámbito concursal la regla general contenida en el art. 42 LEC, permitiéndole enjuiciar una cuestión ajena a su ámbito de conocimiento cuando la decisión de que se trate constituya un antecedente lógico-jurídico de la posterior resolución concursal que haya de dictarse.

Jurisdicción en materia laboral (art. 53.1). Es exclusiva y excluyente para conocer de las acciones sociales que tengan por objeto la modificación sustancial de las condiciones de trabajo, el traslado, el despido, la suspensión de contratos y la reducción de jornada por causas económicas, técnicas, organizativas o de producción que, conforme a la legislación laboral y a lo establecido en esta Ley, tengan carácter colectivo, así como de las que versen sobre la suspensión o extinción de contratos de alta dirección.

En aquellos casos en los que la acción no se dirija únicamente contra el concursado, sino también, acumuladamente, contra otra entidad (no declarada en concurso) con la que conforma un grupo empresarial, se ha de entender que la competencia corresponderá a la jurisdicción social, a la que corresponde los procedimientos de esa naturaleza fuera de los excepcionales supuestos de competencia del juez del concurso (Sala de Conflictos, STS 2015:10642A).

En el orden social el juez del concurso conocerá, además de las ejecuciones y medidas cautelares contra el concursado empleador de trascendencia patrimonial de las específicas cuestiones recogidas en el art. 53.1. Fuera de estos supuestos, la competencia corresponderá a los juzgados de lo social.

Ámbito administrativo y en relación con la jurisdicción contencioso-administrativa. Competen al juez del concurso todas las ejecuciones y medidas cautelares frente al concursado de trascendencia patrimonial, cualquiera que sea el órgano administrativo o jurisdiccional que las haya acordado. Pero no podrá extender su competencia a las demás funciones jurisdiccionales propias de los tribunales del orden contencioso-administrativo.

En el orden penal. Rige la competencia del juez del concurso para la ejecución de la responsabilidad civil ex delictu. Respecto de la prejudicialidad penal, el art. 519 se decanta en contra de la misma al disponer la incoación de procedimientos criminales relacionados con el deudor o por hechos que tuvieran relación o influencia en el concurso de acreedores no provocará la suspensión de la tramitación de éste, ni de ninguna de las secciones en que se divide.

Sí se permite la adopción de medidas cautelares que posibiliten, en su momento, la ejecución del contenido patrimonial del fallo que se dicte en el procedimiento penal. En este sentido, el art. 520 establece que una vez admitida a trámite querella o denuncia criminal contra el deudor o por hechos que tuvieran relación o influencia en el concurso, será competencia exclusiva del juez del concurso, adoptar, a solicitud del juez o tribunal del orden jurisdiccional penal, cualquier medida cautelar de carácter patrimonial que afecte a la masa activa, incluidas las de retención de pagos a los acreedores inculpados en procedimientos criminales u otras análogas. Con dos claros límites, pues las medidas cautelares acordadas (i) en ningún caso deben impedir continuar la tramitación del procedimiento concursal, y se acordarán del modo más conveniente para garantizar la ejecución de los pronunciamientos patrimoniales de la eventual condena penal; y (ii) no podrán alterar o modificar la clasificación de los créditos concursales, ni las preferencias de pagos establecida en esta Ley.

Alcance internacional de la jurisdicción (art. 56). Comprende únicamente el conocimiento de aquellas acciones que tengan su fundamento jurídico en la legislación concursal y guarden una relación inmediata con el concurso.

221. Concursos conexos

Acumulación de concursos. Aunque el concurso es un procedimiento estrictamente individual, se regula la acumulación de concursos partiendo de la existencia de un elemento de conexión entre distintos sujetos que justifica su tratamiento unitario y que únicamente cabrá en los supuestos expresamente contemplados en el TRLC que recoge un sistema de numerus clausus.

Clases. (1) Acumulación de concursos, que supone la concurrencia de una pluralidad de deudores; a su vez, puede ser **(i) inicial**, cuando se solicita la declaración conjunta de concurso de varios deudores (arts. 38 al 40), o **(ii) sobrevenida**, cuando penden simultáneamente distintos procesos ya iniciados ante el mismo o distintos juzgados y se acuerda su posterior acumulación (art. 41). **(2) Acumulación de solicitudes de concurso** respecto de un solo deudor.

Competencia territorial. Nos remitimos a lo ya expuesto sobre el art. 46, relativo a los concursos conexos, en el que se establecen unas reglas especiales distinguiendo según se trate de supuestos de declaración conjunta o de posterior acumulación de concursos ya declarados:

(1) **Será juez competente para la declaración conjunta** de concurso el del lugar donde tenga el centro de sus intereses principales el deudor con mayor pasivo y, si se trata de un grupo de sociedades, el de la sociedad dominante o, en supuestos en que el concurso no se solicite respecto de ésta, el de la sociedad de mayor pasivo. Si ya hubiera sido declarado el concurso de la sociedad dominante, será juez competente para la declaración del concurso de cualquiera de las sociedades del grupo aquel que esté conociendo del concurso de aquélla.

(2) **Será competente para decidir sobre la acumulación de los concursos** conexos, si éstos hubiesen sido declarados por diferentes juzgados, y para su posterior tramitación conjunta, el juez que estuviera conociendo del concurso del deudor con mayor pasivo en el momento de la presentación de la solicitud de concurso o, en su caso, del concurso de la sociedad dominante o cuando ésta no haya sido declarada en concurso, el que primero hubiera conocido del concurso de cualquiera de las sociedades del grupo.

222. Acumulación de solicitudes

La acumulación de solicitudes. Da lugar a la declaración conjunta de concurso de varios deudores. Se admite tanto en el voluntario como en el necesario.

- **(i)** **Concurso voluntario** (art. 38). Los deudores que sean cónyuges, socios y administradores total o parcialmente responsables de las deudas de una persona jurídica y las sociedades pertenecientes al mismo grupo podrán solicitar la declaración judicial conjunta de los respectivos concursos.
- **(ii)** **Concurso necesario** (art. 39). El acreedor podrá solicitar la declaración judicial conjunta de concurso de varios de sus deudores cuando sean cónyuges, cuando se trate de sociedades que formen parte del mismo grupo o cuando exista entre ellos confusión de patrimonios.

Supuestos:

(i) **Deudores que formen un matrimonio**. La declaración de concurso de un cónyuge no supone por sí sola el concurso del otro, sino la facultad de instar la disolución del régimen económico matrimonial (si es una comunidad conyugal, véase el art. 125.1) o el juego de las presunciones de donaciones y sobre pacto de sobrevivencia (si es de separación de bienes, véanse los arts. 195 y 196); pero nada de ello impide la posibilidad de acumulación del concurso de ambos cónyuges, en cuyo caso, y estando sometidos al régimen económico-matrimonial de la sociedad de gananciales, habrán de aportar con la solicitud un inventario de bienes y derechos privativos por separado de cada uno de ellos y otro de bienes y derechos gananciales, así como una relación individualizada de las deudas privativas de cada uno y de las deudas comunes.

Pareja de hecho inscrita (art. 40). Sólo permite declarar el concurso conjunto a solicitud de los miembros de la pareja o de un acreedor, cuando se aprecie la existencia de pactos expresos o tácitos o de hechos excluyentes de los que se derive la inequívoca voluntad de los convivientes de formar un patrimonio común.

(ii) **Casos de responsabilidad personal de los socios de las deudas de la persona jurídica** en que se integran, en nuestro ordenamiento jurídico tiene lugar en (i) la sociedad colectiva, (ii) la sociedad comanditaria simple, (iii) la sociedad unipersonal sin constancia en el Registro mercantil de la unipersonalidad, (iv) en el caso del socio colectivo en la sociedad comanditaria por acciones y (v) en las agrupaciones de interés económico; (vi) a ellos debemos añadir el supuesto previsto en el art. 4.1 TRLSC, tras la reforma llevada a cabo por la Ley 18/2022 que establece, en las sociedades de responsabilidad limitada cuyo capital no alcance la cifra de 3.000 euros, la responsabilidad solidaria de los socios por la diferencia entre el importe de 3.000 euros y la cifra del capital suscrito si, en caso de liquidación, voluntaria o forzosa, el patrimonio de la sociedad fuera insuficiente para atender el pago de las obligaciones sociales. Distinto es el supuesto de los administradores, total o parcialmente responsables de las deudas sociales, pues tal circunstancia puede darse en cualquier tipo social siempre que concurran los hechos y circunstancias exigidos por la legislación societaria para la procedencia de esa responsabilidad.

(iii) **Grupos de sociedades**, en aplicación de la DA primera TRLC, se atenderá a lo dispuesto en el art. 42.1 CCo, conforme al cual estaremos en presencia de un grupo en aquellos supuestos en los que una sociedad (dominante) respecto de otra (dominada): (i) posea la mayoría de los derechos de voto; (ii) tenga la facultad de nombrar o destituir a la mayoría de los miembros del órgano de administración; (iii) pueda disponer, por acuerdos con otros socios, de la mayoría de los derechos de voto; (iv) haya nombrado exclusivamente con sus votos la mayoría de los miembros del órgano de administración durante el ejercicio actual y los dos inmediatamente anteriores. Procede advertir que es el criterio de control, sea actual o potencial, directo o indirecto, el determinante de la existencia del grupo de sociedades, de tal manera que puede afirmarse que existe grupo si existe control, siendo indiferente que quien se encuentre en la cúspide ejerciendo ese control sea una sociedad mercantil o algún otro sujeto (persona natural o persona jurídica que no sea una sociedad mercantil, *cfr.* STS 2017:1479 y STS 2022:4343); supone una ampliación del concepto de grupo societario que, en el ámbito concursal, es llevado más allá de los reducidos límites del art. 42 CCo.

(iv) **Confusión de patrimonios**, trata de dar respuesta a aquellos casos en los que no es posible una distinción de los activos del deudor respecto de los de otra persona. A diferencia del caso del grupo de empresas, en este supuesto se podrán consolidar inventarios y listas de acreedores a los efectos de elaborar el informe de la AC cuando no sea posible deslindar la titularidad de activos y pasivos sin incurrir en un gasto o en una demora injustificados (*cfr.* art. 43).

223. Acumulación sobrevenida

Supuestos en los que cabe la acumulación (art. 41). Procederá, aunque los concursos hayan sido declarados por diferentes juzgados, en los siguientes casos: (1) concursos de los cónyuges; (2) de las parejas de hecho inscritas cuando concurran los mismos requisitos establecidos para la declaración conjunta del concurso de la pareja, es decir, cuando se aprecie la existencia de pactos expresos o tácitos o de hechos concluyentes de los que se derive la inequívoca voluntad de los convivientes de formar un patrimonio común; (3) de los socios, miembros, integrantes o administradores que sean personalmente responsables, total o parcialmente, de las deudas de una persona jurídica; (4) de quienes sean miembros de una entidad sin personalidad jurídica y respondan personalmente de las deudas contraídas en nombre de ésta; (5) de las sociedades que formen parte de un mismo grupo; y (6) de quienes tuvieren confundidos los respectivos patrimonios.

Legitimación para su solicitud (art. 41.2). Cualquiera de los concursados o cualquiera de las administraciones concursales podrá solicitar al juez, mediante escrito razonado, la acumulación de los concursos conexos ya declarados. En defecto de esta solicitud, la acumulación podrá ser solicitada por cualquiera de los acreedores mediante escrito razonado

Principio de rogación. La acumulación sobrevenida de concursos no puede acordarse de oficio, debiendo ser solicitada por el legitimado «mediante escrito razonado» (art. 41.2) en el que se expondrán los motivos que justifican la acumulación. No se establece plazo máximo alguno para instarla; debe entenderse que podrá ser acordada cuando se encuentren los concursos a acumular en fase común o, incluso, en fase de convenio o de liquidación.

224. Tramitación de concursos acumulados

La acumulación no es unificación del procedimiento. La acumulación de concursos que se acuerde no supondrá la confusión de masas y patrimonios, pues la tramitación de los procesos puede ser distinta e, incluso, también podrá serlo su terminación. En este sentido, el art. 42 dice, en norma común a las dos modalidades de concursos conexos, que los declarados conjuntamente y acumulados se tramitarán de forma coordinada, sin consolidación de las masas. Supondrá la tramitación coordinada de los procesos concursales; y conllevará la posibilidad de condicionar una propuesta de convenio a la aprobación judicial de la propuesta efectuada en otro u otros (art. 319.2); aunque la acumulación de concursos no es causa para el cese de la AC (*cfr.* art. 100), la conveniencia de su unificación lleva a considerar que la acumulación será causa justa para la separación de administradores concursales.

Excepción (art. 43). El juez, de oficio o a solicitud de cualquier interesado, podrá acordar la consolidación de las masas de concursos declarados conjuntamente o acumulados cuando exista confusión de patrimonios y no sea posible deslindar la titularidad de activos y pasivos sin incurrir en demora en la tramitación del concurso o en un gasto injustificado. Dos son los requisitos; (i) una «confusión de patrimonios» y (ii) la imposibilidad de su deslinde, que no ha de ser absoluta, bastando con que su realización produzca un retraso en la tramitación del concurso o un gasto que no sea prudente asumir. La consolidación de masas activas y pasivas tendrá un carácter excepcional, debiendo ser objeto de interpretación restrictiva.

Tramitación. En todo lo demás, por el carácter supletorio de la LEC (*cfr.* art. 521), deberá tramitarse con arreglo a sus disposiciones, esto es, conforme a los arts. 81 a 85 LEC si los concursos penden ante el mismo juzgado y por los arts. 86 a 97 LEC si lo hacen ante distintos juzgados.

225. Sistema de recursos

Sistema especial de recursos. El TRLC establece en los arts. 544 a 551 un sistema propio de recursos contra las resoluciones dictadas en el concurso que no coincide con el sistema general establecido en la LEC.

Resoluciones del LAJ (art. 544). Los recursos son los mismos que prevé la LEC y se sustancian en la forma que en ella se determina. Ello supone una remisión a los arts. 451 y ss LEC; en consecuencia, cabrá (i) el recurso de reposición y (ii) frente al decreto que lo resuelva no cabrá recurso alguno, salvo que el mismo impida la tramitación del procedimiento, en cuyo caso cabrá interponer (iii) recurso de revisión ante el juez del concurso. No obstante, debemos recordar la STC (Pleno) 15/2020 que declaró la inconstitucionalidad del párrafo primero del art. 454 bis.1 LEC por impedir la revisión judicial de los decretos de los LAJ, vulnerando así el derecho a la tutela judicial efectiva (art. 24.1 CE) al crear un espacio inmune al control jurisdiccional.

Resoluciones judiciales (art. 545). Los recursos se sustanciarán en la forma prevista en la LEC, con las modificaciones que se indican a continuación y sin perjuicio de lo previsto en esta Ley en materia laboral (*cfr.* art. 551). Así pues, en el régimen de recursos contra las resoluciones judiciales, debemos distinguir:

(1) **Contra las providencias y autos** *sólo cab*e recurso de reposición, salvo que en el TRLC se excluya todo recurso o, en el caso de los autos, se otorgue expresamente recurso de apelación (art. 546).

(2) **Contra las sentencias** cabe recurso de apelación (art. 547). La 16/2022 suprimió el anterior sistema, denominado de «apelación diferida» o «de apelación más próxima». El art. 548 otorga carácter preferente a los recursos de apelación, ordenando que deberán estar resueltos dentro de los dos meses siguientes a la recepción de las actuaciones por la Audiencia Provincial.

Recursos sin eficacia suspensiva. Con carácter general, ni la interposición del recurso de reposición ni la del recurso de apelación producen efecto suspensivo, no suspenden los efectos de la resolución impugnada, pero al admitir un recurso de apelación, el juez del concurso, de oficio o a instancia de parte, podrá acordar motivadamente la suspensión de aquellas actuaciones que puedan verse afectadas por su resolución (art. 549.1).

Se recoge una norma especial para la resolución aprobatoria del convenio; dice el art. 549.2 que, si al recurrir la sentencia de aprobación del convenio se hubiera solicitado la suspensión de los efectos de éste, el juez podrá acordarla con carácter total o parcial. Se prevé para supuestos en los que la eventual aprobación de un convenio, con su consiguiente entrada en vigor, pudiese provocar consecuencias de difícil o imposible reposición o reparación (posiblemente en relación con la composición de la masa activa) para el caso de que, ulteriormente, fuese revocada la resolución que lo aprobó. Se busca con ello proteger a todos los acreedores e impedir posibles actuaciones del deudor que pudiesen afectar a la composición de la masa activa. En todo caso, la decisión que adopte el juez podrá ser, a su vez, recurrida. Al respecto, dice el art. 549.3 TRLC que podrá ser revisada por la AP a solicitud de parte formulada mediante escrito presentado ante aquélla en los 5 días siguientes a la notificación de la decisión del juez del concurso. Esta cuestión habrá de ser resuelta con carácter previo al examen del fondo del recurso y dentro de los 10 días siguientes a la recepción de los autos por el tribunal. La decisión del tribunal ad quem será firme cuando se trate de decidir sobre la suspensión del curso del proceso, pues el art. 549.4 dice que contra el auto que dicte la Audiencia Provincial no cabe interponer recurso alguno.

Contra las sentencias dictadas por las Audiencias Provinciales relativas a la aprobación o cumplimiento del convenio, a la calificación o conclusión del concurso, o que resuelvan acciones de las comprendidas en las secciones 3.ª [relativa a la masa activa, autorizaciones para enajenaciones y ejercicio de acciones de reintegración y de reducción] *y* 4.ª [que trata de la masa pasiva y de las ejecuciones que se sigan contra el concursado] podrá interponerse recurso de casación y extraordinario por infracción procesal, de acuerdo con los criterios de admisión establecidos en la LEC (art. 550). Sólo admite los recursos contra las sentencias, no contra los autos.

En materia laboral (art. 551). **(i) Contra el auto** que decida sobre la modificación sustancial de las condiciones de trabajo, el traslado, el despido, la suspensión de contratos o la reducción de jornada, por causas económicas, técnicas, organizativas o de producción que, conforme a la Ley, tengan carácter colectivo; y **(ii) Contra la sentencia** que resuelva incidentes concursales relativos a acciones sociales cuyo conocimiento corresponda al juez del concurso, cabrá recurso de suplicación y los demás recursos previstos en la Ley reguladora de la jurisdicción social, que se tramitarán y resolverán ante los órganos jurisdiccionales del orden social, sin que ninguno de ellos tenga efectos suspensivos sobre la tramitación del concurso ni de ninguno de sus incidentes, secciones o piezas separadas. Concluye disponiendo una especialidad en orden a la legitimación para recurrir el auto indicado en el apartado anterior señalando que la misma únicamente corresponde a la AC, al concursado, a los trabajadores a través de sus representantes y al FOGASA, así como, en caso de declaración de la existencia de grupo laboral de empresas, a aquellas entidades que lo integran.

226. El incidente concursal

Concepto. Es un procedimiento de carácter residual, que se sigue ante el juez del concurso, aplicable a todas las cuestiones que se susciten durante el mismo y no tengan señalada en esta Ley otra tramitación (*cfr.* art. 532.1), tanto para las de naturaleza civil como de las de naturaleza laboral, con el fin de resolver las controversias y diferencias que surjan en el concurso y, por lo tanto, de carácter contradictorio o contencioso.

Supuestos de tramitación. A lo largo del articulado de la Ley se recogen una serie de supuestos concretos de remisión expresa al incidente concursal como cauce para la resolución de conflictos.

Se establece en el art. 532.2 que no se admitirán aquellos incidentes concursales que tengan por objeto solicitar la realización de determinados actos de administración o impugnarlos por razones de oportunidad, por lo que a contrario sensu debemos entender que sí será posible acudir al incidente concursal para impugnar actos de administración por razones de legalidad. E, igualmente, tampoco podrá plantearse incidente concursal sobre cuestiones relativas al ejercicio de la AC que hayan sido resueltas por resolución judicial (art. 83).

Efectos de su interposición (art. 533). Los incidentes concursales no suspenderán la tramitación del concurso de acreedores. No obstante, el juez, una vez incoado un incidente, podrá acordar excepcionalmente, de oficio o a instancia de parte, la suspensión de aquellas actuaciones que puedan verse afectadas por la resolución que se dicte.

Legitimación activa. Podrá promover el incidente cualquiera que ostente la condición de parte en el proceso concursal, pudiendo estar ya personado anteriormente o efectuar su personamiento en ese momento, a los efectos de poder formular su pretensión procesal en el incidente.

Legitimación pasiva (art. 534.1). Se considerarán partes demandadas aquellas contra las que se dirija la demanda. La cuestión puede llegar a ser compleja en algunos supuestos. Por ello, la Ley ha establecido un mecanismo, a modo de válvula de seguridad, en lo que a la legitimación de los incidentes se refiere al establecer en el art. 534.2 que cualquier persona comparecida en el concurso podrá intervenir en el incidente concursal conforme al régimen establecido en la LEC para la intervención de sujetos originariamente no demandantes ni demandados, sin necesidad de especial pronunciamiento del tribunal, ni audiencia de las partes cuando se trate de aquellas que ostenten previamente la condición de parte en el concurso o se trate de acreedores incluidos en la lista de acreedores.

Acumulación de demandas con pedimentos no coincidentes (art. 537). Cuando en un incidente se acumulen demandas cuyos pedimentos no resulten coincidentes, las partes que intervengan tendrán que contestar a las demandas a cuyas pretensiones se opongan, si el momento de su intervención lo permitiese, y expresar con claridad y precisión la tutela concreta que soliciten. De no hacerlo así, el juez rechazará de plano su intervención, sin que contra su resolución quepa recurso alguno.

227. Tramitación procesal

Régimen del incidente concursal (art. 535). Se tramitará en la forma establecida en la LEC para el juicio verbal con las especialidades establecidas en esta Ley, (*cfr.* arts. 437 LEC y ss).

Demanda (art. 536.1). Se presentará en la forma prevista en la LEC para el juicio ordinario (*cfr.* art. 399 LEC). En la demanda se propondrán las pruebas que hayan de practicarse (*cfr.* art. 539.1, pues la celebración de vista pública está condicionada a la necesidad de practicar prueba que requiera de la inmediación judicial), amén de acompañar con la misma los documentos en que se funde o bien designar los archivos o expedientes donde puedan obrar cuando no pueda la parte actora obtener copia de los mismos para acompañar con la demanda. La omisión de los requisitos que la ley procesal civil impone a la demanda provocará su no admisión a trámite.

Admisión a trámite. El juez resolverá sobre la admisión a trámite, mediante:

(1) Auto, si la rechaza *ad limine litis*; procede esa inadmisión si el juez estima que la cuestión planteada es impertinente o carece de entidad necesaria para tramitarla por la vía incidental, en cuyo caso, resolverá, mediante auto, su inadmisión y, si procediera, acordará que se dé a la cuestión planteada la tramitación que corresponda. Contra este auto cabrá recurso de apelación (art. 536.2). No obstante, es obvio que no son esas las únicas causas de inadmisión, por lo que también cabrá el recurso de apelación cuando se derive de otros motivos.

(2) En los demás casos, dictará providencia admitiendo a trámite el incidente y acordando se emplace a las demás partes personadas, con entrega de copia de la demanda o demandas, para que en el plazo común de 10 días contesten en la forma prevenida en LEC para el juicio ordinario (art. 536.3), en remisión realizada al art. 405 LEC.

Contestación a la demanda. Con ella debe el demandado aportar los documentos que se encuentren en su poder o designar los archivos o protocolos en los que obren y proponer los medios de prueba de que intente valerse (*cfr.* art. 539.1). Como ya dijimos, en caso de haberse acumulado varias demandas con pedimentos no coincidentes, se contestará a aquéllas a cuyas pretensiones se oponga el demandado, pues de no hacerlo así, el juez rechazará de plano su intervención, sin que quepa recurso alguno frente a esta resolución (*cfr.* art. 537).

Si en la contestación se plantearan cuestiones procesales o se suscitaran por el demandante a la vista de este escrito en el plazo de cinco días desde que se le hubiera dado traslado del mismo, el juez las resolverá dictando la resolución que proceda conforme a lo dispuesto en la LEC para la resolución escrita de este tipo de cuestiones conforme a lo previsto en la audiencia previa del juicio ordinario (art. 538).

Demanda reconvencional. Nada impide que en el escrito de contestación se formule demanda reconvencional. No obstante, la cuestión es polémica en aquellos supuestos en los que la reconvención es formulada por el concursado-demandado, tal y como expusimos al analizar la jurisdicción del juez del concurso. Progresivamente la jurisprudencia menor fue admitiendo la posibilidad de la reconvención formulada por el concursado al contestar la demanda contra él interpuesta en procedimientos seguidos ante el juez del concurso; se dice que, en aquellos supuestos en los que exista una conexión entre lo pretendido por el actor y lo interesado por el concursado en su reconvención, carecería de sentido que, como consecuencia de aplicar un criterio restrictivo, se forzara a las partes a seguir dos procedimientos distintos, uno ante el juez del concurso para conocer de las pretensiones del tercero y otro ante el juez ordinario, de primera instancia, para conocer de lo solicitado por el concursado; además de la razón de economía procesal expuesta, se señala también que, en las causas conexas, con el criterio restrictivo se estaría abriendo la puerta a la posibilidad de resoluciones contradictorias entre sí; y, por otra parte, no debemos olvidar que el segundo párrafo del art. 406.2 LEC admite expresamente la reconvención de la acción conexa que, por razón de la cuantía, hubiera de ventilarse en juicio verbal.

Proposición de prueba. Aunque ya lo apuntamos al referirnos a la demanda y al escrito de contestación, reiteramos ahora que la proposición de medios de prueba se hará en esos escritos, conforme dispone el art. 539 al ordenar, en su apartado primero, que, en el incidente concursal, las pruebas se propondrán en los escritos de alegaciones, resolviéndose sobre la admisión mediante auto. No obstante, dispone el apartado segundo del precepto que la aportación de la prueba documental no será necesaria si los documentos constasen en el concurso de acreedores, pero la parte interesada deberá designar el documento completo que proponga como prueba y señalar en qué trámite fue presentado.

Vista del incidente concursal. Se celebrará en contadas ocasiones, pues establece el art. 540 dice que el juez dictará sentencia sin citación a las partes para la vista y sin más trámites en los siguientes supuestos: **(1.º)** Cuando no se haya presentado escrito de contestación a la demanda o no exista discusión sobre los hechos o éstos no sean relevantes a juicio del juez y no se hayan admitido medios de prueba. **(2.º)** Cuando la única prueba que resulte admitida sea la de documentos, y éstos ya se hubieran aportado al proceso sin resultar impugnados. **(3.º)** Cuando sólo se hayan aportado informes periciales y las partes no soliciten ni el juez considere necesaria la presencia de los peritos en la vista para la ratificación de su informe. En estos casos, sin duda, la posición del actor resultará mucho más limitada pues no tendrá oportunidad de alegar nada y verá vedada la posibilidad de instar la práctica de medios de prueba cuya necesidad se ponga de manifiesto por el contenido de la contestación.

Concluye el precepto con una remisión al art. 443 LEC al disponer que en caso de que proceda la celebración de vista, ésta se desarrollará en la forma prevista en la LEC para los juicios verbales. Tras la práctica de la prueba, se otorgará a las partes un trámite oral de conclusiones.

Sentencia. El incidente concursal finalizará mediante sentencia, dice el art. 540.1, que, conforme al art. 542.1, se regirá en materia de costas por lo dispuesto en la LEC, tanto en cuanto a su imposición como en lo relativo a su exacción, y serán inmediatamente exigibles, una vez firme la sentencia, con independencia del estado en que se encuentre el concurso.

Eficacia de cosa juzgada. (art. 543). Una vez firmes, las sentencias que pongan fin a los incidentes concursales producirán efectos de cosa juzgada, pues se trata de un cauce procesal contradictorio y plenario y no un mero procedimiento de cognición sumaria.

228. El incidente concursal en materia laboral

Ámbito objetivo (art. 541.1). Se dilucidarán por el trámite del incidente concursal en materia laboral (1) las acciones que los trabajadores o el FOGASA ejerciten contra el auto que decida sobre la modificación sustancial de las condiciones de trabajo, el traslado, el despido, la suspensión de contratos y la reducción de jornada por causas económicas, técnicas, organizativas o de producción que, conforme a la Ley, tengan carácter colectivo (2) así como las de trabajadores que tengan la condición de personal de alta dirección contra la decisión de la AC de extinguir o suspender los contratos suscritos por el concursado con éstos. Es doble, así pues, su ámbito de aplicación; por una parte, por ese cauce se tramitarán las acciones que individualmente se ejerciten contra los efectos personales que produzca en un concreto trabajador la tramitación del Expediente de Regulación de Empleo (ERE) que se apruebe por auto en el seno del concurso; y, por otra, las acciones del personal directivo. No cabe, así pues, acudir a esta vía para debatir sobre el importe o cuantía de los derechos de crédito de los trabajadores, pues, como todas las demás impugnaciones del informe que emita el AC, las mismas se tramitarán por el cauce del incidente concursal común.

Regla general (art. 541.2). Los trabajadores deberán presentar la demanda, conforme a lo establecido en la legislación procesal civil. La remisión a esa legislación debe entenderse como hecha a los arts. 437 LEC y ss, reguladores del juicio verbal e implica la necesidad de que el actor aporte con la demanda, con carácter preclusivo, los documentos que obren en su poder sin que, a diferencia de lo permitido en la legislación procesal laboral, pueda aportarlos posteriormente en el acto de la vista. En cuanto a la postulación y asistencia técnica de los trabajadores, podrán éstos comparecer por sí mismos o apoderar a abogados o graduados sociales.

Especialidades.

(1) **Plazo de presentación de la demanda** (art. 541.2). Los trabajadores deberán presentar la demanda, conforme a lo establecido en la legislación procesal civil en el plazo de un mes desde que conocieron o pudieron conocer la resolución judicial y el FOGASA desde que se le notifique la resolución. El personal de alta dirección deberá presentar la demanda en el mismo plazo desde que la AC le notifique la decisión adoptada.

(2) **En el caso de que la demanda contuviera defectos, omisiones o imprecisiones**, el LAJ lo advertirá al demandante o demandantes a fin de que lo subsanen en el plazo de cuatro días, con el apercibimiento de que de no subsanarse procederá su archivo. En ningún caso podrá inadmitirse la demanda por estimar que la cuestión planteada fuera intrascendente o careciera de la entidad necesaria para tramitarse por vía incidental (art. 541.3 TRLC).

(3) **Plazos para la celebración del juicio** (art. 541.4). Admitida la demanda, el LAJ señalará dentro de los 10 días siguientes el día y hora en que habrá de tener lugar el acto del juicio, citando a los demandados con entrega de copia de la demanda y demás documentos, debiendo mediar en todo caso un mínimo de cuatro días entre la citación y la efectiva celebración del juicio.

(4) **Celebración del juicio** (art. 541.4). Comenzará con el intento de conciliación o avenencia sobre el objeto del incidente. De no lograrse ésta se ratificará el actor en su demanda o la ampliará sin alterar sustancialmente sus pretensiones, contestando oralmente el demandado, y proponiendo las partes a continuación las pruebas sobre los hechos en los que no hubiera conformidad, continuando el procedimiento conforme a los trámites del juicio verbal de la LEC, si bien tras la práctica de la prueba se otorgará a las partes un trámite de conclusiones. El quinto y último apartado del precepto concluye reiterando que tras la práctica de la prueba se otorgará a las partes un trámite oral de conclusiones.

(5) **Costas** (art. 542.2). Regirá en materia de costas lo dispuesto en la Ley 36/2011, de 10 de octubre, reguladora de la jurisdicción social, por lo que, como regla general, no se pronunciará sobre las mismas.

229. Recursos contra la sentencia del incidente

Ley 16/2022. Ha simplificado notablemente la materia. Distinguimos:

(1) **Contra las sentencias dictadas por el juez del concurso** cabrá recurso de apelación (art. 547).

(2) **Contra las sentencias dictadas por las Audiencias Provinciales** relativas a la aprobación o cumplimiento del convenio, a la calificación o conclusión del concurso, o que resuelvan acciones de las comprendidas en las secciones tercera [relativa a la masa activa, autorizaciones para enajenaciones y ejercicio de acciones de reintegración y de reducción] y cuarta [que trata de la masa pasiva y de las ejecuciones que se sigan contra el concursado] podrá interponerse recurso de casación y extraordinario por infracción procesal, de acuerdo con los criterios de admisión establecidos en la LEC (art. 550). Al respecto, la modalidad del recurso de casación que procede será la prevista en el número 3.° del artículo 477.2 LEC, relativa al interés casacional, al tratarse de una sentencia dictada en un proceso tramitado por las normas del incidente concursal por razón de la materia (STS 2020:4396).

(3) **Contra la sentencia que resuelva incidentes concursales relativos a acciones sociales** cuyo conocimiento corresponda al juez del concurso, cabrá recurso de suplicación y los demás recursos previstos en la Ley reguladora de la jurisdicción social, que se tramitarán y resolverán ante los órganos jurisdiccionales del orden social, sin que ninguno de ellos tenga efectos suspensivos sobre la tramitación del concurso ni de ninguno de sus incidentes, secciones o piezas separadas (art. 551.1). La legitimación para recurrir el auto corresponde a la AC, al concursado, a los trabajadores a través de sus representantes y al FOGASA, así como, en caso de declaración de la existencia de grupo laboral de empresas, a aquellas entidades que lo integren (art. 551.2).

230. Procedimientos especiales

Enumeración. El título XIV del Libro I (arts. 567 a 582) regula los concursos de acreedores con especialidades, siendo éstos (1) el concurso de la herencia, (2) el de las entidades de crédito, (3) el de las sociedades de inversión del mercado de valores, (4) de las entidades aseguradoras, (5) de las entidades que participan en los sistemas de compensación y liquidación de valores, (6) el concurso de empresas concesionarias de obras y servicios públicos o contratistas de las administraciones públicas y (7) el concurso de entidades deportivas que participan en competiciones oficiales.

Especialidades. Todos ellos se justifican por las especiales características que presenta el deudor sujeto a concurso y, en algunos casos, por su especial papel en la economía de mercado y la profunda alteración que del mismo su insolvencia puede llegar a causar. Tales especialidades afectan, entre otros aspectos, a la comunicación que se efectúa de la solicitud de concurso a los órganos administrativos reguladores de su actividad y a la composición de la AC. Además, fuera de la propia Ley Concursal, existen normas especiales que regulan en detalle la intervención de las sociedades en crisis por parte de los órganos administrativos de control en su respectivo ámbito (Banco de España, Fondo de Garantía de Depósitos, Comisión Nacional del Mercado de Valores, Fondo de Garantía de Inversiones, Consorcio de Compensación de Seguros y Dirección General de Seguros).

231. Concurso de la herencia

El concurso de la herencia. Es regulado en los arts. 567 a 571. Frente a la regla general de que cualquier persona, natural o jurídica, puede ser declarada en concurso, una importante excepción la constituye la herencia, que, pese a no tener personalidad jurídica propia sí podrá ser declarada en concurso de acreedores. Se trata de un supuesto en el que expresamente la Ley admite la posibilidad de que una unidad patrimonial carente de personalidad jurídica propia pueda ser sometida a concurso.

Así lo hace el art. 567 al admitir la declaración de concurso de la herencia en tanto no haya sido aceptada pura y simplemente. Es evidente la falta de personalidad jurídica de la herencia; pero, la lógica del precepto es impecable: la aceptación pura y simple provoca la confusión de los patrimonios del causante y del heredero, con la consiguiente responsabilidad *ultra vires hereditatis* de éste, y si de ella resulta su insolvencia será él quien sufrirá el concurso (no la herencia), a solicitud de él mismo o de sus acreedores o de los acreedores de la herencia.

Vías para la declaración del concurso de la herencia. Hay una doble vía:

(1) **Cuando fallece el deudor concursado**, salvo que el heredero acepte la herencia pura y simplemente; el concurso de una persona física, el causante, se transformará en el concurso de la herencia; dice el art. 571.1: la muerte o declaración de fallecimiento del concursado no será causa de conclusión del concurso, que continuará tramitándose como concurso de la herencia, correspondiendo a la AC el ejercicio de las facultades patrimoniales de administración y disposición del caudal relicto. En tal caso, dispone el apartado segundo que la representación de la herencia en el procedimiento corresponderá a quien la ostente conforme a derecho y, en su caso, a quien designen los herederos. Un importante efecto es recogido en el art. 571.3 pues, fallecido el concursado, la herencia se mantendrá indivisa durante la tramitación del concurso.

(2) **Cuando, encontrándose la herencia yacente o bien habiendo sido aceptada a beneficio de inventario, con responsabilidad intra vires hereditatis, se solicita la declaración de concurso de la misma**; por ello el art. 568.3 dispone que la solicitud de concurso de una herencia formulada por un heredero producirá los efectos de la aceptación de la

herencia a beneficio de inventario. Según el art. 568.1, la legitimación activa para solicitar la declaración de concurso de la herencia no aceptada pura y simplemente corresponde al administrador de la herencia yacente, los herederos y los acreedores del deudor fallecido. En la solicitud los legitimados deberán expresar los datos del causante y el carácter en el que formulan la declaración de concurso, acompañando el documento del que resulte su legitimación o proponiendo prueba para acreditarla. La solicitud formulada por un heredero producirá los efectos de la aceptación de la herencia a beneficio de inventario.

Modalidades. En el concurso de la herencia, el art. 569 distingue dos modalidades: (i) el concurso de acreedores de la herencia tendrá la consideración de **voluntario** cuando la primera de las solicitudes presentadas hubiera sido la del administrador de la herencia yacente o la de un heredero. (ii) En los demás casos, el concurso se considerará **necesario**. Por excepción, el concurso de acreedores de la herencia tendrá la consideración de necesario cuando, en los 3 meses anteriores a la fecha de la solicitud del administrador de la herencia yacente o de un heredero, se hubiera presentado y admitido a trámite otra contra el deudor antes de su fallecimiento o contra la propia herencia por cualquier legitimado, aunque éste hubiera desistido, no hubiera comparecido en la vista o no se hubiese ratificado en la solicitud. Pero, rompiendo la regla general respecto de los efectos del concurso sobre el deudor, y con independencia de si se trata de un concurso voluntario o necesario, el art. 570 dispone que, en caso de concurso de la herencia, corresponderá a la AC el ejercicio de las facultades patrimoniales de administración y disposición sobre el caudal relicto, sin que el juez pueda modificar esta situación.

232. Concursos especiales por razón de la persona del deudor

Especialidades. Tienen lugar, básicamente, en dos ámbitos: (i) las notificaciones especiales que han de ser efectuadas y (ii) las que presenta el régimen de su AC, producto ambas de la supervisión administrativa a que se encuentran sometidas un concreto grupo de entidades.

Notificaciones especiales. Debemos, a su vez, distinguir:

(i) **Las que tienen por objeto dar cuenta de la simple presentación de la solicitud de concurso**. A ellas se refiere el art. 572, cuyos cuatro apartados contemplan, cada uno, distintos supuestos:

1. **Solicitud de concurso de una sociedad que tuviera emitidos valores o instrumentos financieros negociados en un mercado secundario oficial**; el LAJ, una vez que el juez la hubiera proveído, lo comunicará sin dilación a la Comisión Nacional del Mercado de Valores.
2. **Solicitud de concurso de una entidad de crédito o a una empresa de servicios de inversión**, el órgano judicial competente, suspendiendo la tramitación de la solicitud, lo notificará al supervisor competente y al FROB para dar cumplimiento a lo dispuesto en los apartados 2 y 3 de la disposición adicional decimoquinta de la Ley 11/2015, de 18 de junio, de recuperación y resolución de entidades de crédito y empresas de servicios de inversión.

   A continuación, en caso de que así proceda el LAJ, una vez que el juez hubiera proveído sobre la misma, lo comunicará sin dilación al Banco de España, al FROB y a la Comisión Nacional del Mercado de Valores y solicitará la relación de los sistemas de pagos y de liquidación de valores o instrumentos financieros, incluidos los derivados, a los que pertenezca la entidad afectada y la denominación y domicilio del gestor en los términos previstos en la legislación especial aplicable.

3. **Solicitud de concurso de una entidad aseguradora o reaseguradora**, el LAJ, una vez que el juez la hubiera proveído, lo comunicará sin dilación a la Dirección General de Seguros y Fondos de Pensiones.
4. **Solicitud de concurso de una mutua colaboradora con la Seguridad Social**, el LAJ, una vez que el juez la hubiera proveído, lo comunicará sin dilación al Ministerio de Empleo, Seguridad Social y Migraciones.

(ii) **Las notificaciones que tienen por objeto dar cuenta de la declaración del concurso.** Dice el art. 573 que declarado el concurso de cualquiera de las entidades a que se refiere el artículo anterior, el LAJ notificará el auto, en el mismo día de la fecha, a los mismos organismos y administraciones públicas a las que hubiera notificado o debido notificar la existencia de la solicitud, así como al gestor de los sistemas a los que pertenezca la entidad afectada.

Especialidades en la AC. Se circunscriben a:

(i) **El nombramiento del AC** (art. 574). 1. En el concurso de entidad de crédito el juez nombrará AC de entre las personas propuestas en terna por el FROB. 2. En el concurso de entidad aseguradora o reaseguradora el juez nombrará AC de entre las personas propuestas en terna por el Consorcio de Compensación de Seguros. 3. En el concurso de una entidad sometida a la supervisión de la Comisión Nacional del Mercado de Valores el juez nombrará AC de entre las personas propuestas en terna por esa Comisión.

(ii) **Régimen de incompatibilidades y prohibiciones** (art. 575). Las normas establecidas en esta Ley sobre incompatibilidades y prohibiciones para ser nombrado AC serán de aplicación a las personas nombradas por el juez del concurso a propuesta del FROB, del Consorcio de Compensación de Seguros o de la Comisión Nacional del Mercado de Valores. No obstante, y por evidentes razones prácticas, en el apartado segundo del precepto se exceptúan de lo establecido en el apartado anterior, las prohibiciones por razón del cargo o función pública que tuviera o hubiera tenido el nombrado; o, en caso de AC dual, de las incompatibilidades por razón de la vinculación personal o profesional entre los miembros de la AC.

(iii) **No necesidad de la aceptación del nombrado** (art. 576). Cuando el nombramiento de la AC recaiga en cualquiera de las personas propuestas por el FROB, el Consorcio de Compensación de Seguros o la Comisión Nacional del Mercado de Valores no será necesaria la aceptación del nombrado. Dentro del plazo de cinco días siguientes a la notificación del nombramiento, el nombrado comunicará al juzgado las direcciones postal y electrónica en las que efectuar la comunicación de créditos, así como cualquier otra notificación. La dirección electrónica que se señale deberá cumplir las condiciones técnicas de seguridad de las comunicaciones electrónicas en lo relativo a la constancia de la transmisión y recepción, de sus fechas y del contenido íntegro de las comunicaciones.

(iv) **Gratuidad del cargo** (art. 577). Si las personas propuestas por el FROB, el Consorcio de Compensación de Seguros o la Comisión Nacional del Mercado de Valores para el ejercicio del cargo de AC formaran parte de estos organismos no tendrán derecho a retribución con cargo a la masa activa.

Especialidades relativas a concretos casos de entidades jurídicas. Contiene el TRLC las siguientes:

(i) El art. 578.1 dice que, en los concursos de **entidades de crédito o entidades legalmente asimiladas a ellas, empresas de servicios de inversión y entidades aseguradoras**, así como de **entidades miembros de mercados**

oficiales de valores y entidades participantes en los sistemas de compensación y liquidación de valores, se aplicarán las especialidades que para el concurso de acreedores se hallen establecidas en su legislación específica. Detalla a continuación el apartado segundo las concretas normas que a estos efectos tendrán la consideración de legislación especial, que aquí nos limitaremos a dar por reproducidas. Concluye señalando el apartado tercero que las normas legales enumeradas en el apartado anterior se aplicarán con el alcance subjetivo y objetivo previsto en las mismas a las operaciones o contratos que en ella se contemplan.

(ii) En el concurso de **empresas concesionarias de obras y servicios públicos o contratistas de las administraciones públicas**, se aplicarán las especialidades establecidas en la legislación de contratos del sector público y en la legislación específica reguladora de cada tipo de contrato administrativo (art. 579). La reforma operada por la Ley 16/2022 añadió un segundo párrafo que contempla específicamente la regulación de los efectos de la declaración del concurso en las concesiones administrativas sobre el dominio público. Dice el precepto: los efectos de la declaración de concurso o de las resoluciones adoptadas en el seno de dicho procedimiento en las concesiones sobre el dominio público que ostente el concursado se regularán por su normativa específica. En el caso de concesiones sobre el dominio público portuario de titularidad de personas jurídicas, la disolución o extinción de dichas entidades por resoluciones acordadas en el seno del concurso será causa automática de extinción de la concesión, sin que esta pueda ser objeto de enajenación o liquidación en el concurso desde que aquellas se dicten.

Por otra parte, regirán las siguientes:

(1) **Se establece una legitimación adicional** para presentar la propuesta de convenio, pues además de los legitimados con carácter general para presentar propuesta de convenio, podrán presentarla las administraciones públicas, incluidos los organismos, entidades y sociedades mercantiles vinculadas o dependientes de ellas, aunque no sean acreedores, en las mismas condiciones de tiempo, forma y contenido establecidas en esta Ley (art. 580).

(2) **Se someten a un régimen especial de acumulación**, recogido en el art. 581, conforme al cual cuando en los concursos de dos o más empresas concesionarias de obras y servicios públicos o contratistas de las administraciones públicas se presenten propuestas de convenio que afecten a todas ellas, procederá la acumulación de los procedimientos en tramitación, cualquiera que sea la fase en que se encuentren, aunque la eficacia de los respectivos convenios no esté condicionada a la eficacia de los demás. La acumulación procederá aunque los concursos hayan sido declarados por diferentes juzgados. En este caso, la competencia para la tramitación de los concursos acumulados corresponderá al juez que estuviera conociendo del concurso de la concesionaria o de la contratista con mayor pasivo en el momento de la presentación de la solicitud de concurso.

(iii) El art. 582 contiene una **norma remisoria** al señalar que en los concursos de **entidades deportivas que participen en competiciones oficiales**, se aplicarán las especialidades que para el concurso de acreedores prevea la legislación estatal del deporte y sus normas de desarrollo. Recoge el apartado segundo una disposición de especial importancia en el ámbito deportivo, al tratarse de entidades sujetas a control y vigilancia por entes internacionales (federaciones internacionales) cuya normativa debe ser respetada si el club deportivo en concurso no quiere verse apartado de tales competiciones. Por ello dispone la norma que la declaración judicial de concurso de una entidad deportiva no interrumpirá la continuación de la actividad que viniera ejerciendo ni impedirá la aplicación de la normativa reguladora de la participación de esa entidad en la competición.

233. Tasas judiciales

Exención. La Ley 10/2012 exime del pago de la tasa judicial a las solicitudes de concurso voluntario por el deudor (art. 4.1.b de la Ley 10/2012) y las acciones que, en interés de la masa del concurso y previa autorización del juez, se interpongan por el AC (art. 4.1.f de la Ley 10/2012). Por otra parte, el RD-L 1/2015 introdujo la exención subjetiva, para cualquier procedimiento judicial, de las personas físicas (art. 4.2.a de la Ley 10/2012), quienes ni siquiera habrán de presentar la correspondiente autoliquidación (párrafo segundo del art. 8.1 de la Ley 10/2012, en redacción dada por el RD-L 1/2015).

Supuestos de no exención. El pago de la tasa judicial sí se exige en: (1) La solicitud de concurso necesario (art. 2.b de la Ley 10/2012). (2) La formulación de demandas incidentales (art. 2.b de la Ley 10/2012). (3) La interposición de recursos de apelación contra sentencias y de recursos de casación (art. 2.3 de la Ley 10/2012); así pues, no está sujeta al pago de la tasa la interposición de recurso de apelación contra autos. (4) La interposición de recursos de suplicación y de casación en el orden social (art. 2.f de la Ley 10/2012), si bien concede a los trabajadores una exención del 60 % en la cuantía en tales recursos; no obstante, y respecto de esto último, ya antes señalamos que con el RD-L 1/2015 se introdujo una exención subjetiva general para las personas físicas (art. 4.2.a de la Ley 10/2012).

Base imponible. Para la liquidación de la tasa se corresponde con la cuantía del procedimiento judicial o del recurso de que se trate, determinada con arreglo a las normas procesales correspondientes (art. 6.1 de la Ley 10/2012), fijándose en 18.000 euros en aquellos supuestos en los que su cuantía sea indeterminada.

Cuantificación de la cuota tributaria (art. 7 de la Ley 10/2012) resultará de la suma de una cantidad fija, en función del procedimiento o recurso de que se trate, y una cantidad variable que resultará de aplicar a la base imponible un tipo de gravamen del 0,5 % hasta 1.000.000 de euros y del 0,25 % para el resto, si el sujeto pasivo es una persona jurídica, y un tipo único del 0,10 % si el sujeto pasivo es una persona física, con un límite máximo de 10.000 euros para las personas morales y de 2.000 euros para las naturales, si bien con la promulgación del RD-L 1/2015, y la exención subjetiva de las personas físicas o naturales, carece ya de sentido la distinción realizada para la fijación del tipo de gravamen.

Made in the USA
Middletown, DE
05 November 2026

36587686R00203